1 MON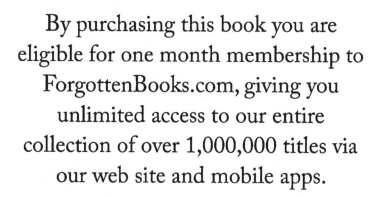

English
Français
Deutsche
Italiano
Español
Português

www.forgottenbooks.com

Mythology Photography **Fiction**
Fishing Christianity **Art** Cooking
Essays Buddhism Freemasonry
Medicine **Biology** Music **Ancient
Egypt** Evolution Carpentry Physics
Dance Geology **Mathematics** Fitness
Shakespeare **Folklore** Yoga Marketing
Confidence Immortality Biographies
Poetry **Psychology** Witchcraft
Electronics Chemistry History **Law**
Accounting **Philosophy** Anthropology
Alchemy Drama Quantum Mechanics
Atheism Sexual Health **Ancient History**
Entrepreneurship Languages Sport
Paleontology Needlework Islam
Metaphysics Investment Archaeology
Parenting Statistics Criminology
Motivational

ISBN 978-0-364-24133-2
PIBN 11338548

Gerhart Hauptmann
Gesammelte Werke

in zwölf Bänden

Elfter Band

S. Fischer, Verlag
Berlin 1922

Inhalt

.   .   .   .

.   .   .   .   139

.   .   .   .   245

Griechischer Frühling

Ich befinde mich auf einem Lloyddampfer im Hafen von Triest. Zur Not haben wir in Kabinen zweiter Klasse noch Platz gefunden. Es ist ziemlich ungemütlich. Allmählich läßt jedoch das Laufen, Schreien und Rennen der Gepäckträger nach und das Arbeiten der Krane. Man beginnt, sich zu Hause zu fühlen, fängt an sich einzurichten, seine Behaglichkeit zu suchen.

Eine Spießbürgerfamilie hat auf den üblichen Klappstühlen Platz genommen. Mehrmals ertönt aus ihrer Mitte das Wort „Phäakenland". Erfüllt von einer großen Erwartung, wie ich bin, erzeugt mir Klang und Ausdruck des Wortes in diesem Kreise eine starke Ernüchterung. Wir schreiben den 26. März. Das Wetter ist gut: warme Luft, leichtes Gewölk am Himmel.

Ich nahm heute morgen im Hotel hinter einer sehr großen Fensterscheibe mein Frühstück ein, als, mit einem grünen Zweiglein im Schnabel, draußen eine Taube aus dem Mastenwalde des Hafens heran und nach oben, von links nach rechts, vorbeiflog. Dieses guten Vorzeichens mich erinnernd, fühle ich Zuversicht.

Wir entfernen uns nach einem seltsamen Manöver der „Salzburg" von Triest. Die Gegenden sind ausgebrannt. Alle Färbungen der Asche treten hervor. Der Karst erscheint wie mit leichtem Schnee bedeckt. Viele gelbe und orangefarbene Segel ziehen über das Meeresblau. Die Maler sind entzückt und beschließen, zu längerem Aufenthalt gelegentlich zurückzukehren.

Es ist jetzt fünf Uhr. Seit etwa zwei Stunden sind wir unterwegs. Beinweiß zieht die nahe Strandlinie an uns vorüber. Wir haben zur Linken das flache dalmatinische Land, ausgetrocknet, weit gedehnt, in braunrötlichen Färbungen. Beinweiß, wie von ausgebleichten Knochen errichtet, zeigen sich hie und da Städte und Ortschaften, zuweilen bedecken sie sanftgewölbte, braungrüne Hügel oder liegen auf dem braungrünen Teppich der Ebene. Mit scharfem Auge erkennt man fern weiße Spitzen des Velebitgebirges.

Allmählich werden diese Bergspitzen höher und der ganze Bergzug tritt deutlich hervor. Er ist schneebedeckt. Den Blick hinter mich wendend, bemerke ich: die Sonne steht noch kaum über dem Wasserspiegel, ist im Untergang. Der Mitreisenden bemächtigt sich jene Erregung, in die sie immer geraten, wenn die Stunde heran naht, wo sie die Natur zu bewundern verpflichtet sind. Bemühen wir uns, wahrhaftig zu sein! Der großartige, kosmische Vorgang hat wohl die Seelen der Menschen von je mit Schauern erfüllt, lange bevor das malerische Naturgenießen zur Mode geworden ist, und ich nehme an, daß selbst der naturfremde Durchschnittsmensch unserer Zeit, und besonders auf See, noch immer im Anblick des Sonnenunterganges auf ehrliche Weise wortlos ergriffen ist. Freilich hat sein Gefühl an ursprünglicher, abergläubischer Kraft bis auf schwächliche Reste eingebüßt.

Nach durchaus ruhiger Nacht setzt heut gegen fünf Uhr Vormittag Wind aus nordöstlicher Richtung ein. Ich merke, noch in der Kabine, bereits das leichte Stampfen und Rollen des Schiffes. Als erster von allen Passagieren bin ich an Deck. Ein grauer Dunst überzieht den Morgenhimmel. Das Meer ist nicht mehr lautlos: es rauscht. Schon überschlagen sich einzelne Wogen und bilden Kämme von weißem Gischt. Im Südosten beobachte ich eine düstere Wolkenbank und Wetterleuchten.

Die „Salzburg" ist ein kleines, nicht gerade sehr komfortables Schiff. Die Matrosen sind eben dabei, das Deck zu reinigen. Sie spritzen aus einer „Schlauchspritze" Wassermassen darüber hin, so daß ich fortwährend flüchten muß und auch so jeden Augenblick in Gefahr bleibe, durchnäßt zu werden. Es ist kein Tee zu bekommen, trotzdem ich, wärmebedürftig wie ich bin, mehrmals darum ersuche. Die Einrichtungen hier halten einen Vergleich mit dem norddeutschen Lloyd nicht aus.

„O, Tee, in eine Minute fertig," wiederholt der Steward eben wieder, nachdem etwa anderthalb Stunden Wartens vorüber sind.

Jetzt 7½ Uhr; volle Sonne und Seegang. Unter anderen Wohltaten einer Seereise ist auch die anzumerken, daß man während der Fahrt die ruhige und gesicherte Schönheit der großen Weltinseln wiederum tiefer würdigen lernt. Das Streben des Seefahrers geht auf Land. Statt vieler auseinander liegender Ziele bemächtigt sich seine Sehnsucht nur dieses einen, wie wenige notwendig. Daher noch im Reiche des Idealen glückselige Inseln auftauchen und als letzte glückselige Ziele genannt werden.

Allerlei Vorgänge der Odyssee, die ich wieder gelesen habe, beschäftigen meine Phantasie. Der schlaue Lügner, der selbst Pallas Athene belügt, gibt manches zu denken. Welche Partien des Werkes sind, außer den eingestandenermaßen erlogenen, wohl noch als erfunden zu betrachten, vom Genius des erfindungsreichen Odysseus? Etwa die ganze Kette von Abenteuern, deren unsterbliche Schönheit unzerstörbar besteht? Es kommen zweifellos Stellen vor, die unerlaubt aufschneiden; so diejenige, wo die Charybdis das Wrack des Odysseus einsaugt, während er sich in das Gezweige eines Feigenbaumes gerettet hat, und wo dasselbe Wrack von ihm durch einen Sprung wieder erreicht wird, als es die See an die Oberfläche zurückgibt.

Die Windstärke hat zugenommen. Hie und da kommt ein Sprühregen über Deck. Regenbogenfarbene Schleier lösen sich von den Wellenkämmen. Rechts in der Ferne haben wir italienisches Festland. Ein kleines, scheinbar flaches Inselchen gibt Gelegenheit, das Spiel der Brandung zu beobachten. Zuweilen ist es, als sähen wir den Dampf einer pfeilschnell längs der Klippen hinlaufenden Lokomotive. Weiße Raketen schießen überall auf, mitunter in so gewaltigem Wurf, daß sie, weißen Türmen vergleichbar, einen Augenblick lang stillstehen, bevor sie zusammenstürzen.

Ich lasse mir sagen, daß es sich hier nicht, wie Augenschein glauben macht, um eine Insel, sondern um eine Gruppe handelt: die Tremiti. Der freundliche Schiffsarzt Moser führt mich ins Kartenhaus und weist mir den Punkt auf der Schiffskarte. Auf den Tremiti halten die Italiener gewisse Gefangene, die im Inselbezirk bedingte Freiheit genießen.

Ein Dampfer geht zwischen uns und der Küste gleichen Kurs.

Allmählich sind wir dem Lande näher gekommen, bei schwächerem Wind und stärkerer Dünung. Das Wasser, wie immer in der Nähe von Küsten, zeigt hellgrüne Färbungen. Es gibt schwerlich eine reizvollere Art Landschaft zu genießen, als von der See aus, vom Verdeck eines Schiffes. Die Küsten, so gesehen, versprechen, was sie nie halten können. Die Seele des Schauenden ist so gestimmt, daß sie die Ländereien der Uferstrecken fast alle in einer phantastischen Steigerung paradiesisch sieht.

Vieste, Stadt und malerisches Kastell, tauchen auf und werden dem Auge deutlich. Die Stadt zieht sich herunter um eine Bucht. Den Hintergrund bilden Höhenzüge, die ins Meer enden: zum Teil bewaldet, zum Teil mit Feldern bedeckt. Durch das Fernglas des Kapitäns erkenne ich vereinzelt gestellte Bäume, die ich für Oliven halte. Eine starke, alte Befestigungsmauer ist vom Kastell aus um die Bucht heruntergeführt. Es ist eigentümlich, wie märchenhaft der Anblick des Ganzen anmutet. Man erinnert sich etwa alter Miniaturen in Bilderhandschriften: Histoire des batailles de Judée, Tesïde oder an Ähnliches, man denkt an Schiffe von phantastischer Form im Hafen der Stadt, an Mauern, Ritter und Kreuzfahrer in ihren Gassen.

Jene, nicht allzuferne, uns Heutigen doch schon völlig fremde Zeit, wo der Orient in die abendländische Welt, wie eine bunte Welle, hineinschlug, jene unwiederbringliche Epoche vielfältig ausschweifender, abenteuerlicher Phantastik — so ist man versucht zu denken — müsse in einer dem Gegenwartsblick so gespenstischen Stadt noch voll in Blüte stehen. Wetterwolken sammeln sich über dem hochgelegenen Kastell. Die See wogt wie dunkles Silber. Der Wind weht empfindlich kalt.

Homer in der Odyssee läßt den Charakter des Erderschütterers Poseidon durchaus nicht liebenswürdig erscheinen. Er ist es auch nicht. Er ist unzuverlässig; er hat unberechenbare Lücken. Ich empfinde die Seekrankheit, an der viele Damen und einige Herren leiden, als einen hämischen Racheakt. Der Gott übt Rache. In einer Zeit, wo er, verglichen mit ehemals, sich in seiner Macht auf eine ungeahnte Weise beschränkt und zur Duldung verurteilt sieht, rächt er sich auf die niederträchtigste Art. Ich stelle mir vor, er schickt einen aalartiglangen Wurm aus der Tiefe herauf, mit dem Kopf zuerst durch den Mund in den Magen des Seefahrers, aber so, daß der Kopf in den Magen gelangt, dort eingeschlossen, der Schwanz mittlerweile ruhig im Wasser hängen bleibt. Der Seefahrer fühlt diesen Wurm, den niemand sieht. Obgleich er ihn aber nicht sieht, so weiß er doch, daß er grün und schleimig ist, und endlos lang in die See hinunterhängt, und mit dem Kopfe im Magen festsitzt. Die schwierige Aufgabe bleibt nun die: den Wurm, der sich nicht verschlucken und auch nicht ausspucken läßt, aus dem Innern herauszubekommen.

Seltsam ist, daß Homer diesen göttlichen Kniff Poseidons unbeschrieben läßt, zumal er doch sonst im Gräßlichen keine Grenzen kennt und — von den vielerlei Todesarten, die er zur Darstellung bringt, abgesehen — einen verwandten Zustand, der dem Zyklopen Polyphem zustößt, so schildert:

„... dem Rachen entstürzten mit Weine Stücke von Menschenfleisch, die der schnarchende Trunkenbold ausbrach."

Eine Gesellschaft von Tümmlern zeigt sich hie und da augenblicksschnell überm Wasser in der Nähe des Dampfers. Der Tümmler, vom Seemann als Schweinfisch bezeichnet, ist ein Delphin, der im Mittelmeer wohl fast bei jeder Tagesfahrt gesichtet wird. Er ist ein ausgezeichneter Schwimmer und sehr gefräßig.

Wir verlieren die italienische Küste wieder mehr und mehr aus den Augen. Der Nachmittag schreitet fort durch monotone Stunden, wie sie bei keiner Seereise ganz fehlen. Regenböen gehen zuweilen über Deck. Ich finde einen bequemen Sitzplatz, einigermaßen geschützt vor dem Winde. Ich schließe die Augen. Ich versinke gleichsam in die Geräusche des Meeres. Das Rauschen umgibt mich. Das große, das machtvolle Rauschen, überall her eindringend, unwiderstehlich, erfüllt meine Seele, scheint meine Seele selbst zu sein.

Ich gedenke früherer Seefahrten; darunter sind solche, die ich mit beklommener Seele habe machen müssen. Viele Einzelheiten stehen vor meinem innern Gesicht. Ich vergleiche damit meinen heutigen Zustand. Damals warf der große Ozean unser stattliches Schiff dreizehn Tage lang. Die Seeleute machten ernste Gesichter. Was ich selber für ein Gesicht gemacht habe, weiß ich nicht; denn was mich betrifft: ich erlebte damals stürmische Wochen auf zwei Meeren; und ich wußte genau, daß, wenn wir mit unserem bremenschen Dampfer auch wirklich den Hafen erreichen sollten, dies für mein eigenes, gebrechliches Fahrzeug durchaus nicht der Hafen sei.

Ich erwäge plötzlich mit einem gelinden Entsetzen, daß ich mich nun doch noch auf einer Reise nach jenem Lande befinde, in das es mich schon mit achtzehn Jahren hyperion-sehnsüchtig zog. Zu jener Zeit erzwang ich mir einen Aufbruch dahin, aber die Wunder der italienischen Halbinsel verhinderten mich, mein Ziel zu erreichen. Nun habe ich das Versäumte nachzuholen: in sechsundzwanzig Jahren zuweilen nicht mehr gehofft, zuweilen gewünscht; zuweilen auch nicht mehr gewünscht; einmal die Reise geplant, begonnen und liegengelassen. Und ich gestehe mir ein, daß ich eigentlich niemals an die Möglichkeit ernstlich geglaubt habe, das Land der Griechen mit Augen zu sehen. Noch jetzt, indem ich diese Notizen mache, bin ich mißtrauisch!

Ich kenne übrigens keine Fahrt, die etwas gleich Unwahrscheinliches an sich hätte. Ist doch Griechenland eine Provinz jedes europäischen Geistes geworden; und zwar ist es noch immer die Hauptprovinz. Mit Dampfschiffen oder auf Eisenbahnen hinreisen zu wollen, erscheint fast so unsinnig, als etwa in den Himmel eigener Phantasie mit einer wirklichen Leiter steigen zu wollen.

Es ist sechs Uhr und die Sonne eben im Untergehen. Der Schiffsarzt erzählt mancherlei und kommt auf die Sage vom grünen Strahl. Der grüne Strahl, den gesehen zu haben Schiffsleute mitunter behaupten, erscheint in dem Augenblick, ehe die Abendsonne ganz unter die Wasserlinie tritt. Ich weiß nicht, welche Fülle rätselhaften Naturempfindens diese schöne Vorstellung in mir auslöst. Die Alten, erklärt uns ein kleiner Herr, müßten den grünen Strahl gekannt haben; der Name des ägyptischen Sonnengottes bedeute ursprünglich: grün. Ich weiß nicht, ob es sich so verhält, aber ich fühle in mir eine Sehnsucht, den grünen Strahl zu erblicken. Ich könnte mir einen reinen Toren vorstellen, dessen Leben darin bestände, über Länder und Meere nach ihm zu suchen, um endlich am Glanz dieses fremden, herrlichen Lichtes unterzugehen. Befinden wir uns vielleicht auf einer ähnlichen Pilgerfahrt? Sind wir nicht etwa Menschen, die das Bereich ihrer Sinne erschöpft haben, nach andersartigen Reizen für Sinne und Übersinne dürsten?

Jedenfalls ist der kleine Herr, durch den wir über den grünen Strahl belehrt wurden, ein seltsamer Pilgersmann. Das putzige Männchen reist in Schlafschuhen. Sein ganzes Betragen und Wesen erregt zugleich Befremden und Sympathie. Wohl über die fünfzig hinaus an Jahren, mit bärtigem Kopf, rundlicher Leibesfülle und kurzen Beinchen, bewegt er sich in seinen Schlafschuhen mit einer bewunderungswürdigen, stillvergnügten Gelenkigkeit. Ich habe ihn auf der Regenplane, von der die verschlossene Öffnung des Schiffsraums überzogen ist, in wahrhaft akrobatischen Stellungen bequem seine Reisebeobachtungen anstellen sehen. Zum Beispiel: er saß wie ein Türke da; indessen die Gleichgültigkeit, mit der er die unwahrscheinlichste Lage seiner Beinchen behandelte, hätte Theodor Amadeus Hoffmann stutzig gemacht. Übrigens trug er Wadenstrümpfe und Kniehosen, Lodenmantel und einen kleinen, verwegenen Tirolerhut. Mitunter machte er mitten am Tage astronomische Studien, wobei er, das Zeißglas gegen den Himmel gerichtet, die Knie in unbeschreiblicher Weise voneinander entfernt, die Fußsohlen glatt aneinandergelegt, auf dem Rücken lag.

Wir gleiten nun schon geraume Weile unter den Sternen des Nachthimmels. Ein Schlag der Glocke, die vorn auf dem Schiff angebracht ist, bedeutet Feuer rechts. Der Leuchtturm von Brindisi ist gesichtet. Nach und nach treten drei Blinkfeuer von der Küste her abwechselnd in Wirkung. Drei neue Glockenzeichen des vorn wachthaltenden Matrosen ertönen. Sie bedeuten: Schiff in Fahrtrichtung uns entgegen. Ich habe mich so aufgestellt, daß ich die Spitze des großen Vordermasts über mir feierlich schwanken und zwischen den Sternen unaufhaltsam fortrücken sehe. Erst gegen zehn Uhr erreichen wir die enge Hafeneinfahrt von Brindisi, durch die wir, an einem Gespensterkastell vorüber, im vollen Mondlicht langsam gleiten.

Die Bewohner der Stadt scheinen schlafen gegangen zu sein. Die Hafenstraßen sind menschenleer. Treppen und Gäßchen zwischen Häusern, hügelan führend, sind ebenfalls ausgestorben. Kein Laut, nicht einmal Hundegebell, ertönt. Wir erkennen im Mondlicht und im Scheine einiger wenigen Laternen Säulenreste antiker Bauwerke. Brindisi war der südliche Endpunkt der Via Appia.

Unglaublich groß wirkt das Schiff in dem kleinen, teichartigen Hafen. Aber, so groß es ist, macht es mit vieler Vorsicht am Kai fest, und erst als es fast ganz ruhig liegt, ist es bemerkt worden. Jetzt werden auf einmal die Straßen belebt. Und schon sind wir nach wenigen Augenblicken vom italienischen Lärm umgeben. Die Polizei erscheint an Bord. Wagen mit Passagieren rasseln von den Hotels heran. Drei Mandoline zupfende, alte Kerle haben sich auf Deck verpflanzt, die den Gesang einer sehr phlegmatischen Mignon begleiten.

Die Nacht liegt hinter mir. Es ist sechs Uhr früh und der 28. März. Wir sind dicht unter Land, und die Sonne tritt eben hinter den ziemlich stark beschneiten Spitzen über die höchste Erhebung des Randgebirges von Epirus voll hervor. Wenig Stratusgewölk liegt über der blauen Silhouette der Küste. Übrigens hat der Himmel Scirocco-Charakter. Streifen und verwaschene Wolkenballen unterbrechen das Himmelsblau. Das Licht der Sonne scheint blaß und kraftlos. Die Luft weht erkältend, ich spüre Müdigkeit.

Ich betrete den Speisesaal der „Salzburg". An drei Tischen ist das Frühstück vorbereitet. Dazwischen, auf der Erde, liegen Passagiere. Einige erheben sich, noch im Hemd, von ihren Matratzen und beginnen die Kleider anzulegen. Ein großes Glasgefäß mit den verschmierten Resten einer schwarzbraunen Fruchtmarmelade steht in unappetitlicher Nähe. Der Löffel steckt seit Beginn der Reise darin.

Es ist hier alles schon Asien, bedeutet mich ein Mitreisender. Ich kann nicht sagen, daß ich besonders von diesen Übelständen berührt werde, weiß ich doch, daß Korfu, die erste Etappe der Reise, nun bald erreicht ist. Außerdem flüchtet man, nachdem man in Eile etwas Kaffee und Brot genossen hat, wieder an Deck hinaus. Die Berge der Küste, nicht höher als die, von denen etwa Lugano umgeben ist, sind noch mit einigem Schnee bestreut und ähneln ihnen, braunrötlich und kahl, durchaus. Durch diese Gebirge erscheint das Hinterland wie durch einen gigantischen Wall vor dem Meere geschützt.

Man hat jetzt nicht mehr das Gefühl, im offenen Meere zu sein, sondern wir bewegen uns in einer sich mehr und mehr verengenden Wasserstraße. Überall tauchen Küsten und Inseln auf, und nun zur Rechten bereits die Höhen von Korfu. Noch immer schweben mit Gelächter oder Geläut begleitende Möven über uns.

Je länger und näher wir an dem nördlichen Rande von Korfu hingleiten, um so fieberhafter wird das allgemeine Leben an Deck. In schöner Linie langsam ansteigend, gipfelt das Eiland

12

in zwei Spitzen, sanft darnach wieder ins Meer verlaufend. Wieder bemächtigt sich unser jenes Entzücken, das uns eine Küstenlandschaft bereitet, die man vom Meere aus sieht. Diesmal ist es in mir fast zu einem inneren Jubel gesteigert, im Anblick des schönen Berges, den wir allmählich nach Süden umfahren, und der seine von der Morgensonne beschienenen Abhänge immer deutlicher und verlockender ausbreitet. Ich sage mir, dieses köstliche, fremde Land wird nun auf Wochen hinaus — und Wochen bedeuten auf Reisen viel! — für mich eine Heimat sein.

Was mir bevorsteht, ist eine Art Besitzergreifen. Es ist keine unreale, materielle Eroberung, sondern mehr. Ich bin wieder jung. Ich bin berauscht von schönen Erwartungen, denn ich habe von dieser Insel, solange ich ihren Namen kannte, Träume geträumt.

Es ist zehn Uhr. Wir befinden uns nun in einer wahrhaft phäakischen Bucht. Drepane, Sichel, hieß die Insel im ältesten Altertum, und wir sind in dem Raume der inneren Krümmung. Aber das Jonische Meer ist hier einem weiten, paradiesischen Landsee ähnlich, weil auch der offene Teil der Sichel durch die epirotischen Berge hinter uns scheinbar geschlossen ist.

Ich vermag vor Kopfneuralgien kaum aus den Augen zu sehen. Ich bin insofern ein wenig enttäuscht, als unser Hotel rings von den Häusern der Stadt umgeben ist und es nicht leicht erscheint, zu jenen einsamen Wegen durchzudringen, die mich vom Schiff aus anlockten und die für meine besondere Lebensweise so notwendig sind. Ein kurzer Gang durch einige Straßen von Korfu, der Stadt, zwingt mich, die Bemerkung zu machen, daß hier viele Bettler und Hunde sind. Eine bettelnde Korfiotin, ein robustes Weib in griechischer Tracht, das Kind auf dem Arm, geht mich um eine Gabe an, und ich vermag den feurigen Blicken ihrer beiden flehenden Augen mein hartes Herz nicht erfolgreich entgegenzusetzen.

Ich sehe die ersten griechischen Priester, die im Schmuck ihrer schwarzen Bärte, Talare und hohen, röhrenförmigen Kopfbedeckungen Magiern ähneln, auf Plätzen und Gassen herumstreichen. Die nicht sehr zahlreichen Fremden gehen mit eingezogenen Köpfen umher, es ist ziemlich kalt. Im oberen Stock eines Hauses wird Schule gehalten. Die Kinder, im Innern des Zimmers, singen. Die Lehrer gucken lachend und lebhaft schwatzend zum Fenster heraus. Die Stimmen der Singenden haben mehr einen kühlen, deutschen Charakter und nicht den feurigen, italienischen, an den man im Süden gewöhnt ist. Zuweilen singt einer der Lehrer zum offenen Fenster heraus lustig mit.

Die Stadt Korfu ist in ihrem schöneren Teil durch einen sehr breiten, vergrasten Platz von der Bucht getrennt. Es ist außerordentlich angenehm, hier zu lustwandeln. Ein Capodistria-Denkmal und ein marmornes Rundtempelchen verlieren sich fast auf der weiten Grasfläche. Nach dem Meer hin läuft sie in eine Felszunge aus, die alte Befestigungen aus den Zeiten der Venezianer trägt. Ich begegne kaum einem Menschen. Die Morgensonne liegt auf dem grünen Plan, ein Schäfchen grast nicht weit von mir. Ein Truthahn dreht sich und kollert in der Nähe der langen Hausreihe, deren zahllose Fenster geöffnet sind und den Gesang von — ich weiß nicht wie vielen! — Harzer Rollern in die erquickende Luft schicken.

Wir unternehmen am Nachmittag eine Fahrt über Land; es ist in der Luft eine außerordentlich starke Helligkeit. Figi d'Indias Kakteen säumen mauerartig die Straße. Wir sehen violette Anemonen unten am Wegrand, Blumen von neuem und wunderbarem Reiz. Warum will man den Blumen durchaus Eigenschaften von Tieren oder von Menschen andichten und sie nicht lieber zu Göttern machen? Diese kleinen göttlichen Wesen, deren köstlicher Liebreiz uns immer wieder Ausrufe des Entzückens entlockt, zeigen sich in um so größeren Mengen, je mehr wir uns von der Küste entfernen, ins Innere des Eilands hinein.

Der Blick weitet sich bald über Wiesen mit saftig grünen, aber noch kurzen Gräsern, die fleckweise wie beschneit von Margueriten sind. In diesen fast nordischen Rasenflächen stehen Zypressen vereinzelt da und eine südliche Bucht, der Lago di Caliciopolo lacht dahinter auf. In der Straße, die eben diese Bucht mit dem Meere verbindet, erhebt sich ein kleiner, von Mauern und Zypressen gekrönter Fels. Die Mauern bilden ein Mönchskloster. Ponticonisi oder Mausinsel heißt das Ganze, wovon man behauptet, es sei das Phäakenschiff, das, nachdem es Odysseus nach seiner Heimat geleitet hatte, bei seiner Rückkehr, fast schon im Hafen, von Poseidon zu Stein verwandelt worden ist.

Wiesen und umgeworfene Äcker begleiten uns noch. Vollbusige, griechische Frauen, in bunter Landestracht, arbeiten in den Feldern. Kleine, zottelige, unglaublich ruppige Gäule grasen an den Rainen und zwischen Olivenbäumen, an steinigen Abhängen. Auf winzige Eselchen sind große Lasten gelegt, und der Treiber sitzt auf der Last oder hinter der Last noch dazu.

Wir nähern uns mehr und mehr einem Berggebiet. Die Ölwälder geben der Landschaft einen ernsten Charakter. Die tausendfach durchlöcherten Stämme der alten Bäume sind wie aus glanzlosem Silber geflochten. Im Schutze der Kronen wuchert Gestrüpp und ein wildwachsender Himmel fremdartiger Blüten auf.

Das Achilleion der Kaiserin Elisabeth ist auf einer Höhe errichtet, in einer Eiland und Meer beherrschenden Lage. Der obere Teil des Gartens ist ein wenig beengt und kleinlich, besonders angesichts dieser Natur, die sich um ihn her in die Tiefen ausbreitet. Und jener Teil, der zum Meere hinuntersteigt, ist zu steil. Von erhabener Art ist die Achillesverehrung der edlen Frau, obgleich dieser Zug, durch Künstler der Gegenwart, würdigen Ausdruck hier nicht gefunden hat. Das Denkmal Heines, eine halbe Stunde entfernt, unten am Meere, können wir, weil es bereits zu dunkeln beginnt, nicht mehr besuchen.

Die unvergleichlich Edele unter den Frauengestalten jüngster Vergangenheit, die, nach ihresgleichen in unserem Zeitalter vergeblich suchend, einsam geblieben ist, vermochte natürlicherweise den kunstmäßigen Ausdruck ihrer Persönlichkeit nicht selbst zu finden. Und leider schufen Handlangernaturen auch hier nur wieder im ganzen und großen den Ausdruck desselben, dem sie entfliehen wollte. Und nur der Platz, die Welt, der erhabene Glanz und Ernst, in den sie entfloh, legt von diesem Wesen noch gültiges Zeugnis ab.

Wir schreiben den 30. März. Helle, warme Sonne, blendendes Licht überall. Der Morgen ist heiter, erfrischend die Luft. Die Stadt ist erfüllt vom Geschrei der Ausrufer. Viele Menschen liegen jetzt, gegen 9 Uhr früh, am Rande eines kleinen, öffentlichen Platzes umher und sonnen sich. Eine ganze Familie ist zu beobachten, die sich an eine Gartenmauer gelagert hat, in einem sehr notwendigen Wärmebedürfnis wahrscheinlich, da die Nächte kalt und die Keller, in denen die Armen hier wohnen, nicht heizbar sind. Sie genießen die Strahlen der Sonne mit Wohlbehagen, wie Ofenglut. Dabei zeigt sich die Mutter insofern ganz ungeniert durch die Öffentlichkeit, als sie, gleich einer Äffin, in den verfilzten Haaren ihres Jüngsten herumfingert, sehr resolut, obgleich der kleine Gelauste schrecklich weint.

Am Kai der Kaiserin Elisabeth steigert sich der Glanz des Lichtes noch, im Angesichte der schönen Bucht. Der Kai ist eine englische Anlage und die Nachmittagspromenade der korfiotischen Welt. Er wird begleitet von schönen Baumreihen, die, wo sie nicht aus immergrünen Arten gebildet sind, erstes, zartes Grün überzieht. Junge Männer haben Teppiche aus den Häusern geschleppt und auf dem Grase zwischen den Stämmen ausgebreitet. Ein scheußliches, altes, erotomanisches Weib macht unanständige Sprünge in den heiteren Morgen hinein. Sie schreit und schimpft: die Männer lachen, verspotten sie gutmütig. Sie kratzt sich mit obszöner Gebärde, bevor sie davongeht und hebt ihre Lumpen gegen die Spottlustigen.

Ich habe jetzt nicht mehr die tiefblaue, köstlich blinkende Bucht zur Linken, mit den weißen Zelten der albanesischen Berge das hinter, sondern ein großes Gartengebiet, und wandere weiter, meist unter Ölbäumen, bis Ponticonisi dicht unter mir liegt. Von hier gegenüber mündet ein kleines Flüßchen ins Meer und man will dort die Stelle annehmen, wo Odysseus zuerst ans Ufer gelangte und Nausikaa ihm begegnet ist.

Goethes Entwurf zur Nausikaa begleitet mich.

> „Was rufen mich für Stimmen aus dem Schlaf?
> Wie ein Geschrei, ein laut Gespräch der Frauen
> Erklang mir durch die Dämmrung des Erwachens.
> Hier seh ich niemand! Scherzen durchs Gebüsch
> Die Nymphen? oder ahmt der frische Wind,
> Durchs hohe Rohr des Flusses sich bewegend,
> Zu meiner Qual die Menschenstimmen nach?
> Wo bin ich hingekommen? welchem Lande
> Trug mich der Zorn des Wellengottes zu?"

Ich meine, wenn dieses anziehende Fragment die starke Liebe wieder erweckt, oder eine ähnlich starke, wie im Herzen seines Dichters war, so kann dies kein Grund zum Vorwurf sein. Auch dann nicht, wenn diese Liebe das Fehlende, das Ungeborene, zu erkennen vermeint, oder gar zu ergänzen unternimmt. Dieser gelassene Ton, der so warm, stark, richtig und deutsch ist, wird

XI. 2

meist durchaus mißverstanden. Man nimmt ihn für kühl und vergißt auch in der Sprache der Iphigenie die „by very much more handsome than fine" ist, die alles durchdringende Herzlichkeit.

Der Rückweg nach der Stadt führt zwischen wahre Dickichte von Orangen, Granaten und Himbeeren. Eukalyptusbäume mit großgefleckten Stämmen von wunderbarer Schönheit begegnen. Hie und da wandeln Kühe im hohen Gras unter niedrig gehaltenen Orangepflanzungen. Steinerne Häuschen, Höhlen der Armut, bergen sich inmitten der dichten Gärten. Kinder betteln mit Fröhlichkeit, starrend von Schmutz.

Immer weiter zwischen verwilderten Hecken, mit Blüten bedeckten, schreiten wir. Ich bemerke außer vielen Brombeeren, dickstämmigen, alten Weißdorn. Marguerits, wie Schnee über Wegrändern und Wiesen, bilden weiße, liebliche Teppiche des Elends. Erbärmliche Höfe sind von Aloepflanzen eingehegt, über deren Stacheln unglaubliche Lumpen zum Trocknen gebreitet sind, und in der Nähe solcher Wohnstätten riecht es nach Müll. Ich sehe nur Männer bei der Feldarbeit. Die Weiber faulenzen, liegen im Dreck und sonnen sich.

Ein griechischer Hirt kommt mir entgegen, ein alter, bärtiger Mann. Die ganze Erscheinung ist wohlgepflegt. Er trägt kretensische Tracht, ein rockartiges, blaues Beinkleid, zwischen den Beinen gerafft, Schnabelschuh, die Waden gebunden, ein blaues Jäckchen mit Glanzknöpfen, dazu einen strohenen Hut. Fünf Ziegen, nicht mehr, trotten vor ihm hin. Er klappert mit vielen kleinen Blechkannen, die, an einem Riemen hängend, er mit sich führt.

Ein frischer Nordwest hat eingesetzt, jetzt, am Nachmittag. Zwei alte Albanesen, dazu ein Knabe, schreiten langsam über die Lespianata. Einer der würdigen Weißbärte trägt über zwei

Mänteln den dritten, deſſen Kapuze er über den Kopf gezogen hat. Der unterſte Mantel iſt von hellerem Tuch, der zweite blau, der dritte über und über bedeckt mit langen, weißlichen Woll= zotteln, ähnlich dem Ziegenhaar. Der Sauhirt Eumäus fällt mir ein und die Erzählung des Bettlers Odyſſeus von ſeiner Liſt, durch die er nicht nur von Thoas, dem Sohne Andrämons, den Mantel erhielt, ſondern auch von Eumäus.

Es ſcheint, daß die Zahl der Mäntel den Wohlſtand ihrer Träger andeutet. Denn auch der zweite dieſer imponierenden Berghirten hat drei Mäntel übergeworfen. Dabei tragen ſie weiße Wollgamaſchen und graulederne Schnabelſchuhe. Jeder von ihnen überdies einen ungeſchälten, langen Stab. Der Knabe trägt einen roten Fez. Die Schnäbel ſeiner roten Schuhe ſind länger, als die der Alten und jeder mit einer großen, ſchwarzen Quaſte geziert.

Die Hafenſtraßen zeigen das übliche Volksgetriebe. Die Läden öffnen ſich auf ſchmale, hochgelegene Lauben, aus denen man in das Menſchengewimmel der engen Gäßchen hinunterſieht. Ein Mann trägt Fiſche mit ſilbernen Schuppen auf dem flachen Hand= teller eilend an mir vorbei. Junge Schafe und Ziegen hängen, ausgeweidet und blutend, vor den Läden der Fleiſcher. Über der Tür einer Weinſtube voll rieſiger Fäſſer ſind im Halbkreis Flaſchen mit verſchieden gefärbtem Inhalt an Schnüren ausgehängt. Man hat ſchlechte Treppen, übelriechende Winkel zu vermeiden, ver= tierten Bettlern aus dem Wege zu gehn.

Einer dieſer Bettler nähert ſich mir. Er überbietet jeden ſonſtigen, europäiſchen Eindruck dieſer Art. Seine Augen glühen über einem ſackartigen Lumpen hervor, mit dem er Mund, Naſe und Bruſt vermummt hat. Er huſtet in dieſe Umhüllung hinein. Er bleibt auf der Straße ſtehen und huſtet, krächzt, pfeift mit Abſicht, um aufzufallen, ſein fürchterliches Huſten minutenlang. Es iſt ſchwer, etwas ſo Abſtoßendes vorzuſtellen, als dieſes ver= lauſte, unflätige, barfüßige und halbnackte Geſpenſt.

Ich verbringe die Stunde um Sonnenuntergang in dem schönen, verwilderten Garten, der dem König von Griechenland gehört. Es ist eine wunderbare Wildnis von alten Zypressen-, Oliven- und Eukalyptusbäumen, ungerechnet alle die blühenden Sträucher, in deren Schatten man sich bewegt. Vielleicht wäre es schade, wenn dieser Garten oft vom König besucht würde, denn bei größerer Pflege müßte er vieles verlieren von dem Reiz des Verwunschenen, der ihm jetzt eigen ist. Die Riesenbäume schwanken gewaltig im Winde und rauschen dazu: ein weiches, aufgestörtes Rauschen, in das sich der eherne Ton des Meeres einmischt.

Wie ich heute morgen das Fenster öffne, ist die Sonne am wolkenlosen Himmel längst aufgegangen. Ich bemerke, daß alles in einem fast weißen Lichte unter mir liegt: die Straßen und Dächer der Stadt, der Himmel, die Landschaft mit ihren Wiesen, Olivenwäldern und fernen Bergen. Als ich aus dem Hotel trete, muß ich die Augen fast schließen, und lange, während ich durch den nördlichen Stadtteil Korfus hinauswandere, suche ich meinen Weg blinzelnd.

Die Vorstadt zeigt das übliche Bild. Auf kleinen Eselchen sitzen Reiter, so groß, daß man meint, sie könnten ihr Reittier mühelos in die Tasche stecken. Ruppige Pferdchen, braunschwarz oder schwarz, mit Schweifen, die bis zur Erde reichen, tragen allerlei tote Lasten und lebende Menschen dazu. Vor ihren zumeist einstöckigen Häusern hocken viele Bewohner und sonnen sich. Eine junge Mutter säugt, auf ihrer Türschwelle sitzend, ihr jüngstes Kind und laust es zugleich in aller Behaglichkeit und Naivität. Die weißen Mauerflächen werfen das Licht zurück und erzeugen Augenschmerzen.

Ich komme nun in die Region der Weiden und Ölgärten. Auf einer ebenen Straße, die stellenweise vom Meere bespült, dann wieder durch sumpfige Strecken oder Weideland vom Rande der großen, inneren Bucht getrennt ist. Ich ruhe ein wenig auf einem Stück Ufermauer am Ausgang der Stadt. Die Sonne brennt heiß. Von den angrenzenden Hügeln steigt ein albanesischer Hirte mit seinen Schafen zur Straße herunter: trotz der Wärme trägt er seine drei Mäntel, oben den fließartigen, über die Schultern gehängt. Ein sehr starkes und hochbeiniges Mutterschwein kommt aus der Stadt und schreitet hinter seinen Ferkeln an mir vorüber. Es folgt ein Eber, der kleiner ist.

Es ist natürlich, wenn ich auch hier wieder an Eumäus denke, den göttlichen Hirten, eine Gestalt, die mir übrigens schon seit längerer Zeit besonders lebendig ist. Eigentümlicherweise umgibt das Tier, dessen Pflege und Zucht ihm besonders oblag, noch heute bei uns auf dem Lande eine Art alter Opferpoesie. Es ist das einzige Tier, das von kleinen Leuten noch heute, nicht ohne große festliche Aufregung, im Hause geschlachtet wird. Das Barbarische liegt nicht in der naiven Freude an Trunk und Schmaus; denn die homerischen Griechen, gleich den alten Germanen, neigten zur Völlerei. Metzgen, essen, trinken, gesundes Ausarbeiten der Glieder im Spiel, im Kampfspiel zumeist, das alles im Einverständnis mit den Himmlischen, ja in ihrer Gegenwart, war für griechische wie für germanische Männer der Inbegriff jeder Festlichkeit.

Es liegt in dem Eumäus-Idyll eine tiefe Naivität, die entzückend anheimelt. Kaum ist irgendwo im Homer eine gleiche menschliche Wärme zu spüren wie hier. Es wäre vielleicht von dieser Empfindung aus nicht unmöglich, dem ewigen Gegenstande ein neues lebendiges Dasein für uns zu gewinnen.

Es ist nicht durchaus angenehm, außer zum Zweck der Beobachtung, durch diese weiße, stauberfüllte Vorstadt zurück den Weg zu nehmen. Unglaublich, wieviele Murillosche Kopfreinigungen man hier öffentlich zu sehen bekommt! Es ist glühend heiß. Scharen von Gänsen fliegen vor mir auf und vermehren den

Staub, ihn, die weite Straße hinabfliegend, zu Wolken über sich jagend. Hochrädrige Karren kommen mir entgegen. Hunde laufen über den Weg: Bulldoggen, Wolfshunde, Pinscher, Fixköter aller Art! Gelbe, graue und schwarze Katzen liegen umher, laufen, fauchen, retten sich vor Hunden auf Fensterbrüstungen. Eselchen schleppen Ladungen frischgeflochtener Körbe, die den Entgegenkommenden das Ausweichen fast unmöglich machen. Eine breitgebaute, griechische Bäuerin drückt, im bildlichen Sinne, wie sie pompös einherschreitet, ihre Umgebung an die Wand. Bettler, mit zwei alten Getreidesäcken bekleidet, den einen unter den Achseln um den Leib geschlungen, den andern über die Schultern gehängt wie ein Umschlagetuch, sprechen die Inhaber ärmlicher Läden um Gaben an. Ein junger Priesterzögling von sehr gepflegtem Äußeren, mit schwarzem Barett und schwarzer Sutane, der schön wie ein Mädchen ist, von einem gemeinen Manne, dem Vater oder Bruder begleitet, geht mir entgegen. Der Arm des Begleiters ist um die Schultern des Priesters gelegt, dessen tiefschwarz glänzendes Haar im Nacken zu einem Knoten geflochten ist. Weiber und Männer blicken ihm nach.

Heute entdecke ich eigentlich erst den Garten des Königs und seine Wunder. Ich nehme mir vor, von morgen ab mehrere Stunden täglich hier zuzubringen. Seit längerer Zeit zum ersten Male genieße ich hier jene köstlichen Augenblicke, die auf Jahre hinaus der Seele Glanz verleihen, und um derentwillen man eigentlich lebt. Es dringt mir mit voller Macht ins Gemüt, wo ich bin, und daß ich das Jonische Meer an den felsigen Rändern des Gartens brausen höre.

Wir haben heute den 1. April. Meine Freunde, die Maler sind, und ich, haben uns am Eingange der Königsvilla voneinander getrennt, um, jeder für sich, in dem weiten, verwilderten Gartenbereich auf Entdeckungen auszugehen. Es ist ein Morgen von unvergleichlicher Süßigkeit. Ich schreibe, meiner Gewohnheit nach, im Gehen, mit Bleistift diese Notizen. Mein Auge weidet. Das Paradies wird ein Land voll ungekannter, köstlicher Blumen sein. Die herrlichen Anemonen Korfus tragen mit dazu bei, daß man Ahnungen einer andern Welt empfindet. Man glaubt beinahe, auf einem fremden Planeten zu sein.

In dieser eingebildeten Loslösung liegt eine große Glückseligkeit.

Ich finde nach einigem Wandern die Marmorreste eines antiken Tempelchens. Es sind nur Grundmauern; einige Säulentrommeln liegen umher. Ich lege mich nieder auf die Steine, und eine unsägliche Wollust des Daseins kommt über mich. Ein feines, glückliches Staunen erfüllt mich ganz, zunächst fast noch ungläubig, vor diesem nun Ereignis gewordenen Traum.

Weniger um etwas zu schaffen, als vielmehr um mich ganz einzuschließen in die Homerische Welt, beginne ich ein Gedicht zu schreiben, ein dramatisches, das Telemach, den Sohn des Odysseus, zum Helden hat. Umgeben von Blumen, umtönt von lautem Bienengesumm, fügt sich mir Vers zu Vers, und es ist mir allmählich so, als habe sich um mich her nur mein eigener Traum zur Wahrheit verdichtet.

Die Lage des Tempelchens am Rande der Böschung, hoch überm Meer, ist entzückend; alte, ernste Oliven umgeben in einiger Ferne die Vertiefung, in die es gestellt ist. Welchem Gotte, welchem Heros, welchem Meergreise, welcher Göttin oder Nymphe war das Tempelchen etwa geweiht, das in das grüne Stirnband der Uferhöhe eingeflochten, dem nahenden Schiffer entgegenwinkte? diese kleine, schweigende Wohnung der Seligen, die, Weihe verbreitend, noch heute das Rauschen der Ölbäume, das schwelgerische Summen der Bienen, das Duftgewölke der Wiesen als ewige Opfergaben entgegennimmt. Die kleinen, blinkenden

Wellen des Meeres ziehen, vom leisen Ost bewegt, wie in himmlischer Prozession heran, und es ist mir, als wäre ich nie etwas anderes, als ein Diener der unsterblichen Griechengötter gewesen.

Ich weiß nicht, wie ich auf die Vermutung komme, daß unterhalb des Tempelchens eine Grotte und eine Quelle sein müsse. Ich steige verfallene Stufen tief hinab und finde beides. Quellen und Grotten münden auf grüne von Margueriten über-säte Terrassen, in ihrer versteckten Lage von süßestem Reiz. Ich bin hier, um die Götter zu verehren, zu lieben und herrschen zu machen über mich. Deshalb pflücke ich Blumen, werfe sie in das Becken der Quelle, zu den Najaden und Nymphen flehend, den lieblichen Töchtern des Zeus.

Ein brauner, schwermütiger Sonnenuntergang. Wir finden uns an die Schwermut norddeutscher Ebenen irgendwie erinnert. Es ist etwas Kühles in Licht und Landschaft, das vielleicht deutlicher vorstellbar wird, wenn man es unitalienisch nennt. Das Landvolk, obgleich die Bäuerinnen imposant und vollbusig sind und von schöner Rasse, erscheint nach außen hin temperamentlos, im Vergleich mit Italien, und zwar trotz des italienischen Einschlags. Es kommt uns vor, als wäre das Leben hier nicht so kurzweilig, wie auf der italienischen Halbinsel.

Die griechische Bäuerin hat durchaus den graden, treuherzigen Zug, der den Männern hier abgeht, und den man als einen deutschen gern in Anspruch nimmt. Sinnliches Feuer scheint ebensowenig Ausdruck ihrer besonderen Art zu sein, als bei den homerischen Frauengestalten. Überhaupt erscheinen mir die home-rischen Zustände den frühen germanischen nicht allzu fernstehend. Der homerische Grieche ist Krieger durchaus, ein kühner See-fahrer, wie der Normanne verwegener Pirat, von tiefer Frömmig-

24

keit bis zur Bigotterie, trunkliebend, zur Völlerei neigend, dem Rausche großartiger Gastereien zugetan, wo der Gesang des Skalden nicht fehlen durfte.

Ich habe mich auf den Resten des antiken Tempelchens, das ich nun schon zum dritten- oder viertenmal besuche, nieder- gelassen. Es fällt lauer Frühlingsregen. Ein großer, überhängender, weidenartiger Strauch umgibt mich mit dem Arom seiner Blüten. Die Wellen wallfahrten heut mit starkem Rauschen heran. Immer der gleiche Gottesdienst in der Natur. Wolkendünste bedecken den Himmel.

Immer erst, wenn ich auf den Grundmauern dieses kleinen Gotteshauses gestanden habe, fühle ich mich in den Geist der Alten entrückt und glaube in diesem Geiste alles ringsumher zu empfinden. Ich will nie diese Stunden vergessen, die in einem ungeahnten Sinne erneuernd sind. Ich steige ans Meer zu den Najaden hinunter. Auf den Stufen bereits vernehme ich das Geschrei einer Ziege, von der Grotte und Quelle empordringend. Ich bemerke, wie das Tier von einem großen, rotbraunen Segel beunruhigt ist, das sich dem Lande, düster schattend, bis auf wenige Meter nähert, um hier zu wenden. Unwillkürlich muß ich an Seeraub denken und das fortwährende, klägliche Hilferufen des geängstigten Tieres bringt mir, beim Anblick des großen, drohenden Segels, die alte Angst des einsamen Küstenbewohners vor Überfällen nah.

Oft ist bei Homer von schwarzen Schiffen die Rede. Ob sie nicht etwa den Nordlandsdrachen ähnlich gewesen sind? Und ob nicht etwa die homerischen Griechen, die ja durchaus Seefahrer und Abenteuernaturen waren, auch das griechische Festland vom Wasser aus zuerst betreten haben?

Eigentümlich ist es, wie sich in einem Gespräch des Plutarch eine Verbindung des hohen Nordens mit diesem Süden andeutet; wo von Völkern griechischen Stammes die Rede ist, die etwa in Kanada angesessen waren, und von einer Insel Ogygia, wo der von Zeus entthronte Kronos gleichsam in Banden eines Winterschlafes gefangen saß. Besonders merkwürdig ist der Zug, daß jener entthronte Gott, Kronos oder Saturn, noch immer alles dasjenige träumte, was der Sohn und Sieger im Süden, Zeus, im Wachen sah. Also etwa, was jener träumte, war diesem Wirklichkeit. Und Herakles begab sich einst in den Norden zurück, und seine Begleiter reinigten Sitte und Sprache der nördlichen Griechen, die inzwischen verwahrlost waren.

Ich strecke mich auf das saftige Grün der Terrasse unter die zahllosen Gänseblümchen aus, als ob ich, ein erster Grieche, soeben nach vieler Mühsal gelandet wäre. Ein starkes Frühlingsempfinden dringt durch mich; und in diesem Gefühle eins mit dem Sprossen, Keimen und Blühen rings um mich her, empfinde ich jeden Naturkult, jede Art Gottesdienst, jedes irgendwie geartete höhere Leben des Menschen durch Eros bedingt.

Ich beobachtete eben, vor Sonnenuntergang, in einer Ausbuchtung der Kaimauer, zwei Muselmänner. Sie verrichten ihr Abendgebet. Die Gesichter „nach Mekka" gewendet, gegen das Meer und die epirotischen Berge, stehen sie ohne Lippenbewegung da. Die Hände sind nicht gefaltet, nur mit den Spitzen der Finger aneinandergelegt. Jetzt, indem sie sich auf ein Knie senken, machen sie gleichzeitig eine tiefe Verneigung. Diese Bewegung wird wiederholt. Sie lassen sich nun auf die Knie nieder und berühren mit den Stirnen die Erde. Auch diesen Ausdruck andachtsvoller Erniedrigung wiederholen sie. Aufgerichtet, beten sie weiter. Nochmals sinken sie auf die

Knie und berühren mit ihren Stirnen wieder und wieder den Boden. Alsdann fährt sich, noch knieend, der ältere von den beiden Männern mit der Rechten über das Angesicht und über den dunklen, graumelierten Bart, als wollte er einen Traum von der Seele streifen, und nun kehren sie, erwacht, aus dem inneren Heiligtum in das laute Straßenleben, das sie umgibt, zurück. Wer diese Kraft zur Vertiefung sieht, muß die Macht anerkennen und verehren, die hier wirksam ist.

Heut werfen die Wellen ihre Schaumschleier über die Kaimauer der Strada marina. Die Möven halten sich mit Meisterschaft gegen den starken Südwind über den bewegten Wassern des Golfes von Kastrades. Es herrscht Leben und Aufregung. Von gestern zu heut sind die Baumwipfel grün geworden im lauen Regen.

Die Luft ist feucht. Der Garten, in den ich eintrete, braust laut. Der Garten der Kirke, wie ich den Garten des Königs jetzt lieber nenne, braust laut und melodisch und voll. Düfte von zahllosen Blüten dringen durch dunkle, rauschende Laubgänge und strömen um mich mit der bewegten Luft. Es ist herrlich! Der Webstuhl der Kirke braust wie Orgeln: Choräle, endlos und feierlich. Und während die Göttin webt, die Zauberin, bedeckt sich die Erde mit bunten Teppichen. Aus grünen Wipfeln brechen die Blüten: gelb, weiß und rot, wie Blut. Das zarteste der Schönheit entsteht ringsum. Millionen kleiner Blumen trinken den Klang und wachsen in ihm. Himmelhohe Zypressen wiegen die schwarzen Wedel ehrwürdig. Der gewaltige Eukalyptus, an dem ich stehe, scheint zu schauern vor Wonne, im Ansturm des vollen, erneuten Lebenshauchs. Das sind Boten, die kommen! Verkündigungen!

Wie ich tiefer in das verwunschene Reich eindringe, höre ich über mir in der Luft das beinahe melodische Knarren eines großen Raben. Ich sehe ihn täglich, nun schon das drittemal: den Lieblingsvogel Apollons. Er überquert eine kleine Bucht des Gartens. Der Wind trägt seine Stimme davon, denn ich sehe nur noch, wie er seinen Schnabel öffnet.

Immer noch umgibt mich das Rauschen, das allgemeine, tiefe Getöse. Es scheint aus der Erde zu kommen. Es ist, als ob die Erde selbst tief und gleichmäßig töne, mitunter bis zu einem unterirdischen Donner gesteigert.

Im Schatten der Ölbäume, im langhalmigen Wiesengras, gibt es viele gemauerte Wasserbrunnen. Über einem, der mir vor Augen liegt, sehe ich Nymphe und Najade gesellt, denn der Gipfel eines Baumes, dessen Stamm im Innern der Zisterne heraufdringt, überquillt ihre Öffnung mit jungem Grün. Die Grazien umtanzen in Gestalt vieler zartester Wiesenblumen den verschwiegenen Ort.

Die Gestalten der Kirke und der Kalypso ähneln einander. Jede von ihnen ist eine „furchtbare Zauberin", jede von ihnen trägt ein anmutig feines Silbergewand, einen goldenen Gürtel und einen Schleier ums Haupt. Jede von ihnen hat einen Webstuhl, an dem sie ein schönes Gewebe webt. Jede von ihnen wird abwechselnd Nymphe und Göttin genannt. Sie haben beide eine weibliche Neigung zu Odysseus, der mit jeder von ihnen das Lager teilen darf. Beide, an bestimmte Wohnplätze gebunden, sind der mythische Ausdruck sich regender Wachstumkräfte in der Frühlingsnatur, nicht wie die höheren Gottheiten überall, sondern an diesem und jenem Ort. In Kirke scheint das Wesen des Mythus, und besonders in ihrer Kraft zu verwandeln, tiefer und weiter, als in Kalypso ausgebildet zu sein.

Das Rauschen hat in mir nachgerade einen Rausch erzeugt, der Natur und Mythus in eins verbindet, ja ihn zum phantasiegemäßen Ausdruck von jener macht. Auf den Steinen des antiken Tempelchens sitzend, höre ich Gesang um mich her, Laute von vielen Stimmen. Ich bin, wie durch einen leisen, unwiderstehlichen Zwang, in meiner Seele willig gemacht, Zeus und den übrigen Göttern Trankopfer auszugießen, ihre Nähe im Tiefsten empfindend. Es ist etwas Rätselhaftes auch insofern um die Menschenseele, als sie zahllose Formen anzunehmen befähigt ist. Eine große Summe halluzinatorischer Kräfte sehen wir heut als krankhaft an, und der gesunde Mensch hat sie zum Schweigen gebracht, wenn auch nicht ausgestoßen. Und doch hat es Zeiten gegeben, wo der Mensch sie voll Ehrfurcht gelten und menschlich auswirken ließ.

> „Und in dem hohen Palaste der schönen Zauberin dienten
> Vier holdselige Mägde, die alle Geschäfte besorgten.
> Diese waren Töchter der Quellen und schattigen Haine
> Und der heiligen Ströme, die in das Meer sich ergießen."

Die schöne Wäscherin, die ich an einem versteckten Röhrenbrunnen arbeiten sehe, auf meinem Heimwege durch den Park — die erste schöne Griechin überhaupt, die ich zu Gesicht bekomme! — sie scheint mir eine von Kirkes Mägden zu sein. Und wie sie mir in die Augen blickt, befällt mich Furcht, als läge die Kraft der Meisterin auch in ihr, Menschen in Tiere zu verwandeln, und ich sehe mich unwillkürlich nach dem Blümchen Moly um.

Heut, den 5. April, hat ein großes Schiff dreihundert deutsche Männer und Frauen am Strande von Korfu abgesetzt. Ein mit solchen Männern und Frauen beladener Wagen kutscht vor mir her. Auf der Strada marina läßt Gevatter Wurstmacher den Landauer anhalten, steigt heraus und nimmt mit einigen lieben Anverwandten, eilig, in ungezwungener Stellung, photographiergerecht, auf der Kaimauer Platz. Ein schwarzbärtiger

Idealist mit langen Beinen und engem Brustkasten erhebt sich auf dem Kutschbock und photographiert. Am Eingange meines Gartens holt die Gesellschaft mich wieder ein, die sich durch das unumgängliche Photographieren verzögert hat. „Palais royal?" tönt nun die Frage an den Kutscher auf gut Französisch. —

Und wie ich den Garten der Zauberin wieder betrete, von heimlichem Lachen geschüttelt, fällt mir eine Geschichte ein: Mithridates steckte einst in Kleinasien einen Hain der Eumeniden in Brand, und man hörte darob ein ungeheures Gelächter. Die beleidigten Götter forderten nach dem Spruche der Seher Sühnopfer. Die Halswunde jenes Mädchens aber, das man hierauf geschlachtet hatte, lachte noch auf eine furchtbare Weise fort.

Das eine der Fenster unseres Wohnsaales in Hotel Belle Venise gewährt den Blick in eine Sackgasse. Dort ist auch ein Abfallwinkel des Hotels. Der elende Müllhaufen übt eine schreckliche Anziehungskraft auf Tiere und Menschen aus. So oft ich zum Fenster hinausblicke, bemerke ich ein anderes hungriges Individuum, Hund oder Mensch, das ihn durchstöbert. Ohne jeden Sinn für das Ekelhafte greift ein altes Weib in den Unrat, nagt das sitzengebliebene Fleisch aus Apfelsinenresten und schlingt Stücke der Schale ganz hinab. Jeden Morgen erscheinen die gleichen Bettler, abwechselnd mit Hunden, von denen mitunter acht bis zehn auf einmal den Haufen durchstören. Diese scheußliche Nahrungsquelle auszunützen, scheint der einzige Beruf vieler unter den ärmsten Bewohnern Korfus zu sein, die in einem Grade von Armut zu leben gezwungen sind, der, glaube ich, selbst in Italien selten ist. Von Müllhaufen zu Müllhaufen wandern, welch ein unbegreifliches Los der Erbärmlichkeit! Mit Hunden und Katzen um den Wegwurf streiten. Und doch war es vielleicht mitunter das Los Homers, der, wie Pausanias schreibt, auch dieses Schicksal gehabt hat, als blinder Bettler von Ort zu Ort zu ziehen.

Der Garten der Kirke liegt diesen Nachmittag in einer düstern Verzauberung. Die blaßgrünen Schleier der Olivenzweige rieseln leis. Es ist ein ganz zartes und feines Singen. Von unten tönt laut das eherne Rauschen des Jonischen Meeres. Ich muß an das unentschiedene Schlachtengetöse homerischer Kämpfe denken. Der Wolkenversammler verdunkelt den Himmel, und eine bängliche Finsternis verbreitet sich zwischen den Stämmen unter den Ölbaumwipfeln. Vereinzelte große Regentropfen fallen auf mich. Der Efeu erscheint wie ein polypenartig würgendes Tier, er schlägt in unzerbrechliche Bande: Mauern, steinerne Stufen, Bäume! Es ist etwas ewig Totes, ewig Stummes, ewig Verlassenes, ewig Verwandeltes in der Natur und in allem vegetativen Dasein des Gartens. Die Tiere der Kirke schleichen lautlos, tückisch und unsichtbar! der bösen, tückischen Kirke Gefangene! Sie erscheinen für ewig ins Innere dieser Gartenmauer gebannt, wie Sträucher und Bäume an ihre Stelle. Alle diese uralten, rätselhaft verstrickten Olivenbäume gleichen unrettbar verknoteten Schlangen, erstarrt, mitten im Kampf, durch ein schreckliches Zauberwort.

Aber nun geht eine Angst durch den Garten: etwas wie Angst oder nahes Glück. Wir alle, unter der drohenden Macht des beklemmenden Rätsels eines unsagbar traurigen und verwunschenen Daseins, fühlen den nahen Donner des Gottes voraus. Mächtig grollt es fern auf; und Zeus winkt mit der Braue... Kirke erwartet Zeus.

Ehe man Potamo auf Korfu erreicht, überschreitet man einen kleinen Fluß. Die Ortschaft ist mit grauen Häuschen und einem kleinen Glockenturm auf eine sanft ansteigende Berglehne zwischen Ölbäumen und Zypressen hingestreut. Unter den Bewohnern des Ortes, die alle dunkel sind, fällt ein Schmied oder

Schlosser auf, der in der Tür seiner Werkstatt mit seinem Schurzfell dasteht, blauäugig, blond und von durchaus kernigem, deutschen Schlag, seiner Haltung und dem Ausdruck seines Gesichtes nach.

Das Tal hinter Potamo entwickelt die ganze Fülle der fruchtbaren Insel. Auf saftigen Wiesenabhängen langhalmiger, üppiger Gräser und Blumen stehen, Wipfel an Wipfel, Orangenbäume, jeder mit einem Reichtum schwerer und reifer Früchte durchwirkt. Die gleiche, lastende Fülle ist, links vom Wege, in die Talsenkung hinein verbreitet und jenseits die Abhänge hinauf, bis unter die allgegenwärtigen Ölbäume. Fruchtbare Fülle liegt wie ein strenger Ernst über diesem gesegneten Tal. Es ist von Reichtum gleichsam beschwert bis zur Traurigkeit. Es ist etwas fronmäßig Lasttragendes in diesem Überfluß, so daß hier wiederum das Mysterium der Fruchtbarkeit, beinahe zu Gestalten verdichtet, dem inneren Sinne sich aufdrängt. Hier scheint ein dämonischer Reichtum wie dazu bestimmt, verschlagenen Seefahrern sich für eine angstvolle Schwelgerei darzubieten, panischen Schrecknissen nahe.

Gestrüppen, wilden Dickichten gleich, steigen Orangengärten in die Schluchten hinunter, die von uralten Oliven und Zypressen verfinstert sind und locken von dort her, aus der verschwiegenen Tiefe mit ihrer süßen, schweren, fast purpurnen Frucht. Man spürt das Gebärungswunder, das Wunder nymphenhafter Verwandlungen: ein Wirken, das ebenso süß, als qualvoll ist.

Ich sollte hier der Orange von Korfu, als der besten der Welt, begeistert huldigen! Man gehe hin und genieße sie.

Die Straße steigt an und bei einer Wendung tut sich, weithin gedehnt, eine sanfte Tiefe dem Blicke auf: die Ebene zwischen Govino und Pyrgi ungefähr, mit ihren umgrenzenden Höhenzügen. Wälder von Olivenbäumen bedecken sie, ja, Gipfel, Abhänge und Ebene überzieht ein einziger Wald. Der majestätische Ernst des Eindrucks ist mit einem unsäglich weichen Reiz verbunden.

Eine Biegung der Straße enthüllt teilweise die blauleuchtende

Bucht und die Höhe des San Salvatore dahinter. Zum Ernst, zur Einfalt, zur Großheit, darf man sagen, tritt nun die Süße. — Wir wandeln unter die Wälder hinein. Das Auge wird immer wieder gefesselt von dem unvergleichlichen Linienreiz der zerlöcherten und zerklüfteten Riesenstämme, von denen einige zerrissen und in wilde Windungen zerborsten, doch, mit erzenem, unbeweglichem Griff in die Erde verknotet, aufrecht geblieben sind.

Der Himmel ist grau und bewölkt. Wir entdecken in der Tiefe der fruchttragenden Waldungen Kinder, Hirtinnen mit gelben Kopftüchern. Bis an die Straße zu uns her sind kleine, wollige, unwahrscheinliche Jesusschäfchen verstreut. Ich winke einer der kleinen Hirtinnen: sie kommt nicht leicht. Ihr Dank für unsere Gabe ist ganz Treuherzigkeit.

Schemenhaft flüstern die Ölzweige. Weithin geht und weither kommt ewiges, sanftes, fruchtbares Rauschen.

Wir unternehmen heut eine Fahrt nach Pelleka. Dort, von einem gewissen Punkte aus, überblickt man einen sehr großen Teil der Insel, die Buchten gegen Epirus hin und zugleich das freie Jonische Meer.

Heute, am Sonntag, lehnen etwa hundert Männer über die Mauer der Straße, wo diese eine Kehre macht und gleichsam eine Terrasse oder Rampe der Ortschaft bildet. Unser Wagen wird sogleich von einer großen Menge erbärmlich schmutziger Kinder umringt, die zumeist ein verkommenes Ansehen haben und schlimm husten. Mit uns dem gesuchten Aussichtspunkt zusteigend — wir haben den Wagen verlassen! — verfolgen uns die Kinder in hellen Haufen. Eingeborene Männer versuchen es immer wieder, sie zu verscheuchen, stets vergeblich. Die Kleinen lassen uns vorüber, stehen ein wenig, suchen uns aber gleich darauf wieder auf kürzeren Wegen, rennend, springend, stürzend,

XI. 3

einander stoßend, zuvorzukommen, um mit zäher Unermüdlich-
keit uns wiederum anzubetteln.

Sie sind fast durchgängig brünett. Aber es ist auch ein blondes
Mädchen da, blauäugig und von zartweißer Haut: ein großer,
vollkommen deutscher Kopf, der als solcher auf einem Leiblschen
Bilde stehen könnte. Bei diesem Anblick beschleicht mich eine ge-
wissermaßen irrationale Traurigkeit, denn das Mädchen ist eigentlich die vergnügteste unter ihren zahllosen dunklen Zufallsschwestern.

In Gruppen und von den Männern gesondert, stehen am
Eingang und Ausgang des kleinen Fleckens die Frauen von
Pelleka. Sie machen in der stämmigen Fülle des Körpers und
der bunten Schönheit der griechischen Tracht den Eindruck der
Wohlhabenheit. Das reiche Haar, das ihre Köpfe in stolzer Frisur
umgibt, ist nicht nur ihr eigenes, sondern durch den Haarschatz
von Müttern, Großmüttern und Urgroßmüttern vermehrt, der
als heilige Erbschaft betrachtet wird.

Heut, soeben, begann ich den letzten Tag, der noch auf Korfu
enden wird. Zum Fenster hinausblickend, gewahre ich in
der Nähe des Abfallhaufens eine Versammlung von etwa zwanzig
Männern: sie umstehen einen vom Regen noch feuchten Platz,
auf dem sich, wie kleine zerknüllte Lämpchen, mehrere schmutzige
Drachmenscheine befinden. Man schiebt sie mit Stiefelspitzen von
Ort zu Ort. Einer der Männer wirft vom Handrücken aus zwei
kupferne Münzen in die Luft, und je nachdem sie auf dem Kopfe
der Könige liegen, oder diesen nach oben kehren, entscheiden sie
über Verlust und Gewinn. Nachdem ein Wurf des Glückspiels
geschehen ist, nimmt einer der Spieler, ein schäbiger Kerl, als
Gewinner den ziemlich erheblichen Einsatz vom Erdboden auf und
steckt ihn ein.

Die Bevölkerung Korfus krankt an dieser Spielleidenschaft.

Es werden dabei von armen Leuten Gewinne und Verluste bestritten, die in keinem Vergleich zu ihrem geringen Besitze stehen. Man sucht dieser Spielwut entgegenzuwirken. Aber, trotzdem man das stumpfsinnige Laster, sofern es in Kneipen oder irgendwie öffentlich auftritt, unter Strafe stellt, ist es dennoch nicht auszurotten. Macht doch die ganze Bevölkerung gemeinsame Sache gegen die Polizei! So sind zum Beispiel die Droschkenkutscher auf der breiten Straße, in die unser Sackgäßchen mündet, freiwillige Wachtposten, die den ziemlich sorglosen Übertretern der Gesetzesbestimmungen soeben die Annäherung eines Polizeimannes durch Winke verkündigen, worauf sich der Schwarm sofort zerstreut.

Ein griechischer Dampfer liegt am Ufer. Ein italienischer kommt eben herein. Ihm folgt die „Tirol" vom Triester Lloyd. Menschen und Möven werden aufgeregt.

Die Einschiffung ist nicht angenehm. Wir sind hinter einem Berg von Gepäck ins Boot gequetscht, und jeden Augenblick drohen die hohen Wogen das überladene Fahrzeug umzuwerfen.

Selten ist der Aufenthalt an Deck eines Schiffes im Hafen angenehm. Das Idyll, sofern nicht das Gegenteil eines Idylls im Schicksalsrate beschlossen ist ... das Idyll beginnt immer erst nach der Abfahrt.

Eine schlanke, hohe, jugendschöne Engländerin mit den edlen Zügen klassischer Frauenbildnisse ist an Bord. Seltsam, ich vermag mir das homerische Frauenideal, vermag mir eine Penelope, eine Nausikaa, nur von einer so gearteten Rasse zu denken.

Langsam gleitet Korfu, die Stadt, und Korfu, die Insel, an uns vorüber: die alten Befestigungen, die Esplanade, die Strada marina am Golf von Kastrades, auf der ich so oft nach dem königlichen Garten, nach dem Garten der Kirke, gewandert bin. Der Garten der Kirke selbst gleitet vorüber. Ich nehme mein

Fernglas und bin noch einmal an dem lieblichen, jetzt in Schatten gelegten Ort, wo die Trümmer des kleinen antiken Tempelchens einsam zurückbleiben, und wo ich, seltsam genug bei meinen Jahren, fast wunschlos glückliche Augenblicke genoß. Oft sah ich von dort aus Schiffe vorübergleiten und bin nun selbst, der vorübergleitet auf seinem Schiff. Über den dunklen Wipfelgebieten des Gartens steht die Sonne hinter gigantischen Wolken im Niedergang und bricht über alles zu uns und zum Himmel hervor in gewaltigen, limbusartigen Strahlungen, und im Weitergleiten des Schiffes erfüllt mich nur noch der eine Gedanke: du bist auf der Pilgerfahrt zur Stätte des goldelfenbeinernen Zeus.

Die ersten Stunden auf klassischem Boden, nachdem wir in Patras morgens gelandet sind, bieten lärmende unangenehme Eindrücke. Aber, trotzdem wir nun in einem Bahncoupé, und zwar in einem ziemlich erbärmlichen, sitzen, saugt sich das Auge an Felder und Hügel dieser an uns vorüberflutenden Landschaft fest, als wäre sie nicht von dieser Erde. Vielleicht lieben wir Träume mit stärkerer Liebe, als Wirklichkeit. Aber das innere Auge, das sich selbst im Schlafe oft genug weit öffnet, legt sich mitunter in den Wiesen, Hainen und Hügelländern zur Ruh, die sich einem äußeren Sinne im Lichte des wachen Tages schlicht und gesund darbieten. Und etwas, wie eines inneren Sinnes Entlastung spüre ich nun.

Also: um mich ist Griechenland. Das, was ich bisher so nannte, war alles andere, nur nicht Land. Die Sehnsucht der Seele geht nach Land, der Sehnsucht des Seefahrers darin ähnlich. Immer ist es zunächst nur eingebildet, wonach man sich sehnt, und noch so genaue Nachricht, noch so getreue Schilderung kann aus der schwebenden Insel der Phantasie kein wirklich am Grunde des Meeres verwurzeltes Eiland machen. Das vermag nur der Augenblick, wo man es wirklich betritt.

36

Was nun so lange durchaus nur ein bloßer Traum der Seele gewesen ist, das will eben diese Seele, vom Staunen der äußeren Sinne berührt, die, von dem Ereignis betroffen, rastlos verzückt, fast überwältigt umherforschen ... das will eben diese Seele nicht gleich für wahr halten. Auch deshalb nicht, weil damit in einem anderen Sinne etwas, zum mindesten der Teil eines Traumbesitzes, in sich versinkt. Dies gilt aber nur für Augenblicke. Es gibt in einem gesund gearteten Geiste keine Todfeindschaft mit der Wirklichkeit: und was sie etwa in einem solchen Geiste zerstört, das hilft sie kräftiger wiederum aufrichten.

Die Landschaft von Elis, durch die wir reisen, berührt mich heimisch. Wir haben zur Rechten das Meer, hinter roter Erde, in unglaublicher Farbenglut. Wie bläulicher Duft liegen Inseln darin: erst wird uns Ithaka, dann Cephalonia, später Zakynthos deutlich. Wir werden an Hügeln vorübergetragen, niedrigen Bergzügen, vor denen Fluren sich ausbreiten, die mit Rebenkulturen bestanden sind. Die Berge zur Linken weichen zurück hinter eine weite Talebene, die sie mit ihren Schneehäuptern begleiten. Einfache, grüne Weideflächen erfreuen den Blick. Und plötzlich erscheinen Bäume, einzelstehend, knorrig, weitverzweigt, die für das zu erklären, was sie wirklich sind, ich kaum getraue. Aber es sind und bleiben doch Eichen, deutsche Eichen, so alt und mächtig entwickelt, wie in der Heimat sie gesehen zu haben ich mich nicht erinnern kann.

Stundenweit dehnen sich nun diese Eichenbestände. Doch sind die jetzt noch fast kahlen Kronen so weit voneinander entfernt, daß ihre Zweige, so breit sie umherreichen, sich nicht berühren. In den einsamen Weideländern darunter zeigen sich hie und da Hirten mit Herden.

Es kommt mir vor, als ob ich unter den vielen, die mit uns reisen, einem großartigen Festtumulte zustrebte. Und durchaus ungewollt drängt sich mir nach und nach die Vision eines olympischen Tages auf: der Kopf und nackte Arm eines jungen Griechen, ein Schrei, eine Bitte, ein Pferdegewieher, Beifallstoben, ein Fluch des Besiegten. Ein Ringer, der sich den Schweiß abwischt. Ein Antlitz, im Kampfe angespannt, fast gequält in übermenschlicher Anstrengung. Donnernder Hufschlag, Rädergekreisch: alles vereinzelt, blitzartig, fragmentarisch.

Wir sind in Olympia.

Auf diesem verlassenen Festplatz ist kaum etwas anderes, als das sanfte und weiche Rauschen der Aleppokiefer vernehmlich, die den niedrigen Kronoshügel bedeckt und hie und da in den Ruinen des alten Tempelbezirks ihre niedrigen Wipfel ausbreitet.

Dieses freundliche Tal des Alpheios ist dermaßen unscheinbar, daß man, den ungeheuren Klang seines Ruhmes im Herzen, bei seinem Anblick in eigentümlicher Weise ergriffen ist. Aber es ist auch von einer bestrickenden Lieblichkeit. Es ist ein Versteck, durch einen niedrigen Höhenzug jenseits des Flusses — und diesseits durch niedrige Berge getrennt von der Welt. Und jemand, der sich von dieser Welt ohne Haß zu verschließen gedächte, könnte nirgend geborgener sein.

Ein kleines, idyllisches Tal für Hirten — eine schlichte, beschränkte Wirklichkeit! — mit einem versandeten Flußlauf, Kiefern und kärglichem Weideland, und doch: es mag hier gewesen sein, es weigert nichts in dem Pilger, für wahr hinzunehmen, daß hier der Kronide, der Ägiserschütterer Zeus, mit Kronos um die Herrschaft der Welt gerungen hat. — Das ist das Wunderbare und Seltsame.

Die Abhänge jenseits des Alpheios färben sich braun. Die Sonne eines warmen und reinen Frühlingstages dringt nicht mehr mit ihren Strahlen bis an die Ruinen, zu mir. Zwei Elstern fliegen von Baum zu Baum, von Säulentrommel zu

Säulentrommel. Sie gebärden sich hier wie in einem unbestrittenen Bereich. Ein Kuckuck ruft fortwährend aus den Wipfeln des Kronoshügels herab. — Ich werde diesen olympischen Kuckuck vom zwölften April des Jahres Neunzehnhundertundsieben nicht vergessen.

Die Dunkelheit und die Kühle bricht herein. Noch immer ist das Rauschen des sanften Windes in den Wipfeln die leise und tiefe Musik der Stille. Es ist ein ewiges, flüsterndes Aufatmen, traumhaftes Aufrauschen, gleichsam Aufwachen, von etwas, das zugleich in einem schweren, unerweclichen Schlaf gebunden ist. Das Leben von einst scheint ins Innere dieses Schlafes gesunken. Wer nie diesen Boden betreten hat, dem ist es schwer begreiflich zu machen, bis zu welchem Grade Rauschen und Rauschen verschieden ist.

Es ist ganz dunkel geworden. Ich unterliege mehr und mehr wieder inneren Eindrücken gespenstischer Wettspiele. Es ist mir, als fielen das und dorther Schreie von Läufern und Ringern aus der nächtlichen Luft. Ich empfinde Getümmel und wilde Bewegungen; und diese hastig fliehenden Dinge begleiten mich wie irgendein Rhythmus, eine Melodie, dergleichen sich manchmal einnistet und nicht zu tilgen ist.

Plötzlich wird, von irgendeinem Hirtenjungen gespielt, der kunstlose Klang einer Rohrflöte laut: er begleitet mich auf dem Heimwege.

Der Morgen duftet nach frischen Saaten und allerlei Feldblumen. Sperlinge lärmen um unsere Herberge. Ich stehe auf dem Vorplatz des hübschen, luftigen Hauses und überblicke von hier aus das enge, freundliche Tal, das die olympischen Trümmer birgt. Hähne krähen in den Höfen verschiedener kleiner Anwesen in der Nähe, von denen jedoch hier nur eines, ein Hüttchen, am Fuße des Kronoshügels, sichtbar ist.

Man müßte ein Tälchen von ähnlichem Reiz, ähnlicher Intimität vielleicht in Thüringen suchen. Wenn man es aber so eng, so niedlich und voller idyllischer Anmut gefunden hätte, so würde man doch nicht, wie hier, so tiefe und göttliche Atemzüge tun.

Mich durchdringt eine staunende Heiterkeit. Der harzige Kiefernnadelduft, die heimisch-ländliche Morgenmusik beleben mich. Wie so ganz nah und natürlich berührt nun auf einmal das Griechentum, das durchaus nicht nur im Sinne Homers oder gar im Sinne der Tragiker zu begreifen ist. Viel näher in diesem Augenblick ist mir die Seele des Aristophanes, dessen „Frösche" ich von den Alpheiossümpfen herüber quaken höre. So laut und energisch quakt der griechische Frosch — ich konnte das während der gestrigen Fahrt wiederholt bemerken! — daß er literarisch durchaus nicht zu übersehen, noch weniger zu überhören war.

Überall schlängeln sich schmale Pfade über die Hügel und zwischen den Hügeln hindurch. Sie sind wie Bänder durch einen Flußlauf gelegt, der zum Alpheios fließt. Kleine Karawanen, Trupps von Eseln und Mauleseln tauchen auf und verschwinden wieder. Man hört ihre Glöckchen, bevor man die Tiere sieht, und nachdem sie den Gesichtskreis verlassen haben. Am Himmel zeigen sich streifige Windwolken. In der braunen Niederung des Alpheios weiden Schafherden.

Man wird an ein großartiges Idyll zu denken haben, das in diesem Tälchen geblüht hat. Es lebte hier eine Priestergemeinschaft nahe den Göttern; aber diese, Götter und Halbgötter, waren die eigentlichen Bewohner des Ortes. Wie wurde doch gerade dieses anspruchslose Stückchen Natur so von ihnen begnadet, daß es gleich einem entfernten Fixstern — einer vor tausend Jahren erloschenen Sonne gleich — noch mit seinem vollen, ruhmstrahlenden Lichte in uns ist?

Diese bescheidenen Wiesen und Anhöhen lockten ein Gedränge

von Göttern an, dazu Scharen glanzbegieriger Menschen, die von hier einen Platz unter den Sternen suchten. Nicht alle fanden ihn, aber es lag doch in der Macht des olympischen Zweiges, von einem schlichten Ölbaum dieser Flur gebrochen, Auserwählten Unsterblichkeit zu gewähren.

Ich ersteige den Kronoshügel. Es riecht nach Kiefernharz. Einige Vögel singen in den Zweigen schön und anhaltend. Im Schatten der Nadelwipfel gedeiht eine zarte Ilexart. Die gewundenen Stämme der Kiefern mit tief eingerissener Borke haben etwas Wildkräftiges. Ich pflücke eine blutrote, anemonenartige Blume, überschreite das Band einer Wanderraupe, fünfzehn bis zwanzig Fuß lang. Die Windungen des Alpheios erscheinen: des Gottes, der gen Ortygia hinstrebt, jenseits des Meeres, wo Arethusa, die Nymphe, wohnt, die Geliebte.

Die Fundamente und Trümmer des Tempelbezirks liegen unter mir. Dort, wo der goldelfenbeinerne Zeus gestanden hat, auf den Platten der Cella des Zeustempels, spielt ein Knabe. Es ist mein Sohn. Etwas vollkommen Ahnungsloses, mit leichten, glücklichen Füßen die Stelle umhüpfend, die das Bildnis des Gottes trug, jenes Weltwunder der Kunst, von dem unter den Alten die Rede ging, daß, wer es gesehen habe, ganz unglücklich niemals werden könne.

Die Kiefern rauschen leise und traumhaft über mir. Herdenglocken, wie in den Hochalpen oder auf den Hochflächen des Riesengebirges, klingen von überall her. Dazu kommt das Rauschen des gelben Stroms, der in seinem breiten, versandeten Bette ein Rinnsal bildet, und das Quaken der Frösche in den Tümpeln stehender Wässer seiner Ufer.

Immer noch hüpft der Knabe um den Standort des Götterbildes, das, hervorgegangen aus den Händen des Phidias, den

Wolkenversammler, den Vater der Götter und Menschen darstellte; und ich denke daran, wie, der Sage nach, der Gott mit
seinem Blitz in die Cella schlug und auf diese Art dem Meister
seine Zufriedenheit ausdrückte. Was war das für ein Meister
und ein Geschlecht, das Blitzschlag für Zustimmung nahm! Und
was war das für eine Kunst, die Götter zu Kritikern hatte!

Die Hügel jenseits des Alpheios bilden eine Art Halbkreis,
und ich empfinde sie fast, unwillkürlich forschend hinüberblickend,
als einen amphitheatralischen Rundbau für göttliche Zuschauer.
Rangen doch auf dem schlichten Festplatz unter mir Götter und
Menschen um den Preis.

Meinen Sinn zu den Himmlischen wendend, steige ich lang-
sam wieder in das Vergessenheit und Verlassenheit atmende
Wiesental: das Tal des Zeus, das Tal des Dionysos und der
Chariten, das Tal des idäischen Herakles, das Tal der sechzehn
Frauen der Hera, wo auf dem Altar des Pan Tag und Nacht
Opfer brannten, das Tal der Sieger, das Tal des Ehrgeizes,
des Ruhmes, der Anbetung und Verherrlichung, das Tal der
Wettkämpfe, wo es dem Herakles nicht erspart blieb, mit den
Fliegen zu kämpfen, die er aber nur mit Hilfe des Zeus besiegte
und dort hinüber, hinter das jenseitige Ufer des Alpheios, trieb.

Und wieder schreite ich zwischen den grauen Trümmern hin,
die eine schöne Wiese bedecken. Überall saftiges Grün und gelbe
Maiblumen. Das Elsternpaar von gestern fliegt vor mir her.
Die Säulen des Zeustempels liegen, wie sie gefallen sind: die
riesigen Porostrommeln schräg voneinander gerutscht. Überall
duftet es nach Blumen und Thymian um die Steinmassen, die
sich im wohltätigen Scheine der Morgensonne warm anfühlen.
Von einem jungen Ölbäumchen, nahe dem Zeustempel, breche ich
mir, in unüberwindlicher Lüsternheit, seltsamerweise zugleich fast
scheu wie ein Dieb, den geheiligten Zweig.

42

Abschiednehmend trete ich heut das zweitemal vor die Giebel-figuren des Zeustempels, in dem kleinen Museum zu Olympia, und dann vor den Hermes des Praxiteles. Ich lasse dahingestellt, was offenkundig diese Bildwerke unterscheidet, und sehe in Hermes weniger das Werk des Künstlers, als den Gott. Es ist hier möglich, den Gott zu sehen, in der Stille des kleinen Raums, an den die Äcker und Wiesen dicht herantreten. Und so gewiß man in den Museen der großen Städte Kunstwerke sehen kann, vermag man hier in die lebendige Seele des Marmors besser zu dringen und fühlt heraus, was an solchen Gebilden mehr als Kunstwerk ist. Die griechischen Götter sind nicht von Ewigkeit. Sie sind gezeugt und geboren worden.

Dieser Gott ist besonders bedauernswert in seiner Ver-stümmelung, da ihm eine überaus zärtliche Schönheit, ein weicher und lieblicher Adel eigen ist. Ambrosische Sohlen sind immer zwischen ihm und der Erde gewesen. Man hat ein Bedauern mit seiner Vereinsamung, weil die unverletzliche, unverletzte, olympisch-weltferne Ruhe und Heiterkeit noch auf seinem Antlitz zu lesen ist, während draußen Altäre und Tempel, fast dem Erd-boden gleichgemacht, in Trümmern liegen.

Seltsam ist die hingebende Liebe und Schwärmerei, die dem Bildner den Meißel geführt hat, als er den Rinderdieb, den Schalk, den Täuscher, den schlauen Lügner, den lustigen Mein-eidigen, den Maultiergott und Götterboten darstellte, der aller-dings auch die Leier erfand.

Wie schwärmende Bienen am Ast eines Baumes, so hängen die Menschen am Zuge, während wir langsam in Patras einfahren. Lärm, Schmutz, Staub überall. Auch noch in das Hotelzimmer dringt der Lärm ohrenbetäubend. Geräusche, als ob Raketen platzten oder Bomben geworfen würden, unterbrechen das Gebrüll der Ausrufer. Patras ist, nächst dem Piräus, der wichtigste Hafenplatz des modernen Griechenland. Wir sehnen uns in das Unmoderne.

Endlich, nachdem wir eine Nacht hier haben zubringen müssen, sitzen wir, zur Abfahrt fertig, wieder im Bahnkupee. Vor den Türen der Waggons spielt sich ein tumultuarisches Leben mit allerlei bettelhaften Humoren ab. Ein junger, griechischer Bonvivant schenkt einem zerlumpten, lümmelhaft aussehenden Menschen Geld, zeigt flüchtig auf einen der jugendlichen Händler, die allerlei Waren feilbieten, und sofort stürzt sich der bezahlte, tierische Halbidiot auf eben den Händler und walkt ihn durch. Noch niemals habe ich überhaupt binnen kurzer Zeit so viele, wütende Balgereien gesehen. An zwei, drei Stellen des Volksgewimmels klatschen fast gleichzeitig die Maulschellen. Man verfolgt, bringt zu Fall, bearbeitet gegenseitig die Gesichter mit den Fäusten: alles, wie wenn es so sein müßte, in großer Harmlosigkeit.

Zu den schönsten Bahnlinien der Welt gehört diejenige, die von Patras, am Südufer des korinthischen Golfes entlang, über den Isthmus nach Athen fährt. Der Golf und seine Umgebung erinnern an die Gegenden des Gardasees. Paradiesische Farbe, Glanz, Reichtum und Fülle in einer beglückten Natur. Der Isthmus zeigt einen anderen Charakter: Weideflächen, vereinzelte Hirten und Niederlassungen. Am Nordrand durch Hügel begrenzt, die, bedeckt von den Wipfeln der Aleppokiefer, zum Wandern anlocken. Alles ist hier von einer erfrischenden, beinahe nordischen Einfachheit.

Die grünen Flächen der Landenge liegen in beträchtlicher Höhe über dem Meere. Nach den großartigen und prunkhaften

Wirkungen des peloponnesischen Nordufers überrascht diese schlichte und herbe Landschaft und berührt wohltätig. Eine Empfindung kommt über mich, als sähe ich diese Fluren nicht zum erstenmal. Das Vertraute daran ist, was überrascht. Ich kann nicht sagen, daß mich etwa je auf der italienischen Halbinsel eine Empfindung des Heimischen, so wie hier, beschlichen hätte. Dort blieb immer der Reiz: das schöne Fremdartige. Ich spüre schon jetzt: ich liebe dies Land. Schon jetzt, im Anfang, erfaßt die Erkenntnis mich wie ein Rausch, daß eben nur dieser Grund die wahre Heimat der Griechen sein konnte.

Ich spreche den Namen Theseus aus. Und nun hat sich in mir ein psychischer Vorgang vollzogen, der mich, angesichts des isthmischen, ernsten Landgebiets, der griechischen Art, sich Halbgötter vorzustellen, näher · bringt. Ich empfinde und sehe in Theseus den Mann von Fleisch und Blut, der wirklich gelebt und dessen Fuß diese Landenge überschritten hat; der, zum Heros gesteigert, noch immer so viel vom Menschen besaß, als vom Gott und auch so noch mit der Stätte seines Wanderns und Wirkens verbunden blieb.

Warum scheuen wir uns und erachten für trivial, unsere heimischen Gegenden, Berge, Flüsse, Täler zu besingen, ja, ihre Namen nur zu erwähnen in Gebilden der Poesie? Weil alle diese Dinge, die als Natur jahrtausendelang für teuflisch erklärt, nie wahrhaft wieder geheiligt worden sind. Hier aber haben Götter und Halbgötter, mit jedem weißen Berggipfel, jedem Tal und Tälchen, jedem Baum und Bäumchen, jedem Fluß und Quell vermählt, alles geheiligt. Geheiligt war das, was über der Erde, auf ihr und in ihr ist. Und rings um sie her, das Meer, war geheiligt. Und so vollkommen war diese Heiligung, daß der Spätgeborene, um Jahrtausende Verspätete, daß der Barbar noch heut — und sogar in einem Bahnkupee — von ihr im tiefsten Wesen durchdrungen wird.

Man muß die Bäume dort suchen, wo sie wachsen, die Götter nicht in einem gottlosen Lande, auf einem gottlosen Boden. Hier aber sind Götter und Helden Landesprodukte. Sie sind dem Landmann gewachsen, wie seine Frucht. Des Landbauers Seele war stark und naiv. Stark und naiv waren seine Götter.

Theseus, um es noch einmal zu sagen, ist also für mich kein riesenmäßiger, leerer Schemen mehr, ich empfinde ihn einerseits nah, schlicht und materialisch, als Kind der Landschaft, die mich umgibt. Andererseits erkenne ich ihn als das, wozu ihn die Seele des Griechen erhoben hat, die aber doch Gott, wie Landeskind, an die Heimat bannte.

Die Landschaft behält, von einer Strecke dicht über dem Meere abgesehen, fortan den ernsten Ausdruck. Der Abend beginnt zu dämmern, ja, verdüstert sich zu einer großartigen Schwermut, von einem Zauber, der eher nordisch, als südlich ist. Es fällt lauer Regen. Das graue Megara, das einen Hügel überzieht, wirkt wie eine geplünderte Stadt. Zwischen Schutthaufen, in ärmlichen Winkeln halb eingestürzter Häuser, scheinen die Menschen zu leben. Man glaubt eine Stadt zu sehen, über die ein Eroberer mit Raub, Brand und Mord seinen Weg genommen hat.

Kurz hinter Eleusis steigt der Zug nochmals bergan, durch die Vorhöhen des Parnes. Bei tieferer Dunkelheit, zunehmendem Regen und kalter Luft kommt mir die steinige Einöde, in die ich hineinstarre, fast norwegisch vor. Ich bin sehr glücklich über den Wetterumschlag, der mir die ungesunde Vorstellung eines ewiglachenden Himmels nimmt. Die Gegend ist menschenleer. Nur selten begegnet die dunkle Gestalt eines Hirten, aufrecht stehend, dicht in den wolligen Mantel gehüllt. Und während der kalte und feuchte Wind meine Stirne kühlt, Regentropfen mir ins Gesicht wirft, und ich die starke, kalte Regen- und Bergluft in mich einsauge, hat sich ein neues Band geknüpft zwischen meinem Herzen und diesem Lande.

Was Wunder, wenn durch die Erregung der langen Fahrt, in Dunkelheit, in Wind und Wetter, einer höchsten Erfüllung nah, die Seele in einen luziden Zustand gerät, wo es ihr möglich wird, von allem Störenden abzusehen und deutliche Bilder längst vergangenen Lebens in die phantastische, sogenannte Wirklichkeit hineinzutragen. Fast erlebe ich so den tapferen Bergmarsch eines Trupps athenischer Jünglinge, etwa zur Zeit des Perikles, und freue mich, wie sie, gesund und wetterhart, der Unbill von Regen und Wind, wie wir selbst es gewohnt sind, wenig achten. Ich lerne die ersten Griechen kennen. Ich freunde mich an mit diesem Schwarm, ich höre die jungen Leute lachen, schwatzen, rufen und atmen. Ich frage mich, ob nicht vielleicht am Ende Alcibiades unter ihnen ist? Es ist mir, als ob ich auch ihn erkannt hätte! Und dies Erleben wird so durchaus eine Realität, daß irgend etwas so Genanntes für mich mehr Realität nicht sein könnte.

Wir rollen hinab in die attische Ebene. Die Lichter einer Stadt, die Lichter Athens, tauchen ferne auf. Das Herz will mir stocken.

Ein grenzenloses Geschrei, ein Gebrüll, das jeder Beschreibung spottet, empfängt uns am Bahnhof von Athen. Mehrere hundert Kehlen von Kutschern, Gepäckträgern und Hotelbediensteten überbieten sich. Ich habe einen solchen Schlachttumult bis diesen Augenblick, der meinen Fuß auf athenischen Boden stellt, nicht gehört. Die Nacht ist dunkel, es gießt in Strömen.

Eine Stadt, wie das moderne Athen, das sich mit viel Geräusch zwischen Akropolis und Lykabettos einschiebt, muß erst in einem gewissen Sinn überwunden werden, bevor der Geist sich der ersehnten Vergangenheit ungestört hingeben kann. Zum drittenmal bin ich nun im Theater des Dionysos, dessen sonniger Reiz mich immer aufs neue anlockt. Es hält schwer, sich an dieser Stelle in die furchtbare Welt der Tragödie zu versetzen, hier, wo sie ihre höchste Vollendung gefunden hat. Das, was ihr vor allem zu eignen scheint, das Nachtgeborene, ist von den Sitzen, aus der Orchestra und von der Bühne durch das offene Licht der Sonne verdrängt. Weißer und blendender Dunst bedeckt den Himmel, der Wind weht schwül, und der Lärm einer großen Stadt mit Dampfpfeifen, Wagengerassel, Handwerksgeräuschen und dem Geschrei der Ausrufer überschwemmt und erstickt, von allen Seiten herandringend, jedweden Versuch zur Feierlichkeit.

Was aber auch hier sogleich in meiner Seele sich regt und festnistet, fast jeder anderen Empfindung zuvorkommend, ist die Liebe. Sie gründet sich auf den schlichten und phrasenlosen Ausdruck, den hier die Kunst eines Volkes gewonnen hat. Alles berührt hier gesund und natürlich, und nichts in dieser Anlage erweckt den Eindruck zweckwidriger Üppigkeit oder Prahlerei. Irgendwie gewinnt man, lediglich aus diesen architektonischen Resten, die Empfindung von etwas Hellem, Klar-Geistigem, das mit der Göttin im Einklang steht, deren kolossalisches Standbild auf dem hinter mir liegenden Felsen der Akropolis errichtet war, und deren heilig gesprochenen Vogel, die Eule, man aus den Löchern der Felswand, und zwar in den lichten Tag und bis in die Sitzreihen des Theaters hinein, rufen hört.

Ich wüßte nicht, wozu der wahrhaft europäische Geist eine stärkere Liebe fühlen sollte, als zum Attischen. Bei Diodor, den ich leider nur in Übersetzung zu lesen verstehe, wird gesagt: die alten Ägypter hätten der Luft den Namen Athene gegeben, und Glaukopis beziehe sich auf das himmlische Blau der Luft. Der Geist, der hier herrschte, blieb leicht und rein und durchsichtig, wie die attische Luft, auch nachdem das Gewitter der Tragödie sie vorübergehend verfinstert, der Strahl des Zeus sie zerrissen hatte.

Als höchste menschliche Lebensform erscheint mir die Heiterkeit: die Heiterkeit eines Kindes, die im gealterten Mann oder Volk entweder erlischt, oder sich zur Kraft der Komödie steigert. Tragödie und Komödie haben das gleiche Stoffgebiet: eine Behauptung, deren verwegenste Folgerungen zu ziehen, der Dichter noch kommen muß. Der attische Geist erzeugt, wie die Luft eines reinen Herbsttages, in der Brust jenen wonnigen Kitzel, der zu einem beinahe nur innen spürbarem Lachen reizt. Und dieses Lachen, durch den Blick in die Weite der klaren Luft genährt, kann sich wiederum bis zu jenem steigern, das im Tempel des Zeus gehört wurde, zu Olympia, als die Sendboten des Caligula Hand anlegten, um das Bild des Gottes nach Rom zu schleppen.

Man soll nicht vergessen, daß Tragödie und Komödie volkstümlich waren. Es sollen das diejenigen nicht vergessen, die heute in toten Winkeln sitzen. Beide, Tragödie wie Komödie, haben nichts mit schwachen, überfeinerten Nerven zu tun, und ebensowenig, wie sie, ihre Dichter — am allerwenigsten aber ihr Publikum. Trotzdem aber keiner der Zuschauer jener Zeiten, etwa wie viele der heutigen, beim Hühnerschlachten ohnmächtig wurde, so blieb, nachdem die Gewalt der Tragödie über ihn hingegangen war, die Komödie eines jeden unabweisliche Gegenforderung: und das ist gesund und ist gut.

Die ländlichen Dionysien wurden an der Südseite der Akropolis, im Lenäon, nach beendeter Weinlese abgehalten. Was hindert mich, trotzdem, das sogenannte Schlauchspringen mir unten in der Orchestra meines Theaters vorzustellen? Man sprang auf einen geölten, mit Luft gefüllten Schlauch, und suchte, einbeinig hüpfend, darauf Fuß zu fassen. Das ist der Ausdruck überschäumender Lustigkeit, ein derber überschüssiger Lebensmut. Und nicht aus dem Gegenteil, nicht aus der Schwäche und Lebensflucht entstehen Tragödie und Komödie!

Ein deutscher Kegelklub betritt, von einem schreienden Führer

belehrt, den göttlichen Raum.   Man sieht es den hilflos tags-
blinden Augen der Herren an, daß sie vergeblich hier etwas
Merkwürdiges suchen.   Ich würde ihren gelangweilten Seelen
gönnen, sich wenigstens an der Vorstellung aufzuheitern, dem
tollen Sprung auf den öligen Schlauch, die mich ergötzt.

Heut betrete ich, ich glaube zum viertenmal, die Akropolis.
Es ist länger als fünfundzwanzig Jahre her, daß mein
Geist auf dem Götterfelsen heimisch wurde. Damals entwickelte
uns ein begeisterter Mann, den inzwischen ein schweres Schicksal
ereilt hat, seine Schönheiten. Es ist aber etwas anderes, von
jemand belehrt zu werden, der mit eigenen Augen gesehen hat,
oder selber die steilen Marmorstufen zu den Propyläen hinauf-
zusteigen und mit eignen Augen zu sehn.

Ich finde, daß diese Ruinen einen spröden Charakter haben,
sich nicht leicht dem Spätgeborenen aufschließen. Ich habe das
dunkle Bewußtsein, als ob etwa über die Säulen des Parthenon
von da ab, als man sie wieder zu achten anfing, sehr viel Be-
rauschtes verfaßt worden wäre. Und doch glaubte ich nicht, daß
es viele gibt, die von den Quellen der Berauschung trunken
gewesen sind, die wirklich im Parthenon ihren Ursprung haben.

Wie der Parthenon jetzt ist, so heißt seine Formel: Kraft
und Ernst! Davon ist die Kraft fast bis zur Drohung, der
Ernst fast bis zur Härte gesteigert. Die Sprache der Formen ist so
bestimmt, daß ich nicht einmal glauben kann, es sei durch die frühere,
bunte Bemalung ihrem Ausdruck etwas genommen worden.

Ich habe das schwächliche Griechisieren, die blutlose Liebe zu
einem blutlosen Griechentum niemals leiden mögen. Deshalb
schreckt es mich auch nicht ab, mir die dorischen Tempel bunt
und in einer für manche Begriffe barbarischen Weise bemalt zu
denken. Ja, mit einer gewissen Schadenfreude gönne ich das
den Zärtlingen. Ich nehme an, es gab dem architektonischen

Eindruck eine wilde Beimischung. Möglicherweise drückte das Grelle des farbigen Überzugs den naiven Stand der Beziehungen zwischen Göttern und Menschen aus, indem er fast marktschreierisch zu festlichen Freuden und damit zu tiefer Verehrung einfing.

Jeder echte Tempel ist volkstümlich. Trotz unserer europäischen Kirchen und Kathedralen glaube ich, gibt es bei uns keine echten Tempel in diesem Betrachte mehr. Vielleicht aus dem Grunde, weil sich bei uns die Lebensfreude von der Kirche geschieden hat, die nur noch gleichsam den Tod und die Gruft verherrlicht. Die Kirchen bei uns sind Mausoleen: wobei ich nur an die katholischen denke. Einen protestantischen Tempel gibt es nicht. Da nun aber das Leben lebt und lebendig ist, so erzeugt sich auch immer unfehlbar wieder der Trieb zur Freude. Und er ist es, der heute das Theater, den gefährlichsten Konkurrenten der Kirche, geschaffen hat. Ich behaupte, was heut die Menschen zur Kirche treibt, ist entweder Todesangst oder Suggestion. Das Theater bedarf solcher Mittel nicht, um Menschen in seine Räume zu bringen. Dorthin drängen sie sich vielmehr, wie Spatzen, von einem fruchtbeladenen Kirschbaume angelockt.

Wenn heut bei uns eine Gauklergesellschaft auf dem Dorfplan Zelte errichtet, herrscht sogleich unter der Mehrzahl der Dörfler, vor allem aber unter den Kindern, festliche Aufregung. Kunstreiter oder Bänkelsänger mit der neuesten Moritat, sie genießen, obgleich in Acht und Bann seit Jahrtausenden, immer die gleiche, natürliche Zuneigung. Der Karren des Thespis war nicht in Acht und Bann getan; ja, Thespis erhielt im Theater, im heiligen Bezirk des Dionysos, seine Statue, und doch scheint er auch nur mit der Moritat von Ikaros umhergezogen zu sein. Kurz, was heute in Theater und Kirche zerfallen ist, war damals ganz und eins; und, weit entfernt ein memento mori zu sein, lockte der Tempel ins höhere, festliche Leben, er lockte dazu, wie ein buntes, göttliches Gauklerzelt.

Während unsre Kirchen eigentlich nur den Unterirdischen geweiht zu sein scheinen, galten die griechischen Tempel als Wohnung der Himmlischen. Deshalb seuften sie lichte Schauder ins Herz, statt der dunklen, und die Pilger ergriff zugleich, in der olympischen Nähe, Furcht, Seligkeit, Sehnsucht und Neid.

Starker Wind. Gesundes, sonniges Wetter. In der Luft wohnt deutscher Frühling. Der Parthenon: stark, machtvoll, ohne südländisches Pathos, rauscht im Winde, laut, wie eine Harfe oder das Meer. Ein deutscher Grasgarten ist um ihn herum. Frühlingsblumen beben im Luftzug. Um alle die heiligen Trümmer auf dem grünen Plateau der Akropolis weht Kamillenarom. Es ist ein unsäglich entzückender Zustand, zwischen den schwankenden Gräsern auf irgendeinem Stück Marmor zu sitzen, die Augen schweifen zu lassen über die blendend helle, attische Landschaft hin. Hymettos zur Linken, Pentelikon, als Begrenzung der Ebene. Der Parnes bei leichter Rückwärtswendung des Kopfes sichtbar. Silbergraue Gebirgswälle, im weiten Kreisbogen um Athen und den Götterfelsen gelagert, der mit dem Parthenon auf dem Scheitel alles beherrscht. Hier stand Athene, aufrecht, mit der vergoldeten Speerspitze. Vom Parnes grüßte der Zeus Parnethios, vom Hymettos grüßte der Zeus Hymethios. Vom Pentele ein zweites Bild der Athene. Attika war von Göttern bewohnt, von Göttern auf allen umliegenden Höhen bewacht, die einander mit göttlichen Brauen zuwinkten. Geradeaus, unter mir, liegt tiefblau, in die herrliche Bucht geschmiegt, das Meer. Ägina und Salamis grüßen herüber ... Ich atme tief! ...

Ich sitze auf einem Priestersessel im Theater des Dionysos. Hähne krähen; es ist, als ob Athen und die Demen nur von Hähnen bewohnt wären. Der städtische Lärm tritt heut ein wenig zurück, und das Geschrei der Ausrufer ist durch das oft wiederholte Geschrei von weidenden Eseln abgelöst. Brütende Sonne erwärmt die gelblichen Marmorsessel und Marmorstufen.

Etwa dreißigtausend Zuschauer wurden auf diesen Stufen untergebracht, von denen nicht allzuviele Reihen erhalten sind; und hinter und über der letzten, obersten Reihe thronten die Götter: denn dort überragt das ganze Theater die rötliche Felswand der Akropolis, gewiß noch heut der seltsamste, rätselvollste und zugleich lehrreichste Fels der Welt.

Noch heute, jenseits von allem Aberglauben jener Art, wie er im Altertum im Volke lebt und dichtet, empfinde ich doch die Kraft, die schaffende Kraft dieses Glaubens tief, und wenn mein Wille allein es meistens ist, der die ausgestorbene Götterwelt zu beleben sucht, hier, angesichts dieses ragenden Felsens, erzeugt sich augenblicksweise, fast unwillkürlich ein Rausch der Göttergegenwart. Zweifellos war es ein Grad der Ekstase, der jene Dreißigtausend hier, auf dem geheiligten Grund des eleutherischen Dionysos, im Angesichte der heiligen Handlung des Schauspiels befiel, den zu entwickeln dem glaubensarmen Geschlecht von heut das Mittel abhanden gekommen ist. Und ich stehe nicht an, zu behaupten, daß alle Tragiker, bis Euripides, so sehr sie sich von der derb naiven Gläubigkeit der Menge gesondert haben mögen, von Gottesfurcht oder Götterfurcht und vom Glauben an ihre Wirklichkeit, besonders hier, am Fuße und im Bereich des Gespensterfelsens, durchdrungen gewesen sind.

Die Akropolis ist ein Gespensterfelsen. In diesem Theater des Dionysos gingen Gespenster um. In zahllosen Löchern des rotvioletten Gesteins wohnten die Götter, wie Mauerschwalben. Es ist eine enggedrängte, überfüllte, göttliche Ansiedelung: hatten doch, nach Pausanias, die Athener für das Göttliche einen weit größeren Eifer, als die übrigen Griechen. Die Art, wie sie allen möglichen Göttern Asyle und wieder Asyle gründeten, deutet auf

Angst. Während ich solchen Gedanken nachhänge, höre ich hinter mir wiederum den Vogel der Pallas aus einem Felsloch klägliche Laute in den Tag hineinwimmern und stelle mir vor, wie wohl die atemlos lauschenden Tausende ein Schauer bei diesem Ruf überrieselt hat.

Die Seelenverfassung der großen Tragiker wurde unter anderem auch von dem Umstand bedingt, daß sie Götter als Zuschauer hatten. Daß es so war, ist für mich eine Wirklichkeit. Die Woge des Glaubens, die ihnen aus dreißigtausend Seelen entgegenschlug, verstärkt durch die Nähe göttlicher Troglodyten und Tempelbewohner des Felsens, war allein schon wie eine ungeheure Sturzwelle, und jede Skepsis wurde hinweggespült.

„An der sogenannten südlichen Mauer der Burg, dem Theater zugekehrt, ist ein vergoldetes Haupt, der Gorgone Medusa geweiht, und um dasselbe ist die Ägide angebracht. Am Giebel des Theaters ist im Felsen unter der Burg eine Grotte; auch über dieser steht ein Dreifuß; in ihr sind Apollo und Artemis, wie sie die Kinder der Niobe töten," schreibt Pausanias. Ein Heiligtum der Artemis Brauronia ist auf der Burg. Der große Tempel der Pallas Athene, ein Heiligtum des Erechtheus, des Poseidon, Altäre des Zeus, zahllose Statuen von Halbgöttern, Göttern und Heroen sind da, Äskulap hat im Felsen sein Heiligtum, Pan seine Grotte, sogar Serapis hat seinen Tempel. Zwei Grotten standen Apollo zu, dem „Apoll unter der Höhe". Ein tiefer Felsspalt ist der Ort, wo der Gott Creusa, die Tochter Erechtheus, überraschte und den Stammvater aller Jonier mit ihr zeugte. Hephästos besaß seinen Altar und so fort.

Alle diese Gottheiten lebten nicht nur auf der Burg. Sie durchwanderten bei Nacht und sogar am Tage die Straßen der Stadt. Der Mann aus dem Volke, das Weib aus dem Volke waren nicht imstande, die Gebilde des nächtlichen Traums von denen des täglichen Traums zu sondern. Beide waren ihnen so gut, wie das, was sie sonst mit Augen wahrnahmen, Wirklichkeit.

54

Die Tragiker hatten Götter als Zuschauer, und dadurch wurde nicht nur die Grundverfassung ihrer Seele mit bedingt, sondern die Art des Dramas, das sie hervorbrachten. Auch in diesem Drama traten Götter und Menschen im Verkehr miteinander auf, und es ward damit, in einem gewissen Sinne, das geheiligte Spiegelbild der ins Erhabene gesteigerten Volksseele. Was wäre ein Dichter, dessen Wesen nicht der gesteigerte Ausdruck der Volksseele ist!

Es ist der Vormittag des 20. April. Ich habe den Felsen des Areopag erstiegen. Zwei Soldaten schlafen in einer versteckten Mulde. Esel schreien; Hähne krähen. Der Ort ist verunreinigt. An einem Teile des Felsens werden Vermessungen vorgenommen. Wieder liegt das weiße, blendende Licht über der Landschaft.

Auf diesem Hügel des Ares, heißt es, ist über den Kriegsgott Gericht gehalten worden, in Urzeiten, irgend eines vereinzelten Mordes wegen, den er begangen hatte. Hier, sagt man, wurde Orestes gerichtet und losgesprochen, trotzdem er die Mutter ermordet hatte. In nächster Nähe soll hier ein Heiligtum der Erinnyen gewesen sein, der zürnenden Gottheiten, die von den Athenern die Ehrwürdigen, oder ähnlich, genannt wurden. Ihre Bildnisse sollen nicht schreckenerregend gewesen sein, und erst Äschylos hat ihnen Schlangen ins Haar geflochten.

Es fällt wiederum auf, wie überladen mit Götterasylen der nahe Burgfelsen ist: mit Nestern, Gottesgenisten könnte man sagen! Jeder Spalt, jede Höhle, jeder Fußbreit Stein war für die oberirdischen, unterirdischen oder auch für solche Gottheiten, die im Wasser leben, ausgenützt. Es ist erstaunlich, daß sie hier untereinander Frieden hielten. Vielleicht geschah es, weil Pallas Athene, als Höchstverehrte, über den andern stand.

Man ist hier auf dem Areopag erhaben über der Stadt. Man übersieht einen Teil von ihr und den Theseustempel. Man sieht gegenüber, durch ein Tal getrennt, die Felsplatten der Pnyx. Man hört die zahllosen Schwalben des nahen Burgfelsens zwitschern. Dies Zwitschern wird zu einer sonderbaren Musik, wenn man sich an den ersten Gesang der Odyssee und an die folgenden Verse erinnert:

„Also redete Zeus' blauäugigte Tochter, und eilend
Flog wie ein Vogel sie durch den Kamin . . .“

und an die Neigung der Himmlischen überhaupt, sich in allerlei Tiere, besonders in Vögel, umzuwandeln.

Ich lasse mich nieder, lausche und betrachte den zwitschernden Götterfelsen, die Akropolis. Ich schließe die Augen und finde mich durch das Zwitschern tief und seltsam aufgeregt. Es kommt mir vor, indem ich leise immer wieder vor mich hinspreche: „Der zwitschernde Fels! Die zwitschernden Götter! Der zwitschernde Götterfels!“ als habe ich etwas aus der Seele eines naiven Griechen jener Zeit, da man die Götter noch ehrte, heraus-empfunden. Vielleicht sage ich mir, ist, wenn man eine ab-gestorbene Empfindung wieder beleben kann, damit auch eine kleine, reale Entdeckung gemacht.

Und plötzlich erinnere ich mich der „Vögel“ des Aristophanes, und es überkommt mich zugleich in gesteigertem Maße Entdecker-freude. Ich bilde mir ein, daß mit dieser Empfindung: „der zwitschernde Fels, die zwitschernden Götter“, im Anblick der Burg, der Keim jenes göttlichen Werkes in der Seele des freiesten unter den Griechen zuerst ins Leben getreten ist. Ich bilde mir ein, vielleicht den reinsten und glücklichsten Augenblick, einen Schöpfungsakt seines wahrhaft dionysischen Daseins, neu zu durchleben, und will es jemand bezweifeln, so raubt er mir doch die heitere, überzeugte Kraft der Stunde nicht.

„. . Tioto, tioto, tiotix!
Widerhallte der ganze Olympos.“

Frische, nordische Luft. Nordwind. Eine ungeheure Rauch=
und Staubwolke wird von Norden nach Süden über das
ferne Athen hingejagt. Gegen den Hymettos zieht der bräun=
liche Dunst, Akropolis und Lykabettos in Schleier hüllend. Ich
verfolge, vom Rande der phalerischen Bucht, ein beinahe aus=
getrocknetes Flußbett, in der Richtung gegen den Parnes.
Schwalben flattern über den spärlichen Wasserpfützen in lebhafter
Erwerbstätigkeit. Ich habe zur Linken die letzten Häuser und
Gärten der Ansiedelung von Neu=Phaleron, hinter einem Feld
grüner Gerste, die in Ähren steht. Zur Rechten, jenseit des
Flußlaufs, gegen das ferne Athen hin, sind ebenfalls ausgedehnte
Flächen mit Gerste bebaut. Die Finger erstarren mir fast, wie
ich diese Bemerkung in mein Buch. setze. Die Landschaft ist fast
ganz nordisch. Vereinzelte Kaktuspflanzen an den Feldrainen
machen den unwahrscheinlichsten Eindruck. Ich beschreite einen
Feldweg. Um mich, zu beiden Seiten, wogt tiefgrün die Gerste.
Man muß die Alten und das Getreide zusammendenken, um
ganz in ihre sinnliche Nähe zu gelangen, mit ihnen vertraut, bei
ihnen heimisch zu sein.

Die Akropolis, mit dem Parthenon, erhebt sich unmittelbar
aus der weiten Prärie, aus der wogenden See grüner Halme,
empor.

Ich kreuze die Landstraße, die von Athen in grader Linie nach
dem Piräus hinunterführt, und stoße auf eine niederländische
Schenke, unter mächtigen, alten Eschen, die an Ostade oder
Breughel erinnert. Ich erblicke, mich gegen Athen wendend,
über dem Ausgangspunkt der Straße wiederum die Akropolis
mit dem Parthenon. Der Verkehr, mit Mäulern und Pferden
an hochrädrigen Karren, bewegt sich in zwei fast ununterbrochenen
Reihen von Athen zum Piräus hinunter und umgekehrt. Es
wird sehr viel Holz nach Athen geschafft. Unter vielen Mühen,
in beinahe undurchdringlichen Staubwolken, arbeite ich mich gegen

eisigen Wind. Hunde und Hühner bevölkern die Landstraße. Im Graben, im Grase, das eine dicke Staubschicht überzieht, liegt, grau wie der Staub, ein todmüder Esel und hebt seinen mageren Kopf mir zu. Kantine an Kantine begleitet die Straße rechts und links in arger Verwahrlosung. Ich bin beglückt, als ich einen tüchtigen Landmann mit zwei guten Pferden, die Hand am Pflug, seinen Acker bestellen sehe, ein Anblick, der in all diesem jämmerlich verstaubten Elend erquickend ist.

Ich weiche dem Staub, verlasse die Straße, und bewege mich weiter, dem Parnes zu, in die Felder hinein. Nun sehe ich die Akropolis wiederum und zwar in einem bleichen, kreidigen Licht, zunächst über blühenden Obstgärten auftauchen. Der Parthenongiebel steht, klein wie ein Spielzeug, kreidig-bleich. In langen Linien schießen die Schwalben dicht über das Gras der Auen und über die Ähren der Gerstenfelder hin. Ich muß an den Flug der Götter denken, an den schemenhaft die ganze Landschaft beherrschenden, zwitschernden Götterfels, und wie von Athene gesagt ist:

„Plötzlich entschwand sie den Blicken
und gleich der Schwalbe von Ansehn
Flog sie empor . . .“

Wie muß dem frommen Landbewohner mitunter der Flug und der Ruf der Schwalbe erschienen sein! Wie wird er seinen verehrenden Blick zuzeiten bald gegen das Bild des Zeus auf dem nahen Parnes, bald gegen die ferne, überall sichtbare, immer leuchtende Burg der Götter gerichtet haben! Von dorther strichen die Schwalben, dorthin verschwanden sie in geschwindem Flug. Und ähnlich, nicht allzuviel schneller, kamen und gingen die Götter, die keineswegs, wie unser Gott, allgegenwärtig gewesen sind.

Auf dem heiligen Wege, von Athen nach Eleusis hinüber, liegt an der Paßhöhe, zwischen Bergen, das kleine griechische Kloster Daphni. Ich weiß nicht, welches rätselhafte Glück mich

58

auf der Fahrt hierher überkommen hat. Vielleicht war es zunächst die Freude, mit jedem Augenblick tiefer in ein Gebiet des Pan und der Hirten einzudringen.

Überall duftet der Thymian. Er schmückt, strauchartig, die grauen Steinhalden, auch dort, wo die wundervolle Aleppo-Kiefer, der Baum des Pan, nicht zu wurzeln vermag. Aber Kiefer und Thymian vermischen überall ihre Düfte und füllen die reine Luft des schönen Bergtals mit Wohlgeruch.

Der Hof des Klosters, in den wir treten, ist ebenfalls von weihrauchartigen und von grunelnden Düften erfüllt. Am Grunde schmücken ihn zahllose weiße und gelbe Frühlingsblumen, die ihre Köpfchen den warmen Strahlen des griechischen Frühlingsmorgens darbieten. An einem gestutzten Baum ist die Glocke des Klosters aufgehängt, Sommers und Winters den atmosphärischen Einflüssen preisgegeben und darum bedeckt mit einer schönen, bläulichen Patina. Ein Hündchen, im Winkel des Hofes, vor seiner Hütte, wedelt uns an. Trotzdem es nach Bienen und Fliegen schnappen kann, deren wohlig schwelgerisches Gesumm allenthalben vernehmlich ist, scheint es sich doch in dieser entzückenden, gleichsam verwunschenen Stille zu langweilen.

Antike Säulenreste, Trommeln und Kapitäle, liegen umher, auf denen sich Sperlinge, pickend und lärmend, umhertreiben. Sie besuchen den Brunnen, an dem eine alte, hohe Zypresse steht, türkischer Sitte gemäß, als Wahrzeichen.

Das Innere der Klosterkirche bietet ein Bild der Verwahrlosung. Die Mosaiken der Kuppel sind fast vernichtet, die Ziegelwände von Stuck entblößt. Aber der häusliche Laut der immerfort piepsenden Sperlinge und warme Sonne dringt vom Hofe herein, dazu der Ruf des Kuckuck herab aus den Bergen, und der kleine Altar, von gläubigen Händen zärtlich geschmückt, verbreitet mit seinem braunen Holzwerk, mit seinen Bildchen und brennenden Kerzen, einen treuherzig-freundlichen Geist der Einfachheit.

Unfern Weg durch die Hügel abwärts fortſetzend, haben wir eine Stelle zu beachten, wo vor Zeiten ein Tempel der Venus ſtand. Nicht weit davon bemerken wir, unter einer Kiefer, in ſtatuariſcher Ruhe aufgerichtet, die Geſtalt eines Hirten, deſſen langohrige Schafe, im Schatten des Baumes zuſammengedrängt, um ihn her lagern und wie ein einziges Vlies den Boden bedecken.

Was mich auf dieſer heiligen Straße beſonders erregt, iſt das Hallende. Überall zwiſchen den Bergen ſchläft der Hall. Die Laute der Stimmen, die Rufe der Vögel, wecken ihn in den ſchlafenden Gründen. Ich ſtelle mir vor, daß jemand, den eine unbezwingliche Sehnſucht treibt, ſich in die untergegangene Welt der Hellenen, wie in etwas noch Lebendiges einzudrängen, auf ein beſſeres Mittel ſchmerzhaft-ſeliger Täuſchung nicht verfallen könnte, als durch das verwaiſte Griechenland nur immer geliebte Namen zu rufen, wie Herakles einſt den Hylas rief. Gleichwie nun die Stimme des Hylas, des Geſtorbenen, im Echo geſpenſtiſch, wie eines Lebenden Stimme, antwortete, ſo, meine ich, käme dem Rufe des wahren Pilgers jedweder heilige Name, aus dem alten, ewigen Herzen der Berge, fremd, lebendig und mit Gegenwarts-ſchauern zurück.

Wir ſind nun an den Rand der Eleuſiniſchen Bucht gelangt, die durch die Höhenzüge der Inſel Salamis gegen das Meer hin geſchützt, einem friedlichen Landſee ähnlich iſt. Ich habe niemals das Galiläiſche Meer geſehen, und doch finde ich mich an Jeſus und jene Fiſcher gemahnt, die er zu Menſchenfiſchern zu machen unternahm. Das bibliſche Vorgefühl findet auf der weißen Land-ſtraße längs des Seeufers unerwartet eine Beſtätigung, als das klaſſiſche Bild der Flucht nach Ägypten lebendig an uns vor-überzieht: eine junge, griechiſche Bäuerin auf dem Rücken des Maultiers, den Säugling im Arm, von ihrem bärtigen, dunkel-haarigen Joſeph begleitet.

Die Bucht liegt in einem weißlichen Perlmuttſchimmer ſtill

und glatt und die Augen blendend unter den schönkonturierten Spitzen von Salamis. Die Landschaft, im Gegensatz zu dem Tale, aus dem wir kommen, ist offen und weit, und scheint einem anderen Lande anzugehören. Dort wo ein seichter Fluß, aus den Bergen kommend, sein Wasser mit dem der Bucht vermischt, knien eskimoartig vermummte Wäscherinnen, obgleich weder Haus noch Hütte im weiten Umkreis zu sehen ist.

Wie sich etwa die Sinnesart eines Menschen erschließt, durch die Scholle, die er bebaut, durch die Heimat, die er für sein Wirken erwählt hat, oder durch jene, die ihn hervorbrachte, und festhielt, so erschließt sich zum Teil das Wesen der Demeter im Wesen des eleusinischen Bezirks. Denn dies ist den griechischen Göttern eigen, daß sie mit innigen Banden des Gemüts weniger an den Olymp, als an die griechische Muttererde gebunden sind. Kein Gott, der den Griechen weniger liebte, als der Grieche den Gott — oder weniger die griechische Heimat liebte und in ihr heimisch wäre, als er!

Jesus der Heiland und Gottessohn, Jesus der Gott, ist uns durch sein irdisch-menschliches Schmerzensschicksal nahegebracht: ebenso den Griechen Demeter. Man stelle sich vor, wie der Grieche etwa auf diesem heiligen Boden empfand, der wirklich Demeters irdischen Wandel gesehen hatte, wo ich, der moderne, skeptische Mensch, sogleich von besonderer Weihe durchdrungen ward, als sich das Bild der Landschaft in mir mit jener anderen Legende vermählt hatte, die mit einer Kraft ohnegleichen heute Zweifler wie Fromme beherrscht.

Der heilige Bezirk, mit dem Weihetempel der Demeter, liegt nur wenig erhaben über die Spiegelhöhe, am Rande der Bucht. Es sei ferne von mir, dieses wärmste und tiefste Mysterium, nämlich das eleusinische, ergründen zu wollen: genug, daß es für mich von Sicheln und schweren Garben rauscht und daß ich darin das Feuer Apolls mit des Aidoneus eisiger Nacht sich vermählen fühle. Übrigens ist ein wahres Mysterium, das durch Mysten gepflegt und lebendig erhalten, nicht in Erstarrung verfallen kann, ein ewiger Quell der Offenbarung, woraus erhellt, daß eben das Unergründliche ganz sein Wesen ist.

Während ich auf den Steinfliesen der ehemaligen Vorhalle des Pylon, als wäre ich selbst ein Myste, nachdenklich auf und ab schreite, formt sich mir aus der hellen, heißen, zitternden Luft, in Riesenmaßen, das Bild einer mütterlichen Frau. Ihr Haarschwall, der die Schultern bedeckt und herab bis zur Ferse reicht, ist von der Farbe des reifen Getreides. Sie wandelt, mehr schwebend als schreitend, aus der Tiefe der fruchtbaren eleusinischen Ebene gegen die Bucht heran, und ist von sumsenden Schwärmen häuslicher Bienen, ihren Priesterinnen, begleitet.

Die wahren Olympier leiden nicht, Demeter ist eine irdischleidende Göttin, deren mütterliches Schmerzensschicksal selbst durch den Richtspruch des Zeus nur gemildert, nicht aufgehoben ist. Auf ihren Zügen liegt, unverwischbar, die Erinnerung ausgestandener Qual und es kann eine größere Qual nicht geben, als die einer Mutter, die ihr verlorenes Kind in grauenhafter Angst und Verzweiflung der Seele sucht. Sie hat Persephoneia wieder gefunden und hier zu Eleusis, der Weihetempel, auf dessen Boden ich stehe, ist der Ort, von dem aus sie die Rückkunft der Tochter und ihre Befreiung aus den Fesseln des Tartarus erzwang, und wo Mutter und Tochter das selige Wiedersehen feierten. Aber sie genießt auch seither, wie gesagt, nicht das reine, ungetrübte, olympische Glück. Nach leidender Menschen Art ist ihr Dasein Genuß und Entbehren, Weh der Trennung und Freude der Wiedervereinigung. Es ist unlöslich, für immer, gleichwie das Dasein der Menschen, aus bitteren Schmerzen und Freuden gemengt.

62

Das ist es, was sie dem Menschengeschlecht und auch dem Spätgeborenen nahebringt, und was sie mehr, als irgendeinen Olympier, heimisch gemacht hat auf der Erde.

Es kommt hinzu, daß, während eines Teiles des Jahres, Aidoneus die Tochter ins Innere der Erde fordert und dort gefangen hält, wodurch denn die seligen Höhen des Olymps, die dem Kerker der Tochter ferne liegen, den Füßen der Mutter, mit den eleusinischen Ufern verglichen, unseliger Boden sind. Man ist überzeugt, daß Schicksalsschluß die Göttin in das Erkenntnisbereich der Menschen verwiesen hat — in ein beginnendes, neues, höheres, zwischen Menschen und Göttern und zwar mit einem Ereignis, das, unvergeßlich, das Herz ihres Herzens gleichsam an seinen Schauplatz verhaftet hält.

Die „weihrauchduftende" Stadt Eleusis, die Stadt des Keleus, der Königin Metaneira, sowie ihrer leichtgeschürzten Töchter: Kallidike, Kleisidike, Dämo und Kallithoa der „safranblumengelockten" ist heut nicht mehr, aber der Thymianstrauch, der überall um die Ruinen wuchert, verbreitet auch heute um die Trümmer warme Gewölke von würzigem Duft. Und die Göttin, die fruchtbare, mütterliche, umwandelt noch heut, in alter, heiliger Schmerzenshoheit die Tempeltrümmer, die Ebene und die Ufer der Bucht. Ich spüre die göttliche Erntemutter, die göttliche Hausfrau, die göttliche Kinderbewahrerin, die Gottesgebärerin überall, die ewige Trägerin des schmerzhaft süßen Verwandlungswunders.

Was mag es gewesen sein, was die offenen Kellergewölbe unter mir an Tagen der großen Feste gesehen haben? Man verehrte hier neben Demeter auch den Dionysos. Nimmt man hinzu, daß der Mohn, als Sinnbild der Fruchtbarkeit, die heilige Blume der Demeter war, so bedeutet das, in zwiefacher Hinsicht, ekstatische Schmerzens- und Glücksraserei. Es bleibt ein seltsamer Umstand, daß Brot, Wein und Blut, dazu das

Martyrium eines Gottes, sein Tod und seine Auferstehung, noch heut den Inhalt eines Mysteriums bilden, das einen großen Teil des Erdballs beherrscht.

Ich liege, unweit von Kloster Daphni, unter Kiefern, auf einem Bergabhange hingestreckt. Der Boden ist mit braunen Kiefernadeln bedeckt. Zwischen diesen Nadeln haben sich sehr feine, sehr zarte Gräser ans Licht gedrängt. Aber ich bin hierher gekommen, verlockt von zarten Teppichen weißer Maßliebchen. Sie zogen mich an, wie etwa ein Schwarm lieblicher Kinder anzieht, die man aus nächster Nähe sehen, mit denen man spielen will. Nun liege ich hier und um mich, am Grunde, nicken die zahllosen kleinen, weißen Schwestern mit ihren Köpfchen. Es ist kein Wald. Es sind ganz winzige Hungerblümchen, unter denen ich ein Ungeheuer, ein wahres Gebirge bin. Und doch strömen sie eine Beseligung aus, die ich seit den Tagen meiner Kindheit nicht mehr gefühlt habe.

Und auch damals, in meiner Kindheit, schwebte eine Empfindung, dieser ähnlich, nur feiertäglich durch meine Seele. Ich erinnere mich eines Traumes, den ich zuweilen in meiner Jugend gehabt habe, und der mir jedesmal eine Schwermut in der Seele ließ, da er mir etwas, wie eine unwiederbringliche, arkadische Wonne, schattenhaft vorgaukelte. Ich sah dann stets einen sonnigen, von alten Buchen bestandenen Hang, auf dem ich mit anderen kleinen Kindern bläuliche Leberblümchen abpflückte, die sich durch trockenes, goldbraunes Laub zum Lichte hervorgedrängt hatten. Mehr war es nicht. Ich nehme an, daß dieser Traum nichts weiter, als die Erinnerung eines besonders schönen, wirklich durchlebten Frühlingsmorgens war, aber es scheint, daß ein erstes Genießen der goldenen Lust, zu der sich die Sinne des Kindes erschlossen, das unvergeßliche Glück dieser kurzen Stunde gewesen ist.

Ich liege auf olympischer Erde ausgestreckt. Ich bin, wie ich fühle, zum Ursprung meines Kindestraumes zurückgekehrt. Ja, es ward mir noch Höheres vorbehalten! Mit reifem Geist, mit bewußten, viel umfassenden Sinnen, im vollen Besitz aller schönen Kräfte einer entwickelten Seele, ward ich auf dieses feste Erdreich so vieler ahnungsvoll-grundloser Träume gestellt, in eine Erfüllung ohnegleichen hinein.

Und ich strecke die Arme weit von mir aus und drücke mein Gesicht antäos-zärtlich zwischen die Blumen in diese geliebte Erde hinein. Um mich beben die zarten Grashalme. Über mir atmen die niedrigen Wipfel der Kiefern weich und geheimnisvoll. Ich habe in mancher Wiese bei Sonnenschein auf dem Gesicht oder Rücken gelegen, aber niemals ging von dem Grunde eine ähnliche Kraft, ein ähnlicher Zauber aus, noch drang aus hartem Geröll, das meine Glieder kantig zu spüren hatten, wie hier ein so heißes Glück in mir auf.

Ich bin auf der Rückfahrt von Eleusis nach Athen wieder in diese lieblichen Berge gelangt. Die heilige Straße liegt unter mir, die Athen mit Eleusis verbindet. Herden von Schafen und Ziegen, die in dem grauen Gestein der Talabhänge umhersteigen, grüßen von da und dort mit ihrem Geläut, das, melodisch glucksend, an die Geräusche eines plaudernden Bächleins erinnert.

In der Nähe beginnt ein Kuckuck zu rufen, zunächst allein: und heiter gefragt, schenkt er mir drei Jahrzehnte als Antwort. Es ist mir genug! Nun tönt aus den Kieferhainen von jenseit des heiligen Weges ein zweiter Prophet: und beide Propheten beginnen und fahren lange Minuten unermüdet fort, sich trotzig und wild, über die ganze Weite des Bergpasses hin, wahrscheinlich widersprechende Prophezeiungen zuzurufen.

Und wieder spüre ich um mich das Hallende. Die Rufe der streitenden Vögel wecken einen gespenstisch verborgenen Schwarm ihresgleichen zu einem Durcheinander von kämpfenden Stimmen

XI. 5

auf und mit einer nur geringen Kraft der Einbildung höre ich den Lärm des heiligen Fackelzuges, von Athen gen Eleusis, aus den Bergen zurückschlagen.

Emporgestiegen zu den Gipfeln habe ich ringsumher graues Geröll eines Bergrückens, Krüppelkiefern und Thymian, Mittagshitze und Mittagslicht. Unter mir liegen eingeschlossene Steintäler, verlassen und großartig pastoral. Hohe peloponnesische Schneeberge, Hymettos, Lykabettos und Pentelikon schließen rings den Gesichtskreis ein. Der saronische Golf und die eleusinische Bucht leuchten herauf mit blauen Gluten. In heißen, zitternden Wolken zieht überall würzig-bitterer Kräuterduft. Überall summen die Bienen der Demeter.

Wir betreten heute, gegen zehn Uhr abends, im Lichte des Vollmonds die Akropolis. Meine Erwartung, nun gleichsam alle Gespenster der Burg lebendig zu sehen, erfüllt sich nicht: Es müßte denn sein, daß sie alle in dem heiligen Äther aufgelöst seien, der den ganzen Tempelbezirk entmaterialisiert.

Mehr wie am Tage empfinde ich heut, und schon auf den Stufen der Propyläen, das Heiligtum, das Bereich der Götter. Ich zögere, weiter zu schreiten. Ich lasse mich im tiefen Schlagschatten einer Säule nieder und blicke über die Stufen zurück, die ich mir in die magisch-klare Tiefe fortgesetzt denke. Zum erstenmal verbindet sich mir das Ganze mit dem höheren Geistesleben, besonders des Perikleischen Zeitalters, dem der Burgfelsen seine letzte und höchste Weihe verdankt. Das Wirkliche wird im Lichte des Mondes schemenhaft unwirklich, und diesem Unwirklich-Wirklichen können sich historische Träume leichter angleichen.

Als vermöchte der Mond Wärme auszuströmen, so warm ist die Luft und dazu klar und still: das Zwitschern der Fledermäuse

66

kommt aus dem Lichtäther unter uns. Man fühlt, wie in solchem göttlichen Äther atmend und heimisch in diesem heiligen Bezirk, erlauchte Menschen mit Göttern gelebt haben. Hier, über den magischen Abgrund hinausgehoben, in einen unsäglich zarten, farbigen Glanz, war der Denker, der Staatsmann, der Priester, der Dichter, in Nächten wie diese, mit den Göttern auf gleichen Fuß gestellt und atmete, in naher Vertraulichkeit, mit ihnen die gleiche elysische Luft.

Man müßte von einem nächtlichen Blühen dieses am Tage so schroffen und harten, arg mitgenommenen Olympes reden, von einem Blühen; das unerwartet und außerirdisch die alte vergessene Götterglorie um seine Felskanten wieder herstellt.

Der Parthenon, von der Hymettosseite gesehen, ist in dieser Nacht nicht mehr das Gebilde menschlicher Bauleute. Diese scheinen vielmehr nur einem göttlichen Plane dienstbar gewesen zu sein, das Irdische gewollt, das Himmlische aber vollbracht zu haben. In diesem Tempel ist jetzt nichts Drohendes, nichts Düsteres, nichts Gigantisches mehr, und seine Steinmasse, seine irdische Schwere scheint verflüchtigt. Er ist nur ein Gebilde der Luft, von den Göttern selbst in einen göttlichen Äther hinein gedacht und hervorgerufen. Er ist nicht aus totem Marmor zusammengefügt, er lebt! von innen heraus warm und farbig leuchtend, führt er das selige Dasein der Götter. Alles an ihm wird getragen, nichts trägt. Oder aber, es kommt ein Gefühl über dich, daß, wenn du, mit deinem profanen Finger, eine der Säulen zu berühren nicht unterlassen könntest, diese sogleich zu Staub zerspringen würde vor Sprödigkeit.

In dieser Stunde kommt uns die Ahnung von jenem Sein, das die Götter in ihrer Verklärung führen, von irdischen Obliegenheiten befreit. Auch Götter hatten Erdengeschäfte. Wir ahnen, von welchem Boden Platon zu seiner Erkenntnis der reinen Idee sich aufschwang. Welche Bereiche erschlossen sich in solchen schönheitstrunkenen Nächten, die warm und kristallklar zu ein und demselben Element mit den Seelen wurden ... welche Bereiche erschlossen sich den Künstlern und Philosophen hier, als den Gästen und nahen Freunden der Himmlischen!

Und damals, wie heute, drang, wie aus den Zelten eines Lustlagers, Gesang und Geschrei herauf aus der Stadt. Man braucht die Augen nicht zu schließen, um zu vergessen, daß jenes dumpfe Gebrause aus der Tiefe der Lärm des Athens von heute ist: vielmehr hat man Mühe das festzuhalten. In dieser Stunde, im Glanze des unendlichen Zaubers der Gottesburg, pocht und bebt und rauscht für den echten Pilger in allem der alte Puls. Und seltsam eindringlich wird es mir, wie das Griechentum zwar begraben, doch nicht gestorben ist. Es ist sehr tief, aber nur in den Seelen lebendiger Menschen begraben und wenn man erst alle die Schichten von Mergel und Schlacke, unter denen die Griechenseele begraben liegt, kennen wird, wie man die Schichten kennt, über den mykenischen, trojanischen oder olympischen Fund-stellen alter Kulturreste, aus Stein und Erz, so kommt auch viel-leicht für das lebendige Griechenerbe die große Stunde der Aus-grabung.

Wir stehen auf dem hohen Achterdeck eines griechischen Dampfers und harren der Abfahrt. Der Lärm des Piräus ist um uns und unter uns. Wir wollen gen Delphi zum Heiligtum des Apoll und Dionysos.

Mehr gegen den Ausgang des Hafens liegt ein weiß an-gestrichenes Schiff, ein Amerikafahrer, rings um ihn her auf der Wasserfläche über die er emporragt, steht, wie auf Dielen, näm-lich in kleinen Booten, eng gedrängt, eine Menschenmenge. Es sind griechische Auswanderer, Leute, die das verwunschene Land der Griechenseele nicht ernähren mag.

Dem Hafengebiet entronnen, genießen wir den frischen Luftzug der Fahrt. Unsere Herzen beleben sich. Wir passieren das
kahle Inselchen, hinter dem die Schlacht bei Salamis ihren Verlauf genommen hat, den niedrigen Küstenzug, wo Xerxes seinen
gemächlichen Thron errichten und vorzeitig abbrechen ließ. Der
ganze, bescheidene Schauplatz deutet auf enge maritime Verhältnisse.

Die bergische Salamis öffnet in die fruchtbare Fülle des
Innern ein weites Tal. Liebliche Berglehnen, Haine und Wohn-
stätten werden dem Seefahrer verlockend dargeboten: alles zum
Greifen nahe! und es ist wie ein Abschied, wenn er vorüber muß.

Man weist uns Megara. Wir hätten es von der See aus
nicht wiedererkannt: Megara, jetzt nur gespenstisch und bleich von
seinen Hügeln winkend, die Stadt, die Konstantinopel gegründet
hat. Wir werden den Weg der megarensischen Schiffe in einigen
Wochen ebenfalls einschlagen.

Wenn wir nicht, wie bisher, über Steuerbord unseres Dampfers
hinausblicken, sondern über seine Spitze, so haben wir in der
Ferne alpine Schneegipfel des Peloponnes vor uns, darunter,
vereinzelt, den drohenden Felsen der Burg von Korinth.

Wir suchen durch den zitternden Luftraum dieser augen-
blendenden Buchten den Standort des äginetischen Tempels auf,
und meine Seele saugt sich fest an die lieblichen Inselfluren von
Ägina. Warum sollten wir uns in der vollen Muße der See-
fahrt, zwischen diesen geheiligten Küsten, der Träume enthalten
und nicht der lieblichen Jägerin Britomartis nachschleichen, einer
der vielen Töchter des Zeus, von der die Ägineten behaupteten,
daß sie alljährlich von Kreta herüberkäme, sie zu besuchen.

Gibt es wohl etwas, das wundervoller anmutete, als die
nüchterne Realität einer Mitteilung des Pausanias, etwa Britomartis angehend, wo niemals die Existenz eines Mitglieds der
Götterfamilie, höchstens hie und da ein lokaler Anspruch der
Menschen mit Vorsicht in Zweifel gezogen ist.

Nicht nur die Vasenmalereien beweisen es, daß der Grieche sich in allen Formen des niederen Eros auslebte: aber der schaffende Geist, der solche Gestalten, wie Britomartis, entstehen ließ und ihnen ewige Dauer beilegte, mußte das Element der Reinheit, in Betrachtung des Weibes, notwendig in sich bergen, aus dem sie besteht: keusch, frisch, unbewußt-jungfräulich, ist Britomartis im Stande glückseliger Unschuld bewahrt worden. Sie hat mit Amazonen und Nonnen nichts gemein. Es ist in ihr weder Männerhaß noch Entsagung, sondern sie stellt, mit dem freien, behenden Gang, dem lachenden Sperberauge, der Freude an Wald, Feld und Jagd, die gesunde Blüte frischen und herben Magdtums verewigt dar.

Überall auf der Fahrt sind Inseln und Küstenbereiche von lieblicher Intimität, und es ist etwas Ungeheueres, sich vor-zustellen, wie hier die Phantasie eines Volkes, in dem die un-gebrochene Weltanschauung des Kindes neben exakter und reifer Weisheit des Greisenalters fortbestand, jede Krümmung der Küste, jeden Pfad, jeden nahen Abhang, jeden fernen und ferneren Felsen und Schneegipfel mit einer 'zweiten Welt göttlich phan-tastischen Lebens bedeckt und bevölkert hat. Es ist ein Gewirr von Inseln, durch das wir hingleiten, uns jener Stätte mit jeder Minute nähernd, wo, gleichsam aus einem dunklen Quell, diese zweite Welt mit Rätselworten zurück ins reale Leben wirkte und damit zugleich die Atmosphäre des Heimatlandes mit neuem, phantastischem Stoff belud. Es gibt bei uns keine Ent-wicklung des spezifisch Kindlichen, das stets bewegt, stets gläubig und sprudelnd von Bildern ist, zum Weinen bereit und gleich schnell zum Jauchzen, zum tiefsten Abgrund hinabgestürzt und gleich darauf in den siebenten Himmel hinaufgeschnellt, glück-selig im Spiel, wo nichts das vorstellt, was es eigentlich ist, sondern etwas anderes, Erwünschtes, wodurch das Kind es sich, seinem Wesen, seinem Herzen zu eigen macht.

Der große Schöpfungsakt des Homer hat dem kosmischen Nebel der Griechenseele den reichsten Bestand an Gestalten geschenkt und die Zärtlichkeit, die der spätere Grieche ihnen entgegentrug, zeigt sich besonders in mancher Mythe, die wieder lebendig zu machen unternimmt, was der blinde Homer vor den Schauern des Hades nicht zu retten vermochte. Ich weiß nicht, ob hier herum irgendwo Leuke ist, aber ich wüßte keine Sage zu nennen, die tiefer in das Herz des Griechen hineinleuchtete, als jene, die Helena dem Achill zur Gattin gibt und beide in Wäldern und Tempelhainen der abgeschiedenen kleinen Insel Leuke ein ewigseliges Dasein führen läßt.

Unser Dampfer ist vor dem Eingang zum isthmischen Durchstich angelangt und einige Augenblicke stillgelegt. Mein Wunsch ist, wiederzukehren und besonders auch auf dem herrlichen Isthmus umherzustreifen, dieser gesunden und frischen Hochfläche, die würdig wäre, von starken, heiteren, freien und göttlichen Menschen bewohnt zu sein, die noch nicht sind. Das Auge erquickt sich an weitgedehnten, hainartig lockeren Kieferbeständen, deren tiefes und samtenes Grün, auf grauen, silbererzartigen Klippen, hoch an die blaue Woge des Meeres tritt. Auf diesen bewaldeten Höhen zur Linken hat man den Platz der isthmischen Spiele zu suchen. Man sollte meinen, daß keiner der zahllosen Spielbezirke freier und in Betrachtung des ganzen Griechenlandes günstiger lag, und ferner: daß nirgend so belebt und im frischen Zuge der Seeluft überschäumend die heilige Spiellust des Griechen sich habe auswirken können, wie hier.

Die Einfahrt in den Durchstich erregt uns seltsamerweise feierliche Empfindungen. Die Passagiere werden still, im plötzlichen Schatten der gelben Wände. Wir blicken schweigend zwischen den ungeheuren, braungelben Schnittflächen über uns und suchen den Streifen Himmelsblau, der schmal und farbig in unseren gelben Abgrund herableuchtet.

Kleine, taumelnde, braun-graue Raubvögel scheinen in den Sandlöchern dieser Wände heimisch, ja, der Farbe nach, von ihnen geboren zu sein. Eine Krähe, wahrscheinlich von unserm Dampfer aufgestört, strebt, ängstlich gegen die Wände schlagend, an die Oberfläche der Erde hinauf. Nun bin ich nicht mehr der späte Pilger durch Griechenland, sondern eher Sindbad der Seefahrer, und einige Türken, vorn an der Spitze des rauschenden Schiffes, jeder mit seinem roten Fez längs der gelblichen Ockerschichten gegen den Lichtstreif des Ausganges hingeführt, befestigen diese Illusion.

Der Golf von Korinth tut sich auf. Aber während wir noch zwischen nahen und flachen Ufern hingleiten, denn wir haben die weite Fläche des Golfes noch nicht erreicht, werden wir an einem kleinen Zigeunerlager vorübergeführt und sehen, auf einer Art Landungssteg, zerlumpte Kinder der, wie es scheint, auf ein Fährboot wartenden Bande mit wilden Sprüngen das Schiff begrüßen.

Nach einiger Zeit, während wir immer zur Linken das neue Korinth, die weite, mit Gerstenfeldern bestandene Fläche des einstigen alten, das von dem gewaltigen Felsen Akrokorinth drohend beschattet wurde und die bergigen Küsten des Peloponnes vor Augen hatten, eröffnet sich zur Rechten eine Bucht mit den schneebedeckten Gipfeln des Helikon. Eine Stunde und länger bleibt er nun, immer ein wenig rechts von der Fahrt-richtung, sichtbar, hinter niedrigen, nackten Bergen, die vor-gelagert sind. Die Luft war bis hierher schwül und still, nun aber fällt ein kühler Wind von den Höhen des Heiligen Berges herab und in einige Segel, die leicht und hurtig vor ihm her über das blaue Wasser des Golfes vorüberschweben.

Aller Schönheit geht Heiligung voraus. Nur das Geheiligte

in der Menschennatur konnte göttlich werden, und die Vergötterung der Natur ging hervor aus der Kraft zu heiligen, die zugleich auch Mutter der Schönheit ist. Wir haben heut eine Wissenschaft von der Natur, die leider nicht von einem heiligen Tempelbezirk umschlossen ist. Immerhin ist sie, und Wissenschaft überhaupt, eine gemeinsame Sache der Nation, ja der Menschheit geworden. Was auf diesem Gebiete geleistet wird, ist schließlich und endlich ein gemeinsames Werk. Dagegen bleiben die reinen Kräfte der Phantasie heute ungenützt und profaniert, statt daß sie am großen sausenden Webstuhl der Zeit gemeinsam der Gottheit lebendiges Kleid wie einstmals wirkten.

Und deshalb, weil die Kräfte der Phantasie heut vereinzelt und zersplittert sind und keine gemäße Umwelt (das heißt: keinen Mythos) vorfinden, außer jenem, wie ihn eben das kurze Einzelleben der Einzelkraft hervorbringen kann, so ist für den Spätgeborenen der Eintritt in diese unendliche, wohlgegründete Mythenwelt zugleich so beflügelnd, befreiend und wahrhaft wohltätig.

Sollte man nicht einer gewissen, nur persönlichen Erkenntnis ohne Verantwortung nachhängen dürfen, die den gleichen Vorgang, der jemals etwas wie eine Tragödie oder Komödie schuf, als Ursprung des ganzen Götterolymps, als Ursprung des gesamten, jenem angenäherten Kreises von Heroen und Helden sieht? Wo sollte man jemals zu dergleichen den Mut gewinnen, wenn nicht auf einem Schiffe im Golf von Korinth, im Angesichte des Helikon? Warum hätte sonst Pau getanzt, als Pindar, geboren worden war? Und welche Freude muß unter den Göttern des Olymps, von Zeus bis zu Hephaistos und Aidoneus hinunter, ausgebrochen sein, als Homer und mit ihm die Götterwelt aufs neue geboren wurde.

Die ersten Gestalten des ersten Dramas, das je im Haupte des Menschen gespielt wurde, waren „ich" und „du". Je differenzierter das Menschenhirn, um so differenzierter wurde das

Drama! Um so reicher auch an Gestalten wurde es und auch um so mannigfaltiger, besonders deshalb, weil im Drama eine Gestalt nur durch das, was sie von den übrigen unterscheidend absetzt, bestehen kann. Das Drama ist Kampf und ist Harmonie zugleich, und mit der Menge seiner Gestalten wächst auch der Reichtum seiner Bewegungen: und also, in steter Bewegung Gestalten erschaffend, in Tanz und Kampf miteinander treibend, wuchs auch das große Götterdrama im Menschenhirn zu einer Selbständigkeit, zu einer glänzenden Schönheit und Kraft empor, die jahrtausendelang ihren Ursprung verleugnete.

Polytheismus und Monotheismus schließen einander nicht aus. Wir haben es in der Welt mit zahllosen Formen der Gottheit zu tun, und jenseits der Welt mit der göttlichen Einheit. Diese eine ungeteilte Gottheit ist nur noch ahnungsweise wahrnehmbar. Sie bleibt ohne jede Vorstellbarkeit. Vorstellbarkeit ist aber das wesentliche Glück menschlicher Erkenntnis, dem darum Polytheismus mehr entspricht. Wir leben in einer Welt der Vorstellungen, oder wir leben nicht mehr in unserer Welt. Kurz: wir können irdische Götter nicht entbehren, wenngleich wir den Einen, Einzigen, Unbekannten, den Alleinen, hinter allem wissen. Wir wollen sehen, fühlen, schmecken und riechen, disharmonisch-harmonisch das ganze Drama der Demiurgen, mit seinen olympischen und plutonischen Darstellern. Im „Christentum" macht der Sohn Gottes einen verunglückten Besuch in dieser Welt, bevor er sie aufgibt und also zertrümmert. Wir aber wollen sie nicht aufgeben, unsere Mutter, der wir verdanken, was wir sind, und wir bleiben im Kampf, verehren die kämpfenden Götter, die menschennahen; freilich vergessen wir auch den menschenfernen, den Gott des ewigen Friedens nicht.

74

Ein kalter Gebirgswind empfängt uns bei der Einfahrt in die Bucht von Galaxidhi, den alten krisäischen Meerbusen, und überraschenderweise scheint es mir, als liefe unser Schiff in einen Fjord und wir befänden uns in Norwegen, statt in Griechenland. Beim Anblick der Nadelwälder, von denen die steile Flanke der Kiona bedeckt ist, erfüllt mich das ganze starke und gesunde Bergglück, das mir eingeboren ist. Es zieht mich nach den Gipfeln der waldreichen Kiona hinauf, wohin ich die angestrengten Blicke meiner Augen aussende, als vermöchte ich dort noch heut einen gottselig begeisterten Schwarm rasender Bacchen zwischen den Stämmen aufzustöbern. Es liegt in mir eine Kraft der Zeitlosigkeit, die es mir, besonders in solchen Augenblicken, möglich macht, das Leben als eine große Gegenwart zu empfinden: und deshalb starre ich immer noch forschend hinauf, als ob nicht Tausende von Jahren seit dem letzten Auszug bacchischer Schwärme vergangen wären, und es klingt in mir ununterbrochen:

Dahin leite mich, Bromios, der die bacchischen Chöre führt!
Da sind Chariten, Liebe da,
Da dürfen frei die Bacchen Feste feiern.

Wer hält es sich immer gegenwärtig, daß die Griechen ein Bergvolk gewesen sind? Während wir uns Itea nähern, tiefer und tiefer in einen ernsten Gebirgskessel einleitend, erlebe ich diese Tatsache innerlich mit besonderer Deutlichkeit. Die Luft gewinnt an erfrischender Stärke. Die Formen der Gipfel stehen im tiefen und kalten Blau des Himmels kalt und klar, und jetzt erstrahlt uns zur Rechten, hoch erhaben über der in abendlichen Schatten dämmernden Bucht, hinter gewaltig vorgelagerten, dunkel zerklüfteten, kahlen Felsmassen, ein schneebedecktes parnassisches Gipfelbereich.

Nun, wo die Sonne hinter der Kiona versunken ist und chthonische Nebel langsam aus den tiefen Flächen der Felsentäler, Terrassen und Risse verdüsternd aufsteigen, steht der Höhenstreif

des heiligen Berges Parnaß noch in einem unwandelbar makel-
losen und göttlichen Licht. Mehr und mehr, indes das Schiff
bereits seinen Lauf verlangsamt hat, erdrückt mich eine fast über-
gewaltige Feierlichkeit.

Man fühlt zugleich, daß man hier nicht mehr im Oberflächen-
bereich der griechischen Seele ist, sondern den Ursprüngen nahe
kommt, nahe kommt in dem Maße, als man sich dem Kern der
griechischen Landschaft annähert.

Man findet sich hier einer großen Natur gegenübergestellt, die
nordische Rauheit und nordischen Ernst mit der Weichheit und
Süße des Südens vereinigt, die hier und dort ringsumher be-
schneite Berggipfel in den nahen Höhenäther gehoben hat, deren
Flanken bis zur Fläche des südlichen Golfes herabreichen, bis an
die Krisäische Talsohle, die in gleicher Ebene, einen einzigen, weitgedehnten Ölwald tragend, den Grund des Tales von Krisa erfüllt. Man fühlt, man nähert sich hier den Urmächten, die sich
den erschlossenen Sinnen eines Bergvolks, nicht anders wie das
Wasser der Felsenquellen, die Frucht des Ölbaums oder des
Weinstocks, darboten, so daß der Mensch, gleichwie zwischen
Bergen und Bäumen, zwischen Abgründen und Felswänden,
zwischen Schafen und Ziegen seiner Herden oder im Kampf,
zwischen Raubtieren, auch allüberall unter Göttern, über Göttern
und zwischen göttlichen Mächten stand.

Wir steigen, angelangt in Ithea, in einen Wagen, vor den
drei Pferde gespannt sind. Die Fahrt beginnt, und wir
werden durch Felder grüner Gerste in das Tal von Krisa hinein-
geführt. Im Getreide tauchen hie und da Ölbäume auf, und
mehr und mehr, bis sie zu Hainen zusammentreten und wir zu
beiden Seiten der staubigen Straße von Olivenwäldern begleitet
sind. Im Halblicht unter den Wipfeln liegen quadratisch be-

grenzte Wasserflächen. Nicht selten steigt ein gewaltiger Baum daraus empor, scheinbar mit seinem Stamme in einem glatt= polierten Spiegel aus dunklem Silber wurzelnd, einem Spiegel, der einen zweiten Olivenbaum, einen rötlichen Abendhimmel und einen anderen, nicht minder strahlenden parnassischen Gipfel zeigt.

Bauern, die aus den Feldern heimwärts nach den Wohnungen im Gebirge streben, werden von uns im Dämmer der Waldstraße überholt. Es scheint ein in mancher Beziehung veredelter deutscher Schlag zu sein, so überaus vertraut in Haltung, Gang und Humor, in den Proportionen des Körpers sowie des Angesichts, mit dem blonden Haar und dem blauen Blick, wirken auf mich die Trupps der Landleute. Wir lassen zur Linken ein eilig wanderndes und mit einer dunklen Genossin plauderndes, blondes Mädchen zurück. Sie ist frisch und derb und germanisch kernhaft. Die Art ihres übermütigen Grußes ist zugleich wild, verwegen, ungezogen und treuherzig. Sie würde sich von der jungen und schönen deutschen Bauernmagd, wie ich sie auf den Gütern meiner Heimat gesehen habe, nicht unterscheiden, wenn sie nicht doch ein wenig geschmei= diger und wenn sie nicht eine Tochter aus Hellas wäre.

Und ich gedenke der Pythia.

Religiöses Empfinden hat seine tiefsten Wurzeln in der Natur; und sofern Kultur nicht dazu führt, mit diesem Wurzelsystem stärker, tiefer und weiter verzweigt in die Natur zu dringen, ist sie Feindin der Religion. In diesem großen und zugleich ur= gesunden Bereich des nahen, großen Mysteriums denkt man nicht an die Götterbilder der Blütezeit, sondern höchstens an primitive Holzbilder, jene Symbole, die, durch Alter geheiligt, der Gottheit menschliche Proportionen nicht aufzwangen. Man gedenkt einer Zeit, wo der Mensch mit allen starken, unverbildeten Sinnen noch gleichsam voll ins Geheimnis hinein geboren war: in das Geheimnis, von dem er sich Zeit seines Lebens durchaus um= geben fand und das zu enthüllen er niemals wünschte.

Nicht der Weltweise war der Ersehnte oder Willkommene unter den Menschen jener Zeit, außer wenn er sich gleich dem Jäger oder dem Hirten — der wahre Hirt ist Jäger zugleich! — zur ach so wenig naiven Verehrung eines Idoles, einer beliebigen Rätselerscheinung, der nur im Rätsel belebten Natur, verstand, sondern ersehnt und willkommen war immer wieder nur das Leben, das tiefere Leben, das den Rausch erzeugende Rätsel.

Immer jedoch ist der Mensch dem Menschen Träger und Verkünder der tiefsten Rätsel zugleich gewesen und so ward das Rätsel stets am höchsten verehrt, wenn es sich durch den Menschen verkündigte, die Gottheit, die durch den Menschen spricht. Und um so höher ward es unter jenen Menschen verehrt, ward die Gottheit verehrt, je mehr sie den schlichten Mann, das gewöhnliche Weib aus dem Hirten- und Jägervolke gewaltsam vor aller Augen umbildete, so daß es von Grund auf verändert, von einem Gott oder Dämon beherrscht, als Rätsel erschien.

Ein so verändertes Wesen war vor urdenklichen Zeiten die erste bäurische Pythia, und sie erschien in den Händen des bogenführenden Jägers und Rinderherden besitzenden Hirten, in den Händen des Jäger- und Hirtengottes Apollon willenlos. Den Willen des Menschen zerbrach der Gott, wie man ein Schloß zerbrechen muß, das die Tür eines fremden Hauses verschließt, will man als Herrscher und Herr in dieses eintreten; und nicht der menschliche Wille, sondern gleichsam die Knechtschaft im göttlichen, nicht Vernunft, sondern Wahnsinn besaß vor den Menschen damals allein die Staunen und Schauder verbreitende Autorität.

Die Pferde beginnen bergan zu klimmen. Mehr und mehr, während wir aus den dunklen Olivenwäldern emportauchen, verdichtet sich um uns die Dämmerung. Die Luft ist warm und bewegungslos. Es ist eine Art tierischer Wärme in der Luft, die aus dem Erdboden, aus den Steinblöcken um uns her, ja überall her zu dunsten scheint. Überall klettern Ziegenherden. Ziegenherden kreuzen den Weg oder trollen ihn mit Geläut zu Tal. Ich fühle auf einmal, wie hier das Hirten- und Jägerleben nicht mehr nur als Idyll zu begreifen ist. In dieser brütenden Atmosphäre, wie sie über den schwarzen Olivenwäldern der Tiefe, in dem weiten, gewaltig zerklüfteten Abgrund zwischen den Wällen schroffer Gebirge steht, wird mein Blut überdies zu einem seltsamen Fieber erregt, und es ist mir, als könne aus dieser buhlerisch warmen, stehenden Luft die Frucht des Lebens unmittelbar hervorgehen. Das Geheimnis ist ringsum nahe um mich. Fast bang empfinde ich seine Berührungen. Es ist, als trennte — sagen wir von den „Müttern"! nur eine dünne Wand oder als läge das ganze Geheimnis, in dem wir schlummern, in einem zurückgehaltenen, göttlichen Atemzug, dessen leisestes Flüstern uns eine Erkenntnis eröffnen könnte, die über die Kraft des Menschen geht.

Ich habe in diesem Augenblick mehr als je zu bedauern, daß mir der musikalische Ausdruck verschlossen ist, denn alles um mich wird mehr und mehr zu einer einzigen, großen, stummen Musik. Das am tiefsten Stumme ist es, was der erhabensten Sprache bedarf, um sich auszudrücken. Allmählich verbreitet sich jenes magische Leuchten in der Natur, das alles vor Eintritt völliger Dunkelheit noch einmal in traumhafter Weise verklärt. Aber Worte besagen nichts, und ich würde, mit der wahrhaft dionysischen Kunst begabt, nach Worten nicht ringen müssen.

Ich empfinde inmitten dieser grenzenlos spielenden Schönheit, die von einem grunderhabenen düsteren Glanze gesättigt ist, immer eine fast schmerzhafte Spannung, als ob ich mich einem redenden Brunnen, einem Urbrunnen aller chthonischen Weisheit gleichsam annäherte, der, wiederum einem Urmunde gleich, unmittelbar aus der Seele der Erde geöffnet sein würde.

Niemals, außer in Träumen, habe ich Farben gesehen, so wie hier auf dem Marktplatze von Chryso, in dessen Nähe das alte Krisa zu denken ist. In diesem Bergstädtchen werden unsere Zugtiere getränkt. In Eimern holt man das Wasser aus dem nahen städtischen Brunnen, der im vollen, magischen Licht des Abends sich, aus dem Felsen rauschend, in sein steinernes Becken stürzt. Hier drängen sich griechische Mädchen, Männer und Maultiere, während im Schatten des Hauses gegenüber würdige Bauern und Hirten beim Weine von den Lasten des Tages ausruhen. Alles dieses wirkt feierlich schattenhaft. Es ist, als bestünde in dem Menschengedränge des kleinen Platzes die geheiligte Übereinkunft, die innere Sammlung der delphischen Pilger nicht durch laute Worte zu stören.

Unter den schweigsam Trinkenden, die uns mit Würde beobachten und ganz ohne Zudringlichkeit, fällt manche edle Erscheinung auf. Von einem Weißbart vermag ich mein Auge lange nicht abzuwenden. Er ist der geborene Edelmann. Die Haltung des schlanken Greises, der seine eigene Schönheit durchaus zu schätzen weiß, ist durchdrungen von einem Anstand, der eingeboren ist. Aus seinem Antlitz sprechen Güte und Menschlichkeit: ich sehe in ihm das Gegenbild aller Barbarei. An diesem Hirten legt jede Wendung des Hauptes, jede gelassene Bewegung des Armes von edler Herkunft Zeugnis ab: von einer Jahrtausende alten, verfeinerten Hirtenwürde! denn wo wäre die Freiheit der Haltung, die stolze Gewohnheit des Selbstgenügens, die Würde des Menschen vor dem Tier, weniger gestört als im Hirtenberuf.

Es ist, nachdem wir die Stadt verlassen haben und weiter die steilen Kehren aufwärts dringen, als sänke sich von allen Seiten dichter und dichter, Finsternis über das Geheimnis, dem wir entgegenziehen, schützend herein. Es ist wie eine Art Unschlüssigkeit in der Natur, als deren bevorzugtes Kind sich der gläubige Grieche fühlen muß, die sich mir aber dahin umdeutet, als sollte erst durch die volle Erkenntnis einengender Finsternis der volle Durst zum Drakelbrunnen erzeugt werden.

Noch immer ist die stehende Wärme auch in der fast völligen Dunkelheit verbreitet um mich. Der Himmel hat rötlich zuckende Sterne enthüllt, aber der Blick ist von nun an beengt und eingeschlossen. Die große Empfindung der Götternähe weicht einer gewissen heimlich schleichenden Spukhaftigkeit, und so will ich nun auch eine Vorstellung dieser spukhaften Art aus dem Erlebnis der unvergleichlichen Stunden festhalten.

Mehrmals und immer wieder kam es mir vor, als stiege der Schatten eines einzelnen Mannes mit uns nach dem gleichen Ziele hinan, und zwar auf einem Fußsteige immer die Kehren der großen Straße abschneidend. Kamen wir bis an die Kreuzungsstelle heran, so schien es, als sei er schon vorüber, oder er war zurückgeblieben und stieg weit unten, schattenhaft über die Böschung der tieferen Straßenschlinge herauf. Auch jetzt unterliege ich wieder dem Zwang dieser Vorstellung.

Es ist unumgänglich, daß ein bis ins tiefste religiös erregter, christlich erzogener Mensch, auch wenn er das innere Auge abwendet, gleichsam mittels des peripherischen Sehens doch immer auf die Gestalt des Heilands treffen muß: und dies war mir und ist mir noch jetzt jener Schatten. Etwas wie Unruhe, etwas wie Hast und Besorgnis scheint ihn den gleichen Weg zu treiben, und etwas, wie der gleiche, immer noch ungestillte Durst.

Und ist nicht auch er wiederum ein Hirt? Sah er sich selbst nicht am liebsten unter dem Bilde des Hirten? Sehen ihn nicht die Völker als Hirten? Und verehren ihn nicht die prunkhaften Hohenpriester von heut, mit dem Symbole des Hirtenstabes in der Hand, als göttlichen Hirten, als Hirtengott?

XI. 6

Heut, am frühen Morgen aus meiner Herberge tretend, befinde ich mich auf der sonnigen Dorfstraße eines alpinen Dörfchens. Wenn ich die Straße nach rechts entlang blicke, wo sie, nach mäßiger Steigung, in einiger Ferne abbricht oder in den weißlichen, heißen und wolkenlosen Himmel auszulaufen scheint, so bemerke ich die Spitze eines entfernteren Schneeberges, der sie überragt.

Die Straße läuft meist dicht am Abhang hin. Von ihrem Rande ermesse ich die gewaltige Tiefe eines schluchtartigen Tales, mit steilen Felswänden gegenüber. Die grauen Steinmassen sind durch Thymiansträucher dunkel gefleckt.

Der Grund der Schlucht scheint ein Bachbett zu sein, und wie sich Wasser von seiner hochgelegenen Quelle herniederwindet, bis es am Ende der verbreiterten Schlucht in den weiten See eines größeren Tales tritt, ergießen sich hier, gleichsam wie Wogen aus dunklem Silber, Olivenwaldungen in die Tiefe, wo sie die Fülle des ölreichen Tales von Krisa aufnimmt.

Es ist eine durchaus nur schlichte und ganz gesunde alpine Wonne, die mich erfüllt, jener Zustand des bergluftseligen Müßiganges, in dem man so gern das Morgenidyll dörflichen Lebens beobachtet.

Hähne und Tauben wachen das übliche Morgenkonzert. Es wird in der Nähe ein Pferd gestriegelt. Beladene Maultiere trappen vorüber. Alles ist von jener erfrischenden Nüchternheit, die wiederum die gesunde Poesie des Morgens ist.

Kastri heißt das Dorf, in dem wir sind und genächtigt haben. Einige Schritte auf der mit grellstem Lichte blendenden Landstraße um einen Felsenvorsprung herum, und der heilige Tempelbezirk von Delphi soll sich enthüllen.

In diesem Felsenvorsprung, den wir nun erreichen, sind die offenen Höhlen ehemaliger Felsgräber. Nahe dabei haben Wäscherinnen ihren Kessel über ein aromatisches Thymianfeuer

gestellt, das uns mit Schwaden erquickenden Weihrauchs um-
quillt. Schwalben schrillen an uns vorüber, Fliegen summen,
irgendwoher bringt das Hungergeschrei junger Nestvögel, und
die Sonne scheint, triumphierend gleichsam, bis in die letzten
Winkel der leeren Gräber hinein.

Eine zahlreiche Herde schöner Schafe begegnet uns, und
minutenlang umgibt uns das freudige Alplergeräusch ihrer Glocken.
Ich beobachte eine dicke Glockenform mit tiefem Klang, von der
man sagt, daß sie antikem Vorbild entspreche. Inmitten der
Herde bewegt sich der dienende Hirt und ein herrenhaft-heiter
wandelnder Mann in der knappen, vorwiegend blauen Tracht
der Landleute.

Dieser Mann erscheint zugleich jung und alt: insofern jung,
als er schlank und elastisch ist, insofern alt, als ein breiter, vollkommen weißer Bart sein Gesicht umrahmt. Doch es ist die
Jugend, die in diesem Manne triumphiert: das beweist sein
schalkhaft blitzendes Auge, beweist der freie, übermütige Anstand
der ganzen Persönlichkeit, eine Art behaglich fröhlichen Stolzes,
der weiß, daß er unwiderstehlich fasziniert.

Als Staub und Geläut uns am stärksten umgeben, bemerken
wir, wie dieser schöne und glückliche Mann, der übrigens seine
Jagdbüchse über der Schulter trägt, den langen Stab aus der
Hand seines Hirten nimmt. Gleich darauf tritt er uns entgegen
und bietet uns, wirklich aus heiterem Himmel, eben denselben
Stab als Gastgeschenk.

Die Wendung des Weges ist erreicht. Die Straße zieht sich
in einem weiten Bogen eng unter mächtigen roten Felswänden hin, und der erste Blick in dieses schluchtartige, delphische
Tal sucht vergeblich nach einer geeigneten Stätte für menschliche
Ansiedelung. Von den roten, senkrecht starrenden Riesenmauern

der Phädriaden ist ein Böschungsgebiet abgebröckelt, das steil und scheinbar unzugänglich über uns liegt. Überall in den Alpen trifft man ähnliche Schutt- und Geröllhalden, auf denen man, ebenso wie hier, höchstens weidende Ziegen klettern sieht. Selten bemerkt man dort, etwa in Gestalt einer besonders ärmlichen Hütte, Spuren menschlicher Ansiedelung, während hier der unwahrscheinliche Baugrund für ein Gewirr von Tempeln, tempelartigen Schatzhäusern, von Priesterwohnungen, von Theater und Stadion, sowie von zahllosen Bildern aus Stein und Erz zu denken ist.

Wir schreiten die weiße Straße langsam fort. Wir scheuchen eine anderthalb Fuß lange, grüne Eidechse, die den Weg, ein Wölkchen Staub vor uns aufregend, überquert. Ein Esel, klein, mit einem Berge von Giuster bepackt, begegnet uns: es heißt, daß die Bauern aus Giuster Körbe zur Aufbewahrung für Käse flechten. Ein Maultier schleppt eine Last von bunten Decken gegen Kastri heran, begleitet von einer Handelsfrau, die während des Gehens nicht unterläßt, von dem Wocken aus Ziegenhaar fleißig denselben Faden zu spinnen, aus dem jene Decken gewoben sind.

Immer die steile Böschung des delphischen Tempelbezirks vor Augen, drängt sich mir der Gedanke auf, daß alle die einstigen Priester des Apoll sowohl als die des Dionysos, alle diese Tempel, Theater und Schatzhäuser von ehemals, alle diese zahllosen Säulen und Statuen den Ziegen und einer gewissen Ziegenhirtin gefolgt und nachgeklettert sind.

Das Hirtenleben ist in den meisten Fällen ein Leben der Einsamkeit. Es begünstigt also alle Kräfte visionärer Träumerei. Ruhe der äußeren Sinne und Müßiggang erzeugen die Welt der Einbildung, und es würde auch heut nicht schwer halten, etwa in den Irrenhäusern der Schweiz ländliche Mädchen zu finden, die, befangen in einem religiösen Wahn, von ähnlichen Dingen überzeugt sind, von ähnlichen Dingen „mit rasendem Munde" sprechen, als die erste Seherin, die Sibylle oder ihre Nachfolgerin zu Delphi, tat. Diese hielten sich etwa für die angetraute Gattin Apolls, oder für seine Schwester, oder erklärten sich für Töchter von ihm.

Wir klettern die steile Straße innerhalb des Tempelbezirkes empor. Überall zwischen den Fundamenten ehemaliger Tempel, Schatzhäuser, Altäre und Statuen blüht die Kamille in großen Büschen, ebenso wie in Eleusis und auf der Akropolis. Die Steine der alten und steilen Straße sind glatt, und mit Mühe nur dringen wir, ohne rückwärts zu gleiten, hinan.

Nicht weit von dem Felsenvorsprung, den man den Stein der Sibylle nennt, ruhe ich aus. In heiß duftenden Büscheln der Kamille, zwischen die ich mich niedergelassen habe, tönt uns unterbrochen Bienengesumm. Wer möchte an dieser Stelle mit Fug behaupten wollen, daß ihm die ungeheure Vergangenheit dieser steilen Felslehne in allem Besonderen gegenwärtig sei. Der chthonische Quell, jene, verwirrende Dämpfe ausströmende Felsspalte, die Corethas entdeckte, quillt, wie es heißt, nicht mehr, und schon zur Zeit des großen Periegeten hatten die Dämonen das Orakel verlassen. Werden sie jemals wiederkehren? Und wird, wie es heißt, wenn sie wiederkehren, das Orakel gleich einem lange ungenutzten Instrument göttlichen Ausdrucks aufs neue erschallen?

Die architektonischen Trümmer umher erregen mir einstweilen nur geringe Aufmerksamkeit. Die Kunst inmitten dieser gewaltigen Felsmassen hatte wohl immer, nur im Vergleich mit ihnen, Pygmäencharakter. Durchaus überragend in wilder, unbeirrbarer Majestät bleibt hier die Natur, und wenn sie auch mit Langmut oder auf Göttergebot die Siedelungen der menschlichen Ameise duldet, die sich, nicht ohne Verwegenheit, hier einnistete, so bleibt die Gewalt ihrer Ruhe, die Gewalt ihrer Sprache, die überragende

Macht ihres Daseins, das unter allem, hinter allem, über und in allem Gegenwärtige.

Man denkt an Apoll, man denkt an Dionysos, aber an ihre Bilder aus Stein und Erz denkt man in dieser Umgebung nicht: eher wiederum an gewisse Idole, die uralten Holzbilder, deren keines leider auf uns gekommen ist. Man sieht die Götter da und dort, leuchtend, unmaterialisch, visionär, hauptsächlich aber empfindet man sie in der Kraft ihrer Wirkungen. Hier bleiben die Götter das, was unsichtbar gegenwärtig ist: und so bevölkern sie, bevölkern unsichtbare Dämonen die Natur.

Ist wirklich der chthonische Quell versiegt? Haben die Dämonen wirklich die Orakel verlassen? Sind gar die meisten von ihnen tot, wie es heißt, daß der große Pan gestorben ist? Und ist wirklich der große Pan gestorben?

Ich glaube, daß eher jeder andere Quell des vorchristlichen Lebensalters verschüttet ist als der pythische und glaube, daß der große Pan nicht gestorben ist: nicht aus Schwäche des Alters und ebensowenig unter den jahrtausendelangen Verfluchungen einer christlichen Klerisei. Und hier, zwischen diesen sonnebeschienenen Trümmern, ist mir das ganze totgeglaubte Mysterium, sind mir Dämonen und Götter samt dem totgesagten Pan gegenwärtig.

Noch heut sind unter den „vielen Strömen, die unsere Erde nach oben sendet", viele, die in den Seelen der Menschen eine Verwirrung und Begeisterung hervorrufen, wie in dem Hirten Corethas jener, der in Delphi zutage trat, auch wenn wir dieser Begeisterung wenig achten und die tiefen Weihen nicht mehr allgemein machen wollen, die mit dem heiligen Rausch verbunden sind.

Dieser Parnaß und diese seine roten Schluchten sind Quellgebiet: Quellgebiet natürlicher Wasserströme und Quellgebiet jenes unversiegbaren, silbernen Stromes der Griechenseele, wie er durch die Jahrtausende fließt. Es ist ein anderer Reiz und Geist, der die Quellen, ein anderer, der den Lasten und Wimpel tragenden Strom umgibt. Seltsam, wie der Ursprung des Stromes und seine Wiege dem urewig Alten am nächsten ist: das ewig Alte der ewigen Jugend. Man kann solche Quellgebiete nicht einmal mit Fug allein griechisch nennen, denn sie sind meist, im Gegensatz zu den Strömen, die sie nähren, namenlos.

Gegenüber, jenseit des Taleinschnitts, tönen von der Felswand, dem Ruf des Hornes von Uri nicht unähnlich, gewaltige Laute eines Dudelsacks, hervorgerufen von Hirten, die unerkennbar mit ihren Ziegen in den Felsen umhersteigen. Diese gesegneten Quellgebiete waren und sind noch heute von Hirten umwohnt. Platon nennt die Seele einen Baum, dessen Wurzeln im Haupte des Menschen sind und der von dort aus mit Stamm, Ästen und Blättern sich in das Bereich des Himmels ausdehnt. Ich betrachte die Welt der Sinne als einen Teil der Seele und zugleich ihr Wurzelgebiet, und verlege in das menschliche Hirn einen metaphysischen Keim, aus dem dann der Baum des Himmels mit Stamm, Ästen, Blättern, Blüten und Früchten empordringt.

Nun scheint es mir, daß die Sinne des Jägers, die Sinne des Hirten, die Sinne des Jägerhirten, sagen wir, die feinsten und edelsten Wurzeln sind und daß ein Hirten- und Jägerleben auf Berghöhen der reichste Boden für solche Wurzeln, und also die beste Ernährung für den metaphysischen Keim im Menschen ist.

Zwischen den Trümmern des steilen Tempelbezirks von Delphi umherzusteigen, erfordert einige Mühe und Anstrengung. Am höchsten von allen Baulichkeiten lag wohl das Stadion; ein wenig tiefer, doch mit seinen obersten Sitzen an die unzugängliche Felswand stoßend, ist das Theater dem Felsgrunde abgetrotzt.

Der Eindruck der natürlichen Szenerie, die es umgibt, ist

drohend und großartig. Ich empfinde eine Art beengender Bangigkeit in dieser übergewaltigen Nähe der Natur, dieser geharnischten, roten Felsbastionen, die den furchtbarsten Ernst blutiger Schauspiele von den Menschen zu fordern scheinen.

In das Innere dieser Felsmassen scheint übrigens ein dämonisches Leben hineingebannt. Sie wiederholen, in die tiefe Stille über den rötlichen Sitzreihen, die Stimmen unsichtbarer Kinder weit unten im Tal, sie lassen gespenstige Herdenglocken, wie in einem hallenden Saale, durch sich hin läuten und geben die klangvolle Stimme des fernen Hirten aus der Nähe und geläutert zurück. Aus ihrem Inneren dringt Hundegebell, und ein fernes und schwaches Dröhnen, aus dem Tale von Krisa her, erregt in ihr einen klangvoll breiten, feierlich musikalischen Widerhall.

Das ununterbrochene, mitten im heißen Lichte des Mittags gleichsam nächtliche Rauschen der kastalischen Wasser dringt aus der Schlucht der Phädriaden herauf.

Die Götter waren grausame Zuschauer. Unter den Schauspielen, die man zu ihrer Ehre — man spielte für Götter und vor Göttern, und die griechischen Zuschauer auf den Sitzreihen trieben, mit schaudernder Seele gegenwärtig, Gottesdienst! — unter den Schauspielen, sage ich, waren die, die von Blute trieften, den Göttern vor allen anderen heilig und angenehm. Wenn zu Beginn der großen Opferhandlung, die das Schauspiel der Griechen ist, das schwarze Blut des Bocks in die Opfergefäße schoß, so wurde dadurch das spätere höhere, wenn auch nur scheinbare Menschenopfer nur vorbereitet: das Menschenopfer, das die blutige Wurzel der Tragödie ist.

Blutdunst stieg von der Bühne, von der Orchestra in den brausenden Krater der schaudernden Menge und über sie in die olympischen Reihen blutlüsterner Götterschemen hinauf.

Anders wie im Theater von Athen, tiefer und grausamer und mit größerer Macht, offenbart sich hier, in der felsigen Pytho, unter der Glut des Tagesgestirns, das Tragische, und zwar als die schaudernde Anerkennung unabirrbarer Blutbeschlüsse der Schicksalsmächte: keine wahre Tragödie ohne den Mord, der zugleich wieder jene Schuld des Lebens ist, ohne die sich das Leben nicht fortsetzt, ja, der zugleich immer Schuld und Sühne ist.

Gleich einem zweiten Corethas brechen wir überall in dem großen parnassischen Seelengebiet — und so auch in der Tiefe des roten Steinkraters, darin ich mich eben befinde! — neue chthonische Quellen auf. Es sind jene Urbrunnen, deren Zuflüsse unerschöpflich sind und die noch heute die Seelen der Menschen mit Leben speisen: derjenige aber unter ihnen, der dem inneren Auge der Seele und gleicherweise dem leiblichen Auge vor allen anderen sichtbar und mystisch ist, bleibt immer der springende Brunnen des Bluts.

Ich fühle sehr wohl, welche Gefahren auf den Pilger in solchen parnassischen Brunnengebieten lauern, und vergesse nicht, daß die Dünste aller chthonischen Quellen von einem furchtbaren Wahnsinn schwanger sind. Oft treten sie über dünnen Schichten mürben Grundes ans Tageslicht, unter denen glühende Abgründe lauern. Der Tanz der Musen auf den parnassischen Gipfeln geschah, da sie Göttinnen waren, mit leichten, die Erde nicht belastenden Füßen: das ihnen Verbürgte nimmt uns die Schwere des Körpers, die Schwere des Menschenschicksals nicht.

Auch aus der Tiefe des Blutbrunnens unter mir stieg dumpfer, betäubender Wahnsinn auf. Indem man die grausame Forderung des sonst wohltätigen Gottes im Bocksopfer sinnbildlich darstellte, und im darauffolgenden, höheren Sinnbild gotterfüllter dramatischer Kunst, gaben die Felsen den furchtbaren Schrei des Menschenopfers unter der Hand des Rächers, den dumpfen Fall der rächenden Axt, die Chorklänge der Angst, der Drohung, der schrecklichen Bangigkeit, der wilden Verzweiflung und des jubelnden Bluttriumphes zurück.

Es kann nicht geleugnet werden, Tragödie heißt: Feindschaft, Verfolgung, Haß und Liebe als Lebenswut! Tragödie heißt: Angst, Not, Gefahr, Pein, Qual, Marter, heißt Tücke, Verbrechen, Niedertracht, heißt Mord, Blutgier, Blutschande, Schlächterei — wobei die Blutschande nur gewaltsam in das Bereich des Grausens gesteigert ist. Eine wahre Tragödie sehen, hieß, beinahe zu Stein erstarrt, das Angesicht der Medusa erblicken, es hieß das Entsetzen vorwegnehmen, wie es das Leben heimlich immer, selbst für den Günstling des Glücks, in Bereitschaft hat. Der Schrecken herrschte in diesem offenen Theaterraum, und wenn ich bedenke, wie Musik das Wesen einfacher Worte, irgendeines Liedes, erregend erschließt, so fühle ich bei dem Gedanken an die begleitenden Tänze und Klänge der Chöre zu dieser Mordhandlung eisige Schauder im Gebein. Ich stelle mir vor, daß aus dem vieltausendköpfigen Griechengewimmel dieses Halbtrichters zuweilen ein einziger, furchtbarer Hilfeschrei der Furcht, der Angst, des Entsetzens, gräßlich betäubend zum Himmel der Götter aufsteigen mußte, damit der grausamste Druck, die grausamste Spannung sich nicht in unrettbaren Wahnsinn überschlug.

Man muß es sich eingestehen, das ganze Bereich eines Tempelbezirks, und so auch diese delphische Böschung, ist blutgetränkt. An vielen Altären vollzog sich vor dem versammelten Volk die heilige Schlächterei. Die Priester waren vollkommene Schlächter, und das Röcheln sterbender Opfertiere war ihnen die gewöhnlichste und ganz vertraute Musik. Die Jammertöne der Schlachtopfer machten die Luft erzittern und weckten das Echo zwischen den Tempeln und um die Statuen her: sie drangen bis ins Innere der Schatzhäuser und in die Gespräche der Philosophen hinein.

Der Qualm der Altäre, auf denen die Ziege, das Schaf mit

der Wolle verbrannt wurde, wirbelte quellend an den roten Felsen hinauf, und ich stelle mir vor, daß dieser Qualm, sich zerteilend, das Tal überdeckte und so die Sonne verfinsterte. Der Opferpriester, mit Blut besudelt, der einem Zyklopen gleich das geschlachtete Tier zerstückte und ihm das Herz aus dem Leibe riß, war dem Volk ein gewöhnlicher Anblick. Er umgoß den ganzen Altar mit Blut. Diese ganze Schlachthausromantik in solchen heiligen Bezirken ist schrecklich und widerlich, und doch ist es immer vor allem der süßliche Dampf des Bluts, der die Fliegen, die Götter des Himmels, die Menge der Menschen, ja sogar die Schatten des Hades anzieht.

In alledem verrät sich mir wiederum der Hirtenursprung der Götter, ihrer Priester und ihres Gottesdienstes, denn das Blutmysterium mußte sich den Jägerhirten zuerst aufschließen und dem Hirten mehr als dem Jäger in ihm, wenn er, friedlich, friedlich von ihm gehütete, zahme Tiere abschlachtete, zuerst das Grausen und hernach den festlichen Schmaus genoß.

Wir sind den steilen Abhang des delphischen Tempelbezirks bis an den obersten Rand emporgeklommen. Ich bin erstaunt, hier, wo aus dem scheinbar Unzugänglichen die rote unzugängliche Felswand sich erhebt, auf eine schöne, eingeschlossene Fläche zu stoßen, hier oben, gleichsam in der Gegend der Adlernester, zwischen Felsenklippen, auf ein Stadion.

Es ist still. Es ist vollkommen still und einsam hier. Das schöne Oblong der Rennbahn, eingeschlossen von den roten Steinen der Sitzreihen, ist mit zarten Gräsern bedeckt. Inmitten dieser verlassenen Wiese hat sich eine Regenlache gebildet, darin man die roten Umfassungsmauern des Felsendomes, mit vielen gelben Blumenbüscheln widergespiegelt sieht.

Ist nicht das Stadion dann am schönsten, wenn der Lärm

der Ringer und Renner, wenn die Menge der Zuschauer es verlassen hat? Ich glaube, daß der göttliche Priester Apolls, Plutarch, oft, wie ich jetzt, im leeren Stadion der einzige Zuschauer war und den Gesichten und Stimmen der Stille lauschte.

Es sind Gesichter von Jugend und Glanz, Gesichter der Kraft, Kühnheit und Ehrbegier, es sind Stimmen gottbegeisterter Sänger, die unter sich wetteifernd den Sieger oder den Gott preisen. Es ist der herrlichste Teil der griechischen Phantasmagorie, die hier für den nicht erloschen ist, der gekommen ist, Gesichter zu sehen und Stimmen zu hören.

Die schrecklichen Dünste des Blutbrunnens drangen nicht bis in dieses Bereich, ebensowenig das Todesröcheln der Menschen- und Tieropfer. Hier herrschte das Lachen, hier herrschte die freie, von Erdenschwere befreite, kraftvolle Heiterkeit.

Nur im Stadion, und ganz besonders in dem zu Delphi, das über allen Tempeln und allen Altären des Götterbezirks erhaben ist, atmet man jene leichte, reine und himmlische Luft, die unseren Heroen die Brust mit Begeisterung füllte. Der Schrei und Ruf, der von hier aus über die Welt erscholl, war weder der Ruf des Hirten, der seine Herde lockt, noch war es der wilde Jagdruf des Jägers: es war weder ein Racheschrei noch ein Todesschrei, sondern es war der wild glückselige Schrei und Begeisterungsruf des Lebens.

Mit diesem göttlichen Siegesruf der lebendigen Menschenbrust begrüßte der Grieche den Griechen über die Fjorde und Fjelle seines herrlichen Berglands hinweg, dieses Jauchzen erscholl von Spielplatz zu Spielplatz: von Delphi hinüber nach Korinth, von Korinth nach Argos, von Argos bis Sparta, von Sparta hinüber nach Olympia, von dort gen Athen und umgekehrt.

Ich glaube, nur vom Stadion aus erschließt sich die Griechenseele in alledem, was ihr edelster Ruhm und Reichtum ist; von hier aus gesehen, entwickelt sie ihre reinsten Tugenden. Was wäre die Welt des Griechen ohne friedlichen Wettkampf und Stadion? Was ohne olympischen Ölzweig und Siegerbinde? eben das gleiche erdgebundene Chaos brütender, ringender und quellender Mächte, wie es auch andere Völker darstellen.

Es wird mir nicht leicht, diesen schwebenden und versteckten Spielplatz zwischen parnassischen Klippen zu verlassen, der so wundervoll einsam und wie für Meditationen geschaffen ist. Hier findet sich der sinnende Geist gleichsam in einen nährenden Glanz versenkt, und der Reichtum dessen, was in ihn strömt, kann in seiner Überfülle kaum bewahrt und behalten sein.

Man müßte vom Spiel reden. Man müßte das eigene Denken der Kinder- und Jünglingsjahre heraufrufen und jener Wegeswendung sich erinnern, wo man in eine mißmutige und freudlose Welt einzubiegen gezwungen war, die das Spiel, die höchste Gabe der Götter, verpönt. Man könnte hervorheben, daß bei uns mehr Kinder gemordet werden, als jemals in irgendeinem Bethlehem von irgendeinem Herodes gemordet worden sind: denn man läßt nie das Kind bei uns groß werden, man tötet das Kind im Kinde schon, geschweige, daß man es im Jüngling und Manne leben ließe.

Nackt wurde der Sieger, der Athlet oder Läufer dargestellt, und ehe Praxiteles, ehe Skopas seine Statuen bildete, entstanden ihre Urbilder hier im Stadion. Hier ist für die Schönheit und den Adel der griechischen Seele, für Schönheit und Adel des Körpers der Muttergrund. Hier wurde das schon Geschaffene umgeschaffen, das Umgeschaffene zum ewigen Beispiel und auch als Ansporn für höhere Artung in Erz oder Marmor dargestellt. Hier hatte die Bildung ihre Bildstätte, wenn anders Bildung das Werk eines Bildners ist.

Wer je sein Ohr an die Wände jener Werkstatt gelegt hat, deren Meister den Namen Goethe trug, der wird erkennen, daß nicht nur Wagner, der Famulus, den Menschen mit Göttersinn und Menschenhand zu bilden und hervorzurufen versuchte: alles Sinnen, Grübeln, Wirken, Dichten und Trachten des Meisters war eben demselben Endzweck rastlos untertan. Und wer nicht in jedweder Bildung seines Geistes und seiner Hände das glühende Ringen nach Inkarnation des neuen und höheren Menschen spürt, der hat den Magier nicht verstanden.

Es ist bekannt, wie gewissen griechischen Weisen, und so dem Lykurg! Bildung ein Bilden im lebendigen Fleische, nicht animalisch unbewußt, sondern bewußt „mit Göttersinn und Menschenhand" bedeutete. Was wäre ein Arzt, der seine Kranken bekleidet sieht, und was ein Erzieher, dem jener Leib samt dem Geiste, dem er höhere Bildung zu geben beabsichtigt, nicht nackt vor der Seele stünde? Aus dem Grunde der Stadien sproßten, nackt, die athletischen Stämme einer göttlichen Saat des Geistes hervor. Und hier, auf dem Boden des delphischen Stadions, gebrauche ich nun zum ersten Male in diesen Aufzeichnungen das Wort Kultur: nämlich als eine fleischliche Bildung zu kraftvoll gefestigter, heiterer, heldenhaft freier Menschlichkeit.

Zwei Vögel, unsern Zeisigen ähnlich, stürzen sich plötzlich aus irgendeinem Schlupfloch der Felsen quirlend herab und löschen den Durst aus dem Spiegel der Lache vor mir im Stadion. Ihr piepsendes Spiel weckt Widerhall, und das winzige Leben, der sorglose, dünne Lärm der kleinen Geschöpfe, die niemand stört, offenbaren erst gleichsam das Schicksal dieser Stätte in seiner ganzen Verwunschenheit.

Während ich auf die grüne Erde hinstarre und der Füße jener zahllosen Läufer und Kämpfer gedenke, aller jener göttergleichen, jugendlich kraftvoll schönen Hellenen, die sie erdröhnen machten, vernehme ich wiederum aus den Felsen den gewaltigen Widerhall von Geräuschen, die mir verborgen sind. Aus irgend-

einem Grunde erhebe ich mich, rufe laut und erhalte ein sechs-
faches mächtiges Echo: sechsfach schallt der Name des delphischen
Gottes, des Python-Besiegers, aus dem Inneren der Berge
zurück.

Ich bin allein. Die dämonische Antwort der alten parnassischen
Wände hat bewirkt, daß mich die Kraft der Vergangenheit mit
ihren triumphierenden Gegenwarts-Schauern durchdringt und
erfaßt und daß ich etwas wie ein Bad von Glanz und Feuer
empfinde. Beinahe zitternd horche ich in die neu hereingesunkene,
fast noch tiefere Stille hier oben hinein.

Der Morgen ist frisch. Wir schrieben den ersten Mai ins
Fremdenbuch. Vor der Türe des Gasthauses warten
schäbige Esel und Maultiere, die uns nach Hosias Lukas bringen
sollen. Ins Freie tretend, beginne ich mit letzten Blicken Abschied zu nehmen. Ich begrüße die Kiona, den weißen Gipfel
des Korax-Gebirges, dort, wo die Dorfstraße, wie es scheint, in
den Luftraum verläuft. Ich begrüße drei kleine Mädchen, die
trödelnd ebensoviele Schäfchen vor sich her treiben, begrüße sie
mit einer ihnen unverständlichen Herzlichkeit. Eines der hübschen
Kinder küßt mir zum Dank für ein kleines, unerbetenes Geschenk
die Hand.

Wir lassen die Mäuler voranklingeln. Wieder schreiten wir
an den Felsen vorüber, mit den Höhlungen leerer Gräber darin,
und wieder erschließt sich dem Auge die steinige Böschung des
delphischen Tempelbezirks. Wer alles dieses tiefer begreifen
wollte, müßte mehr als ein flüchtiger Wanderer sein. Immerhin sind mir auch hier die Steine nicht stumm gewesen.

Wir haben den Grund von Delphi, der Stadt, die unterhalb
unseres Weges lag, über allerlei Mauern und Treppchen kletternd,
durchstreift, und während wir jetzt unsere Reise fortsetzen, zieht

uns das Leuchten der Tempeltrümmer zwischen tausendjährigen Ölbäumen, zieht uns der weiße Marmor umgestürzter Säulen an. An den kastalischen Wassern nehmen wir wiederum einen kleinen Aufenthalt. Ich habe mich auf einen großen Felsblock niedergelassen, in der wundervoll hallenden und rauschenden Kluft, den Felsenbassins jenes alten Brunnen- und Baderaums gegenüber, wo die delphischen Pilger von einst sich reinigten.

Ein Tempelchen, mit Nischen der Nymphen, war grottenartig in die Felswand gestellt.

Heut sind die Bachläufe arg verunreinigt, die Wasserbecken mit Schlamm gefüllt. Oben durch die feuchte und kalte Klamm fliegen lange Turmschwalben und jagen einander mit raubvogelartigem, zwitscherndem Pfiff.

Wir wiegen uns nun bereits eine gute Weile auf unseren Maultieren. Der Weinstock, das Gewächs des Dionysos, begleitet uns in wohlgepflegten, wohlgeordneten Feldern die parnassischen Höhen hinan. Immer wieder begegnen uns wollige Herden mit ihren Hirten. Ich bemerke plötzlich den mir von gestern bekannten stattlichen Weißbart auf dem Bauche im Grase liegend am Straßenrand und empfinde mit ihm, was sein leise ironisches, überlegen lachendes Antlitz zum Ausdruck bringt. Hinter dem Patriarchen steigen seine Herden zwischen Rainen, Steinen und saftigen Gräsern umher und füllen die Luft mit der Glockenmusik seines reichen Besitzes. Die Sonne strahlt, der Tag wird heiß.

Schon im Altertum wurden solche Wege wie diese auf Mäulern zurückgelegt. So wird auch das Um und An einer Bergreise, an Rufen, Geräuschen und Empfindungen, nicht anders gewesen sein, als es heute ist. Maultiere haben die Eigentümlichkeit, am liebsten nicht in der Mitte des Weges, sondern immer womöglich an steilen Rändern zu schreiten: was dem ungewohnten Reiter zuweilen natürlich Schwindel erregt. Allmählich gewinne ich im Vertrauen auf das sich mehr und mehr entfaltende Klettertalent meines Reittieres eine gewisse, schwindelfreie Sorglosigkeit. Immer wilder und einsamer wird die Berggegend, bis hinter Arachova die Einöde, das heißt die parnassische Höhenzone beginnt. Von der gesamten südlichen Flora ist nichts übrig geblieben. Der letzte Weinstock, der letzte Feigenbaum, die letzte Olive liegt hinter uns. Nun aber tut sich ein weiter grüner Gebirgssattel vor uns auf, von jener gesunden, alpinen Schönheit, die ebenso heimatlich, als über alles erquickend ist.

Der weite Paß, mit flach geschweifter, beinahe ebener Grundsfläche ist Weideland: das heißt, ein saftiger Wiesenplan, auf dem der Huf des schreitenden Maultiers lautlos wird und der Pfad sich verliert. Das helle, ruhige Grün dieser schönen Alm ist eine tiefe Wohltat für Auge und Herz, und der starke, düstertrotzige Föhrenstand, der die steile Flanke einer nahen Bergwand hinaufklettert, fordert heraus, ihm nachzutun. Ich weiß nicht, was in dieser Landschaft so fremdartig sein sollte, daß man es nicht in den deutschen Alpengebirgen, um diese oder jene Sennhütte her, ebenso antreffen könnte, und doch würde der gesunde Jodler des einsamen Sennen hier einen Zauber vernichten, der unaussprechlich ist.

Das hurtige Glöckchen des Maultieres klingelt am Rand einer teichartig weit verbreiteten Wasserlache dahin, die, in den hellen Smaragd der Bergwiese eingefügt, den blauen Abgrund des griechischen Himmels, die ernste Wand der wetterharten Apolloföhren, und das hastende, kleine Vögelchen in einem ruhigen Spiegel wiedergibt.

XI. 7

Über die Art, wie für den, der sich einmal in das Innere des Mythos hineinbegeben hat, jeder neue sinnliche Eindruck wiederum gänz unlöslich mit diesem Mythos verbunden wird und ihn zu einer fast überzeugenden Wahrheit und Gegenwart steigert, möchte manches zu sagen sein. Es beträfe nicht nur den Prozeß eines gläubigen Wiedererweckens, sondern jenen, durch den die menschliche Schöpfung der Welt überhaupt entstanden ist, es beträfe das Wesen jener zeugenden Kraft, die im dichtenden Genius eines Volkes lebendig ist und darin sich die Seele des Volkes verklärt.

Plötzlich taucht in der panisch beinahe beängstigenden, nordischen Vision von Bergeinsamkeit die wilde Gestalt eines bärtigen Hirten auf, der uns in schneller Gangart, fünf schwarze Böcke vor sich hertreibend, von jenseits über die grüne Matte entgegenkommt. Die schönen Tiere, die von gleicher Größe und, wie gesagt, schwarz wie Teufel sind, machen den überraschendsten Eindruck. Noch niemals sah ich ein so unwahrscheinliches Fünfgespann. Wer wollte da, wenn eine auserlesene Koppel solcher Böcke, wie zum Opfer geführt, ihm entgegenkommt, und zwar über einen parnassischen Weidegrund, die Nähe des Gottes ableugnen, der einst durch Zeus in die Gestalt eines Bockes verwandelt ward, um ihn vor Heres Rache zu schützen, und dem diese Höhen geheiligt sind.

Wie diese Tiere einhertrotten, unwillig, durch den rauhen Treiber mehr gestört als in Angst versetzt, mit dem böse funkelnden Blick beobachtend, jeder mit seinem zottigen Bart, jeder unter der Last und gewundenen Krönung eines gewaltigen Hörnerpaares, scheinen sie selber inkarnierte Dämonen zu sein, und in wessen Seele nur etwas von dem alten Urväter-Hirten-Drama noch rumort, der fühlt in diesem klassischen Tier einen wahrhaft dämonischen Ausdruck zeugender Kräfte, dem es leider auch seinen Blocksbergverruf in der verderbten Weltanschauung der christlichen Zeit zu verdanken hat.

98

Wir besteigen nach kurzer Rast unsere Maultiere, die wiederum mager, schäbig und scheinbar kraftlos, wie zu Anfang der Reise, dastehen. Das unscheinbare Äußere dieser Tiere täuscht uns nicht mehr über den Grad ihrer Zähigkeit.

Zur Linken haben wir nun eine rötlich-graue, senkrechte Wand parnassischer Felsmassen, deren Rand einen Gießbach aus großer Höhe herabschüttet. Es ist ein lautloser Wasserfall, der, ehe er noch den Talgrund erreicht, in Schleiern verweht.

Die Maultiere müssen neben dem Lauf eines ausgetrockneten Felsenflußbettes abwärts klettern und erweisen, mehr und mehr erstaunlich für uns, ihre wundervolle Geschicklichkeit. Man würde vielleicht von diesen Felstälern sagen können, daß sie Einöden sind, wenn ihre zitternde, leuchtende und balsamische Luft nicht überall von den wasserartig gluckfenden Lauten zahlloser Herden-geläute erfüllt wäre.

Der Paris-artige Knabe, der vorhin, während wir Rast hielten, mit zwitschernden Lauten unsere Aufmerksamkeit bean-spruchte, war ein Hirt. Hoch auf der Spitze eines vereinzelten Felskegels, der an der Kreuzungsstelle einiger Hochtäler sich er-hebt, steht, gegen den Himmel scharf abgegrenzt, wiederum ein romantisch drapierter Ziegenhirt mit dem landesüblichen Hirten-stabe. Sofern uns ein Mensch begegnet, ist es ein Hirt, sofern unser Auge in der felsichten Wildnis Menschengestalt zu unter-scheiden vermag, unterscheidet es auch ringsum sogleich ein Ge-wimmel von Schafen oder Thymian rupfenden Ziegen.

In einem Engpaß, durch den wir müssen, hat sich ein Strom von dicker, wandelnder Wolle gestaut, der sich, wohl oder übel, vor den Hufen des langsam schreitenden Maultiers teilen muß. Der Reiter streift mit den Sohlen über die braunen Vliese hin, nachdem die Leitböcke ihre gewaltigen, tiefgetönten Glocken antiker Form, feurig glozend, ungnädig prustend, vorübergetragen haben.

Diese steinichten Hochtäler, zwischen Parnaß und Helikon,

erklingen — nicht von Kirchengeläut! — aber sie sind beständig und überall durchzittert vom Klange der Herdenglocken. Sie sind von einer Musik erfüllt, die das überall glucksende, rinnende, plätschernde Element einer echten parnassischen Quelle ist. Ob nicht vielleicht die Glocke unter dem Halse des weidenden Tieres die Mutter der Glocke im Turme der Kirche ist, die ja, ins Geistige übertragen, den Parallelismus zum Hirtenleben nirgend verleugnen will? Dann wäre es von besonderem Reiz, den apollinischen Klang zu empfinden, den alten parnassischen Weide-klang, der in dem Gedröhne städtischer Sonntagsglocken enthalten sein müßte.

Im Klangelement dieser parnassischen Quelle, dieses Jung-brunnens, bade ich. Es beschleicht mich eine Bezauberung. Ich fühle Apollo unter den Hirten und zwar in schlichter Menschen-gestalt, als Schäferknecht, wie wir sagen würden, so, wie er die Herden des Laomedon und Admetos hütete. Ich sehe ihn, wie er in dieser Gestalt jede gewöhnliche Arbeit des Hirten verrichten muß, dabei gelegentlich Mäuse vertilgt und den Eidechsen nach-stellt. Ich sehe ihn weiter, wie er, ähnlich mir, in der lieblich monotonen Musik dieser Täler gleichsam aufgelöst und versunken ist und wie es ihm endlich, besser als mir, gelingt, die Chariten auf seine Hand zu nehmen. Chariten, musische Instrumente tragend, auf der Hand, war er zu Delphi dargestellt.

Vorsichtig schreitet mein Reittier über eine große Schildkröte, die von den Treibern nicht beachtet wird; ich lasse sie aufheben und die lachenden Agogiaten reichen mir das, zwischen gewaltigen Schildpattschalen, lebhaft protestierende Tier. Ich sehe an den Mienen der Leute, daß die Schildkröte unter ihnen sich der Popularität eines allbeliebten Komikers zu erfreuen hat, eines lustigen Rats, über den man lacht, sobald er erscheint und bevor er den Mund öffnet. In das Vergnügen der Leute mischt sich dabei eine leise Verlegenheit, wie sie den ernsten Landmann uns-

100

verkennbar überschleicht, der auf den Holzbänken einer Jahrmarkts-
bude sein Entzücken über die albernen Späße des Hanswurst
nicht zu verbergen vermag. Auch fühlt man heraus, wie das
schöne Tier nicht minder geringschätzt, ja verachtet ist, als beliebt:
eine Verachtung, eine Geringschätzung, die in seinem friedlichen
Wesen und seiner Hilflosigkeit gegenüber den Menschen, trotz
seines doppelten Panzers, ihren Ursprung hat.

„Als er sie sah, da lacht er alsbald und sagte die Worte:
Du glückbringendes Zeichen, ich schmähe Dich nicht, sei willkommen.
Freudegeberin heil! Gesellin des Tanzes und Schmauses.“

„Als er sie sah, da lacht er alsbald!“ nämlich Hermes, der
Gott, vor Zeiten. Ganz so ergreift unsere kleine Reisegesellschaft
beim Anblick des klassischen Tieres unwiderstehliche Heiterkeit.

Wir ziehen weiter, nachdem wir das alte homerische Lachen,
das Lachen des Gottes, zu Ende gelacht haben. Aber
wir töten nicht, wie Hermes, das Tier, sondern nehmen es lebend
unter unseren Gepäckstücken mit. Ich denke darüber nach, wie
wohl die Leier ausgesehen und wie wohl geklungen hat, die
Hermes aus dem Panzer der Schildkröte und aus Schafsdärmen
bildete und die in den Händen Apolls ihren Himmel und Erde
durchhallenden Ruhm gewann.

Aber wir sind nun in sengenden Gluten des Mittagslichts
zu einem wirklichen, reichlich Wasser spendenden parnassischen
Brunnen gelangt, aus dem die Tiere und Treiber gierig trinken.
Dicke Strahlen köstlichen Wassers stürzen aus ihrer gemauerten
Fassung hervor und rauschend und brausend in das steinerne
Becken hinein. Es ist wie ein Reichtum, der sich hier ausschüttet,
der nirgends so, als in einem heißen und wasserarmen Lande
empfunden wird.

Wir ruhen aus in dem wohligen Lärm und dem kühlen Ge-
stäube des lebenspendenden Elementes.

Das Kloster Hosios Lukas bietet uns Quartier für die Nacht. Vom behäbigen Prior empfangen, geleitet von dienstfertigen Mönchen, treten wir, durch ein kleines Vorgärtchen, ohne Treppen zu steigen, ins Haus. Gleich linker Hand ist ein Zimmer, das uns überwiesen wird. Auf den gebrechlichen Holzaltan des Zimmerchens tretend, blicken wir in den tiefen Klosterhof und zugleich über die Dächer der Mönchskasernen in das vollkommen einsame, wilde Hochtal hinaus.

Eng und nur wenig Hofraum lassend, sind die Klostergebäude in, wie es scheint, geschlossenem Kreis um eine alte byzantinische Kirche gestellt, die sie zugleich beschützen und liebevoll einschließen. Das Hauptportal der Kirche liegt schräg in der Tiefe unter uns. Wir können mit den nahen Wipfeln alter Zypressen Zwiesprache halten, die seit Jahrhunderten Wächter vor diesem Eingang sind.

Der Prior wünscht uns die Kirche zu zeigen, die innen ein trauriges Bild der Verarmung ist. Reste von Mosaiken machen wenig Eindruck auf mich, desto mehr ein Geldschrank, der, an sich befremdlich in diesem geweihten Raum, zugleich ein wunderlicher Kontrast zu seinem kahlen, ausgepowerten Zustand ist.

Dem Prior geht ein jugendlich schöner Mönch mit weiblicher Haartracht an die Hand. Er öffnet Truhen und Krypten mit rostigen Schlüsseln. Das Auge des jungen Mönches verfolgt uns unablässig mit bohrendem Blick. Als wir jetzt wiederum auf dem Balkon unseres Zimmers sind, taucht er auf einem nahen Altane neugierig auf.

Während über den Dächern und in der Wildnis draußen noch Helle des sinkenden Tages verbreitet ist, liegt der Hof unter uns bereits in nächtlicher Dämmerung. Ich horche minutenlang in die wundervolle Stille hinunter, die durch das Geplätscher eines lebendigen Brunnens nur noch tiefer und friedlicher wird. Mit einem Male ist es, als sei die Seele dieser alten winkligen Gottesburg aus tausendjährigem Schlummer erwacht. Arme werden hereingelassen und es wird von den Brüdern unterm Klosterportale ziemlich geräuschvoll Brot verteilt.

Nach einigem Rufen, Treppengehen und Türenschließen tritt wieder die alte verwunschene Stille ein, mit den einsamen Lauten des Röhrenbrunnens. Dann klappert die dicke Bernsteinkette des freundlichen Priors unten im Hof. Man hört genau, wie er sein Spielwerk gewohnheitsgemäß bearbeitet, das heißt die Bernsteinkugeln ununterbrochen durch die Finger gleiten läßt und gegeneinander schiebt.

Ich gehe zur Ruhe, im Ohre feierlich summenden Meßgesang, der schwach aus dem Innern der Kirche dringt.

Der Aufbruch von Hoßios Lukas geschieht unter vielen freundlichen Worten und Blicken der Mönche, die um uns versammelt sind. Ich komme eben von einer schönen Terrasse des Klosters zurück, die, inmitten der steinichten Ödenei, von alten, vollbelaubten Platanen beschattet ist. Terrassen für den Gemüsebau setzten sich in die Tiefe fort und hie und da sind dem Felsenschutt des verlassenen Tales Wiesen und Ackerstreifen abgerungen. Ich sah die kleinen „Mädchen für alles" der älteren Brüder und Patres mit Besen und Wassereimern in lebhafter Tätigkeit, die Patres selber, wie sie rotkarierte Betten auf ihren morschen Balkonen ausbreiteten. Die kleinen „Mädchen für alles" sind junge Lehrlinge, deren schönes, langes Haar, wie das von Mädchen, im Nacken zu einem Knoten aufgenommen ist. Es ist ein wolkenlos heiterer Morgen mit einer frühlingshaften Wonne der Luft, die göttlich ist und die in jedem Auge wiederleuchtet. Noch klingt mir der Gruß des Bruders Küper sein frisches Καλιμερα im Ohr, womit er mich grüßte, als ich unten am Brunnen vorüberging, wo er trällernd ein Weinfaß reinigte. Es war ein Gruß, der ebenfalls von dem frischen Glück dieses Morgens widerklang.

Kaum hat unsere kleinere Karawane sich nur ein wenig, zwischen Gebüschen von Steineichen hintrottend, aus dem Bereich des Klosteridylls entfernt und schon umgibt uns wieder das alte ewige Hirtenidyll. Ich unterscheide mit einem Blick vier einzelne Schaf= herden, deren Geläute herüberdringt, und plötzlich erscheinen, Wölfen gleich, gewaltige Schäferhunde über uns an der Wegs= böschung. Man scheucht sie mit großen Steinen zurück.

Wir biegen nach einem längeren Ritt in ein abwärts führendes, enges Tal, das, wie es scheint, recht eigentlich das Diony= sische ist. Wir müssen zunächst durch eine gedrängte Herde schwarzer Ziegen förmlich hindurchschwimmen, unter denen sich prächtige Böcke auszeichnen, jenen ähnlich, die ich auf der Höhe des Passes sah. Und wie ich die Blicke über die steinichten Tal= wände forschend ausschicke, sehe ich sie mit schwarzen Ziegen, wie mit überall hängenden, kletternden, kleinen schwarzen Dämonen bedeckt.

Der Eingang des schwärzlich wimmelnden Tales wird von dem vollen Glanz des Parnasses beherrscht, der aber endlich dem Auge entschwindet, je weiter wir in das Tal hinabdringen: das Tal der Dämonen, das Tal des Dionysos und des Pan, das immer mehr und mehr von gleichmäßig schwarzen Ziegen wimmelt. Wohl eine Viertelstunde lang und länger ziehen wir mitten durch die Herden dahin, die zu beiden Seiten unseres gestrüppreichen Pfades schnauben, Steineichenblätter abrupfen und hie und da leise meckern dazu. Überall raschelt, reißt, stampft und pruslet es zwischen den Felsen, in den Gebüschen: da und dort wird ein Glöckchen geschlenkert. Mitunter kommen wir in ein ganzes Glockenkonzert hinein, dessen Lärm das gesprochene Wort verschlingt.

Ich habe, auf meinem Maultier hängend, Augenblicke, wo mir dies alles nicht mehr wirklich ist. Ein alter Knecht und

Geschichtenerzähler fällt mir ein, der mir in ländlichen Winter-
abenden ähnliche Bilder als Visionen geschildert hat. Er war
ein Trinker, und als solcher ja auch verknüpft mit Dionysos. In
seinen Delirien sah er die Welt, je nachdem, von schwarzen Ziegen
oder Katzen erfüllt, wobei er von alpdruckartiger Angst gepeinigt
wurde.

Der Schritt des Maultiers, die Glocke des Maultiers, allüberall das Eindringen dieser fremden Welt, dazu die ungewöhnliche Lichtfülle, die Existenz in freier Luft, Ermüdung des Körpers
durch ungewöhnliche Reisestrapazen, jagen auch mir einen Anflug
von Angst ins Blut. Ich habe vielleicht eine Vision und es ist
mir manchmal, als müsse ich diese zahllosen schwarzen Ziegen vor
meinen Augen wegwischen, denen mein Blick nicht entgehen kann.

Ein weites Quertal nimmt uns auf und wie ein Spuk liegt
nun die Vision der schwarzglänzenden Ziegen hinter mir. Wir
überholen einen reisenden Kaufmann, dessen Maultier von einem
kleinen Jungen getrieben wird. So schön und vollständig, wie
nie zuvor, steht der Parnaß, von dem wir bereits Abschied genommen hatten, vor uns aufgerichtet: ein breiter silberner Wall
mit weißen Gipfeln. Ich gewinne den Eindruck, der apollinisch
strahlende Glanz strömt in das Tal, das der Berg beherrscht.

Wir reisen nun schon seit einiger Zeit durch die Ebene hin.
Neben flacheren Felsgebieten und einem verzweigten Fluß-
bett, das mit Gebüschen bewachsen ist, breiten sich Flächen grüner
Saat, über denen klangreich die Lerche zittert.

Es ist faszinierend, zu sehen, wie der Parnaß nun wiederum
diese Ebene überragt. Auf breitester Basis ruhend, baut sich der
göttliche Berg aus eitel Glanz in majestätischer Schönheit auf.
Hier wird es deutlich, wie die bezwingende Gegenwart solcher
Höhen göttlichen Ruhm vor den Menschen, die sie umwohnen,

durchsetzen und behaupten muß. Ich empfinde nicht anders, als stammte der trillernde Rausch des Lerchengeschmetters, das leuchtende Grün der Saaten, der zitternde Glanz der Luft von diesem geheiligten Berge ab und nähre sich nur von seinem Glanze.

Oftmals wende ich mich auf meinem Maultier nach der verlassenen Felsenwelt der Hirten und Herden zurück, während sich über mir Parnaß und Helikon mit dem Glanz ihrer silbernen Helme über die weite Ebene grüßen. Flössen doch alle Quellen dieser heiligsten Berge wieder reichlich voll und frisch in die abgestorbenen Gebiete der europäischen Seele hinein! Möchte das starre Leuchten dieser olympischen Vision wiederum in sie hineinwachsen und den übelriechenden Dunst verzehren, mit dem sie, wie ein schlecht gelüftetes Zimmer, beladen ist.

Nun sitze ich, von der glühenden Sonne nicht ganz geschützt, unterm Vordach einer Weinschenke. Parnassische Hirten und Hirtenhunde umgeben mich, unter den wettergebräunten Männern sind blonde Köpfe, deren antiker Schnitt unverkennbar ist. Der kühne Blick verrät dionysisches Feuer im Blut. Der Bartwuchs, ohne gepflegt zu sein, ähnelt sich in Form, Dichte und Kräuselung durchaus gewissen antiken Plastiken, die Helden oder Halbgötter darstellen.

Ich teile die Reste meiner Mahlzeit mit einem weißen, gewaltigen Schäferhund. Und nachdem wir einen Blick auf den schmerzvoll grinsenden Löwen von Chäronea geworfen, ist der parnassische Hirtentraum zu Ende geträumt. Doch nein, an der kleinen Haltestelle der Eisenbahn, die wir erreicht haben, und die von einem Sumpfe voll quakender Frösche umgeben ist, finden wir ein gefesseltes schwarzes Lamm. Es hat, mit dem Rücken nach unten, am Sattel eines Maultieres hängend, eine Reise von zehn Stunden, durch die Hochtäler des Parnaß, von Delphi her, im Sonnenbrande zurückgelegt. Es trägt den Ausdruck hoffnungsloser Fügung im Angesicht. Sein Eigentümer ist jener Kaufmann, den wir überholten und dessen Maultier ein Knabe trieb. Er wird um sein Osterlamm beneidet und Bahnbeamte treten hinzu, fühlen es ab nach Preis und Gewicht und Fettgehalt. Schließlich legt man das arme, unsäglich leidende, schwarze parnassische Lamm mit zusammengebundenen Füßen dicht an die Geleise, damit es leicht zu verladen ist. Ich sehe noch, wie es an seinen Fesseln reißt und verzweifelt emporzuspringen versucht, als die Maschine herandonnert und gewaltig an ihm vorüberdröhnt.

Wir haben Athen verlassen, um über Korinth, Mykene, Argos und andere klassischen Plätze schließlich nach Sparta zu gelangen. Am Nachmittag ist Korinth erreicht, nach längerer Bahnfahrt, die uns nun schon bekannte Bilder wiederum vor die Augen geführt hat, darunter flüchtige und doch warme Eindrücke von Eleusis, Megara, dem schönen Isthmus und der Äginetischen Bucht.

Ein Wagen führt uns unweit vom Rande des Golfes dem Fuße von Akrokorinth entgegen, einer drohenden Felsmasse, die von den Resten roher Befestigungen verunziert ist.

Über den Golf herüber weht eine frische, fast nordische Luft, aus der Gegend des Helikon, dessen leuchtender Gipfel schemenhaft sichtbar bleibt. Der Wagen rollt auf schlechten Feldwegen zwischen grünen Saaten dahin.

Der korinthische Knabe hatte für Körper und Geist einen weiten, unsäglich mannigfaltigen Tummelplatz. Den furchtbarsten Burgfelsen über sich, schwamm er im Lärm und Getriebe einer Hafenstadt, die im weiten Kreise von grünen oder nackten Hügeln umgeben war. Überall erlangte sein Blick die geheiligten Höhen der Götter- und Hirtenwelt, die wiederum bis in das Herz der

Stadt hineinreichte. Für Wanderungen oder Fahrten taten sich Peloponnes und Isthmus auf und auf diesem herrlichen Erdenfleck genoß er die gleichsam geborgene Schönheit eines südlichen Alpensees und auch die grenzenlose Wonne des freieren Meeres.

Wir besteigen Pferde, und diese erkletterten nun mühsam den Felsen von Akrokorinth, der mehr und mehr, je weiter wir an ihm hinaufkriechen, wie eine verdammte Stätte erscheint: ein düsteres Tor durch einen Ring von Befestigungsmauern führt in ein ödes Felsenbereich.

Wir sind — die Pferde haben wir vor dem ersten Tore zurückgelassen! — einer zweiten Ringmauer gegenübergestellt, die abermals ein Tor durchbricht. Eilig klimmen wir weiter aufwärts: eine weißliche Sonne hat sich schon nahe bis an den Horizont herabgesenkt. Kalter Bergwind fegt durch ein zweites ungeheures Trümmerbereich, und wir finden uns vor dem engsten jener Mauerringe, die den Gipfel des Festungsberges einschließen. Diesen Gipfel erkletterten wir nun durch ein drittes Tor. Es ist eine Wüstenei, ein Steinchaos. Fremd und schon halb und halb in Schatten gesunken, liegt die gewaltige Bergwelt des Peloponnes unter uns. Wir eilen, aus dieser entsetzlichen Zwingburg durch die Trümmerhöfe wieder hinabzukommen. Wirkliches Grauen, wirkliche Angst tritt uns an.

Nach den geheiligten Hügeln und Bergen, deren Bereich ich in den letzten Wochen betrat oder wenigstens mit dem Blick erreichte, ist dies der erste, der unter einem unabwendbaren Fluch verödet scheint.

Seltsam wie das bange Gefühl, was der nahende Abend einflößt, mit dem kleinen Kreis sonderbar banger Phantasiegestalten in Einstimmung ist, die für mich, seitdem ich ein bewußteres Leben führe, mit dem Namen Korinth verbunden sind.

Schon vor etwa achtundzwanzig Jahren, während einer kurzen akademischen Studienzeit, drängten sich mir die rätselvollen Gestalten des Periander, seiner Gattin Melissa und des Lykophron, seines Sohnes, auf. Ich darf wohl sagen, daß die Tragödie dieser drei Menschen in ihrer unsäglich bittersüßen Schwermut all die Jahre meine Seele beschäftigt hat.

Periander! Melissa! Lykophron!

Periander, auf dem Burgfelsen hausend, Tyrann von Korinth, allmählich ähnlich wie Saul, ähnlich wie der spartanische König Pausanias, in einen finsteren Wahnsinn versinkend. Leidend an jenem unausbleiblichen Schicksal großer Herrschernaturen, die nach erreichtem Ziel von jenen Dämonen verfolgt werden, die ihnen dahin lockend voranschritten. Er hatte die Einwohnerschaft Korinths von den furchtbaren Felsen herunter terrorisiert und dezimiert. Er hatte Lysiide, die Tochter des Tyrannen Prokles, geheiratet, der zu Epidaurus saß. Die Gattin, zärtlich von ihm Melissa genannt, ward später von ihm aus unbekannten Gründen heimlich ermordet: zum wenigsten wurde ihr Tod Periander zur Last gelegt. Prokles, Lysiidens Vater, ließ eines Tages vor den beiden inzwischen herangewachsenen Enkeln, Kypselos und Lykophron, den Söhnen Melissens und Perianders, Worte fallen, die besonders dem Lykophron eine Ahnung von dem Verbrechen des Vaters aufgehen ließen, und diese Ahnung bewirkte nach und nach zwischen Sohn und Vater den tiefsten Zerfall.

Der große Brite hat die Tragödie eines Sohnes geschrieben, dessen Mutter am Morde ihres Gatten, seines Vaters, beteiligt war. Er hat die psychologischen Möglichkeiten, die in dem Vorwurf liegen, nicht bis zu jeder Tiefe erschöpft. Wie denn ein solcher Gegenstand seinem Wesen nach überhaupt unerschöpflich ist, derart zwar, daß er sich selber in immer neuen Formen, aus immer neuen Tiefen manifestieren kann. Vielleicht ist das Problem Periander-Lykophron noch rätselvoller und furchtbarer, als es das Rätsel Hamlets und seiner Mutter ist. Dabei hat dieser göttliche Jüngling Lykophron mit dem Dänenprinzen Ähnlichkeit... man könnte ihn als den korinthischen, ja den griechischen Hamlet bezeichnen.

Gleichwohl war in seiner Natur ein Zug von finstrer Entschlossenheit.

Während Periander in der wesentlichen Vereinsamung der Herrschbegier — denn der Herrschende will allein herrschen und wenn er auch andere Herrscher dulden muß, so erreicht er doch die Trennung von allen, das Alleinsein, immer gewiß. Er gräbt sich meistens jeden gemütischen Zufluß der Seele ab, wodurch sie denn, wie ein Baum bei Dürre, qualvoll langsam zugrunde geht.

Also während Periander, sagte ich, vereinsamt, als Herrscher von Korinth, in seinem Palast auf dem öden Burgfelsen, mit den Dämonen und mit dem Schatten Melissens rang, hatte sich Lykophron nicht nur von ihm abgekehrt, sondern von Grund aus alles und jedes, außer das Leben! was er ihm zu verdanken hatte — alles und jedes, was ihm durch Geburt an Glanz und Prunk mit dem Vater gemeinsam war, dermaßen gründlich von sich getan, daß er, obdachlos und verwahrlost, in den Hallen und Gassen des reichen Korinth umherlungernd, von irgendeinem anderen Bettler nicht mehr zu unterscheiden war.

Hier noch wurde er aber von dem allmächtigen Vater mit rücksichtsloser Strenge verfolgt, dann wieder mit leidenschaftlicher Vaterliebe; doch weder Härte noch Zärtlichkeit vermochten den qualvollen Trotz der vergifteten Liebe abzuschwächen.

Die Tat des Periander wurde mit dem Schicksale dieses Lykophron zum Doppelmord: zum Morde der Gattin und des Sohnes. Und hierin liegt die Eigenart der Tragik, die in der Brust Perianders wütete, daß er einen geliebten und bewunderten Sohn, das köstlichste Gut seines späteren Lebens, plötzlich und unerwartet durch den Fluch seiner häßlichen Tat vernichtet fand.

Damit war ihm vielleicht der einzige Zustrom seines Gemütes abgeschnitten und das Herz des alternden Mannes ward von dem Grauen der großen Leere, der großen Öde umschränkt.

Ich bin überzeugt, daß tiefe Zwiste unter nahen Verwandten unter die grauenvollsten Phänomene der menschlichen Psyche zu rechnen sind. In solchen Kämpfen kann es geschehen, daß glühende Zuneigung und glühender Haß parallel laufen — daß Liebe und Haß in jedem der Kämpfenden gleichzeitig und von gleicher Stärke sind: das bedingt die ausgesuchten Qualen und die Endlosigkeit solcher Gegensätze. Liebe verewigt sie, Haß allein würde sie schnell zum Austrag bringen. Was könnte im übrigen furchtbarer sein, als es die Fremdheit derer, die sich kennen, ist?

Periander sendete Boten an das Totenorakel am Acheron, um irgendeine Frage, die ihn quälte, durch den Schatten Melissens beantwortet zu sehen. Melissa dagegen beklagte sich, statt Antwort zu geben und erklärte, sie friere, denn man habe bei der Bestattung ihre Kleider nicht mit verbrannt.

Als die Boten heimkehrten, hierher nach Korinth, konnte Periander nicht daran zweifeln, daß wirklich der Schatten Melissens zu ihnen geredet hatte, denn sie brachten in rätselhaften Worten die Andeutung eines Geheimnisses, dessen einziger Hüter Periander zu sein glaubte.

Durch dieses Geheimnis wurde ein perverses Verbrechen des Gatten verdeckt, der seine Gattin nicht allein getötet, sondern noch im Leichnam mißbraucht hatte: eine finstere Tat, die das schreckliche Wesen des Tyrannen gleichsam mit einem höllischen Strahle der Liebe verklärt.

Er ließ nun in einem Anfall schwerer Gewissensangst die Weiber Korinths wie zum Fest in den Tempel der Hera berufen. Dort rissen seine Landsknechte ihnen gewaltsam Zierat und Festkleider ab und diese wurden zu Ehren Melissens, und um ihren Schatten zu versöhnen, in später Totenfeier verbrannt.

Periander, Melissa, Lykophron. Es hat immer wieder, während beinahe dreier Jahrzehnte, Tage gegeben, wo ich diese Namen lebendig in mir, ja oft auf der Zunge trug. Sie waren es auch, die, Sehnsucht erweckend, vor mir her schwebten, als ich das erstemal den Anker gehoben hatte, um hierher zu ziehen. Auch während der kleinen Schiffsreise jüngst, durch den Golf von Korinth, hat mein Mund zuweilen diese drei Namen lautlos geformt, nicht minder oft auf der Fahrt nach Akrokorinth. Und hier, im fröstelnden Schauder heftiger Windstöße, auf dem gespenstischen Gipfel des Burgfelsens, habe ich im kraftlosen Licht einer bleichen Sonne, die unterging, die fröstelnden Schatten Perianders, Melissens und Lykophrons dicht um mich gespürt.

Unten, im Dämmer der Rückfahrt, während die Feldgeister über der in Gerstenhalmen wogenden Gräberstätte des alten Korinth sich zu regen beginnen, zuckt im Rädergeroll der nächtlichen Fahrt ein und das andere Bild der lärmenden alten Stadt vor der Seele auf. Mitunter ist alles plötzlich von einer so tosenden Gegenwart, daß ich Geschwätz und Geschrei des Marktes um mich zu hören glaubte, und alles dieses mit dem Anblick weiter abgelegener Felder verquickt, die sich rings um den übermächtig hineingelagerten, finsteren Gewalttäterfelsen wie Leichentücher weit umherbreiten.

Und ohne daß dieser tote Dämmer, dieses ewig teilnahmslose Gegenwartsbild verändert wird, sehe ich die Lohe der Totenfeier Melissens nächtlich hervorbrechen und fühle das Fieber, das die leidenschaftliche Kraft des großen Periander auf die Bewohner der geknechteten Stadt überträgt. Der Heratempel ist vom Geschrei der Weiber erfüllt, denen die Bravi die Kleider vom Leibe reißen, die Gassen vom Geschrei jener anderen, die nackt und beraubt entkommen sind. Nicht weit vom Tempel, den Blick in den rötlichen Schein der Feuersbrunst mit einem starren Lächeln gerichtet, steht Lykophron: durch Schmerz und die Wollust der Selbstkasteiung fast irrsinnig, das Antlitz durch Hunger und innere Wut verzerrt, aber in diesem Augenblick nicht nur vom Widerscheine des Feuers, sondern von einem bösen Triumphe verklärt. Rings lärmen und brüllen die Leute um ihn: es ist durch Verordnung Perianders aufs strengste verboten, ihn anzureden.

Als aber am folgenden Tage Periander selbst dies zu tun unternimmt, erhält er von seinem Sohne nur diese Antwort: man wird Dich in Strafe nehmen, weil Du mit Lykophron gesprochen hast.

Gegen zwölf Uhr mittags, nachdem wir am Morgen Korinth verlassen haben, befinde ich mich in einer Herberge, von der aus man die argivische Ebene übersieht. Sie ist begrenzt von gewaltigen peloponnesischen Bergzügen und augenblicklich durchbraust von einem heißen Wind, der in der blendenden Helle des Mittags die Saatfelder wogen macht.

Der Raum, in dem die Kuriere das Frühstück auftragen, hat den gestampften Boden einer Lehmtenne. Er ist zugleich Kaufladen und Weinausschank. Es riecht nach Kattun. Blaue Kattune sind in den Wandregalen aufgestapelt. Dank den Kurieren, die in Athen eine Korporation bilden, herrscht in den Herbergen, die sie bevorzugen, eine gewisse Sauberkeit.

Ich bin vor die Tür des kleinen Wirtshauses getreten. Die von den Bergen Arkadiens eingeschlossene Ebene ist noch immer durchbraust vom Sturm und steht noch immer in weißer Glut. In weißlich blendendem Dunst liegt der Himmel über uns. Die Burg von Argos, Larissa, ist in der Talferne sichtbar, der Boden des Tals ist in weite Gewände abgegrenzt, die teils von wogender Gerste bedeckt, teils unbestellt und die trockene rote Scholle zeigend, daliegen.

XI. 8

Diese Landschaft erscheint auf den ersten Blick ein wenig kahl, ein wenig nüchtern in ihrer Weiträumigkeit. Ich bin nicht geneigt, sie als Heimat jener blutigen Schatten anzusprechen, die unter den Namen Agamemnon, Klytämnestra, Thyest und Orestes ruhelos durch die Jahrtausende wandern. Ihre Heimat war im Haupte des Aschylos und des Sophokles.

Die Gestalten der großen Tragödiendichter der Alten sind von einem Element des Grauens getragen und in ihm zu körperlosen Schatten aufgelöst. Es ist in ihnen etwas von den Qualen abgeschiedener Seelen enthalten, die durch die unwiderstehliche Macht einer Totenbeschwörung zu einer verhaßten Existenz im Lichte gezwungen sind. Auf diese Weise wecken sie die Empfindung in uns, als stünden sie unter einem Fluch, der ihnen aber, so lange sie noch als Menschen unter Menschen ihr Leben lebten, nicht anhaftete. Der schlichte Eindruck einer realen landschaftlichen Natur bei Tageslicht widerlegt jeden Fluch und zwingt der bis zum Zerreißen überspannten Seele den Segen natürlicher Maße auf.

Den Tragikern bleibt in dieser Beziehung Homer vollkommen gesondert gegenübergestellt. Seine Dichtungen sind keine Totenbeschwörungen. Über seinen Gedichten ist nirgend das Haupt der Medusa aufgehängt. Gleicht das Gedicht des Tragikers einem Klagegesang — seines gleicht überall einem Lobgesang, und wenn das Kunstwerk des Tragikers von dem Element der Klage wie von seinem Lebensblute durchdrungen ist, so ist das Gedicht Homers eine einzige Vibration der Lobpreisung. Die dichtende Klage und heimliche Anklage und das dichtende Lob, wer kann mir sagen, welches von beiden göttlicher ist?

Die Tragödie ist immer eine Art Höllenzwang. Die Schatten werden mit Hilfe von Blut gelockt, gewaltsam eingefangen und brutal, als ob sie nicht Schatten wären, durch Schauspieler ins reale Leben gestellt: da müssen sie nun nichts anderes als ihre

Verbrechen, ihre Niederlagen, ihre Schande und ihre Bestrafungen öffentlich darstellen. Hierin verfährt man mit ihnen erbarmungslos.

Seit Beginn meiner Reise liegt mir eine wundervolle Stelle der Odyssee im Sinn. Der Sonnengott, dem man seine geliebte Rinderherde getötet hat, klagt die Frevler, die es getan haben, die Genossen des Odysseus, im Kreise der Götter an und droht, er werde, sofern man ihn nicht an den Tätern räche, fortan nicht mehr den Lebenden, sondern den Toten leuchten:

> „Büßen die Frevler mir nicht vollgültige Buße des Raubes;
> Steig ich hinab in Aides Reich und leuchte den Toten!"

Wer wollte diese erhabenste und zugleich herrlichste Drohung in ihren überwältigenden Aspekten nicht empfinden. Es ist nicht mehr und nicht weniger als der ganze Inhalt eines künftigen Weltepos, dessen Dante geboren werden wird. Aber wenn nicht mit der ganzen apollinischen Lichtgewalt, so doch mit einem Strahle davon erscheinen die Gestalten Homers beglückt und sind damit aus dem Abgrund der Toten zu neuem Leben geweckt worden, und es ist nicht einzusehen, warum der Gott nicht auch dem dramatischen Dichter einen von seinen Strahlen leihen sollte. Ist doch das Dramatische und das Epische niemals rein getrennt, ebensowenig wie die Tendenzen der Zeit und des Ortes. Und wer wüßte nicht, wie das Epos Homers zugleich auch das gewaltigste Drama und Mutter zahlloser späterer Dramen ist.

Wenn wir einen Durchbruch des apollinischen Glanzes in die Bereiche des Hades als möglich erachteten, so möchte ich die Tragödie, cum grano salis, mit einem Durchbruch der unterirdischen Mächte, oder mit einem Vorstoß dieser Mächte ins Licht vergleichen. Ich meine damit die Tragödie seit Äschylos, von dem es heißt, daß er es gewesen ist, der den Erinnyen Schlangen ins Haar geflochten hat.

Nehmen wir an, die Tragödie habe dem gleichen Instinkt gedient, wie das Menschenopfer. Dann trat allerdings an Stelle der blutigen Handlung der unblutige Schein. Trotzdem in Wahrheit aber Menschenblut nicht vergossen wurde, hatte die bange und schreckliche Wirkung an Macht gewonnen und sich vertieft: derart, daß erst jetzt eine chthonische Wolke gewaltsam lastend und verdüsternd in den olympischen Äther stieg, deren grauenerregende Formen mit den homerischen Lichtgewölken olympischen Ursprungs rangen, und schließlich den ganzen Olymp der Griechen verdüsterten.

Wir brechen auf, um die Trümmer von Mykene und die unterirdischen Bauten zu sehen, die man Schatzhäuser nennt. Ich bin durchaus homerisch gestimmt, wie denn mein ganzes Wesen dem Homerischen huldigt, auch wenn ich nicht des wundervollen Schatzes gedenken müßte, der im Museum zu Athen geborgen liegt und der aus den Gräbern von Mykene gehoben ist. Wo ist das Blutlicht, mit dem Äschylos und Sophokles durch die Jahrhunderte rückwärts diese Stätte beleuchteten? Es ist von der Sonne Homers getilgt. Und ich sehe in diesem Augenblick die Greueltaten der Klytämnestra, des Ägisth und des Orest höchstens mit den Augen des Menelaos in Sparta an, als er dem jugendlichen Telemach, der gekommen ist, nach Odysseus, seinem Vater, zu forschen, davon erzählt.

„Aber indessen erschlug mir meinen Bruder ein Anderer
Heimlich mit Meuchelmord durch die List des heillosen Weibes ...
Dennoch, wie sehr ich auch trauere, bewein ich alle nicht so sehr
Als den einen ...“

womit er Odysseus — nicht einmal Agamemnon! — meint, den lange Vermißten.

Wer, der die kerngesunde Königsidylle jenes Besuches liest, den Telemach in Sparta abstattet, könnte dagegen des Glaubens sein, daß der erprobte Held, Mann und Bruder sich sophokleischen Blutträumen überlassen hätte? Zumal, wenn er sagt:

„Laßt uns also des Grams und unserer Tränen vergessen"

oder wenn Helena bei ihm ruhte, noch immer „Die Schönste unter den Weibern".

Das Löwentor, der mykenaische Schutthügel und die Hügel ringsum sind von Sonne durchglüht und von Sturm umbraust. Überall füllt Duft von Thymian und Myrrhen die Luft. Ganz Griechenland duftet jetzt von Thymian und Majoran. In den Kalksteintrümmern der alten Stadt schreien Eulen einander zu, wach und lebhaft, trotz hellblendender Sonne. Weiß wie Schlacke liegt Trümmerstück an Trümmerstück.

Die Burg hat eine raubnestartige Anlage: in Hügeln versteckt und von höheren felsigen Bergen gedeckt, übersah sie das ganze rossennährende Argos. Zur Seite hatte sie eine wilde Kluft, die jeden Zugang verhinderte.

Es ist von eigentümlichem Reiz, sich nach den mykenaischen Gräberfunden in dieser Umgebung ein Leben in Üppigkeit und Luxus vorzustellen: Männer und Frauen, die sich schnürten, und besonders Frauen, deren Toiletten an Glanz und Raffinement der Toilette einer spanischen Tänzerin, die in einem Pariser Theater tanzt, gleichgekommen sind. Aber schließlich ist es wieder Homer, der überall den Sinn für Komfort und Luxus entwickelt und nie vergißt, Bäder, duftende Betten, reinliches Linnen, hohe und hallende Säle, Schmuck und Schönheit der Weiber, ja sogar den Wohlgeschmack des Getränks und der Speisen gebührend zu würdigen.

Die unterirdischen Kuppelbauten, die Pausanias Schatzhäuser nennt, sind ihrer eigentlichen Bestimmung nach noch heute ein Rätsel. Sie waren bekannt, wie es scheint, durch das ganze griechische Altertum und wahrscheinlich, so weit sie frei lagen, wie noch heute, erfüllt von Bienengesumm. Das „Schatzhaus des Atreus", ist vollkommen freigelegt. Die weiche, sausende Chormusik der kleinen honigmachenden Priesterinnen der Demeter, die den unterirdischen Bau erfüllt, verbreitet mystische Feierlichkeit. Sie scheinen im Halblicht der hohen Kuppel umherzutaumeln. Sie fliegen, an den unbestrittenen Besitz dieser Räume gewöhnt, gegen die Köpfe der Eintretenden. Ihr sonorer Flug bewegt sich mit Gehen und Kommen in eine niedrige Nebenkammer, die sehr wohl eine Grabkammer sein könnte. Aber die Menge der Schatzhäuser würde durch eine Bestimmung als unterirdische Tempelgräber, für Totenopfer und Totenkult, nicht erklärt. Ich stelle mir aber gern inmitten dieses sogenannten Atreusschatzhauses einen Altar vor und das Feuer darauf, das den Raum erleuchtet und lärmend belebt und dessen Rauch durch die kleine runde Öffnung der Kuppel abzieht und oben scheinbar aus der Erde selber hervorbringt.

Drei Schimmel ziehen unsern Wagen im Galopp durch die Vorstädte von Tripolitza in die arkadische Landschaft hinaus. Der wolkenlose Himmel ist über weite Ackerflächen gespannt, auf denen Reihen bunter, griechischer Landleute arbeiten. Der Tag wird heiß. Die Luft ist erfüllt von Froschgequak.

Nun, nach einer längeren Fahrt durch kleine Ortschaften, verlassen wir die Ebene von Tegea. Die schöne Landstraße steigt bergan, und statt der Felder haben wir rötlich-graue Massen kahlen Gesteins zur Rechten und Linken, die spärlich mit Thymiansträuchern bewachsen sind. Es beginnt damit ein Arkadien, das mehr einer Wüstenei, als dem Paradiese ähnlich sieht. Nach einiger Zeit ist in der Höhe ein Dorf zu sehen, mit einigen langen, dünn belaubten Pappeln, die das Auge hungrig begrüßt. Nur wenig lösen sich die Häuser der Ortschaft von ihrem steinigten Hintergrund, der mit schmalen Gartenstreifen rötlicher Erde durchsetzt ist.

Die Spitzen des Parnon werden zur Linken sichtbar, auf denen der Schnee zu schwinden beginnt. Ein kühler Wind setzt ein und erquickt inmitten dieser arkadischen Wüste.

Ich hatte hier einen womöglich noch größeren Reichtum an Herden zu sehen gehofft, als zwischen Parnaß und Helikon: aber auf weitgedehnten, endlosen Trümmerhalden und auf der Landstraße begegnet nur selten Herde und Hirt. Die Gegend ist arm und ausgestorben, die ehemals das waldreiche Paradies der Jäger und Hirten gewesen ist.

Die Straße wendet sich auf einer freien Paßhöhe rechts und tritt in das Gebiet von Lakonika. Der Taygetos liegt nun breit und mächtig mit weißen Gipfeln vor uns da.

Aus einer ärmlichen Schenke ertönt Gesang. Und zwar ist es eine Musik, die an das Kommersbuchtreiben deutscher Studentenkneipen erinnert. Die Stimmen gehören Gymnasiallehrern aus Sparta an, die, noch im Osterferien-Rausch, fröhlich dorthin zurückreisen.

Es erscheinen jetzt Acker, Gartenflächen, Wiesen und Bäume oasenartig. Die Erde zwischen Felsen und Bäumen ist rot, und hier und da stehen rötliche Wasserlachen.

Der Parnon verschwindet und taucht wieder auf. Die Gegend gewinnt, nachdem wir die Paßhöhe überschritten haben, an Großartigkeit. Einige der vielen steinigten Hochtäler, die man übersieht, zeigen Baumwuchs inselartig in ihrer Tiefe. Es ist mir, so lange mein Auge durch diese uferlosen, kochenden Wüsteneien schweift, als ob ich das traurig-nackte, ausgetrocknete Griechenland mit einem Mantel grüner Nadelwälder bedecken müßte, und meine Träumereien führen Armeen tätiger Menschen hierher, die, vom sorglich gepflegten Saatkamp aus, in geduldiger

Arbeit Arkadien aufforsten. Mit tiefem Respekt gedenke ich der zähen Kraft und Tüchtigkeit jener Männer und Frauen meiner engeren Heimat, auch derer mit krummgezogenem Rücken, die den Forst ernähren, mehr wie sie der Forst ernährt, und mit Staunen vergegenwärtige ich die Schöpferkraft, die in der harten Faust der Arbeit liegt.

Wir halten Rast. Die Herberge ist an eine Krümmung der Bergstraße gestellt. Unter uns liegt ein weites Tal, das der Taygetos mit einer Kette von Schneegipfeln mächtig beherrscht. Der Himmel glüht in einer fast weißen Glut. Hügelige Abhänge in der Nähe, von Olivenhainen bestanden, erscheinen ausgebrannt.

Unsere Herberge hat etwas Japanisches. Das Schilfdach über der schwankenden Veranda, auf der wir stehen, ist durch dünne Stangen gestützt. Unten klingeln die müden Pferde mit ihren Halsglöckchen. Die trinkfrohen Lehrer aus Sparta haben uns eingeholt und sitzen lärmend unten im Gastzimmer. Wir werden in ein oberes Zimmer geführt, dessen Dielen dünn wie Oblaten sind. Durch fingerbreite Fugen zwischen den Brettern können wir zu den Lehrern hinabblicken. Der Kurier trägt ein Frühstück auf. Indessen schwelgen die Augen und ruhen zugleich im jungen Blättergrün eines Pappelbaums, der, vom heißen Winde bewegt, jenseits der Straße schwankt und rauscht.

Nachdem wir gegessen haben, ruhen wir auf der Veranda aus. Bei jedem Schritt, den wir etwa tun, schaukelt die ganze Herberge. Zwei Schwalben sitzen nahe bei mir unter dem Schilfdach auf der Geländerstange. Überall um uns ist lebhaftes Fliegensgesumm.

Wir haben vor etwa einer Stunde das Chani verlassen, wo uns die Lehrer aus Sparta eingeholt hatten. Ihr Einspännerwägelchen stand, als wir abfuhren, vor der Tür und wartete auf die indessen lustig zechenden Gäste. Sonderbar, wie in diesem heißen, stillen und menschenleeren Lande die brave Turnerfidelitas anmutete, die immer wieder in einem gewaltigen Rundgesang gipfelte!

Die Straße beginnt sich stärker zu senken. Wir fahren weite Schlingen und Bogen an tiefen Abstürzen hin, die aber jetzt den Blick in eine immer reicher ausgestaltete Tiefe ziehen. Wir nähern uns der Gegend von Sparta, dem schönen Tal des Eurotas an.

Es ist eine wundervolle Fahrt, durch immer reicher mit Wein, Feigenbäumen und Orangenhainen bestandene Abhänge. Ziegen klettern zur Linken über uns und zur Rechten unter uns. Lieblich gelegene Ansiedlungen mit weißem Gemäuer mehren sich, bis wir endlich das flache Aderngeflecht des Eurotas und zugleich die weite Talsohle überblicken können.

Fast wie Vögel senken wir uns aus gewaltiger Höhe auf das moderne Sparta herab, das, mit weißen Häusern, aus Olivenhainen, Orangengärten und Laubbäumen, weiß heraufleuchtet. Es ist mir dabei, als beginne das strenge und gleichsam erzene Wort Sparta sich in eine entzückende, ungeahnte südliche Vision aufzulösen. Eine augenblendende Vision von Glanz und Duft.

Ich kann nicht glauben, daß irgendein Land an landschaftlichen Reizen und in der Harmonie solcher Reize mit dem griechischen wetteifern könnte. Es zeigt den überraschendsten Wechsel an Formen und überall eine bestrickende Wohnlichkeit. Man begreift sogleich, daß auch dieses Tal von Sparta eine festgeschlossene Heimat ist, mit der die Bewohner, ähnlich wie mit einem Zimmer, einem Hause verwachsen mußten.

Ich möchte behaupten, daß der Reichtum der griechischen Seele zum Teile eine Folge des eigenartigen Reichtums der griechischen Muttererde ist. Wobei ich von dem landschaftlichen Sinn der Alten den allerhöchsten Begriff habe. Natürlich nicht einem landschaftlichen Sinn in der Weise moderner Malerei, sondern als einer Art Empfindsamkeit, die eine Seele immer wieder zum unbewußten Reflex der Landschaft macht.

Zweifellos war die Phantasie im Geiste des Menschen die erste und lange Zeit alleinige Herrscherin, aber das im Wechsel der Tages- und Jahreszeiten feste Relief des Heimatbodens blieb in einem gewissen Sinne ihr Tummelplatz. Was an bewegten Gestalten von ihr mit diesem Boden verbunden wurde, das hatte dieser Boden auch miterzeugt.

Das unbewußte Wirken des Geistes, im Kinde so wie im Greise, ist immer wesentlich künstlerisch, und Bildnertrieb ist eine allgemein verbreitete Eigenschaft, auch wo er sich nie dem äußeren Auge sichtbar kundgibt. Auch der Naivste unter den Menschen wohnt in einer Welt, an deren Entstehung er den hauptsächlichsten Anteil hat und die zu ergründen ebenso reizvoll sein würde, als es die Bereisung irgendeines unentdeckten Gebietes von Tibet ist. Unter diesen Naivsten aber ist wiederum keiner, der nicht das Beste, was er geschaffen hat, mit Hilfe des kleinen Stückchens Heimat geschaffen hätte, dahinein er geboren ist.

Ich befinde mich im Garten eines kleinen Privathauses zu Sparta. Vor etwa einer Stunde sind wir hier angelangt. Ich habe mich beeilt, aus dem dürftigen Zimmerchen, das man uns angewiesen hat, wieder ins Freie zu gelangen. Es war eine sogenannte gute Stube, und es fehlte darin nicht einmal das Makartbukett.

Irgendwie, ich weiß zunächst nicht wodurch, bin ich in diesem

Grasegarten an längst vergangene Tage erinnert. Eindrücke meines frühen Jünglingsalters steigen auf. Ich vergesse minutenlang, daß die verwilderte Rasenfläche unter meinen Füßen der Boden von Sparta ist. Dann kommt es mir vor, als wandle ich in jenem kleinen Obstgarten, der an das Gutshaus meines Onkels stieß, und etwas vom Tanze der nackten Mädchen Spartas und erster Liebe ginge mir durch den Kopf.

Es ist aber wirklich ein Garten in Sparta und nicht das Gehöft meiner guten Verwandten, wo ich jetzt bin. In der nahen Gartenzisterne quakt ein spartanischer Frosch, ich schreite an einer spartanischen Weißdornhecke hin und spartanische Sperlinge lärmen.

Auf der Konsole des Nußbaumspiegels, dessen sich das Quartier meiner Gastfreunde rühmen kann, fand ich unter anderen Photographien auch ein Bild, — das Bild eines hübschen, ländlichen Mädchens! — das mir sogleich ins Auge fiel. Sie mag wohl längst gestorben sein oder ist etwa vor dreißig Jahren jung gewesen, um jene Zeit, als auch das Mädchen, an das ich mich jetzt erinnern muß, siebzehnjährig durch Garten, Hof und Haus meiner schlesischen Anverwandten schritt.

Die Bergwand des Taygetos ist zum Greifen nahe. Die Sonne versinkt soeben hinter die hohe Kammlinie und beinahe das ganze Tal des Eurotas ist in Schatten gelegt. Die Landschaft ringsum ist zu dieser Stunde zugleich heroisch und anheimelnd.

Plötzlich finde ich mich mit lebhaftem Griechisch angeredet. Ein Mann hat mich zwischen Stachelbeer- und Johannisbeersträuchern entdeckt, ist herzugetreten und setzt voraus, daß ich Griechisch verstehe. Kurze Zeit bin ich hilflos gegen seine neuspartanische Zudringlichkeit, dann aber wird im Giebel unseres Häuschens — das übrigens, windschief wie es ist, von außen betrachtet unbewohnbar scheint — ein Fenster geöffnet, und das schöne Mädchen, die schöne Spartanerin, noch ganz so jung, wie das Bild sie zeigte, lehnt sich heraus.

Der Mann von der Straße wird nun durch eine tiefe, sonore Frauenstimme zurechte, das heißt aus dem Garten gewiesen, und ich habe, mit gebundener Zunge, Antlitz und Blick der hübschen Spartanerin über mir.

"Gott grüß Euch, schönes Jungfräulein,
Wo bind ich mein Rößlein hin? —
Nimm Du dein Rößlein beim Zügel, beim Zaum,
Binds an den Feigenbaum."

Der irrationale Wunsch und Zwang, eine Stätte wie des alten Sparta zu sehen, erklärt sich zwar nicht durch den Namen Lykurg, aber doch ist es vor allem der Genius dieses Namens, der Genius, dessen Wirken eine so unvergleichliche Folge hatte, den man in dieser Landschaft sucht. Man konnte nicht hoffen oder erwarten wollen, hier irgendein Jugendidyll, auch nur in Erinnerung, sich erneuern zu sehen: dennoch nimmt mich, statt jeder historischen Träumerei, eine solche Erinnerung jetzt in Besitz.

"Nicht zweimal schwimmst Du durch die gleiche Welle," sagt Heraklit, und es ist nicht dieselbe, die um mich und durch mich flutet, als jene Frühlingswoge, durch die ich vor Jahren geschwommen bin: aber es ist doch auch wieder etwas von ewiger Wiederkehr in ihr.

Ich sage mir, daß Lykurg wiederum nichts weiter, als ein großer Hirte, ein großer Schäfer gewesen ist, der den Nachwuchs seines Volkes in „Herde" teilte. Daß seine Gedanken in der Hauptsache sehr entschlossene Züchtergedanken gewesen sind, wie sie aus den Erfahrungen eines Hirtenlebens sich ergeben und zwar mit Notwendigkeit. Lykurg, der trotzdem mit Delphi Verbindung hatte, war überwiegend ein Mann der kalten Vernunft, gesteh ich mir, und wußte, wie keiner außer ihm, das zeitliche Leben vom ewigen und ihre Zwecke rein zu sondern. Allein durch alle diese Erwägungen vermag ich meine Seele nicht von dem spartanischen Ebenbilde meiner ländlichen Jugendliebe abzuwenden.

Jungens, nicht anders wie Jungens sind, gucken über den Zaun, der hier allerdings von dem krebsscherenartig, stachlig-grünen Gerank der Agave gebildet ist. Sie sind neugierig, werfen Steine in blühende Obstbäume, suchen etwas für ihre Tatkraft, stören mich. Der gleiche Fall veranlaßte mich vor Jahren, an einem denkwürdigen Tage, aus begreiflichen Gründen zu vergeblicher Heftigkeit, dagegen gelang es dem deutschen Urbilde der Spartanerin, das damals neben mir durch den Grasegarten schritt, die Knaben mit wenigen gütigen Worten zu bewegen, von ihren Störungen abzulassen.

Nun ist das schöne Mädchen im Garten erschienen. Ich grüße sie und werde dann magisch in die gleiche Richtung gezogen, die sie eingeschlagen hat, und durch dasselbe Pförtchen im Hecken-zaun, durch daß sie verschwunden ist.

Ich stehe auf einer kleinen begrasten Halbinsel hinter dem Garten, um die der starke Bergbach eilig sein klares und rauschendes Wasser trägt. Es kommt, eisfrisch, vom Taygetus. Kaum fünf Schritt von mir entfernt haben Zigeuner ihr Zelt aufgeschlagen. Der Vater steht in guterhaltener kretensischer Tracht, mit ruhiger Würde, pfeiferauchend, am Bachesrand. Die Mutter, von zwei Kindern umspielt, hockt an der Erde und schnitzelt Gemüse für die Abendsuppe zurecht, die allbereits über einem bescheidenen Feuerchen brodelt. Zwischen den braunen, halbnackten Kindern springt ein zähnefletschendes Äffchen umher. Dies alles, besonders das kleine Äffchen, wird mit kindlicher Freude bewundert von meiner Dorfschönen.

Ich sehe nun, sie ist kräftig gebaut und jünger, als ich nach dem Bilde, nach der Erscheinung am Fenster und nach den Lauten ihrer Stimme geurteilt hatte, wahrscheinlich nicht über fünfzehn Jahre alt. Sie erinnert mich an den derben Schlag der Deutsch-Schweizerin. Die Zigeunermutter hat, sobald sie meiner ansichtig wurde, ihrem singenden, springenden Lausetöchterchen das Tamburin zugeworfen, womit es sich augenblicklich klirrend vor mir im Tanze zu drehen beginnt. In der Freude darüber trifft sich mein Blick mit dem der jungen Spartanerin.

Inzwischen ist alles um uns her mehr und mehr in abendliche Schatten gesunken. Die Glocke einer nahen Kirche wird angeschlagen. Gebrüll von Rindern dringt von den dämmrigen Weideflächen am Fuß des Taygetus. Das ganze Gebirge ist nur noch eine einzige, ungeheure, blauschwarze Schattenwand, die, scheinbar ganz nahe, den Bach zu meinen Füßen zu speisen scheint, dessen Wasser blauschwarz und rauschend, wie flüssiger Schatten, heranwandelt.

Grillen zirpen. Ein märchenhaftes Leuchten ist in der Luft. Kalte und warme Strömungen machen die Blätter der Pappeln und Weiden flüstern, die, zu ernsten, ja feierlichen Gruppen gesellt, die Ränder des breiten Baches begleiten.

Es ist ein Uhr nachts, aber in der Mondeshelle draußen herrscht trotzdem dämonischer Lärm. Hühner und Hähne piepsen und krähen laut, Hunde kläffen und heulen ununterbrochen. Mitunter klingt es wie Stimmen von Kindern, die mit lautem Geschrei lustig und doch auch gespenstisch ihr nächtliches Spiel treiben. In der Gartenzisterne quakt oder trillert immer der gleiche Frosch.

Die alten Spartaner befolgten jahrhundertelang eine Züchtungs-moral. Es hat den Anschein, als wenn die Moral des Lykurg in einem größeren Umfang noch einmal aufleben wollte. Dann würde sein kühnes und vereinzeltes Experiment, mit allen seinen bisherigen Folgen, vielleicht nur der bescheidene Anfang einer gewaltigen Umgestaltung des ganzen Menschengeschlechtes sein.

126

Wenn etwas vorüber ist, so ist es am Ende für unsere Vorstellungskraft gleichgültig, ob es gestern geschah, oder vor mehr als zweitausend Jahren, besonders, wenn es menschlich voll begreifliche Dinge sind. Ob also die spartanischen Mädchen gestern nackt auf der Wiese getanzt haben, damit die Jünglinge ihre Zuchtwahl treffen konnten, oder vor dreitausend Jahren, ist einerlei. Ich nehme an, es sei gestern gewesen. Ich nehme an, daß man noch gestern hier die Willenskraft, den persönlichen Mut, die Disziplin, Gewandtheit, Körperstärke und jedwede Form der Abhärtung vor allem gepflegt und gewürdigt hat. Und daß meinethalben die Epheben noch heute Nacht im Heiligtum des Phöbus, draußen auf den dämmrigen Wiesen, wo ich sie nicht sehe, wie unsre Zigeuner dem Monde, einen Hund opfern.

Ihr Gesetzgeber war Lykurg, ihr Ideal Herakles. Die Standbilder beider Heroen standen auf beiden Brücken, die über den Wassergraben zum Spielplatz bei den Platanen führten. Leider ging es auf eine sinnlose Weise roh, mit Treten, Beißen und Augenausbohren, bei diesen Ephebenkämpfen zu.

Immer noch herrscht im Mondschein draußen derselbe dämonische Höllenlärm. Durch Ort, Stunde, Mondschein und Reisermüdung aufgeregt, bevölkert sich meine Phantasie mit einer Menge wechselnder Vorstellungen, gleichsam einem altspartanischen Gespenster- und Kirchhofspuk. Bald sehe ich zappelnde Säuglinge im Taygetus ausgesetzt, bald löffle ich selbst bei der gemeinsamen öffentlichen Männermahlzeit die greuliche, schwarze Suppe ein, bald bin ich gleichzeitig dort, wo ein Ephebe zu Ehren der Artemis nackt im Tempel gegeißelt wird und sehe auf dem entfernten Stadion Odysseus mit den ersten Freiern der jungfräulichen Penelope wettlaufen.

Zaudern ist, wie es scheint, schon damals eine Schwäche des

edlen Weibes gewesen: ich führe auch die Mißwirtschaft der Freier, im Hause des Gatten, auf sie zurück. Ikarios, der Vater Penelopes, wollte sie aus dem Elternhause in Sparta nicht mit Odysseus ziehen lassen und folgte dem Paare, als es nun doch nicht zurückzuhalten war, im Wagen nach. Dem Odysseus aber, der das Herz seines Weibes noch auf der Reise schwankend sah, ist, nach einem Bericht des Pausanias, die Geduld gerissen, und er hat kurzerhand seinem Weibe an einer gewissen Stelle des Weges zur Wahl gestellt: entweder nun entschlossen mit ihm nach Ithaka, oder mit ihrem Vater und einem Abschied für immer wieder nach Sparta heimzureisen.

Der Spuk der Nacht ist dem Lichte des Tages gewichen. Unten im Garten grasen Ziegen und eine Kuh. Das Zigeunermädchen sucht nach irgendetwas die Hecken ab. Man hört drei oder viermal die Pauke der Zigeuner anschlagen. Es ist kein Tropfen Tau gefallen in der Nacht. Ich schreite trockenen Fußes durchs hohe Gras.

Der Zigeuner und seine Frau hocken auf Decken vor ihrem Zelt. Er hat den roten Schal des Kretensers bereits um die Hüften und schmaucht behaglich, indes die zerlumpte Gattin Knöpfe an seiner geöffneten Weste, mit Zwirn und Nadel, sorgsam festmacht. Der Bergfluß rauscht um die Lagerstatt.

Herr Allan J. B. Wace, Pembroke College, Cambridge, hat die Freundlichkeit, uns im kleinen Museum von Sparta mit Erklärungen an die Hand zu gehen. Er geleitet uns durch ausgedehnte Olivenhaine, trotz brennender Sonnenglut, zur Ausgrabungsstätte am Eurotas. Zu hunderten, ja zu tausenden werden hier in den Fundamenten eines Athenatempels Figürchen

128

nach Art unserer Bleisoldaten aufgefunden. Diese Figürchen, von denen viele zutage lagen, so daß die spartanischen Kinder mit ihnen spielten, verrieten das unterirdische Heiligtum.

Gegen Mittag besteigen wir Maultiere, nicht ohne Mühe, weil diese spartanischen Mulis besonders tückisch sind. Die schöne Tochter unseres Gastfreundes, die uns noch gestern abend mit tremolierender Stimme etwas zur Laute sang, lehnt im Fenster der kleinen Baracke, nicht sehr weit über uns, und beobachtet die Vorbereitungen für unsere Abreise mit kalter Bequemlichkeit. Das hübsche, naive Kind von gestern, dessen Gegenwart mir die Erinnerung eines zarten Jugendidylls erneuern konnte, ist nur noch eine träge, unempfindliche Südländerin.

Ich erinnere mich — und schon ist dieses Gestern wieder Erinnerung! — Wie mir die Kleine nochmals im Garten begegnete, mir ins Gesicht sah und mich anlachte, mit einer offenen Lustigkeit, die keine Schranke mehr übrig läßt. Nun aber blickt sie über mich fort, als ob sie mich nie gesehen hätte, mit vollendeter Gleichgültigkeit.

Wir frühstücken gegen ein Uhr mittags im Hofe eines byzantinischen Klosters — einer Halbruine unter Ruinen! — an den steilen Abhängen der Ruinenstätte Mistra.

Der quadratische Hof ist an drei Seiten von Säulengängen umgeben. Sie tragen eine zweite, offene Galerie. Die vierte Seite des Hofes ist nur durch eine niedrige Mauer vom Abgrund getrennt und eröffnet einen unvergleichlichen Blick in die Ferne und Tiefe des Eurotastales hinab.

Den kurzen Ritt von Sparta herauf haben wir unter brennender Sonne zurückgelegt. Hier ist es kühl. Eine Zypresse, uralt, ragt jenseits der niedrigen Mauer auf. Sie hat ihre Wurzeln hart

XI. 9

am Rande der Tiefe eingeschlagen. Ich suche den Lauf des Eurotas und erkenne ihn an seiner Begleitung hoher und frischgrüner Pappeln. Ich verfolge ihn bis zu dem Ort, wo das heutige Sparta liegt: mit seinen weißen Häusern in Olivenwäldern, unter Laubbäumen halb versteckt.

Dieses mächtige, überaus glanzvolle südliche Tal, mit den fruchtreichen Ebenen seiner Grundfläche, widerspricht dem strengen Begriff des Spartanertums. Es ist vielmehr von einer großgearteten Lieblichkeit und scheint zu sorglosem Lebensgenusse einzuladen.

Herr Adamantios Adamantiu, Ephor der Denkmäler des Mittelalters in Mistra, stellt sich uns vor und hat die Freundlichkeit, seine Begleitung durch die Ruinen anzutragen. Seine Mutter und er bewohnen einige kleine Räume eben desselben ausgestorbenen Klosters, in dem wir jetzt sind.

Oben, auf einer der Galerien, hat sich ein lustiger Kreis gebildet. Es sind die gleichen, lebenslustigen Pädagogen, denen wir bereits auf dem Wege nach Sparta mehrmals begegnet sind. Sie befinden sich noch immer im Enthusiasmus des Weins und singen unermüdlich griechische, italienische, ja sogar deutsche Trinklieder.

Ich kann nicht sagen, daß dieser Studentenlärm nach deutschem Muster mir an dieser Stätte besonders willkommen ist, und doch muß ich lachen, als einer der fröhlichen Zecher, ein älterer Herr, im weinseligrauhen Sologesang ausführlich darlegt, daß er weder Herzog, Kaiser noch Papst, sondern, lieber als alles, Sultan sein möchte.

Der lebenslustige Sänger, spartanischer Gymnasialprofessor, spricht mich unten im Hofe an. Er macht mir die Freude, zu erklären, ich sei ihm seit lange kein Unbekannter, was mir begreiflicherweise hier, an dem entlegenen Abhange des Taygetus, seltsam zu hören ist.

Die Herren Lehrer haben Abschied genommen und sich entfernt. Herr Adamantios Adamantiu hat mittels eines altertümlichen Schlüssels ein unscheinbares Pförtchen geöffnet und wir sind, durch einen Schritt, aus dem hellen Säulengang in Dunkelheit und zugleich in ein liebliches Märchen versetzt.

Der blumige Dämmer des kleinen geheiligten Raumes, in den wir getreten sind, ist erfüllt von dem Summen vieler Bienen. Es scheint, die kleinen heidnischen Priesterinnen verwalten seit lange in dieser verlassenen Kirche Christi allein den Gottesdienst. Allmählich treten Gold und bunte Farben der Mosaiken mehr und mehr aus der Dunkelheit. Die kleine Kanzel, halbrund und graziös, erscheint, mit einer bemalten Hand verziert, die eine zierliche, bunte Taube, das Symbol des heiligen Geistes, hält.

Dieses enge, byzantinische Gotteshaus ist zugleich im zartesten Sinne bezaubernd und ehrwürdig. Man findet sich nach dem derben Schmollistreiben der Herren Lehrer ganz unvermutet plötzlich in ein unterirdisches Wunder der Scheherazade versetzt, gleichsam in eine liebliche Gruft, eine blumige Kammer des Paradieses, abgeschieden von dem rauhen Treiben irdischer Wirklichkeit.

Herr Adamantios Adamantiu, der Ephor, liebt die ihm anvertrauten Ruinen mit Hingebung, und was mich betrifft, so empfinde ich schmerzlich in diesem Augenblick, daß ich mich schon im nächsten von dem reinen Vergnügen dieses Anblicks trennen muß. Reichtum und Fülle köstlichen Schmucks wird hier vollkommener Ausdruck des Traulichsten, Ausdruck der Einfalt und einer blumigen Religiosität. Das byzantinische Täubchen am Rande der Kanzel verkörpert ebensowohl einen häuslichen, als den heiligen Geist.

Es scheint, daß Herr Adamantios Adamantiu keinen heißeren Wunsch im Herzen trägt, als dauernd diese Ruinen zu hüten: und ich bin überrascht, im Laufe der Unterhaltung wahrzunehmen, wie sehr verwandt der Geist des lauteren Mannes mit jenem ist, der dieses Kirchlein schuf und erfüllt.

Mit leuchtenden Augen erklärte er mir, daß ich, glücklicher als der große Goethe, diese Stätten mit leiblichen Augen sehen kann, wo Faust und Helena sich gefunden haben.

In dieses Heiligtum gehört keine Orgel noch Bachsche Fuge hinein, sondern durchaus nur das Summen der Bienen, die von den zahllosen Blüten der bunten Mosaiken Nektar für ihre Waben zu ernten scheinen.

Sparta und Helena scheinen einander auszuschließen. Was sollte ein Gemeinwesen mit der Schönheit als Selbstzweck beginnen, wo man den Wert eines Suppenkoches höher als den eines Harfenspielers einschätzte? Was hätte Helena mit der spartanischen Strenge, Härte, Roheit, Nüchternheit und Tugendboldigkeit etwa gemein?

Ein junger Spartaner rief, als man beim Gastmahl eine Lyra herbeibrachte: Solche Tändeleien treiben sei nicht lakonisch. Wer möchte nun, da Helena und die Leier Homers nicht zu trennen sind, behaupten wollen, daß Sparta Helenen eine wirkliche Heimat sein konnte?

Herr Adamantios Adamantiu geleitet uns stundenlang auf mühsamen Fußpfaden durch die fränkisch-byzantinisch-türkische Trümmerstadt, die erst im Jahre 1834 durch Ibrahim Pascha zerstört worden ist. Das alte Mistra war an die schwindelerregenden Felswände des Taygetus wie eine Ansiedlung von Paradiesvogelnestern festgeklebt. Einzelne Kirchen werden durch wenige Arbeiter unter Aufsicht des Herrn Ephoren sorgsam, Stein um Stein, wieder hergestellt: Baudenkmäler von größter Zartheit und Lieblichkeit, deren Zerstörung durch die Türken einen unendlich beklagenswerten Verlust bedeutet.

überall von den Innenwänden der Tempel spricht uns das Zierliche, Köstliche, Höfische an, in dem sich der Farbenreichtum des Orients mit dem zarten Kultus der Freude des deutschen Minnesanges durchdrungen zu haben scheint. Die Reste herrlicher Mosaiken, soweit sie der Brand und die Spieße der Türken übriggelassen haben, scheinen, auch wenn sie heilige Gegenstände behandeln, nur immer die Themen: Ritterdienst, Frauendienst, Gottesdienst durcheinanderzuflechten.

Mittels eines nassen Schwammes bringt der Herr Ephor, auf einer Leiter stehend, eigenhändig die erblindeten Mosaiken zu einem flüchtigen Leuchten im alten Glanz.

„Ein innerer Burghof, umgeben von reichen, phantastischen Gebäuden des Mittelalters" ist der Schauplatz, in dem Helena sich gefangen fühlt, bevor ihr Faust, im zweiten Teil des gleichgenannten Gedichts, in ritterlicher Hoftracht des Mittelalters entgegentritt. Und mehr als einmal umgibt mich hier das Urbild jener geheiligten Szenerie, darin sich die Vermählung des unruhig suchenden deutschen Genius mit dem weiblichen Idealbild griechischer Schönheit vollzog.

Herr Adamantios Adamantiu, der etwa dreißig Jahre alt und von zarter Gesundheit ist, stellt uns auf einer der Galerien des Klosterhofes seiner würdigen Mutter vor. Diese beiden lieben Menschen und Gastfreunde wollen uns, wie es scheint, nicht mehr fortlassen. Die Mutter bietet meiner Reisegefährtin für die Nacht ihr eigenes Lager an, ihr Sohn dagegen das seine mir.

Von seinem Zimmerchen aus überblickt man die ganze Weite und Tiefe des Eurotastales, bis zu den weißen Gipfeln des Parnon, die hineinleuchten; das Zimmer selber aber ist klein und enthält nichts weiter als ein kleines Regal für Bücher,

Tisch, Stuhl und Feldbettstelle, dazu im Winkel ein ewiges Lämpchen unter einem griechisch-katholischen Gnadenbild. Natürlich, daß in einem verlassenen Kloster die Fenster undicht, die Wände schlecht verputzt — und daß in den rohen Bretterdielen klaffende Fugen sind.

Ganz Sohnesliebe, ganz Vaterlandsliebe und ganz von seinem besonderen Beruf erfüllt: der Pflege jener vaterländischen Altertümer! bringt Herr Adamantios Adamantiu in weltentsagender Tätigkeit seine jungen Jahre zu und beklagt es, daß manche seiner Mitbürger so leicht die mütterliche Scholle aufgeben mögen, die ihrer Kinder so sehr bedarf.

Der hingebungsvolle Geist dieses jungen Griechen erweckt in meiner Seele wärmste Bewunderung und ich rechne die Begegnung mit ihm zu den schönsten Ereignissen meiner bisherigen Reise durch Griechenland. Wie er unverdrossen und mit reinster Geduld Werkstück um Werkstück aus dem Schutt der Verwüstung zu sammeln sucht, um in mühsamen Jahren hie und da etwas Weniges liebevoll wieder herzustellen, von der ganzen, beinahe in einem Augenblicke vernichteten, unersetzlichen Herrlichkeit, das legt von einem Idealismus ohnegleichen Zeugnis ab.

Wir nehmen Abschied von unsern Wirten, um noch vor Einbruch der Nacht den Ritt bis Trypi zu tun: Trypi am Eingang jener mächtigen Schlucht, die sich in die Tiefe des Taygetus fortsetzt, den wir übersteigen wollen.

Unsere Maultiere fangen wie Ziegen oder Gemsen zu klettern an: bald geht es fast lotrecht in die Höhe, bald ebenso lotrecht wieder hinab, so daß ich mitunter die Überzeugung habe, unsere Tiere hätten den eigensinnigen Vorsatz gefaßt, um jeden Preis auf dem Kopfe zu stehen. Wenn man, mit den Blicken vorauseilend, als Unerfahrener die drohenden Schwierigkeiten des Weges im Geiste zu überwinden sucht, so glaubt man mitunter verzagen zu sollen, denn es eröffnet sich scheinbar nur selten für ein Weiterkommen die Möglichkeit.

Aber das Maultier nimmt mit bewunderungswürdiger Leichtigkeit jedes Hindernis: über Böschungen rutschen wir an steinige Bäche hinunter und jenseits des Wassers klettern wir wieder empor. In einem Bachbett steigen wir lange Zeit von einem kantigen Block zum andern bergan und zwar bereits von der Dunkelheit überrascht, bis wir das Wasser am Ausgang der Langada in dem steilen Tale von Trypi rauschen hören. Über eine Geröllhalde geht es alsdann in gefährlicher Eile hinab, bis wir, die Lichter von Trypi vor Augen, auf einer breiten, gesicherten Straße geborgen sind.

Gegen vier Uhr des Morgens wecken mich die Nachtigallen von Trypi. Ich glaube, daß alle Singvögel der ganzen Welt den Aufgang der Sonne mit einem kurzen Konzert begrüßen. Zweifellos ist dies Gottesdienst.

Unser Haus ist in schwindelerregender Höhe über der Talwand erbaut. Wir haben in einem Raume übernachtet, der drei Wände von Glas ohne Vorhänge hat. Büsche reichen bis zu den Fenstern. Mächtige Wipfel alter Laubbäume sind unter uns und bekleiden die steilen Wände der Schlucht.

Während das einsame Licht zunimmt, schlagen die Nachtigallen lauter aus dem Abgrund herauf. Nach einiger Zeit beginnen alle Hähne des Dorfes einen lauten Sturm, der die Nachtigallen sofort verstummen macht.

Auf einem Felsen, scheinbar unzugänglich, inmitten der Schlucht, erscheint die Kirche von Trypi im Morgenlicht. Die Pfade von Trypi, die ganze Anlage dieses Ortes sind ebenso malerisch wie halsbrecherisch.

Die Maultiere klettern schwindelerregende Pfade. Sie halten sich meistens am Rande der Abgründe. Die Langada beginnt großartig, aber kahl und baumlos. Die Gesteinmassen des Bachbettes, auf dem Grunde der gewaltigen Schlucht, liegen bleich, verwaschen und trocken da. Das Tal ist tot. Kein Vogellaut, kein Wasserrauschen!

Indem wir ein wenig höher gelangen, zeigt sich geringe Vegetation. Einige Vögel beginnen zu piepsen. Nach einiger Zeit fällt uns der Ruf eines Kuckucks ins Ohr.

Weiter oben erschließt sich ein Tal, auf dessen Sohle lebendiges Wasser rauscht. Wir steigen in dieses Tal, das eigentlich eine Schlucht ist, hinunter. Die Abhänge sind von Ziegenherden belebt. Eng in die Felswände eingeschlossen, schallen die Herdenglocken laut.

Bis hierher war es, trotz der Frühe, ziemlich heiß. Nun werden wir von erquickenden Winden begrüßt. Erfrischt von der gleichen Strömung der Luft, winken die grünen Wedel der Steineichen von den Felsspitzen. Plötzlich haben wir nickende Büsche überall. Efeuranken klettern wohl hundert Meter und höher die Steinwand hinauf.

Immer wasserreicher erscheinen die Höhen, in die wir aufbringen. Mehrmals werden reißende Bäche überquert. Eine erste, gewaltige Kiefer grüßt vom Abhange. Anemonen, blendend rote, zeigen sich. Kleine Trupps zarter Alpenveilchen. Aus Seitenschachten stürzen klare Wasser über den Weg und ergießen sich in das Sammelbett des größeren Baches.

Wir halten die erste Rast, etwa 2300 Meter hoch im Taygetus, unter einem blühenden Kirschbaum vor der Herberge, genannt zur kleinen Himmelsmutter. Der Bergstrom rauscht. Kirschblüten fallen auf uns herunter. Wir haben herrliche Abhänge gegenüber, die mit starken Aleppokiefern bewaldet sind.

Es ist köstlich hier, entzückend der Blick durch die tiefgesenkten Blütenzweige in die ebenso wilde als wonnige Bergwelt hinein.

Man fühlt hier oben das unbestrittene Reich der göttlichen Jägerin Artemis, die in Lakonien vielfach verehrt wurde. Hier ist für ein freies, seliges Jägerleben noch heut der eigentlich arkadische Tummelplatz. Hier oben fanden auch Opfer statt. Und zwar jene selben Sonnenopfer, die bei den alten Germanen üblich gewesen sind und bei denen die Spartiaten, nicht anders wie unsere Vorfahren, Pferde schlachteten.

Wir haben den Hochpaß überstiegen und nach einem ermüdenden Ritt, meist steil bergab, das Dörfchen Lada erreicht. Ein Bergstrom hat die steinige Straße der Ortschaft mit seinen stürzenden Wellen überschwemmt und niemand denkt daran, ihn in sein Bett zurückzuleiten. Mit Ausnahme eines kleinen Bezirks um die Ansiedelungen Ladas, ist das weite Tal eine einzige Steinwüste.

Träge, fast unwillig, öffnet auf das Klopfen unseres Führers eine derbe, blonde, noch nicht zwanzigjährige Bäuerin die Tür zur Herberge. Ein Ferkel wühlt zwischen Tisch und Bank, in einem finsteren, kellerartigen Raum, dessen Hintergrund ein Lager mit gewaltigen Fässern ausfüllt. In einer hölzernen Schlachtermulde auf dem Tische schläft ein neugeborenes Kind.

Die Jachten der Königin von England und des Königs von Griechenland liegen im Hafen zur Abfahrt bereit. Eben hat sich die „Galata" des Norddeutschen Lloyd in Bewegung gesetzt, die uns nach Konstantinopel führen soll. Die Häuser des Piräus stehen im weißen Licht.

Athen ist das Licht, das Auge, das Herz, das Haupt, die atmende Brust, die Blüte von Griechenland: heute des neuen, wie einst des alten! Ich empfand das lebhaft, trotz aller großen Landschaftseindrücke meiner peloponnesischen Fahrt, als ich nach ununterbrochener Reise von Kalamata wieder hier anlangte. Athen ist durch seine Lage geschaffen, und Griechenland ohne Athen wäre niemals geworden, was es war und was es uns ist. Der freie, attische Götterflug hat den freien attischen Geistesflug hervorgerufen.

Indem wir, Abschied nehmend, die Küste zur Linken, hingleiten, vorüber an dem kleinen Hafen Munichia, vorbei an den Siedelungen von Neu-Phaleron, steigt noch einmal das ganze attische Wunder vor uns auf.

Dieser Hymettos, dieser Pentele, dieser Lykabettos, dieser Fels der Akropolis sind keine Zufälligkeit. Alles dieses trägt den Adel seiner Bestimmung im Angesicht.

Wir trinken gierig den Hauch des herrlichen Götterlandes, solange er noch herüberbringt und saugen uns mit den Blicken in seine silberne Anmut fest, bis alles unseren Augen entschwindet.

Der Ketzer von Soana

Reisende können den Weg zum Gipfel des Monte Generoso in Mendrisio antreten oder in Capolago mit der Zahnradbahn, oder von Melide aus über Soana, wo er am beschwerlichsten ist. Das ganze Gebiet gehört zum Tessin, einem Kanton der Schweiz, dessen Bevölkerung italienisch ist.

In großer Höhe trafen Bergsteiger nicht selten auf die Gestalt eines brilletragenden Ziegenhirten, dessen Äußeres auch sonst auffällig war. Das Gesicht ließ den Mann von Bildung erkennen, trotz seiner gebräunten Haut. Er sah dem Bronzebildnis Johannes des Täufers, dem Werke Donatellos im Dome zu Siena, nicht unähnlich. Sein Haar war dunkel und ringelte über die braunen Schultern. Sein Kleid bestand aus Ziegenfell.

Wenn ein Trupp Fremder diesem Menschen nahe kam, so lachten bereits die Bergführer. Oft, wenn dann die Touristen ihn sahen, brachen sie in ein ungezogenes Gebrüll oder in laute Herausforderungen aus: sie glaubten sich durch die Seltsamkeit des Anblicks berechtigt. Der Hirte achtete ihrer nicht. Er pflegte nicht einmal den Kopf zu wenden.

Alle Bergführer schienen im Grunde mit ihm auf gutem Fuße zu stehn. Oft kletterten sie zu ihm hinüber und ließen sich in vertrauliche Unterredungen ein. Wenn sie zurückkamen und von den Fremden gefragt wurden, was da für ein seltsamer Heiliger sei, taten sie meist so lange heimlich, bis er aus Gesichtsweite war. Diejenigen Reisenden aber, deren Neugier dann noch rege war, erfuhren nun, daß dieser Mensch eine dunkle Geschichte habe und, als „der Ketzer von Soana" vom Volksmund bezeichnet, einer mit abergläubischer Furcht gemischten zweifelhaften Achtung genieße.

Als der Herausgeber dieser Blätter noch jung an Jahren war und das Glück hatte, öfters herrliche Wochen in dem schönen Soana zuzubringen, konnte es nicht ausbleiben, daß er hin und wieder den Generoso bestieg und auch eines Tages den so genannten „Ketzer von Soana" zu sehen bekam. Den Anblick des Mannes aber vergaß er nicht. Und nachdem er allerlei Widersprechendes über ihn erkundet hatte, reifte in ihm der Entschluß, ihn wiederzusehen, ja, ihn einfach zu besuchen.

Der Herausgeber wurde in seiner Absicht durch einen deutschen Schweizer, den Arzt von Soana, bestärkt, der ihm versicherte, wie der Sonderling Besuche gebildeter Leute nicht ungern sehe. Er selber hatte ihn einmal besucht. „Eigentlich sollte ich ihm zürnen," sagte er, „weil mir der Bursche ins Handwerk pfuscht. Aber er wohnt so hoch in der Höhe, so weit entfernt, und wird, Gott sei Dank, nur von den wenigen heimlich um Rat gefragt, denen es nicht darauf ankäme, sich vom Teufel kurieren zu lassen." Der Arzt fuhr fort: „Sie müssen wissen, man glaubt im Volk, er habe sich dem Teufel verschrieben. Eine Ansicht, die von der Geistlichkeit darum nicht bestritten wird, weil sie von ihr ausgegangen ist. Ursprünglich, sagt man, sei der Mann einem bösen Zauber unterlegen, bis er dann selbst ein verstockter Bösewicht und höllischer Zauberer geworden sei. Was mich betrifft, ich habe weder Klauen noch Hörner an ihm bemerken können."

An die Besuche bei dem wunderlichen Menschen erinnert sich der Hausgeber noch genau. Die Art der ersten Begegnung war merkwürdig. Ein besonderer Umstand gab ihr den Charakter einer Zufälligkeit. An einer steilen Wegstelle fand sich nämlich der Besucher einer hilflos dastehenden Ziegenmutter gegenüber, die eben ein Lamm geworfen hatte, und dabei war, ein zweites zu gebären. Das vereinsamte Muttertier in seiner Not, das ihn furchtlos anblickte, als ob es seine Hilfe erwartet habe, das tiefe Mysterium der Geburt überhaupt inmitten der übergewaltigen Felsenwildnis, machten auf ihn den tiefsten Eindruck. Er beschleunigte aber seinen Lauf, denn er schloß, daß dieses Tier zur Herde des Sonderlings gehören müsse, und wollte diesen zu Hilfe rufen. Er traf ihn unter seinen Ziegen und Rindern an, erzählte ihm, was er beobachtet hatte, und führte ihn zu der Gebärenden, hinter der bereits das zweite Ziegenlämmchen, feucht und blutig, im Grase lag.

Mit der Sicherheit eines Arztes, mit der schonenden Liebe des barmherzigen Samariters, ward nun das Tier von seinem Besitzer behandelt. Nachdem er eine gewisse Zeit abgewartet hatte, nahm er jedes der Neugeborenen unter einen Arm und trat langsam, von der ihr schweres Euter fast schleifenden Mutter gefolgt, den Weg zu seiner Behausung an. Der Besucher wurde nicht nur mit dem freundlichsten Dank bedacht, sondern auf eine unwiderstehliche Art zum Mitgehen eingeladen.

Der Sonderling hatte mehrere Baulichkeiten auf der Alpe, die ihm gehörte, errichtet. Eine davon glich äußerlich einem rohen Steinhaufen. Innen enthielt sie trockne und warme Stallungen. Dort wurden Ziege und Zicklein untergebracht, während der Besucher zu einem weiter oben gelegenen, weiß getünchten Würfel geleitet wurde, der, an die Wand. des Generoso gelehnt, auf einer mit Wein überzogenen Terrasse lag. Unweit des Pförtchens schoß aus dem Berge ein armdicker Wasserstrahl, der eine gewaltige Steinwanne füllte, die man aus dem Felsen gemeißelt hatte. Neben dieser Wanne wurde durch eine eisenbeschlagene Tür eine Berghöhle, wie sich bald erwies, ein Kellergewölbe, abgeschlossen.

Man hatte von diesem Platz, der, vom Tale aus gesehen, in scheinbar unzugänglicher Höhe hing, einen herrlichen Blick, von dem der Verfasser indes nicht reden will. Damals freilich, als er ihn zuerst genoß, fiel er von einem sprachlosen Staunen in laute Ausrufe des Entzückens und wieder in sprachloses Staunen zurück. Sein Wirt aber, der eben in diesem Augenblick aus der Behausung, wo er etwas gesucht hatte, wieder ins Freie trat, schien nun auf einmal mit leiseren Sohlen zu gehen. Solches Verhalten, sowie überhaupt das ganze stille, gelassene Betragen seines Gastfreundes ließ der Besucher sich nicht entgehen. Es ward ihm zur Mahnung, mit Worten karg, mit Fragen geizig zu sein. Er liebte den wunderlichen Sennen bereits zu sehr, um Gefahr zu laufen, sich ihn durch einen bloßen Schein von Neugier oder Zudringlichkeit zu entfremden.

Noch sieht der Besucher von damals den runden Steintisch, der, von Bänken umgeben, auf der Terrasse stand. Er sieht ihn mit allen guten Dingen, die der „Ketzer von Soana" darauf ausbreitete: dem herrlichsten Stracchino di Lecco, köstlichem italienischen Weizenbrot, Salami, Oliven, Feigen und Mispeln, dazu einen Krug voll roten Weins, den er frisch aus der Grotte geholt hatte. Als man sich setzte, sah der ziegenfellbekleidete, langgelockte, bärtige Wirt dem Besucher herzlich in die Augen, dabei hatte er seine Rechte gefaßt, als wollte er ihm eine Zuneigung andeuten.

Wer weiß, was alles bei dieser ersten Bewirtung gesprochen wurde. Nur einiges blieb erinnerlich. Der Berghirt wünschte Ludovico genannt zu sein. Er erzählte manches von Argentinien. Einmal, als das Gebimmel der Angelusglocken aus den Tiefen drang, machte er eine Bemerkung über dieses „allfällig aufreizende Getön". Einmal fiel der Name Seneca. Es wurde auch etwas obenhin von Schweizer Politik gesprochen. Endlich wünschte der Sonderling manches von Deutschland zu wissen, weil es des Besuchenden Heimat war. Er sagte, als für diesen, nach vorgefaßtem Beschluß, die Zeit des Abschieds kam: „Sie werden mir immer willkommen sein."

Obgleich, wie er nicht verbergen will, der Herausgeber dieser Blätter nach der Geschichte dieses Menschen lüstern war, vermied er es auch bei neuen Besuchen, irgendein Interesse dafür zu verraten. Man hatte ihm einige äußere Tatsachen mitgeteilt, bei gelegentlichen Gesprächen, die er in Soana geführt hatte, Tatsachen, die daran schuld sein sollten, daß Ludovico zum „Ketzer von Soana" ernannt wurde: ihm dagegen lag weit mehr daran, herauszubringen, in welchem Sinne man mit dieser Bezeichnung recht hatte und in welchen eigen= tümlichen inneren Schicksalen, welcher besonderen Philosophie die Lebensform Ludovicos wurzele. Er hielt jedoch mit Fragen zurück und ist dafür auch reichlich belohnt worden.

Er traf Ludovico meistens allein, entweder unter den Tieren der Herde oder in seiner Klause. Einige Male fand er ihn, als er, wie Robinson, eigenhändig die Ziegen molk. Oder er legte einer widerspenstigen Mutter die Zicklein an. Dann schien er ganz im Berufe eines Sennhirten aufzugehen: er freute sich der Ziege, die das strotzende Euter am Boden schleppte, des Bockes, wenn er hitzig und fleißig war. Von einem sagte er: „Sieht er nicht wie der Böse selber aus? Sehen Sie doch seine Augen. Welche Kraft, welches Funkeln in Zorn, Wut, Boshaftig= keit. Und dabei welches heilige Feuer." Dem Autor aber kam es vor, als ob in den Augen des Sprechers dieselbe Höllenflamme vorhanden wäre, die er ein „heiliges Feuer" genannt hatte. Sein Lächeln bekam einen starren und grimmigen Zug, er zeigte die weißen, prächtigen Zähne und geriet dabei in einen Zustand

XI. 10

von Versonnenheit, wenn er einen seiner dämonischen Matadore mit dem Blicke des Fachmanns bei seiner nützlichen Arbeit beobachtete.

Manchmal spielte der „Ketzer" die Panflöte, und der Besucher vernahm ihre einfachen Tonreihen schon bei der Annäherung. Bei einer solchen Gelegenheit kam natürlich das Gespräch auf Musik, und der Hirt entwickelte seltsame Ansichten. Niemals, wenn er inmitten der Herde war, sprach Ludovico von etwas anderem als von den Tieren und ihren Gewohnheiten, vom Hirtenberuf und seinen Gepflogenheiten. Nicht selten ging er der Psychologie der Tiere, der Lebensweise der Hirten nach bis in tiefste Vergangenheit, so ein gelehrtes Wissen von nicht gewöhnlichem Umfang verratend. Er sprach von Apoll, wie dieser bei Laomedon und Admetos die Herden besorgte, ein Knecht und ein Hirte war. „Ich möchte wohl wissen, mit welchem Instrument er damals seinen Herden Musik machte." Und als wenn er von etwas Wirklichem spräche, schloß er: „Bei Gott, ich hätte ihm gerne zugehört." Das waren die Augenblicke, in denen der zottige Anachoret vielleicht den Eindruck erwecken konnte, als wären seine Verstandeskräfte nicht eben ganz lückenlos. Andrerseits erfuhr der Gedanke eine gewisse Rechtfertigung, als er bewies, wie vielfältig eine Herde durch Musik zu beeinflussen und zu leiten sei. Mit einem Ton jagte er sie empor, mit anderen brachte er sie zur Ruhe. Mit Tönen holte er sie aus der Ferne, mit Tönen bewog er die Tiere, sich zu zerstreuen oder, an seine Fersen geheftet, hinter ihm drein zu ziehen.

Es kamen auch Besuche vor, bei denen fast nichts geredet wurde. Einst, als die drückende Hitze eines Juninachmittags bis auf die Almen des Generoso gestiegen war, befand sich Ludovico, von seinen lagernden, wiederkäuenden Herden umgeben, ebenfalls liegend, in einem Zustand seliger Dämmerung. Er blinzelte nur den Besucher an und veranlaßte ihn durch

146

einen Wink, sich ebenfalls ins Gras zu strecken. Er sagte dann unvermittelt, nachdem dies geschehen war und beide eine Weile schweigend gelagert hatten, in schleppendem Tone etwa dies:

"Sie wissen, daß Eros älter als Kronos und auch mächtiger ist. — Fühlen Sie diese schweigende Glut um uns? Eros! — Hören Sie, wie die Grille frilt? Eros!" — In diesem Augenblick jagten einander zwei Eidechsen und huschten blitzschnell über den Liegenden weg. Er wiederholte: "Eros! Eros!" — Und als ob er das Kommando dazu gegeben hätte, erhoben sich jetzt zwei starke Böcke und griffen einander mit den gewundenen Hörnern an. Er ließ sie gewähren, obgleich der Kampf immer hitziger wurde. Das Klappern der Stöße erklang immer lauter und ihre Zahl nahm immer zu. Und wieder sagte er: "Eros! Eros!"

Und nun drangen an das Ohr des Besuchers zum erstenmal Worte, die ihn ganz besonders aufhorchen ließen, weil sie einigermaßen über die Frage Licht verbreiteten oder wenigstens zu verbreiten schienen, warum Ludovico im Volksmund "der Ketzer" hieß. "Lieber", sagte er, "will ich einen lebendigen Bock oder einen lebendigen Stier, als einen Gehängten am Galgen anbeten. Ich lebe nicht in der Zeit, die das tut. Ich hasse, ich verachte sie. Jupiter Ammon wurde mit Widderhörnern dargestellt. Pan hat Bocksbeine, Bacchus hat Stierhörner. Ich meine den Bacchus Tauriformis oder Tauricornis der Römer. Mithra, der Sonnengott, wird als Stier dargestellt. Alle Völker verehrten den Stier, den Bock, den Widder und vergossen im Opfer sein heiliges Blut. Dazu sage ich: ja! — denn die zeugende Macht ist die höchste Macht, die zeugende Macht ist die schaffende Macht, Zeugen und Schaffen ist das gleiche. Freilich, der Kultus dieser Macht ist kein kühles Geplärr von Mönchen und Nonnen. Ich habe einmal von Sita, dem Weibe Vichnus, geträumt, die unter dem Namen Rama ein Mensch wurde. Die Priester starben in ihren Umarmungen. Ich habe da vorübergehend etwas von allerlei Mysterien gewußt: dem Mysterium der schwarzen Zeugung im grünen Gras, von dem der perlmuttfarbenen Wolluft, der Entzückungen und Betäubungen, vom Geheimnis der gelben Maiskörner, aller Früchte, aller Schwellungen, aller Farben überhaupt. Ich hätte brüllen können im Wahnsinn des Schmerzes, als ich der unbarmherzigen, allmächtigen Sita ansichtig wurde. Ich glaubte zu sterben vor Begier."

Während dieser Eröffnung kam sich der Schreiber dieser Zeilen wie ein unfreiwilliger Horcher vor. Er stand auf, mit einigen Worten, die glauben machen sollten, daß er das Selbst= gespräch nicht gehört habe, sondern mit seinen Gedanken bei anderen Dingen gewesen sei. Danach wollte er sich verabschieden. Ludovico ließ es nicht zu. Und so begann denn auf der Berg= terrasse abermals eine Gasterei, deren Verlauf aber diesmal bedeutsam und unvergeßlich war.

Der Besucher wurde gleich bei der Ankunft in die Wohnung, den Innenraum des schon geschilderten Würfels, eingeführt. Er war quadratisch, sauber, hatte einen Kamin und glich dem schlichten Arbeitszimmer eines Gelehrten. Vorhanden waren Tinte, Feder, Papier und eine kleine Bücherei, hauptsächlich griechischer und lateinischer Schriftsteller. "Warum soll ich es Ihnen ver= hehlen," sagte der Hirt, "daß ich aus guter Familie bin, eine mißleitete Jugend und gelehrte Bildung genossen habe. Sie werden natürlich wissen wollen, wie ich aus einem unnatürlichen Menschen ein natürlicher, aus einem gefangenen ein freier, aus einem zerstörten und verdrossenen ein glücklicher und zufriedener geworden bin? Oder wie ich mich selbst aus der bürgerlichen Gesellschaft und der Christenheit ausgeschlossen habe?" Er lachte laut. "Vielleicht schreibe ich einmal die Geschichte meiner Um= wandlung." Der Besucher, dessen Spannung aufs höchste ge= stiegen war, fand sich plötzlich wiederum weit vom Ziele ver=

148

schlagen. Es konnte ihm dabei wenig helfen, daß der Gastfreund zum Schluß erklärte, die Ursache seiner Erneuerung sei: er bete natürliche Symbole an. Im Schatten des Felsens, auf der Terrasse, am Rande der überfließenden Wanne war, in köstlicher Kühle, reichlicher als das erstemal getafelt worden: Räucherschinken, Käse und Weizenbrot, Feigen, frische Mispeln und Wein. Vielerlei war, nicht übermütig, aber mit stiller Heiterkeit geplaudert worden. Endlich wurde der Steintisch abgeräumt. Nun aber kam ein Augenblick, der dem Herausgeber wie etwas eben Geschehenes gegenwärtig ist.

Der bronzefarbene Hirt machte, wie man weiß, mit seinem ungepflegten, langen Gelock des Haupts und Barthaares, sowie durch seine Kleidung aus Fell den Eindruck der Verwilderung. Er ist mit einem Johannes des Donatello verglichen worden. In der Tat hatten auch sein Gesicht und das Antlitz jenes Johannes in der Feinheit der Linien viel Ähnlichkeit. Ludovico war eigentlich, näher betrachtet, schön, sofern man von dem Entstellenden der Brille absehen konnte. Freilich erhielt die ganze Gestalt durch sie wiederum, neben dem leise komischen Zug, das rätselhaft Sonderbare und Fesselnde. In dem Augenblick, von dem die Rede ist, unterlag der ganze Mensch einer Veränderung. Hatte das Bronzeartige seines Körpers sich auch durch eine gewisse Unbeweglichkeit seiner Züge ausgedrückt, so wich es insofern, als sie beweglich wurden und sich verjüngten. Er lächelte, man könnte sagen, in einem Anflug knabenhafter Schamhaftigkeit. „Was ich Ihnen jetzt zumute," sagte er, „habe ich noch keinem anderen Menschen vorgeschlagen. Woher ich den Mut plötzlich nehme, weiß ich eigentlich selber nicht. Aus alter Gewohnheit vergangener Zeiten lese ich gelegentlich noch und hantiere auch wohl noch mit Tinte und Feder. So habe ich in müßigen Winterstunden eine simple Geschichte niedergeschrieben, die lange vor meiner Zeit, hier in und um Soana, sich ereignet haben soll. Sie werden sie äußerst einfach finden, mich aber zog sie aus allerlei Gründen an, die ich jetzt nicht erörtern will. Sagen Sie kurz und offen: wollen Sie mit mir nochmals ins Haus gehen und fühlen Sie sich aufgelegt, etwas von Ihrer Zeit an diese Geschichte zu verlieren, die auch mich schon ohne Nutzen manche Stunde gekostet hat? Ich möchte nicht zu-, ich möchte abraten. Übrigens, wenn Sie befehlen, nehme ich jetzt schon die Blätter des Manuskripts und werfe sie in den Abgrund hinunter."

Selbstverständlich geschah dies nicht. Er nahm den Wein-krug, ging mit dem Besucher ins Haus, und beide saßen einander gegenüber. Der Berghirt hatte ein in Mönchsschrift und auf starke Blätter geschriebenes Manuskript aus feinstem Ziegenleder gewickelt. Wie um sich Mut zu machen, trank er dem Besucher, eh er gleichsam vom Ufer abstieß, um sich in den Fluß der Erzählung zu stürzen, noch einmal zu und begann dann mit weicher Stimme.

Die Erzählung des Berghirten

An einem Bergabhang oberhalb des Luganer Sees ist unter vielen anderen auch ein kleines Bergnest zu finden, das man auf einer steilen, in Serpentinen verlaufenden Bergstraße in etwa einer Stunde, vom Seeufer aus gerechnet, erreichen kann. Die Häuser des Ortes, die, wie an den meisten italienischen Plätzen der Umgegend, eine einzige, ineinandergeschachtelte, graue Ruine aus Stein und Mörtel sind, kehren ihre Fronten einem schlucht-ähnlichen Tale zu, das von den Auen und Terrassen des Fleckens und gegenüber von einem mächtigen Abhang des überragenden Bergriesen Monte Generoso gebildet wird.

In dieses Tal, und zwar dort, wo es wirklich als enge Schlucht seinen Abschluß nimmt, ergießt sich von einer wohl hundert Meter höher gelegenen Talsohle ein Wasserfall, der je nach Tages- und Jahreszeit und der gerade herrschenden Strömung der Luft, mehr oder weniger stark, mit seinem Rauschen eine immerwährende Musik des Fleckens ist.

In diese Gemeinde war vor langer Zeit ein etwa fünfundzwanzigjähriger Priester versetzt worden, der Raffaele Francesco hieß. Er war in Ligornetto geboren, also im Tessin, und konnte sich rühmen, ein Mitglied desselben, dort ansässigen Geschlechtes zu sein, das den bedeutendsten Bildhauer des geeinten Italiens hervorgebracht hatte, der ebenfalls in Ligornetto geboren wurde und endlich auch dort gestorben ist.

Der junge Priester hatte seine Jugend bei Verwandten in Mailand und seine Studienzeit in verschiedenen Priesterseminaren der Schweiz und Italiens zugebracht. Von seiner Mutter, die aus einem edlen Geschlechte war, stammte die ernste Richtung seines Charakters, die ihn ohne jedes Schwanken schon zeitig dem religiösen Beruf in die Arme trieb.

Francesco, der eine Brille trug, zeichnete sich vor der Menge seiner Mitschüler aus durch exemplarischen Fleiß, Strenge der Lebensführung und Frömmigkeit. Selbst seine Mutter mußte ihm schonend nahelegen, daß er als künftiger Weltgeistlicher sich ein wenig Lebensfreude wohl gönnen möge und nicht eigentlich auf die strengsten Klosterregeln verpflichtet sei. Sobald er die Weihen empfangen hatte, war es indessen sein einziger Wunsch, eine möglichst entlegene Pfarre zu finden, um sich dort als eine Art Eremit, nach Herzenslust, noch mehr als bisher dem Dienste Gottes, seines Sohnes und dessen geheiligter Mutter zu weihen.

Als er nun nach dem kleinen Soana gekommen war und das mit der Kirche verbundene Pfarrhaus bezogen hatte, merkten die Bergbewohner bald, daß er von einer ganz anderen Art als sein Vorgänger war. Schon äußerlich, denn jener war ein massiver, stierhafter Bauer gewesen, der die hübschen Weiber und Mädchen des Orts mit Hilfe ganz anderer Mittel in seinem Gehorsam hielt, als Kirchenbußen und Kirchenstrafen. Francesco dagegen war bleich und zart. Sein Auge lag tief. Hektische Tupfen glühten auf der unreinen Haut über seinen Backenknochen. Hierzu kam die Brille, in den Augen einfacher Leute noch immer Symbol präzeptoraler Strenge und Gelehrsamkeit. Er hatte nach Verlauf von vier bis sechs Wochen, auf seine Art, die erst ein wenig widerspenstigen Weiber und Töchter des Orts ebenfalls, und zwar noch mehr als der andere, in seine Gewalt gebracht.

Sobald Francesco durch die kleine Pforte des an die Kirche geschmiegten Pfarrhöfchens auf die Straße trat, ward er auch meist schon von Kindern und Weibern umdrängt, die ihm mit wahrer Ehrfurcht die Hand küßten. Und wie viele Male des Tags er durch die kleine Kirchenschelle in den Beichtstuhl gerufen wurde, das machte am Abend eine Zahl, die seiner neuangenommenen, beinahe siebzigjährigen Haushälterin den Ruf entlockte: sie habe nie gewußt, wieviele Engel in dem sonst ziemlich verderbten Soana verborgen gewesen wären. Kurz, der Ruf des jungen Pfarrers Francesco erscholl auch in der Umgegend weit und breit, und er kam sehr bald in den Ruf eines Heiligen.

Von alledem ließ sich Francesco nicht anfechten und war weit davon entfernt, irgendein anderes Bewußtsein in sich zu pflegen, als daß er seinen Pflichten leidlich gerecht wurde. Er las seine Messen, vollzog mit nie vermindertem Eifer alle kirchlichen Funktionen des Gottesdiensts und — das kleine Schulzimmer befand sich im Pfarrhause — versah auch überdies die Obliegenheiten des weltlichen Schulunterrichts.

Eines Abends, zu Anfang des Monats März, wurde sehr heftig an der Klingel des Pfarrhöfchens gerissen, und als die Schaffnerin öffnen kam und mit dem Licht der Laterne in das

schlechte Wetter hinausleuchtete, stand vor der Tür ein etwas ver-
wilderter Kerl, der den Pfarrer zu sprechen wünschte. Nachdem
die Schaffnerin erst die Pforte wieder geschlossen hatte, begab sich
die alte Person zu ihrem jungen Gebieter hinein, um, nicht ohne
merkbare Ängstlichkeit, den späten Besucher anzumelden. Allein
Francesco, der es sich unter anderem zur Pflicht gemacht hatte,
niemand, wer es auch sei, der seiner bedürfe, abzuweisen, sagte
nur kurz, von der Lektüre irgendeines Kirchenvaters aufblickend:
„Geh, Petronilla, führ ihn herein."

Bald darauf stand vor dem Tische des Pfarrers ein etwa
vierzigjähriger Mann, dessen Äußeres das der Landleute jener
Gegend war, nur weit vernachlässigter, ja verwahrloster. Der
Mann ging barfuß. Eine zerlumpte, regendurchnäßte Hose war
über den Hüften von einem Riemen festgehalten. Das Hemd
stand offen. Die braune, behaarte Brust setzte sich in eine buschige
Kehle und in ein von Bart- und Haupthaar schwarz und dicht
umwuchertes Antlitz fort, aus dem zwei dunkel glühende Augen
hervorbrannten.

Eine aus Flicken bestehende, vom Regen durchnäßte Jacke
hatte der Mensch nach Hirtenart über die linke Schulter gehängt,
während er einen von Wind und Wetter vieler Jahre entfärbten
und zusammengeschrumpften kleinen Filz aufgeregt mit den
braunen und harten Fäusten herumdrehte. Einen langen Knüttel
hatte er vor dem Eingang abgestellt.

Gefragt, was er wünschte, brachte der Mann unter wilden
Grimassen einen unverständlichen Schwall rauher Laute und
Worte hervor, die zwar der Mundart jener Gegend angehörten,
aber wiederum einer Abart davon, die selbst der in Soana ge-
borenen Schaffnerin wie eine fremde Sprache erschien.

Der junge Priester, der seinen Besuch neben der kleinen,
brennenden Lampe hin mit Aufmerksamkeit betrachtet hatte, be-
mühte sich vergeblich, den Sinn seines Anliegens zu ergründen.

Mit viel Geduld, mittels zahlreicher Fragen, konnte er endlich soviel aus ihm herausbringen, daß er Vater von sieben Kindern war, von denen er einige gern in der Schule des jungen Priesters angebracht hätte. Francesco fragte: „Wo seid Ihr her?" Und als die Antwort hervorgesprudelt: „Ich bin aus Soana" lautete, erstaunte der Priester und sagte zugleich: „Das ist nicht möglich! ich kenne jedermann hier am Ort! aber Euch und Eure Familie kenne ich nicht."

Der Hirte, Bauer oder was er nun sein mochte, gab nun von der Lage seines Wohnhauses eine von vielen Gesten be= gleitete, leidenschaftliche Schilderung, aus der jedoch Francesco nicht klug wurde. Er meinte nur: „Wenn Ihr Einwohner von Soana seid, und Eure Kinder das gesetzliche Alter erreicht haben, so müßten sie doch ohnedies schon längst in meiner Schule ge= wesen sein. Und ich müßte doch Euch oder Eure Frau oder Eure Kinder beim Gottesdienst in der Kirche, bei Messe oder Beichte, gesehen haben."

Hier riß der Mann seine Augen auf und preßte die Lippen aufeinander. Statt jeder Antwort stieß er, wie aus empörter und gepreßter Brust, den Atem aus.

„Nun, so werde ich mir Euren Namen aufschreiben. Ich finde es brav von Euch, daß Ihr selber kommt und Schritte tut, damit Eure Kinder nicht unwissend und womöglich gottlos bleiben." Bei diesen Worten des jungen Klerikers fing der zerlumpte Mensch, so daß sein brauner, sehniger und beinahe athletischer Körper davon geschüttelt wurde, auf eine sonderbare, beinahe tierische Art und Weise zu röcheln an. — „Jawohl," wiederholte betreten Francesco, „ich zeichne mir Euren Namen auf und werde der Sache wegen nachforschen." Man konnte sehen, wie Träne um Träne von den geröteten Augenrändern des Unbekannten über das struppige Antlitz herniederrann.

„Gut, gut," sagte Francesco, der sich das aufgeregte Wesen

seines Besuchers nicht erklären konnte und übrigens davon noch mehr beunruhigt als ergriffen war — „gut, gut, Eure Sache wird untersucht werden. Nennt mir nur Euren Namen, guter Mann, und schickt mir morgen früh Eure Kinder!" Der Ausgeredete schwieg hierauf und sah Francesco mit einem ratlosen und gequälten Ausdruck lange an. Dieser fragte nochmals: „Wie heißt Ihr? sagt Euren Namen."

Dem Geistlichen war, von Anfang an, in den Bewegungen seines Gastes etwas Furchtsames, gleichsam etwas Gehetztes aufgefallen. Jetzt, wo er seinen Namen angeben sollte und draußen auf dem steinernen Estrich gleichzeitig der Schritt Petronillas hörbar ward, duckte er sich und zeigte überhaupt eine Schreckhaftigkeit, wie sie meist nur Irrsinnigen oder Verbrechern eignet. Er schien verfolgt. Er schien auf der Flucht vor Häschern zu sein.

Dennoch ergriff er ein Stück Papier und die Feder des Geistlichen, trat seltsamerweise ins Dunkel, vom Lichte abgewandt, ans Fensterbrett, wo unten ein naher Bach und, mehr von ferne, der Wasserfall von Soana hereinrauschten, und malte, mit einiger Mühe, aber doch leserlich, etwas auf, was er mit Entschluß dem Geistlichen zureichte. Dieser sagte: „Gut!" und, mit dem Zeichen des Kreuzes: „geht mit Frieden!" Der Wilde ging und ließ eine Wolke von Dünsten zurück, die nach Salami, Zwiebel, Holzkohlenrauch, nach Ziegenbock und nach Kuhstall dufteten. Sobald er hinaus war, riß Francesco das Fenster auf.

Den nächsten Morgen hatte Francesco, wie immer, seine Messe gelesen, danach ein wenig geruht, danach sein frugales Frühstück zu sich genommen und befand sich bald danach auf dem Wege zum Sindaco, den man zeitig besuchen mußte, um ihn anzutreffen. Er fuhr nämlich täglich von einer Bahnstation, tief unten am Seeufer, nach Lugano hinein, wo er in einer der belebtesten Gassen einen Groß- und Kleinhandel mit tessinischem Käse betrieb.

Die Sonne schien auf den kleinen, mit alten Kastanien- bäumen, die einstweilen noch kahl waren, bestandenen Platz, der dicht bei der Kirche gelegen war und gleichsam die Agora der Ortschaft bildete. Auf einigen Steinbänken saßen und spielten Kinder herum, während die Mütter und älteren Töchter an einem von kaltem Bergwasser, womit er reichlich gespeist wurde, überfließenden, antiken Marmorsarkophag Wäsche wuschen und in Körben zum Trocknen davontrugen. Der Boden war naß, weil am Tage vorher Regen, mit Schneeflocken untermischt, gefallen war, wie denn der machtvolle Felsenabhang des Monte Generoso unter Neuschnee, jenseits der Talschlucht, in seinem eigenen Schatten mit unzugänglichen Schroffen aufragte und frische Schneeluft herüberhauchte.

Der junge Priester ging mit niedergeschlagenen Augen an den Wäscherinnen vorbei, deren lauten Gruß er durch Nicken erwiderte. Den ihn umdrängenden Kindern ließ er, sie ältlich über die Brille betrachtend, die Hand einen Augenblick, wo sie denn alle mit Eifer und Hast ihre Lippen abwischten. Die Ort- schaft, wie sie hinter dem Platz begann, ward durch wenige enge Gassen gangbar gemacht. Aber selbst die Hauptstraße konnte nur von kleinen Fuhrwerken und auch nur in ihrem vorderen Teile benutzt werden. Nach dem Ausgang des Ortes zu verengte sie sich und wurde noch überdies so steil, daß man höchstens noch mit einem beladenen Maultier hindurch und hinan kommen konnte. An diesem Sträßchen befand sich ein kleiner Kramladen und die schweizerische Postagentur.

Der Postagent, der mit Francescos Vorgänger auf kamerad- schaftlichstem Verkehrsfuß gestanden hatte, grüßte und ward von Francesco wieder gegrüßt, aber doch nur so, daß zwischen dem

Ernst des Geweihten und der platten Freundlichkeit des Profanen
der volle Abstand gewahrt wurde. Nicht weit von der Post bog
der Priester in ein erbärmliches Seitengäßchen ein, das mit
Treppen und Treppchen auf eine halsbrecherische Weise, an
geöffneten Ziegenställen und allen Arten schmutziger, fensterloser,
kellerartiger Höhlen vorüber, abwärts stieg. Hühner gackerten,
Katzen saßen auf morschen Galerien unter Büscheln aufgehängter
Maiskolben. Hie und da meckerte eine Ziege, blökte ein Rind,
das aus irgendeinem Grunde nicht mit auf die Weide gezogen war.

Man konnte erstaunt sein, wenn man, aus dieser Umgebung
kommend, durch eine enge Pforte das Haus des Bürgermeisters
betreten hatte und sich in einer Flucht von kleinen, gewölbten
Sälen befand, deren Decken von Handwerkern im Stile Tiepolos
figurenreich ausgemalt worden waren. Hohe Fenster und Glas-
türen, mit langen roten Gardinen geschmückt, führten aus diesen
sonnigen Räumen auf eine ebenso sonnige, freie Terrasse hinaus,
die von uraltem, kegelförmig geschnittenen Buchsbaum und wunder-
vollem Lorbeer geziert wurde. Wie überall, so auch hier, vernahm man das schöne Rauschen des Wasserfalls und hatte
jenseits die wilde Bergwand sich gegenüber.

Der Sindaco, Sor Domenico, war ein gutgekleideter, in der
Mitte der vierziger Jahre stehender, ruhiger Mann, der vor
kaum einem Vierteljahre erst zum zweitenmal geheiratet hatte.
Die schöne, blühende, zweiundzwanzigjährige Frau, die Francesco
in der blanken Küche mit der Zubereitung des Frühstücks beschäftigt getroffen hatte, geleitete ihn zu dem Gatten herein. Als
jener die Erzählung des Priesters von dem Besuch, den er
abends vorher empfangen hatte, angehört und den Zettel gelesen
hatte, der den Namen des Besuchers und wilden Mannes in
unbeholfenen Schriftzügen trug, ging ein Lächeln durch seine
Gesichtszüge. Dann, als er den jungen Sacerdote Platz zu
nehmen genötigt hatte, fing er, vollkommen sachlich, und ohne

daß die maskenhafte Gleichgültigkeit seiner Mienen jemals gestört wurde, die gewünschte Auskunft über den mysteriösen Besucher, der tatsächlich ein dem Pfarrer bisher verborgen gebliebener Bürger Soanas war, zu geben an.

Luchino Scarabota," sagte der Sindaco — es war der Name, den der Besucher des Pfarrers auf den Zettel gekritzelt hatte — „ist ein keineswegs armer Mann, aber schon seit Jahren machen seine häuslichen Zustände mir und der ganzen Gemeinde Kopfschmerzen, und es ist nicht eigentlich abzusehen, wo dies alles am Ende noch hinauslaufen soll. Er gehört einer alten Familie an, und es ist sehr wahrscheinlich, daß er etwas von dem Blut des berühmten Luchino Scarabota da Milano in sich hat, der zwischen Vierzehn- und Fünfzehnhundert das Langhaus des Domes unten in Como baute. Solche alte, berühmte Namen haben wir ja, wie Sie wissen, Herr Pfarrer, manche in unserem kleinen Ort."

Der Sindaco hatte die Glastüre geöffnet und den Pfarrer während des Redens auf die Terrasse hinausgeführt, wo er ihm, mit der ein wenig erhobenen Hand, in dem trichterförmigen, steilen Quellgebiete des Wasserfalles einen jener, aus rohem Stein gemauerten Würfel wies, wie sie die Bauern der Gegend bewohnen. Aber dieses, in großer Höhe, weit über allen anderen hängende Anwesen unterschied sich von jenen nicht nur durch seine vereinzelte, scheinbar unzugängliche Lage, sondern auch durch Kleinheit und Ärmlichkeit.

„Sehen Sie, dort, wo ich mit dem Finger hinzeige, wohnt dieser Scarabota," sagte der Sindaco.

„Es nimmt mich wunder, Herr Pfarrer," fuhr der Sprechende fort, „daß Sie von jener Alpe und ihren Bewohnern noch nichts gehört haben sollten. Die Leute geben weit und breit in der

158

ganzen Gegend seit einem Jahrzehnt und länger das widerwärtigste Ärgernis. Leider kann man ihnen nicht beikommen. Man hat die Frau vor Gericht gestellt, und sie hat behauptet, die sieben Kinder, die sie geboren hat, stammten — gibt es etwas Unsinnigeres? — nicht von dem Manne, mit dem sie lebt, sondern von sommerlichen Schweizer Touristen ab, die an der Alpe vorüber müssen, wenn sie zum Generoso hinaufklettern. Dabei ist die Vettel verlaust und schmutzstarrend und überdies abschreckend häßlich, wie die Nacht.

Nein, es ist offenkundig, daß der Mann, der Sie gestern besucht hat und mit dem sie lebt, Vater von ihren Kindern ist. Aber das ist der Punkt: dieser Mensch ist zugleich ihr leiblicher Bruder."

Der junge Priester verfärbte sich.

„Natürlich ist dies blutschänderische Paar von aller Welt gemieden und in die Acht getan. In dieser Beziehung wird die vox populi selten fehl gehen." Mit dieser Erklärung setzte der Sindaco seine Erzählung fort. „Sooft sich eines der Kinder etwa bei uns oder in Arogno oder in Melano hat blicken lassen, ist es beinahe gesteinigt worden. Man hält jede Kirche, soweit die Leute bekannt sind, für entweiht, wenn das verruchte Geschwisterpaar sie betritt, und die beiden Verfemten haben das, als sie den Versuch glaubten machen zu dürfen, auf eine so furchtbare Weise zu fühlen bekommen, daß ihnen seit Jahren jede Neigung zum Kirchenbesuch abhanden gekommen ist.

Und sollte man etwa gestatten", fuhr der Sindaco fort, „daß solche Kinder, solche verfluchte Kreaturen, die jedermanns Abscheu und Grauen sind, hier unten in unsere Schule gehen und zwischen den Kindern guter Christen in der Schulbank sitzen? Kann man uns zumuten, wir sollen dulden, daß unsere ganze Ortschaft, klein und groß, durch diese moralischen Schandprodukte, diese schlechten, räudigen Bestien verpestet wird?"

Das bleiche Antlitz des Priesters Francesco verriet durch keine Miene, inwieweit die Erzählung Sor Domenicos ihn berührt hatte. Er dankte und ging mit dem gleichen würdigen Ernst im Ausdruck des ganzen Wesens, mit dem er erschienen war, davon.

Francesco hatte bald nach der Unterredung mit dem Sindaco seinem Bischof über den Fall Luchino Scarabota Bericht erstattet. Acht Tage später war die Antwort des Bischofs in seiner Hand, die dem jungen Geistlichen auftrug, sich von dem allgemeinen Stand der Verhältnisse auf der sogenannten Alpe von Santa Croce persönlich zu unterrichten. Der Bischof lobte dabei den geistlichen Eifer des jungen Manns und bestätigte ihm, er habe wohl Ursach, sich dieser verirrten und verfemten Seelen wegen in seinem Gewissen bedrängt zu fühlen und auf ihre Errettung bedacht zu sein. Von den Segnungen und Tröstungen der Mutterkirche dürfe man keinen noch so verirrten Sünder ausschließen.

Erst gegen Ende des Monats März erlaubten die Amtsgeschäfte und auch die Schneeverhältnisse des Berges Generoso dem jungen Geistlichen von Soana, mit einem Landmann als Führer, den Aufstieg zur Alpe von Santa Croce anzutreten. Ostern stand vor der Tür, und trotzdem an der Schroffwand des Bergriesen fortwährend mit dumpfem Donner Lawinen in die Schlucht unterm Wasserfall niedergingen, hatte der Frühling überall, wo die Sonne ungehindert zu wirken vermochte, mit voller Kraft eingesetzt.

So wenig Francesco, unähnlich seinem Namensheiligen von Assisi, Naturschwärmer war, konnte doch das zarte und saftige Sprießen, Grünen und Blühen um ihn her nicht ohne Wirkung auf ihn bleiben. Ohne daß sich der junge Mensch dessen deutlich bewußt werden brauchte, hatte er die feine Gährung des Frühlings im Blut und genoß sein Teil von jenem inneren

Schwellen und Drängen der ganzen Natur, das himmlischen Ursprungs und trotz wonnig-sinnlich-irdischen Auswirkens auch in allen seinen erblühten Freuden himmlisch ist.

Die Kastanienbäume auf dem Platz, über den der Priester mit seinem Begleiter zunächst wieder schreiten mußte, hatten aus braunen, klebrigen Knospen zarte, grüne Händchen gestreckt. Die Kinder lärmten, nicht minder die Sperlinge, die unterm Kirchdach und in unzähligen Schlupflöchern der winkligen Ortschaft nisteten. Die ersten Schwalben zogen ihre weiten Schleifen von Soana über den Abgrund der Schlucht, wo sie scheinbar dicht vor dem phantastisch getürmten, unzugänglichen Felsmassiv der Bergmauer abschwenkten. Dort oben auf Vorsprüngen oder in Felslöchern, wo nie eines Menschen Fuß hingedrungen war, horsteten Fischadler. Die großen, braunen Pärchen traten herrliche Fahrten an und schwebten, nur um zu schweben, in stundenlangen Dauerflügen über Bergspitzen, immer höher und höher kreisend, als wollten sie majestätisch, selbstvergessen, in die befreite Unendlichkeit des Raumes hinein.

Überall, nicht nur in der Luft, nicht nur in der braunen, aufgewühlten oder mit Gras und Narzissen bekleideten Erde und allem, was sie durch Halme und Stämme in Blätter und Blüten aufsteigen ließ, sondern auch in den Menschen war das Festliche, und die braunen Gesichter der Bauern, die auf den Terrassen zwischen den Reihen der Weinstöcke mit Hacke oder gekrümmtem Messer arbeiteten, strahlten von Sonntäglichkeit: hatten doch überdies die meisten von ihnen das sogenannte Osterlamm, eine junge Ziege, bereits geschlachtet und mit zusammengebundenen Hinterläufen zu Hause am Türpfosten aufgehängt.

Die Weiber, die ganz besonders zahlreich und laut mit ihren gefüllten Wäschekörben um den überfließenden Sarkophag aus Marmor versammelt waren, unterbrachen, als der Priester und sein Begleiter vorübergingen, ihre lärmende Heiterkeit. Auch am

Ausgang des Dorfes standen Wäscherinnen, wo unter einem kleinen Madonnenbild ein Wasserstrahl aus dem Felsen drang und sich ebenfalls in einen antiken Sarkophag aus Marmor ergoß. Beide Stücke, sowohl dieser Sarkophag, als jener, der auf dem Platze stand, waren vor längerer Zeit aus einem Baumgarten voll tausendjähriger Steineichen und Kastanien gehoben worden, wo sie seit undenklicher Zeit, nur wenig aus dem Boden hervorragend, unter Epheu und wildem Lorbeer versteckt, gestanden hatten.

Im Vorübergehen bekreuzte sich Francesco, ja, unterbrach das Schreiten für einen Augenblick, um der lieblich mit Feldblumenopfern der Landleute umstellten Madonetta über dem Sarkophag, mit einer Beugung des Knies zu huldigen. Zum ersten Male sah er dies kleine, von Bienen umsummte, liebliche Heiligtum, da er diesen oberen Teil der Ortschaft noch niemals besucht hatte. War Soana mit seinem unteren Teil, mit seiner Kirche und einigen mit grünen Läden geschmückten, hübschen Bürgerhäusern um den terrassenartig untermauerten Kastanienplatz bürgerlich, beinahe wohlhabend, und zeigte es dort in Gärten und Gärtchen blühende Mandelbäumchen, Orangen, hohe Zypressen, kurz, eine mehr südliche Vegetation, hier oben, einige hundert Schritte höher hinauf, war es nur noch ein alpines, ärmliches Hirtendorf, das nach Ziegen und Kuhstall duftete. Auch setzte hier ein mit Wackersteinen gepflasterter, äußerst steiler Bergweg ein, der durch täglichen morgendlichen Auszug und abendlichen Einzug der großen Gemeinde-Ziegenherde geglättet war; denn er führte hinauf und hinaus zur Gemeindealm in das kesselförmige Quellgebiet des Flüßchens Savaglia, das weiter unten den herrlichen Wasserfall von Soana bildet und nach kurzem, rauschenden Lauf durch tiefe Schlucht im See von Lugano untergeht.

Nachdem der Priester, immer geführt von seinem Begleiter,

eine kurze Weile auf diesem Bergweg hinan geklettert war, stand er still, um aufzuatmen. Den großen, schwarzen, tellerartigen Hut mit der Linken vom Kopfe nehmend, hatte er mit der Rechten ein großes, buntes Taschentuch aus der Soutane gezogen, womit er die Schweißperlen von seiner Stirn tupfte. Im allgemeinen ist der Natursinn, der Sinn eines italienischen Priesters für die Schönheit der Landschaft, nicht sonderlich. Aber der Weitblick von großer Höhe und aus der sogenannten Vogelperspektive, wie man es nennt, ist doch ein Reiz, der auch den naivsten Menschen mitunter trifft und ihm ein gewisses Staunen abnötigt. Francesco erblickte seine Kirche mitsamt der dazugehörigen Ortschaft bereits nur noch als ein Miniaturbild tief unter sich, während rings um ihn her die gewaltige Bergwelt, wie es schien, immer höher gen Himmel ragte. In das Gefühl des Frühjahrs mischte sich jetzt das Gefühl des Erhabenen, das vielleicht aus einem Vergleich der eigenen Kleinheit mit den erdrückend gewaltigen Werken der Natur und ihrer drohenden, stummen Nähe entstehen mag und das mit einem halben Bewußtsein davon verbunden ist, daß wir doch auch an dieser Übermacht auf irgendeine Weise teilhalten. Kurz, Francesco fühlte sich erhaben-groß und winzig-klein in ein und demselben Augenblick, und dies gab den Anlaß, mit gewohnter Bewegung auf Stirn und Brust das vor Irrungen und Dämonen schützende Kreuz zu schlagen.

Im Weitersteigen hatten bald wieder religiöse Fragen und praktisch-kirchliche Angelegenheiten seines Sprengels von dem jugendlich eifrigen Klerikus Besitz ergriffen. Und als er wiederum diesmal am Eingang eines felsigen Hochtals stille stand und sich umwandte, hatte ihn der Anblick eines arg verwahrlosten, hier für die Hirten errichteten, gemauerten Heiligenschreins auf den Gedanken gebracht, alle vorhandenen Heiligtümer seines Kirchspiels, und wenn sie noch so entlegen wären, aufzusuchen und in einen gotteswürdigen Stand zu setzen. Er ließ sogleich seine Augen umherschweifen und suchte den die vorhandenen Kultstätten womöglich umfassenden Überblick.

Er nahm seine eigene Kirche mit dem daran geklebten Pfarrhaus zum Ausgangspunkt. Sie stand, wie gesagt, auf der Ebene des Dorfplatzes und ihre Außenmauern setzten sich in steilen Wänden des Grundfelsens fort, an dem ein munterer Gebirgsbach unten vorüberrauschte. Dieser Gebirgsbach, unter dem Platz von Soana hindurchgeführt, trat in einem gemauerten Bogen ans Licht, wo er, freilich durch Abwässer stark verunreinigt, Baumgärten und blumige Wiesen wässerte. Jenseits der Kirche, ein wenig höher, was von hier aus nicht festzustellen war, lag auf rundem, flachen Terrassenhügel das älteste Heiligtum der Umgegend, eine kleine Kapelle, der Jungfrau Maria geweiht, deren verstaubtes Kultbild auf dem Altar von einem byzantinischen Mosaik der Apsis überwölbt wurde. Dieses, trotz tausendjährigen und höheren Alters in Goldgrund und Zeichnung wohlerhaltene Mosaik stellte Christus Pantokrator dar. Die Entfernung von der Hauptkirche bis zu diesem Heiligtum betrug nicht über drei Steinwurfsweiten. Eine andere hübsche Kapelle, diese der heiligen Anna geweiht, lag in der gleichen Entfernung von ihr. Über Soana und hinter Soana erhob sich ein äußerst spitzer Bergkegel, der im Umkreis natürlich von weiten Talräumen und den Flanken der überragenden Generoso-Kette umgeben war. Dieser beinahe zuckerhutartige, aber bis oben begrünte, scheinbar unzugängliche Berg hieß Sant Agatha, weil er auf seinem Gipfel zur Not ein Kapellchen eben dieser Heiligen beherbergte. Dies waren im engsten Umkreis der Ortschaft eine Kirche und drei Kapellen, der sich im weiteren Kreise der Pfarre drei oder vier andern Kapellen anreihten. Auf jedem Hügel, an jeder hübschen Wegwende, auf jeder weithin blickenden Spitze, da und dort an malerischen

Felsabstürzen, nah und fern, über Schlucht und See hatten fromme Jahrhunderte Gotteshäuser angeklebt, so daß in dieser Beziehung die tiefe und allgemeine Frömmigkeit des Heidentums noch zu spüren war, die im Verlauf vergangener Jahrtausende alle diese Punkte ursprünglich geweiht und so gegen die bedrohlichen, furchtbaren Mächte dieser wilden Natur sich göttliche Bundesgenossen geschaffen hatte.

Der junge Eiferer sah alle diese Anstalten römisch-katholischen Christentums, wie sie den ganzen Kanton Tessin auszeichnen, mit Befriedigung. Freilich mußte er sich zugleich mit dem Schmerz des echten Gottesstreiters eingestehen, daß in ihnen weder überall ein reger und reiner Glaube lebendig war, noch auch nur eine genügend liebevolle Fürsorge seiner Amtsbrüder, um alle diese verstreuten, himmlischen Wohnstätten vor Verwahrlosung und Vergessenheit zu bewahren.

Nach einiger Zeit ward in den engen Fußsteig eingebogen, der in dreistündiger, mühsamer Steigung zum Gipfel des Generoso führt. Dabei mußte sehr bald das Bett der Savaglia auf einer verfallenen Brücke überschritten werden, in deren nächster Nähe das Sammelbecken des Flüßchens war, das von da aus in seinen selbstgebildeten Erosionsspalt von hundert und mehr Meter Tiefe hinabstürzte. Hier hörte Francesco aus verschiedenen Höhen, Tiefen und Richtungen neben dem Rauschen des zu seinem Sammelbecken heraneilenden Wildwassers Herdengeläut und sah einen Mann von rauhem Äußeren — es war der Gemeindehirt von Soana! — der lang auf der Erde ausgestreckt, sich mit den Händen am Ufer stützend, den Kopf zum Wasserspiegel hinabgebeugt, ganz nach Art eines Tieres seinen Durst löschte. Hinter ihm grasten einige Ziegenmütter mit ihren Zicklein, während ein Wolfshund mit gespitztem Ohr auf Befehle wartete und des Augenblicks, wo sein Meister und Herr mit Trinken fertig war. „Auch ich bin ein Hirte," dachte

Francesco, und als jener sich von der Erde erhob und mit schneidendem Pfiff durch die Finger, der an den Felswänden widerhallte und mit weit ausholenden Steinwürfen seine überallhin verstreuten Tiere bald zu schrecken, bald weiter zu treiben, bald zurückzurufen und überhaupt vor der Gefahr des Absturzes zu bewahren suchte, dachte Francesco, wie dies schon bei Tieren, geschweige bei Menschen, die der Versuchung des Satans allezeit preisgegeben waren, eine mühevolle und verantwortungsschwere Arbeit sei.

Mit doppeltem Eifer begann nun der Priester weiter zu steigen, nicht anders, als wenn zu fürchten gewesen wäre, der Teufel könne auf diesem Wege zu den verirrten Schafen womöglich der Schnellere sein. Als er, immer von seinem Begleiter geführt, den Francesco einer Unterhaltung nicht würdigte, eine Stunde und länger steil und beschwerlich gestiegen war, immer höher und höher in die Felswildnis des Generoso hinein, hatte er plötzlich die Alpe von Santa Croce auf fünfzig Schritt vor Augen liegen.

Er wollte nicht glauben, daß jener Steinhaufen und das inmitten davon befindliche, ohne Mörtel aus flachen Steintafeln geschichtete Mauerwerk, wie ihn der Führer versichert hatte, das gesuchte Anwesen sei. Was er erwartet hatte, war, nach dem Reden des Sindaco, eine gewisse Wohlhabenheit, wogegen diese Behausung höchstens als eine Art Unterschlupf für Schafe und Ziegen bei plötzlichem Unwetter gelten konnte. Da es auf einer steilen Halde von Gesteinschutt und kantigen Felsblöcken lag und der Pfad dahin in seinem Zickzacklaufe verborgen war, schien der verfluchte Ort ohne Zugänge. Erst nachdem der junge Priester sein Befremden und einen gewissen Schauder, der sich meldete, überwunden hatte und näher gedrungen war, gestaltete sich das

Bild der verfemten und gemiedenen Wohnstätte etwas freund-
licher.

Ja, die Trümmerstätte verwandelte sich sogar vor den Augen
des näherkommenden Priesters in eitel Lieblichkeit: denn es schien,
als würde die aus großer Höhe losgelöste Lawine von Blöcken
und Schutt durch den rohgemauerten Würfel der Wohnstätte
aufgestaut und festgehalten, so daß unter ihm eine steinfreie, saftig
begrünte Lehne blieb, aus der in entzückender Fülle und holdester
Lieblichkeit gelbe Kuhblumen bis an die Rampe vor die Haus-
türe hinaufkletterten — und als wären sie neugierig, über die
Rampe hinweg und buchstäblich durch die Haustür in die verfemte Wohnhöhle hinein.

Bei diesem Anblick stutzte Francesco. Dieser Sturmlauf von
gelben Wiesenblumen gegen die verrufene Schwelle hinauf, dieses
Hinaufblühen üppiger Prozessionen langgestielter Vergißmeinnicht,
unter denen Adern von Bergwasser versickerten, und die ebenfalls
mit ihrem blauen Abglanz des Himmels die Tür zu erobern
suchten, schien ihm beinahe ein offener Protest gegen Acht, Bann
und Femgerichte der Menschen zu sein. Francesco mußte sich in
seinem Staunen, dem eine gewisse Verwirrung folgte, mit seiner
schwarzen Soutane auf einen von der Sonne gewärmten Ge-
steinsblock niedersetzen. Er hatte seine Jugend im Tal und dazu
meist in geschlossenen Räumen, Kirchen, Hörsälen oder Studier-
zimmern zugebracht. Sein Natursinn war nicht geweckt worden.
Eine Unternehmung wie diese, in die erhabene, herbe Lieblichkeit
des Hochgebirges hinein, hatte er niemals bisher ausgeführt und
würde es vielleicht niemals getan haben, hätten nicht Zufall und
Pflicht vereint ihm die Bergfahrt aufgedrängt. Nun überwältigte
ihn die Neuheit und die Größe der Eindrücke.

Zum ersten Mal fühlte der junge Priester Francesco Vela
eine klare und ganz große Empfindung von Dasein durch sich
hinbrausen, die ihn augenblicklang vergessen ließ, daß er ein

Priester und weshalb er gekommen war. Alle seine Begriffe
von Frömmigkeit, die mit einer Menge von kirchlichen Regeln
und Dogmen verflochten waren, hatte diese Empfindung nicht
nur verdrängt, sondern ausgelöscht. Er vergaß jetzt sogar, das
Kreuz zu schlagen. Unter ihm lag das schöne Luganer Gebiet
der oberitalienischen Alpenwelt, lag Sant Agatha mit dem Wall=
fahrtskirchlein, über dem noch immer die braunen Fischräuber
kreisten, lag der Berg San Giorgio, tauchte die Spitze des
Monte San Salvatore auf, und endlich lag in schwindel=
erregender Tiefe unter ihm, in die Täler des Gebirgsreliefs
wie eine längliche Glasplatte sorgfältig eingefaßt, der Capolago
genannte Arm des Luganer Sees mit dem segelnden Boot eines
Fischers darauf, das einer winzigen Motte auf einem Handspiegel
glich. Hinter alledem waren in der Ferne die weißen Gipfel
der Hochalpen, gleichsam mit Francesco, höher und höher ge=
stiegen. Daraus hob sich der Monte Rosa weiß, mit sieben
weißen Spitzen hervor, zugleich diademhaft und schemenhaft aus
dem seidigen Blau des Azurs herüberstrahlend.

Wenn man mit Fug von einer Bergkrankheit reden kann,
so mit nicht minderem Recht darf man von einem Zustand
reden, der Menschen auf Berghöhen überkommt, und den man
am besten als Gesundheit ohnegleichen bezeichnet. Diese Gesund=
heit spürte nun auch der junge Priester im Blut, wie eine
Erneuerung. Neben ihm, zwischen Steinen unter noch dürrem
Heidekraut, stand eine kleine Blume, dergleichen Francesco noch
niemals im Leben erblickt hatte. Es war eine überaus liebliche
Spezies blauen Enzians, dessen Blütenblättchen mit einem
flammenden Blau überraschend köstlich bemalt waren. Der
junge Mann in der schwarzen Soutane ließ das Blümchen, das
er in seiner ersten Entdeckerfreude hatte abpflücken wollen, un=
behelligt an seinem bescheidenen Platze stehen und bog nur das
Heidekraut beiseite, um das Wunder lange entzückt zu betrachten.

überall aus den Steinen drang junges, hellgrünes Zwergbuchen-
laub, und aus einer gewissen Ferne, über den Lehnen von hartem,
grauen Schutt und zartem Grün, meldete sich mit Glockengeläut
die Herde des armen Luchino Scarabota. Diese ganze Bergwelt
besaß eine frühe Eigenart, den Jugendreiz versunkener, menschlicher Zeitalter, von denen in den Taltiefen keine Spur mehr
vorhanden war.

Francesco hatte seinen Begleiter heimgeschickt, da er den
Rückweg ungestört durch die Gegenwart eines Menschen machen
wollte und überdies bei dem, was er am Herde Luchinos vorhatte, einen Zeugen nicht wünschen konnte. Er war inzwischen
bereits bemerkt worden, und eine Anzahl schmuddliger und verfilzter
Kinderköpfe streckten sich immer wieder neugierig zu dem schwarz-
verräucherten Türloch der Scarabotaschen Gesteinsburg heraus.

Langsam begann sich der Priester ihr anzunähern und betrat
jenen Umkreis des Anwesens, der den großen Viehbestand des
Besitzers anzeigte und von den Rückständen einer großen Herde
Rinder und Ziegen verunreinigt war. In Francescos Nase stieg
stärker und stärker mit der dünnen und kräftigen Bergluft Rinder-
und Ziegenduft, dessen steigende Penetranz am Eingang der
Wohnung durch zugleich mit ihm herausdringenden Holzkohlenrauch erträglich gemacht wurde. Als Francesco im Rahmen der
Tür erschien und mit seiner schwarzen Soutane das Licht ver-
stellte, waren die Kinder ins Dunkel zurückgewichen, von wo sie
dem Gruße des Priesters, der sie nicht sah, und allen seinen
Anreden Schweigen entgegensetzten. Nur eine alte Mutterziege
kam, meckerte leise und beschnüffelte ihn.

Allmählich war es im Innern des Raumes für das Auge
des Boten Gottes heller geworden. Er sah einen Stall, mit
einer hohen Dungschicht gefüllt und nach hinten in eine natürliche Höhle vertieft, die ursprünglich im Nagelfluh, oder was für
Gestein es sein mochte, vorhanden war. In einer groben Stein-

wand rechts war ein Durchgang geöffnet, durch den der Priester einen Blick auf den jetzt verlassenen Herd der Familie tat: einen Aschenberg, innen noch voll Glut und zwar auf dem natürlich zutage liegenden Felsen des Fußbodens aufgeschichtet. An einer von dickem Ruß überdeckten Kette hing ein verbeulter, ebenfalls verrußter, kupferner Topf darüber herab. An dieser Feuerstätte des Steinzeitmenschen stand eine lehnenlose Bank, deren faustdickes, breites Sitzbrett auf zwei ebenso breiten, im Felsen befestigten Pfeilern ruhte und das seit einem Jahrhundert und länger von Generationen ermüdeter Hirten, Hirtenweiber und Kinder abgewetzt und poliert worden war. Das Holz schien nicht mehr Holz, sondern ein gelber, polierter Marmor oder Speckstein zu sein, aber mit zahllosen Narben und Schnitten. Der quadratische Raum, der im übrigen mit seinen natürlich ungeputzten, aus rohen Blöcken und Schieferplatten geschichteten Mauern mehr einer Höhle glich und aus dem der Qualm durch die Tür in den Stall und wiederum von dort durch die Tür vollends ins Freie drang, weil er außer etwa durch Undichtigkeiten der Wände sonst keinen Abzug hatte, der Raum also war vom Qualm und Ruß der Jahrzehnte geschwärzt, so daß man beinahe den Eindruck gewinnen konnte, im Innern eines dick verrußten Kamines zu sein.

Eben bemerkte Francesco den eigentümlichen Glanz von Augen, die aus einem Winkel hervorleuchteten, als draußen ein Rollen und Rutschen von Gesteinschutt hörbar ward und gleich darauf die Gestalt Luchino Scarabotas in die Tür und wie ein lautloser Schatten vor die Sonne trat, wodurch sich der Raum noch tiefer verdunkelte. Der verwilderte Berghirt atmete schwer, nicht allein deshalb, weil er in kurzer Zeit den Weg von einer entfernten, höher gelegenen Alm gemacht, nachdem er von dort aus die Ankunft des Priesters beobachtet hatte, sondern weil dieser Besuch ein Ereignis für den Verfemten war.

Die Begrüßung war kurz. Francesco wurde von seinem Wirt zum Sitzen genötigt, nachdem er die Specksteinbank mit seinen rauhen Händen von Steinen und abgerissenen Kuhblumen gesäubert hatte, die der verfluchten Brut seiner Kinder als Spielzeug gedient hatten.

Der Berghirte schürte und blies aus vollen Backen das Feuer an, wobei seine fieberhaften Augen im Widerschein noch wilder erglänzten. Er nährte die Flamme mit Scheiten und trockenem Reisig auf, so daß der beizende Qualm den Priester beinahe vertrieben hätte. Das Betragen des Hirten war von kriechender Unterwürfigkeit und von einem ängstlichen Eifer getragen, dermaßen, als ob nun alles darauf ankäme, sich die Gnade des höheren Wesens nicht zu verscherzen, das seine schlechte Wohnung betreten hatte. Er brachte eine große schmutzige Gelte voll Milch herbei, deren Oberfläche dicken Rahm abgesetzt hatte, aber leider auf eine unglaubliche Weise verunreinigt war, so daß Francesco sie schon deshalb nicht anrühren konnte. Er wies aber auch den Genuß von frischem Käse und reinlichem Brote zurück, trotzdem er hungrig geworden war, weil er sich in abergläubischer Scheu damit zu versündigen fürchtete. Schließlich, als der Berghirt sich ein wenig beruhigt hatte und mit furchtsam wartenden Blicken und hängenden Armen ihm gegenüber stand, begann der Priester also zu reden:

Luchino Scarabota, Ihr sollt des Trostes unserer heiligen Kirche nicht verlustig gehen, und Eure Kinder sollen aus der Gemeinschaft katholischer Christen nicht ferner verstoßen sein, wenn es sich entweder herausstellt, daß die üblen Gerüchte über Euch unwahr sind, oder wenn Ihr redlich beichtet, Reue und Zerknirschung zeigt und Euch bereit findet, mit Gottes Hilfe den Stein des Anstoßes aus dem Wege zu räumen. Also öffnet mir zuerst Euer Herz, Scarabota, bekennet mit Freimut, worin Ihr verleumdet seid und mit wahrhaftiger Wahrheit die Sündenschuld, die Euch etwa belastet."

Nach dieser Anrede schwieg der Hirt. Es rang sich nur plötzlich ein kurzer, wilder Ton aus seiner Kehle hervor, der aber keinerlei Gefühl verriet, vielmehr etwas Gluckfendes, Vogelartiges an sich hatte. Wie es Francesco geläufig war, schritt er alsbald dazu, dem Sünder die schrecklichen Folgen der Verstocktheit vorzustellen und die versöhnliche Güte und Liebe Gottes des Vaters, die er durch das Opfer seines einigen Sohnes bewiesen habe, das Opfer des Lammes, das die Sünden der Welt auf sich nahm. Durch Jesum Christum, schloß er, kann jede Sünde vergeben werden, vorausgesetzt, daß eine rückhaltlose Beichte, verbunden mit Reue und Gebet, dem himmlischen Vater die Zerknirschung des armen Sünders bewiesen hat.

Erst nachdem Francesco, der Priester, eine lange Weile gewartet hatte und sich achselzuckend erhob, wie es schien, um davon zu gehen, begann der Hirte ein unverständliches Durcheinander von Worten durch die Kehle zu würgen: eine Art Gewölle, wie es der Raubvogel tut. Und mit gespannter Aufmerksamkeit versuchte der Priester das Verständliche aus dem Wuste festzuhalten. Aber dieses Verständliche erschien ihm ebenso wie das Dunkle fremd und wunderbar. Nur so viel ward aus der beängstigenden und beklemmenden Menge eingebildeter Dinge klar, daß Luchino Scarabota sich seines Beistandes gegen allerlei Teufel, die in den Bergen hausten und ihn bedrängten, versichern wollte.

Es hätte dem jungen, gläubigen Priester schlecht angestanden, am Dasein und Wirken von bösen Geistern zu zweifeln. War doch die Schöpfung erfüllt von allen Arten und Graden gefallener Engel aus dem Gefolge Luzifers, des Empörers, den Gott verstoßen hatte; hier aber grauste ihm, er wußte nicht, ob vor der Verfinsterung durch unerhörten Aberglauben, auf die er traf, oder ob vor der hoffnungslosen Erblindung durch Unwissenheit. Er beschloß, mittels einzelner Fragen sich über den Vorstellungskreis und das Begriffsvermögen seines Parochialen ein Urteil zu bilden.

Da ward denn alsbald ersichtlich: dieser wilde, verwahrloste Mensch wußte nichts von Gott, noch viel weniger von Jesus Christus, dem Heiland, am allerwenigsten vom Vorhandensein eines Heiligen Geists. Dagegen gewann es den Anschein, als fühle er sich von Dämonen umgeben und sei besessen von einem düsteren Verfolgungswahn. Und in dem Priester sah er nicht etwa den berufenen Diener Gottes, sondern viel eher einen mächtigen Zauberer oder den Gott. Was sollte Francesco anderes tun, als sich bekreuzigen, während der Hirte sich demütig auf die Erde warf und mit feuchten, wulstigen Lippen seine Schuhe abgöttisch zu belecken und mit Küssen zu bedecken begann.

Der junge Priester hatte sich noch niemals in einer ähnlichen Lage befunden. Die dünne Bergluft, der Frühling, die Trennung von der eigentlichen Schicht der Zivilisation brachten es mit sich, daß sein Bewußtsein sich ein wenig umnebelte. Etwas wie ein traumhafter Bann zog ins Bereich seiner Seele ein, darin sich die Wirklichkeit zu schwebenden Luftgebilden auflöste. Diese Veränderung verband sich mit einer leisen Furchtsamkeit, die ihm mehrmals schleunige Flucht hinab ins Bereich der geweihten Kirchen und Glocken anraten wollte. Der Teufel war mächtig, wer konnte wissen, wie viele Mittel und Wege er hatte, den ahnungslosen, gutgläubigsten Christen hinanzulocken und vom Rande eines schwindelerregenden Abgrunds hinabzustürzen.

Man hatte Francesco nicht gelehrt, daß die Götzen der Heiden nur leere Gebilde der Phantasie und nichts weiter gewesen seien. Die Kirche anerkannte ausdrücklich ihre Macht, nur daß sie dieselbe als eine Gott feindliche hinstellte. Sie kämpften noch immer, wenn auch hoffnungslos, mit dem allmächtigen Gott um die

Welt. Deshalb erschrak der bleiche, junge Priester nicht wenig, als sein Wirt ein hölzernes Ding aus irgendeinem Winkel seiner Behausung hervorholte, eine greuliche Schnitzerei, die zweifellos einen Fetisch vorstellte. Trotz seines priesterlichen Abscheus vor dem zuchtlosen Gegenstand, konnte Francesco nicht umhin, das Gebilde näher zu betrachten. Mit Abscheu und Staunen gestand er sich, daß hier die scheußlichsten, heidnischen Greuel, nämlich die des ländlichen Priapdienstes, noch lebendig seien. Nichts anderes, als Priap konnte, wie klar ersichtlich war, das primitive Kultbild vorstellen.

Kaum hielt Francesco den kleinen, harmlosen Zeugungsgott, den Gott der ländlichen Fruchtbarkeit, der bei den Alten so offen in hohen Ehren stand, als sich die sonderbare Umklammerung seines Wesens in heiligen Zorn umsetzte. Er warf zunächst, ohne Überlegung, das schamlose, kleine Alräunchen ins Feuer hinein, von wo es aber mit der Schnelligkeit eines Hundes-Zufahrens der Hirt im selben Augenblick wieder herausholte. Es glimmte da und es brannte dort, wurde aber sofort durch die rauhen Hände des Heidenmenschen in den alten ungefährlichen Zustand versetzt. Nun mußte es aber, samt seinem Retter, eine Flut von strafenden Worten über sich hingehen lassen.

Luchino Scarabota schien nicht zu wissen, welchen von beiden Göttern er für den stärkeren halten sollte: den von Holz oder den von Fleisch und Blut. Indessen hielt er den Blick, in dem sich Entsetzen und Grauen mit tückischer Wut mischten, auf die neue Gottheit gerichtet, deren frevelhafte Kühnheit jedenfalls nicht auf ein Bewußtsein von Schwäche schließen ließ. Einmal im Zuge, ließ sich der Bote des einigen und alleinigen Gottes in seinem heiligen Eifer durch noch so gefährliche Blicke des umnachteten Götzendieners nicht einschüchtern. Und ohne alle Umstände kam er nun auch auf die verruchte Sünde zu sprechen, der, wie man allgemein behauptete, der Kindersegen des Berghirten zu verdanken war.

In die lauten Reden des jungen Priesters platzte gleichsam die Schwester Scarabotas hinein, die aber, ohne zu reden und nur verstohlen den Eiferer musternd, sich da und dort in der Höhle zu tun machte. Sie war ein bleiches und widerwärtiges Weib, dem Waschwasser, wie es schien, eine unbekannte Sache war. Man sah ihren nackten Körper durch die Risse verwahrloster Kleider unangenehm hindurchschimmern.

Nachdem der Priester geendet und seinen Vorrat von strafenden Anklagen fürs erste erschöpft hatte, schickte das Weib den Bruder mit einem kurzen, kaum hörbar gesprochenen Wort ins Freie hinaus. Ohne Widerspruch war der wilde Mensch sogleich wie der folgsamste Hund verschwunden. Hierauf küßte die schmutzstarrende Sünderin, der das verfilzte, schwarze Haar über die breiten Hüften hing, mit den Worten „Gelobt sei Jesus Christus!" dem Priester die Hand.

Gleich darauf brach sie in Tränen aus.

Sie sagte, der Priester habe ganz recht, wenn er sie mit harten Worten verurteile. Sie habe sich allerdings versündigt gegen Gottes Gebot, wenn auch keineswegs in der Weise, wie es die Verleumdung ihr nachrede. Sie allein sei die Sünderin, ihr Bruder dagegen vollkommen unschuldig. Sie schwor und zwar bei allen Heiligen, daß sie jener fürchterlichen Sünde, der man sie zeihe, der Blutschande nämlich, niemals verfallen wäre. Freilich habe sie unkeusch gelebt, und da sie nun einmal im Beichten sei, so sei sie bereit, die Väter ihrer Kinder zu beschreiben, wenn auch nicht alle namhaft zu machen. Denn nur die wenigsten Namen wisse sie, da sie, wie sie sagte, aus Not oftmals ihre Gunst an vorüberkommende Fremde verkauft habe.

Im übrigen habe sie ihre Kinder ohne jede Hilfe mit Schmerzen zur Welt gebracht, und einige hätte sie müssen da und dort, bald nach der Geburt, im Schutte des Generoso wieder begraben. Ob er sie nun absolvieren könne oder nicht, sie wisse trotzdem, daß Gott ihr verziehen habe, denn sie habe durch Nöte, Leiden und Sorgen genügsam gebüßt.

Francesco konnte nicht anders, als die weinende Beichte des Weibes wie ein Gewebe von Lügen ansehen, wenigstens soweit das Verbrechen in Frage kam. Freilich fühlte er, es gab Handlungen, die jedem Bekenntnis vor Menschen unbedingt widerstreben und die nur Gott allein in einsamer Stille des Gebetes erfährt. Er achtete in dem verkommenen Weibe diese Schamhaftigkeit und konnte sich überhaupt nicht verhehlen, daß sie in mancher Beziehung höher als ihr Bruder geartet war. In der Art ihrer Rechtfertigung lag eine klare Entschlossenheit. Das Auge gestand, aber ein Geständnis durch Worte würden ihr weder gutes Zureden, noch glühende Zangen des Henkers entrissen haben. Sie war es gewesen, wie sich ergab, die den Mann zu Francesco gesandt hatte. Sie hatte den jungen, bleichen Priester gesehen, als sie eines Tages nach Lugano zum Markte ging, wo sie die Erzeugnisse ihrer Alm verhandelte, und sie hatte bei seinem Anblick Vertrauen und den Gedanken gefaßt, ihm ihre verfemten Kinder aus Herz zu legen. Sie allein war das Familienhaupt und trug die Sorge für Bruder und Kinder.

„Ich lasse es unerörtert," sagte Francesco, „inwieweit Ihr schuldig oder unschuldig seid. Eines steht fest: wenn Ihr Eure Kinder nicht wie Tiere aufwachsen lassen wollt, so müßt Ihr Euch von dem Bruder trennen. Solange Ihr mit ihm lebt, wird der furchtbare Leumund, den Ihr habt, niemals zum Schweigen zu bringen sein. Immer wird man die schreckliche Sünde bei Euch voraussetzen."

Nach diesen Worten schien Verstockung und Trotz im Gemüte des Weibes herrschend zu werden, jedenfalls gab sie keine Antwort und widmete sich so, als ob kein Fremder zugegen wäre, eine längere Weile häuslicher Tätigkeit. Währenddessen kam ein etwa fünfzehnjähriges Mädchen herein, das einige Ziegen in die

176

Öffnung des Stalles trieb und sich alsdann, ebenfalls als wenn Francesco nicht da wäre, an der Arbeit des Weibes beteiligte. Der junge Priester wußte sofort, als er nur erst den Schatten des Mädchens durch die Tiefe der Höhle gleiten sah, daß es von ungewöhnlicher Schönheit sein mußte. Er bekreuzte sich, denn er hatte einen leisen Schrecken unerklärlicher Art im Körper gespürt. Er wußte nicht, ob er in Gegenwart der jugendlichen Hirtin seine Ermahnungen wieder aufnehmen sollte. Zwar war sie, wie nicht zu bezweifeln war, von Grund aus verderbt, da Satan sie auf dem Wege der schwärzesten Sünde zum Leben erweckt hatte, aber es konnte doch noch ein Rest von Reinheit in ihr sein, und wer mochte wissen, ob sie von ihrem schwarzen Ursprung eine Ahnung hatte.

Ihre Bewegungen zeigten jedenfalls eine große Gelassenheit, aus der man keineswegs auf Unruhe des Gemütes oder Gewissensbeschwernis schließen konnte. Im Gegenteil war alles an ihr von einer bescheidenen Selbstsicherheit, die durch das Dasein des Pfarrers nicht berührt wurde. Sie hatte Francesco bis jetzt nicht mit einem Blicke gestreift, wenigstens nicht so, daß er ihrem Auge begegnet wäre oder sie sonstwie ertappt hätte. Ja, während er selbst sie verstohlen durch die Brille beobachtete, mußte er mehr und mehr in Zweifel ziehen, ob wirklich ein Kind der Sünde, ein Kind solcher Eltern von dieser Beschaffenheit sein könnte. Endlich verschwand sie über eine Steigeleiter in eine Art Dachgelaß hinauf, so daß nun Francesco sein mühsames Seelsorgerwerk fortsetzen konnte.

„Ich kann meinen Bruder nicht verlassen," sagte die Frau, „und zwar ganz einfach deshalb, weil er ohne mich hilflos ist. Er kann zur Not seinen Namen schreiben, und ich habe ihm das nur mit der größten Mühe beigebracht. Er kennt keine Münze, und vor der Eisenbahn, der Stadt und den Menschen fürchtet er sich. Wenn ich fortgehe, wird er mich verfolgen, wie

XI. 12

ein armer Hund seinen verlorenen Herrn verfolgt. Er wird mich entweder finden oder elend zugrunde gehen: und was soll dann aus den Kindern und unserem Besitztum werden. Bleibe ich mit den Kindern hier, so wollte ich den wohl sehen, dem es gelänge, meinen Bruder fortzuschaffen: man müßte ihn denn in Ketten tun und hinter Eisenstangen in Mailand einschließen."

Der Priester sagte: „Dies kann sich am Ende noch ereignen, wenn Ihr meinem guten Rate nicht folgen wollt."

Da gingen die Ängste des Weibes in Wut über. Sie habe ihren Bruder zu Francesco geschickt, damit er sich ihrer erbarme, aber nicht deshalb, damit er sie unglücklich mache. Es sei ihr dann schon lieber, von denen da unten gehaßt und ausgestoßen weiter zu leben, wie bisher. Sie sei eine gute Katholikin, aber wen die Kirche ausstoße, der habe ein Recht, sich dem Teufel anheimzugeben. Und was sie bisher noch nicht getan habe, die große, ihr zur Last gelegte Sünde, werde sie dann vielleicht erst tun.

In diese mit einzelnen Schreien gemischten, gepreßten Worte der Frau hörte Francesco von dort, wo das Mädchen verschwunden war, von oben her, immer einen süßen Gesang bald im leisesten Hauch, bald stärker schwellend hineinklingen: so daß seine Seele mehr in diesem melodischen Banne, als bei den Wutausbrüchen des verkommenen Weibes war. Und eine Welle stieg heiß in ihm, verbunden mit einer Bangigkeit, wie er sie nie gefühlt hatte. Das qualmige Loch dieses tierisch-menschlichen Wohnstalles schien, wie durch Zauberei, in die lieblichste aller kristallenen Grotten des Danteschen Paradieses verwandelt zu sein: — voll Engelstimmen und lachtaubenartig klingender Fittiche.

Er ging. Es war ihm unmöglich, noch länger, ohne sichtbar zu beben, solchen verwirrenden Einflüssen standzuhalten. Draußen, vor dem ausgehöhlten Steinhaufen angelangt, sog er die Frische der Bergluft ein und ward sogleich, wie ein leeres Gefäß, mit dem ungeheuren Eindruck der Bergwelt angefüllt. Seine Seele ward gleichsam in die weiteste Kraft des Auges verlegt und bestand aus den kolossalen Massen der Erdrinde, von fernen, schneeichten Spitzen zu nahen, furchtbaren Abgründen, unter der königlichen Helle des Frühlingstages. Noch immer sah er braune Fischadler überm Zuckerhut von Sant Agatha ihre selbstvergessenen Kreise ziehn. Da verfiel er darauf, der versemten Familie dort einen heimlichen Gottesdienst abzuhalten und eröffnete diesen Gedanken der Frau, die kummervoll auf die vom gelben Löwenzahn umwucherte Schwelle der Höhle getreten war. „Nach Soana dürft Ihr nicht kommen, wie Ihr ja selber wißt," sagte er, „würde ich Euch dazu einladen, ich und Ihr, wir würden gleich übel beraten sein."

Wiederum ward das Weib bis zu Tränen gerührt und versprach, sich an einem bestimmten Tage mit dem Bruder und den älteren Kindern vor der Kapelle von Sant Agatha einzufinden.

Als der junge Priester soweit aus dem Bereich der Wohnstätte Luchino Scarabotas und seiner fluchbeladenen Familie war, daß er von dort aus nicht mehr gesehen werden konnte, wählte er einen von der Sonne durchwärmten Block zum Ruheplatz, um über das eben Erlebte nachzudenken. Er sagte sich, daß er zwar mit einem schauerlichen Interesse, aber doch pflichtmäßig nüchternen Sinnes und ohne jeden Vorschmack von dem heraufgestiegen war, was ihn jetzt auf so ahnungsvolle Weise beunruhigte. Was war das doch? Er zupfte, strich und putzte lange an seiner Soutane herum, als ob er es dadurch loslösen könnte.

Als er nach einiger Zeit noch immer nicht die erwünschte Klarheit empfand, nahm er gewohnheitsgemäß sein Brevier aus der Tasche, aber auch das alsbald begonnene, laute Lesen befreite ihn nicht von einer gewissen wunderlichen Unschlüssigkeit. Es war ihm zumute, als ob er irgendetwas, einen wichtigen Punkt seiner Sendung, zu erledigen vergessen hätte. Deshalb wandte er seine Blicke unter der Brille immer wieder mit einer gewissen Erwartung den Weg zurück und konnte sich nicht ermannen, den begonnenen Abstieg fortzusetzen.

So verfiel er in seltsame Träumerei, aus der ihn zwei kleine Vorfälle weckten, die seine aus dem gewohnten Bereich gebrochene Phantasie mit erheblicher Übertreibung sah: erstlich zersprang ihm mit einem Knick, durch den Einfluß der kalten Bergluft, das rechte Brillenglas, und fast unmittelbar darauf hörte er ein fürchterliches Geprust über seinem Kopf und spürte einen heftigen Druck auf den Schultern.

Der junge Priester war aufgesprungen. Er lachte laut, als er die Ursache seines panischen Schreckens in einem scheckigen Geißbock erkannte, der ihm einen Beweis seines unbegrenzten Vertrauens dadurch gegeben hatte, daß er ohne jedwede Rücksicht gegen sein geistliches Gewand mit den Vorderhufen auf seine Schultern gesprungen war.

Damit begann aber erst seine höchst vertrauliche Zudringlichkeit. Der zottige Bock mit den starken, schön gewundenen Hörnern und feuerspeienden Augen war gewohnt, wie es schien, vorüberkommende Bergsteiger anzubetteln und tat dies auf eine so drollige, entschlossene und unwiderstehliche Art, daß man sich seiner nur durch die Flucht erwehren konnte. Er setzte Francesco immer wieder, hochaufgebäumt, die Hufe vor die Brust und schien entschlossen, nachdem der Bedrängte sich eine Durchschnupperung seiner Taschen hatte gefallen lassen müssen und einige Brotreste mit unglaublicher Gier verschluckt worden waren, Haar, Nase und Finger des Priesters abzuknabbern.

Eine alte, bärtige Geiß, der Glocke und Euter bis auf die

Erde hing, war dem Wegelagerer nachgefolgt und begann, durch diesen ermutigt, den Priester ebenso zu bedrängen. Ihr hatte das mit Goldschnitt und Kreuz versehene Brevier besonderen Eindruck gemacht, und es gelang ihr, während Francesco mit der Abwehr eines gewundenen Bockshorns zu tun hatte, sich des Büchelchens zu bemächtigen. Und seine schwarz bedruckten Blätter für grüne nehmend, aß sie, nach des Propheten Vorschrift, die heiligen Wahrheiten buchstäblich und gierig in sich hinein.

In solchen Nöten, die sich durch Ansammlung anderer, vereinzelt weidender Tiere noch gesteigert hatten, erschien mit einemmal die Hirtin als Retterin. Es war ebendasselbe Mädchen, das Francesco zuerst in der Hütte Luchinos flüchtig erblickt hatte. Er sagte, als die schlanke und starke Person, nachdem sie die Ziegen verscheucht hatte, mit frisch geröteten Wangen und lachenden Augen vor ihm stand: „Du hast mich gerettet, braves Mädchen!" Und er setzte ebenfalls lachend hinzu, indem er sein Brevier aus den Händen der jungen Eva entgegennahm: „Es ist eigentlich wunderlich, daß ich trotz meines Hirtenamts gegen Deine Herde so hilflos bin."

Ein Priester darf sich nicht länger, als seine kirchliche Pflicht etwa erfordert, mit einem jungen Mädchen oder Weibe unterhalten, und die Gemeinde vermerkt es sofort, wenn er außerhalb der Kirche bei einer solchen Begegnung zu zweien gesehen wird. So hatte denn auch Francesco, eingedenk seines strengen Berufs, ohne sich lange zu verweilen, seinen Rückweg fortgesetzt: dennoch hatte er ein Gefühl, als ob er sich auf einer Sünde ertappt hätte und bei nächster Gelegenheit sich durch eine reuige Beichte reinigen müsse. Noch war er nicht aus dem Bereich der Herdenglocken gelangt, als der Klang einer weiblichen Stimme zu ihm drang, der ihn plötzlich wiederum alle Meditationen vergessen machte. Die Stimme war so geartet, daß er nicht auf den Gedanken kam, sie könne der eben zurückgelassenen Hirtin angehören. Francesco hatte nicht nur zu Rom die kirchlichen Sänger des Vatikans, sondern auch öfters früher mit seiner Mutter in Mailand weltliche Sängerinnen gehört, und also war ihm Koloratur und bel canto der Primadonnen nicht unbekannt. Er stand unwillkürlich still und wartete. Unzweifelhaft sind es Touristen von Mailand, dachte er und hoffte womöglich, im Vorübergehen die Besitzerin dieser herrlichen Stimme ins Auge zu fassen. Da sie nicht kommen wollte, setzte er weiter Fuß vor Fuß, sorgsam absteigend, in die schwindelerregende Tiefe hinunter.

Was Francesco im ganzen und im einzelnen auf diesem Berufsgang erlebt hatte, war äußerlich nicht der Rede wert, wenn man die Greuel nicht in Erwägung zieht, die ihre Brutstätte in der Hütte der armen Geschwister Scarabota hatten. Aber der junge Priester fühlte sogleich, wie diese Bergfahrt für ihn ein Ereignis von großer Bedeutung geworden war, wenn er auch über den ganzen Umfang dieser Bedeutung vorläufig noch nicht entfernt Bescheid wußte. Er spürte, daß von innen heraus eine Umwandlung mit ihm vorgegangen war. Er befand sich in einem neuen Zustande, der ihm von Minute zu Minute wunderlicher und einigermaßen verdächtig war, aber doch lange nicht so verdächtig, daß er womöglich den Satan gewittert oder etwa ein Tintenfaß nach ihm geschleudert haben würde, wenn er es auch in der Tasche gehabt hätte. Die Bergwelt lag wie ein Paradies unter ihm. Zum allerersten Male wünschte er sich, mit unwillkürlich gefalteten Händen, Glück, von seinem Oberen gerade mit der Verwaltung dieser Pfarre betraut worden zu sein. Was war, gegen diese köstliche Tiefe gehalten, Petri Tuch, das an drei Zipfeln von Engeln gehalten vom Himmel kam. Wo gab es eine für Menschenbegriffe größere Majestät, wie diese unzugänglichen Generoso-Schroffen, an denen fort und fort der dumpfe Frühlingsdonner schmelzenden Schnees in Lawinen hörbar ward.

Vom Tage seines Besuches bei den Verfemten an konnte sich Francesco zu seinem Erstaunen nicht mehr in den gedankenlosen Frieden seines früheren Daseins zurückfinden. Das neue Gesicht, das die Natur für ihn angenommen hatte, verblaßte nicht mehr, und sie wollte sich auf keine Weise in ihren früheren, unbeseelten Zustand zurückdrängen lassen. Die Art ihrer Einwirkungen, durch die der Priester nicht nur am Tage, sondern auch in seinen Träumen beängstet wurde, nannte er und erkannte er zunächst als Versuchungen. Und da der Glaube der Kirche, schon dadurch, daß er ihn bekämpft, mit dem heidnischen Aberglauben verschmolzen ist, so führte Francesco seine Verwandlung allen Ernstes auf die Berührung jenes hölzernen Gegenstandes zurück, jenes Alräunchens, das der struppige Hirt aus dem Feuer gerettet hatte. Da war unzweifelhaft noch ein Rest jener Greuel lebendig geblieben, denen die Alten unter dem Namen des Phallus-Dienstes huldigten, jenes schmachvollen Kultes, der durch den heiligen Krieg des Kreuzes Jesu in der Welt niedergezwungen worden war. — Bis dahin, als er den scheußlichen Gegenstand erblickt hatte, war allein das Kreuz in Francescos Seele eingebrannt. Man hatte ihn, nicht anders, wie wenn man die Schafe einer Herde mit einem glühenden Stempel zeichnet, mit dem Brandmal des Kreuzes versehen, und dieses Stigma war, im Wachen und Träumen gegenwärtig, zum Wesenssymbol seiner selbst geworden. Nun blickte der leidige und leibhaftige Satan über dem Kreuzesbalken herab, und das höchst unsaubere, entsetzliche Satyrsymbol nahm in immerwährendem Wettstreit mehr und mehr die Stelle des Kreuzes ein.

Francesco hatte, neben dem Bürgermeister, vor allem seinem Bischof über den Erfolg seines Hirtenganges Bericht erstattet; die Antwort, die er von ihm erhielt, war eine Billigung seines Vorgehens. „Vor allem," schrieb der Bischof, „vermeiden wir jedes laute Ärgernis." Er fand es überaus klug, daß Francesco

für die armen Sünder einen besonderen und geheimen Gottes=
dienst auf Sant Agatha, in der Kapelle der heiligen Mutter
Mariens, anberaumt hatte. Aber die Anerkennung seines Oberen
konnte den Seelenfrieden Francescos nicht herstellen, er vermochte
den Gedanken nicht los zu werden, daß er von dort oben mit
einer Art Bezauberung behaftet zurückgekommen sei.

In Ligornetto, wo Francesco geboren war, und wo sein
Oheim, der berühmte Bildhauer, die letzten zehn Jahre seines
Lebens zugebracht hatte, war noch derselbe alte Pfarrer, der ihn
als Knabe in die Heilswahrheiten des katholischen Glaubens
eingeführt und ihm den Weg der Gnade gewiesen hatte. Diesen
alten Priester suchte er eines Tages auf, nachdem er den Weg
von Soana bis Ligornetto in beiläufig drei Stunden zurückgelegt
hatte. Der alte Priester hieß ihn willkommen und war mit
sichtlicher Rührung bereit, die Beichte des jungen Mannes, die er
ihm abzulegen wünschte, entgegenzunehmen. Natürlich absolvierte
er ihn.

Francescos Gewissensnöte sind ungefähr in folgender Er=
öffnung, die er dem Alten machte, ausgedrückt. Er sagte: „Seit
ich bei den armen Sündern auf der Alpe von Santa Croce
war, befinde ich mich in einer Art von Besessenheit. Ich schüttele
mich. Es ist mir, als hätte ich nicht etwa einen anderen Rock,
sondern geradezu eine andere Haut angezogen. Wenn ich den
Wasserfall von Soana rauschen höre, so möchte ich am liebsten
in die tiefe Schlucht hinunterklettern und mich unter die stürzenden
Wassermassen stellen, stundenlang, gleichsam um äußerlich und
innerlich rein und gesund zu werden. Sehe ich das Kreuz in
der Kirche, das Kreuz über meinem Bett, so lache ich. Es will
mir nicht gelingen, wie früher, zu weinen und zu seufzen und
mir die Leiden des Heilands vorzustellen. Dagegen werden meine
Augen von allerlei Gegenständen angezogen, die dem Alräunchen
des Luchino Scarabota ähnlich sind. Manchmal sind sie ihm

auch ganz unähnlich, und ich sehe doch eine Ähnlichkeit. Um zu studieren, um mich in das Studium der Kirchenväter recht tief versenken zu können, hatte ich Vorhänge an die Fenster meines Stübchens gemacht. Ich habe sie nun hinweggenommen. Der Gesang der Vögel, das Rauschen der vielen Bäche durch die Wiesen an meinem Haus nach der Schneeschmelze, ja, der Duft der Narzissen störte mich. Jetzt öffne ich meine Fensterflügel weit, um das alles recht gierig zu genießen.

Dies alles beängstet mich," hatte Francesco fortgefahren, „aber es ist vielleicht nicht das Schlimmste. Schlimmer ist vielleicht, daß ich, wie durch schwarze Magie, in das Machtbereich unsauberer Teufel geraten bin. Ihr Zwicken und Zwacken, ihr freches Kitzeln und Anreizen zur Sünde, zu jeder Stunde Tages und Nachts, ist fürchterlich. Ich öffne das Fenster, und durch ihren Zauber kommt es mir vor, als strotze der Gesang der Vögel in dem blühenden Kirschbaum unter meinem Fenster von Unzüchtigkeit. Ich werde durch gewisse Formen der Rinde der Bäume herausgefordert und durch sie, ja durch gewisse Linien der Berge an Teile des corporis feminini erinnert. Es ist ein schrecklicher Sturmlauf hinterlistiger, tückischer und häßlicher Dämonen, dem ich trotz aller Gebete und Kasteiungen über- antwortet bin. Die ganze Natur, ich sage es Euch mit Schaudern, rauscht, braust und donnert manchmal vor meinen erschrockenen Ohren ein ungeheures Phalluslied, womit sie, wie ich trotz allen Sträubens zu glauben gezwungen bin, dem erbärmlichen, kleinen, hölzernen Götzen des Hirten huldigt.

Dies alles steigert natürlich," hatte Francesco fortgefahren, „meine Unruhe und Gewissensnot, um so mehr, als ich es als meine Pflicht erkenne, gegen den Pestherd oben auf der Alp als Streiter zu Felde zu ziehen. Es ist aber immer noch nicht der ärgste Teil meines Bekenntnisses. Schlimmer ist: sogar in die eigensten Pflichten meines Berufs hat sich, mit einer gleichsam

höllischen Süßigkeit, etwas wie ein allesverwirrendes, unaustilg-
bares Gift gemischt. Ich bin zunächst mit reiner und heiliger
Gewalt durch die Worte Jesu von dem verlorenen Schaf und
dem Hirten, der die Herde verläßt, um es von den unzugänglichen Felsen zurückzubringen, ergriffen worden. Nun aber
zweifle ich, ob diese Absicht noch immer in alter Reinheit vorhanden ist. Sie hat an leidenschaftlichem Eifer zugenommen.
Ich erwache des Nachts, das Gesicht in Tränen gebadet, und
alles löst sich, ob der verlorenen Seelen da oben, bei mir in
schluchzendes Mitleid auf. Doch wenn ich sage: verlorene Seelen,
so ist hier vielleicht der Punkt, wo mit einem scharfen Schnitt
die Lüge von der Wahrheit getrennt werden muß. Nämlich die
sündige Seele Scarabotas und seiner Schwester wird vor meinem
inneren Auge einzig und allein durch das Bild ihrer Sündenfrucht,
das heißt ihrer Tochter, eingenommen.

Ich frage mich nun, ob nicht unerlaubtes Verlangen nach ihr
die Ursache meines scheinbar gottgefälligen Eifers ist, und ob ich
recht tue und nicht Gefahr des ewigen Todes laufe, wenn ich
mein scheinbar gottgefälliges Werk fortsetze."

Meist sehr ernst, doch einige Male lächelnd, hatte der alte,
welterfahrene Priester die pedantische Beichte des Jünglings
angehört. Dies war Francesco, wie er ihn kannte, mit seinem
gewissenhaften, äußeren und inneren Ordnungssinn und seinem
Bedürfnis nach übersichtlicher Akkuratesse und Sauberkeit. Er
sagte: „Francesco, fürchte Dich nicht. Schreite nur weiter Deinen
Weg, wie Du ihn immer geschritten bist. Es kann Dich nicht
wundern, wenn sich die Machenschaften des bösen Feindes gerade
dann am mächtigsten und gefährlichsten zeigen, wenn Du daran gehst,
ihm seine schon gleichsam sicheren Opfer wiederum zu entreißen."

In befreiter Stimmung trat Francesco aus der Pfarrwohnung
auf die Straße des kleinen Ortes Ligornetto heraus, in dem er
seine erste Jugend verlebt hatte. Es ist ein Dörfchen, das, auf

breiter Talsohle ziemlich flach gelegen, von fruchtbaren Feldern umgeben ist, auf dem über Gemüse und Halmfrüchten sich die Weinrebe, festgedrehten dunklen Strängen gleich, von Maulbeerbaum zu Maulbeerbaum herüber und hinüber schlingt. Auch diese Lage wird von den gewaltigen Schroffen des Monte Generoso beherrscht, der hier, in seiner Westseite, von seinen breiten Fundamenten aus majestätisch sichtbar wird.

Es war um die Mittagszeit, und Ligornetto befand sich, wie es schien, in einem Zustand der Verschlafenheit. Francesco wurde auf seinem Gange kaum von einigen gackernden Hühnern, einigen spielenden Kindern und am Ende des Dorfes von einem kläffenden Hündchen begrüßt. Hier, nämlich am Ende des Dorfes, war, wie ein Riegel, das mit den Mitteln eines vermögenden Mannes errichtete Wohnhaus seines Oheims vorgeschoben, das buen retiro jenes Vincenzo, des Bildhauers, das nun unbewohnt und als eine Art Gedächtnisstiftung in den Besitz des Kantons Tessin übergegangen war. Francesco schritt die Stufen zu dem verlassenen und verwilderten Garten hinauf und gab alsdann dem plötzlich entstandenen Wunsche nach, auch einmal das Innere des Hauses wiederzusehen. Nahe wohnende Bauersleute, alte Bekannte, händigten ihm den Schlüssel aus.

Die Beziehungen, die der junge Priester zur Kunst hatte, waren die bei seinem Stande herkömmlichen. Sein berühmter Oheim war seit etwa zehn Jahren tot und nach dem Tage der Bestattung hatte Francesco die Räume des berühmten Künstlerheims nicht wieder gesehen. Er hätte nicht sagen können, was ihn auf einmal zum Besuche des leeren Hauses bewog, das er bisher meist nur mit flüchtiger Anteilnahme im Vorübergehen betrachtet hatte. Der Oheim war ihm niemals mehr, als eine Respektsperson, deren Wirkungskreis ihm eine fremde, nichts bedeutende Sache war.

Als Francesco den Schlüssel im Schloß gewendet und durch

die in verrosteten Angeln knarrende Tür den Hausflur betrat, kam ihn ein leiser Schauder an vor der verstaubten Stille, die ihm den Treppenaufgang herab und von allenthalben aus den offenstehenden Zimmern entgegen hauchte. Gleich rechts vom Hausflur war des verstorbenen Künstlers Bibliothek, die sogleich erkennen ließ, daß hier ein bildungseifriger Mann gelebt hatte. In niedrigen Schränken fanden sich hier, außer Vasari, die sämtlichen Werke von Winckelmann, während der italienische Parnaß durch die Sonette von Michelangelo, durch Dante, Petrarca, Tasso, Ariost und andere vertreten war. In eigens gebauten Schränken war eine Sammlung von Handzeichnungen und Radierungen untergebracht, eine andere von Medaillen der Renaissance und allerlei wertvolle Seltenheiten, darunter bemalte, etruskische Tonvasen, und einige andere Antiken aus Bronze und Marmor waren im Zimmer aufgestellt. Da und dort hing ein besonders schönes Blatt von Lionardo und Michelangelo eingerahmt an der Wand, das etwa einen männlichen oder weiblichen Körper nackt darstellte. Das folgende kleine Kabinett war sogar beinahe von oben bis unten an dreien seiner Wände mit solchen Objekten angefüllt.

Von da aus trat man in einen Kuppelsaal, dessen Höhe durch mehrere Stockwerke reichte und der von oben sein Licht empfing. Hier hatte Vincenzo mit Modellierholz und Meißel gearbeitet, und die Gipsabgüsse seiner besten Schöpfungen füllten in einer gedrängten und stummen Versammlung diesen beinahe kirchlichen Raum.

Beengt, ja beängstigt und vor dem Hall seiner eignen Schritte erschreckend, gleichsam mit bösem Gewissen war Francesco bis hierher gelangt und ging nun daran, eigentlich zum erstenmal dieses und jenes Werk des Oheims zu betrachten. Da war neben einer Statue Michelangelos Ghiberti zu sehen. Ein Dante war da, Werke, die mit Punktierungszeichen überdeckt waren, da man die Modelle vergrößert in Marmor ausgeführt hatte. Aber diese weltberühmten Gestalten konnten die Aufmerksamkeit des jungen Priesters nicht lange festhalten. Neben ihnen waren die Statuen dreier junger Mädchen aufgestellt, der Töchter eines Marchese, der vorurteilsfrei genug gewesen war, sie durch den Meister in völlig unbekleidetem Zustande porträtieren zu lassen. Dem Aussehen nach war die jüngste der jungen Damen nicht über zwölf, die zweite nicht über fünfzehn, die dritte nicht über siebzehn Jahr. Francesco erwachte erst, nachdem er die schlanken Körper lange selbstvergessen betrachtet hatte. Diese Arbeiten trugen ihre Nacktheit nicht, wie die der Griechen, als natürlichen Adel und Ebenbild der Gottheit zur Schau, sondern man empfand sie als Indiskretion aus dem Alkoven. Erstlich war die Kopie der Urbilder von diesen nicht losgelöst und als solche durchaus erkenntlich geblieben: und diese Urbilder schienen zu sagen: wir sind unausständig entblößt und gegen unseren Willen und unser Schamgefühl durch brutalen Machtspruch entkleidet worden. Als Francesco aus seiner Versenkung erwachte, pochte sein Herz, und er blickte furchtsam nach allen Seiten. Er tat nichts Schlimmes, aber er empfand es bereits als Sünde, mit solchen Gebilden allein zu sein.

Er beschloß, um nicht noch am Ende ertappt zu werden, so schnell als möglich davon zu gehen. Als er jedoch die Haustür wieder erreicht hatte, klinkte er, statt sich zu entfernen, den Türgriff von innen ins Schloß und drehte dazu noch den Schlüssel herum, so daß er nun in dem gespenstischen Hause des Toten eingesperrt, von niemand mehr überrascht werden konnte. Nachdem dies geschehen war, begab er sich vor das gipserne Ärgernis der drei Grazien zurück.

Hier kam ihn alsbald, indem sein Herzklopfen stärker wurde, ein bleicher und scheuer Wahnwitz an. Er empfand den Zwang, der ältesten unter den Marchesinnen, als wäre sie lebend, über das Haar zu streicheln. Obgleich diese Handlung offenkundig und seinem eigenen Urteil nach an Wahnsinn streifte, war sie doch noch einigermaßen priesterlich. Aber die zweite Marchesina mußte sich bereits ein Streicheln über Schulter und Arm gefallen lassen: eine volle Schulter und einen vollen Arm, der in eine weiche und zärtliche Hand endigte. Bald war Francesco an der dritten, der jüngsten Marchesina, durch weitergehende Zärtlichkeit und schließlich durch einen verbrecherischen Kuß unter die linke Brust zum fassungslos verwirrten und zerknirschten Sünder geworden, dem nicht besser zumute war, als jenem Adam, der die Stimme des Herrn vernahm, nachdem er vom Apfel der Erkenntnis gekostet hatte. Er floh. Er lief, wie gehetzt, davon.

Die folgenden Tage verbrachte Francesco teils in den Kirchen mit Gebet, teils in seiner Pfarrwohnung mit Kasteiungen. Seine Zerknirschung und seine Reue waren groß. Bei einer Inbrunst der Andacht, wie er sie bisher nicht gekannt hatte, durfte er hoffen, am Schlusse über die Anfechtungen des Fleisches Sieger zu sein. Immerhin war der Kampf des guten und bösen Prinzips in seiner Brust mit ungeahnter Furchtbarkeit losgebrochen, so daß es ihm schien, als ob Gott und der Teufel zum erstenmal ihren Kampfplatz in seine Brust verlegt hätten. Auch der eigentlich unverantwortliche Teil seines Daseins, der Schlaf, bot dem jungen Klerikus keinen Frieden mehr; denn gerade diese unbewachte, nachtschlafende Zeit schien dem Satan besonders willkommen, verführerische und verderbliche Gaukeleien in der sonst so unschuldsvollen Seele des Jünglings anzurichten. Eines Nachts, am Morgen, er wußte nicht, ob es im Schlafen oder im Wachen geschehen war, sah er im weißen Lichte des Mondes die drei weißen Gestalten der schönen Töchter des Marchese in sein Zimmer und an sein Bett treten und bei genauerem Anblick erkannte er, wie jede auf magische Weise mit dem Bilde der jungen Hirtin auf der Alpe von Santa Croce verschmolzen war.

Ohne Zweifel war von dem spielzeugartig kleinen Anwesen Scarabotas bis herunter ins Zimmer des Priesters, in das die Alpe durchs Fenster sah, eine Verbindung hergestellt, deren Hanf nicht von Engeln gesponnen wurde. Francesco wußte genug von der himmlischen Hierarchie und ebenso auch genug von der höllischen, um sofort zu erkennen, wes Geistes Kind diese Arbeit war. Francesco glaubte an Hexenkunst. Erfahren in manchem Zweige der scholastischen Wissenschaft, nahm er an, daß böse Dämonen, um gewisse verderbliche Wirkungen aus= zuüben, sich den Einfluß der Gestirne zunutze machen. Er hatte gelernt, hinsichtlich des Körpers gehöre der Mensch zu den Himmelskörpern, der Verstand stelle ihn den Engeln gleich, sein Wille sei unter Gott geordnet, aber Gott lasse es zu, daß ge= fallene Engel seinen Willen von Gott ablenkten, und das Reich der Dämonen nehme durch Bündnis mit solchen schon verführten Menschen zu. Überdies könne ein zeitlicher, körperlicher Affekt, von den höllischen Geistern ausgenützt, oft die Ursache ewigen Verderbens eines Menschen sein. Kurz, der junge Priester zitterte bis ins Mark seiner Knochen und fürchtete sich vor dem giftigen Biß der Diaboli, vor den Dämonen, die nach Blut riechen, vor der Bestie Behemoth und ganz besonders vor Asmodeus, dem ausgemachten Dämon der Hurerei.

Er konnte sich zunächst nicht entschließen, bei den verfluchten Geschwistern die Sünde der Hexenkunst und der Zauberei vor= auszusetzen. Freilich machte er eine Erfahrung, die ihm in arger Weise verdächtig war. Jeden Tag nahm er mit heiligem Eifer und allen Mitteln der Religion eine Purifikation seines Inneren vor, um es von dem Bilde des Hirtenmädchens zu reinigen und immer wieder stand es klarer, fester und deutlicher da. Was war das für eine Malerei und für eine unzerstörbare

Tafel aus Holz darunter, oder was war es für eine Leinwand, die man weder durch Wasser, noch Feuer auch nur im geringsten angreifen konnte.

Wie dieses Bild sich überall vordrängte, ward manchmal Gegenstand seiner stillen und erstaunten Beobachtung. Er las ein Buch, und wenn er das weiche Antlitz, umrahmt von dem eigentümlich rötlich erdbraunen Haar, mit weiten dunklen Augen blickend, auf einer Seite sah, so blätterte er ein vorangeheftetes Blatt herum, durch das es bedeckt und versteckt werden sollte. Aber es schlug durch jedes Blatt, als ob keines vorhanden wäre, wie es sich auch sonst durch Vorhänge, Türen und Mauer im Hause und ebenso in der Kirche durchsetzte.

Bei solchen Beängstigungen und inneren Zwistigkeiten verging der junge Priester vor Ungeduld, da der bestimmte Termin für den besonderen Gottesdienst auf dem Gipfel von Sant Agatha nicht schnell genug herbeikommen wollte. Er wünschte, so bald wie möglich die übernommene Pflicht zu tun, weil er dadurch vielleicht das Mädchen den Klauen des Höllenfürsten entreißen konnte. Er wünschte noch mehr: das Mädchen wiederzusehen, was er aber am meisten ersehnte, war die Befreiung, die er bestimmt erhoffte, von seiner martervollen Verzauberung. Francesco aß wenig, brachte den größten Teil seiner Nächte wachend zu, und täglich verhärmter und bleicher werdend geriet er bei seiner Gemeinde noch mehr als bisher in den Geruch einer exemplarischen Frömmigkeit.

Der Morgen war endlich herbeigekommen, an dem der Pfarrer die armen Sünder in die Kapelle bestellt hatte, die hoch auf dem Zuckerhut von Sant Agatha gelegen war. Der äußerst beschwerliche Weg dort hinauf konnte unter zwei Stunden nicht zurückgelegt werden. Francesco trat um die neunte Stunde, fertig zum Gang, auf den Dorfplatz von Soana hinaus, heiteren und erfrischten Herzens und die Welt mit neugeborenen Augen betrachtend. Man näherte sich dem Anfang des Mai, und so hatte ein Tag begonnen, wie er köstlicher nicht zu denken war, aber der junge Mensch hatte Tage von gleicher Schönheit schon oft erlebt, ohne doch die Natur, so wie heut, wie den Garten Eden selbst zu empfinden. Heute umgab ihn das Paradies.

Frauen und Mädchen standen, wie meistens, um den von klarem Bergwasser überfließenden Sarkaphag herum und begrüßten den Priester mit lauten Rufen. Etwas in seiner Haltung und in seinen Mienen, dazu die festliche Frische des jungen Tages hatte den Wäscherinnen Mut gemacht. Die Röcke zwischen die Beine geklemmt, so daß bei einigen die braunen Waden und Knie sichtbar waren, standen sie herabgebeugt, mit den kräftigen, ebenfalls braunen, nackten Armen wacker arbeitend. Francesco trat an die Gruppe heran. Er fand sich veranlaßt, allerhand freundliche Worte zu sagen, deren keines in einem Zusammenhange mit seinem geistlichen Amte stand und die von gutem Wetter, gutem Mut und einem zu hoffenden guten Weinsjahre handelten. Zum erstenmal, wahrscheinlich durch den Besuch im Hause seines Oheims, des Bildhauers, angeregt, ließ sich der junge Priester herbei, den Ornamentfries des Sarkosphags zu betrachten, der in einem Bacchantenzuge bestand und hüpfende Satyren, tanzende Flötenspielerinnen und den von Panthern gezogenen Wagen des Dionysos, des mit Trauben bekränzten Weingottes, zeigte. Es erschien ihm in diesem Augenblick nicht sonderbar, daß die Alten die steinerne Hülle des Todes mit Gestalten überschäumenden Lebens bedeckt hatten. Die Weiber und Mädchen, unter denen einige von ungewöhnlicher Schönheit waren, schwatzten und lachten bei dieser Besichtigung in ihn hinein, und zeitweilig kam es ihm vor, als ob er selbst von berauschten Mänaden umjauchzt wäre.

Dieser zweite Aufstieg in die Bergnatur war, mit dem ersten verglichen, wie der eines Menschen mit offenen Augen gegen den eines anderen gehalten, der blind von Mutterleibe an ift. Francesco hatte mit zwingender Deutlichkeit das Gefühl, er sei plötzlich sehend geworden. In diesem Sinne erschien ihm die Betrachtung des Sarkophags durchaus kein Zufall, sondern tief bedeutungsvoll. Wo war der Tote? Lebendiges Wasser des Lebens füllte den offenen Stein und Totenschrein, und die ewige Auferstehung war in der Sprache der Alten auf der Fläche des Marmors verkündet. So verstand sich das Evangelium.

Freilich war dies ein Evangelium, dem wenig mit jenem, was er früher gelernt und gelehrt hatte, gemeinsam blieb. Es stammte keineswegs von den Blättern und Lettern eines Buchs, sondern viel eher kam es durch Gras, Kraut und Blumen aus der Erde gequollen oder mit dem Licht aus dem Mittelpunkt der Sonne herabgeflossen. Die ganze Natur nahm ein gleichsam sprechendes Leben an. Die Tote und Stumme ward rege, vertraulich, offen und mitteilsam. Plötzlich schien sie dem jungen Priester alles zu sagen, was sie bisher verschwiegen hatte. Er schien ihr Liebling, ihr Auserwählter, ihr Sohn zu sein, den sie, wie eine Mutter, in das heilige Geheimnis ihrer Liebe und Mutterschaft einweihte. Alle Abgründe des Schreckens, alle Ängste seiner aufgestörten Seele waren nicht mehr. Nichts war von allen Finsternissen und Bangigkeiten des vermeintlichen höllischen Sturmlaufs übrig geblieben. Die ganze Natur strömte Güte und Liebe aus, und Francesco, an Güte und Liebe überreich, konnte ihr Güte und Liebe zurückgeben.

Sonderbar: indem er mühsam, oft von kantigen Steinen abrutschend, durch Ginster, Buchen und Brombeerdickicht aufwärts kletterte, umgab ihn der Frühlingsmorgen wie eine glückselige und ebenso gewaltige Symphonie der Natur, die mehr von der Schöpfung, als von Geschaffenem redete. Offen gab sich das Mysterium eines dem Tode für immer enthobenen Schöpfungswerks. Wer diese Symphonie nicht vernahm, so schien es dem

Priester, der betrog sich selbst, wenn er mit dem Psalmisten „jubilate Deo, omnis terra" oder „benedicte coeli Domino" zu lobsingen sich unterfing.

In satter Fülle rauschte der Wasserfall von Soana in seine enge Schlucht hinunter. Sein Brausen klang voll und schwelgerisch. Seine Sprache konnte nicht überhört werden. Bald dumpfer, bald heller herüberschlagend, tönte im ewigen Wandel die Stimme der Sättigung. Lawinendonner löste sich von des Generoso gigantischer Schattenwand, und wenn er für Francesco hörbar ward, hatte sich die Lawine selbst, mit lautlosen Strömen von Schneegeröll, bereits in das Bett der Savaglia hinabgeschüttet. Wo gab es da irgend etwas in der Natur, das nicht in der Wandlung des Lebens begriffen und das ohne Seele war: etwas, darin nicht ein drängender Wille sich betätigte? Wort, Schrift, Gesang und treibendes Herzblut waren überall. Legte die Sonne nicht wohlig eine warme Hand im Rücken zwischen seine Schultern? Zischten nicht und bewegten sich nicht die Blätter der Lorbeer- und Buchendickichte, wenn er im Vorübergehen sie streifte? Quoll nicht das Wasser überall und zeichnete überall, leise plaudernd, die Faden- und Knotenschrift seiner Rinnsale? Las nicht er, Francesco Vela, und lasen nicht die Faserwurzeln von Myriaden kleiner und großer Gewächse darin, und war es nicht ihr Geheimnis, das in Myriaden von Blumen und Blütenkelchen sich darstellte? Des Priesters Hand erhob einen winzigen Stein und fand ihn mit rötlichen Flechten beschlagen: auch hier eine sprechende, malende, schreibende Wunderwelt, eine formende Form, die für die überall im Bilde wirkende Bildkraft des Lebens Zeugnis ablegte.

Und legten nicht die Stimmen der Vögel das gleiche Zeugnis ab, die sich in unendlich zarten, unsichtbaren Fäden über den Höhlungen des gewaltigen Felstales netzartig vereinigten? Dieses hörbare Maschennetz schien sich zuweilen für Francesco in sicht-

bare Fäden eines silbernen Glanzes umzuwandeln, die ein inner-
liches und sprechendes Feuer flimmern machte. War es nicht in
Formen hörbar und sichtbar gemachte Liebe und offenbartes
Glück der Natur? Und war es nicht köstlich, wie dieses Gespinst,
so oft es verwehte oder zerriß, wie mit eilig fliegenden, unermüd-
lichen Weberschiffchen immer wieder verbunden wurde? Wo
saßen die kleinen gefiederten Weber? man sah sie nicht, wenn
nicht etwa ein kleiner Vogel stumm und eilig seinen Ort wechselte:
die winzigsten Kehlen strömten diese alles überjubelnde, weithin
tragende Sprache aus.

Wo alles quoll, wo alles pulsierte, sowohl in ihm, als um
ihn herum, wußte Francesco den Platz des Todes nicht aus-
zumitteln. Er berührte den Stamm eines Kastanienbaums und
fühlte, wie er die Nahrungssäfte durch sich empordrängte. Er
trank die Luft wie eine lebendige Seele ein und wußte zugleich,
daß sie es war, der er das Atmen und Lobsingen seiner eigenen
Seele verdankte. Und war sie es nicht allein, die aus seiner
Kehle und Zunge ein sprechendes Werkzeug der Offenbarung
machte? Francesco verzog vor einem wimmelnden, eifrig tätigen
Ameisenhaufen einen Augenblick. Eine winzige, kleine Haselmaus war von den rätselhaften Tierchen fast ganz in ihrem
grazilen Skelett präpariert worden. Sprach das köstliche, kleine
Skelett und die in der Wärme des Ameisenstaates untergegangene und verschwundene Haselmaus nicht von der Un-
zerstörbarkeit des Lebens, und hatte nicht die Natur in ihrem
Bildnerdrang oder Zwang nur die neue Form gesucht? Der
Priester sah, diesmal nicht unter sich, sondern hoch über sich,
wiederum die braunen Fischadler von Sant Agatha. Ihre be-
schwingten und gefiederten Körper trugen das Wunder des
Bluts, das Wunder des pulsierenden Herzens in majestätischer
Wonne durch den Raum. Aber wer mochte verkennen, daß die
wechselnden Kurven ihres Flugs auf die blaue Seide des

Himmels eine deutliche, unverkennbare Schrift zeichneten, deren
Sinn und Schönheit aufs engste mit Leben und Liebe ver=
bunden war. Francesco war nicht anders zumut, als ob ihn
die Vögel zum Lesen aufforderten. Und wenn sie mit der
Bahn ihrer Flüge schrieben, so war ihnen auch die Kraft des
Lesens nicht versagt. Francesco gedachte des weittragenden Blicks,
der diesen geflügelten Fischern beschieden ward. Und er gedachte
der zahllosen Augen der Menschen, der Vögel, der Säugetiere,
der Insekten und Fische, mit denen die Natur sich selbst erblickt.
Mit einem immer tieferen Staunen erkannte er sie in ihrer unend=
lichen Mütterlichkeit. Sie sorgte dafür, daß ihren Kindern nichts
im allmütterlichen Bereich ungenossen verborgen blieb: sie waren
von ihr nicht allein mit den Sinnen des Auges, des Ohrs, des
Geruches, des Geschmackes und des Gefühls begabt worden,
sondern sie hatte, wie Francesco fühlte, für die Wandlungen der
Äonen noch unzählige, neue Sinne bereit. Was war das für
ein gewaltiges Sehen, Hören, Riechen, Schmecken und Fühlen
in der Welt! — Und eine weißliche Wolke stand über den Fisch=
adlern. Sie glich einem strahlenden Lustgezelt. Aber auch sie
verließ ihren Ort und wurde zusehends im lebendigsten Wechsel
umgewandelt.

Es waren tiefe und mystische Kräfte, die dem Priester Francesco
den Star gestochen hatten. Aber die Folie dieses Erlebnisses
war der ihn uneingestandenermaßen beglückende Umstand, daß er
vier köstliche Stunden vor sich sah, die ein Wiedersehen mit dem
armen, verfemten Hirtenmädchen in sich schlossen. Dieses Be=
wußtsein machte ihn sicher und reich, als könne die so kostbar er=
füllte Zeit nicht vorübergehen. Dort oben, ja dort oben, wo die
kleine Kapelle stand, über der die Fischadler kreisten, erwartete
ihn, wie er meinte, ein Glück, um das ihn die Engel beneiden

mußten. Er stieg und stieg, und der seligste Eifer beflügelte ihn.
Was er dort oben vorhatte, mußte sicherlich eine Art von Verklärung über ihn ausgießen und ihn in losgelöster Himmelsnähe
beinahe dem guten ewigen Hirten selbst gleich machen. „Sursum
corda! Sursum corda!" Er sprach den Gruß Francisci immer vor
sich hin, während die heilige Agathe neben ihm schritt, jene
Märtyrerin, der man das Kapellchen hoch oben geweiht hatte
und die dem Tode durch Henkershand wie einem fröhlichen Tanze
entgegengegangen war. Und hinter ihr und ihm, so kam es
Francesco im eifrigen Steigen vor, folgte ein Zug von heiligen
Frauen, die alle dem Liebeswunder auf dem festlichen Gipfel bei-
wohnen wollten. Maria selbst schritt, mit köstlich gelöstem, ambrosischem Haar und lieblichen Füßen, weit vor dem Priester und
seiner Prozession der seliggesprochenen Weiber hin, damit sich
unter ihrem Blick, unter ihrem Hauch, unter ihren Sohlen die
Erde festlich für alle mit Blumen bedecke. „Invoco te! invoco
te!" hauchte Francesco in sich verzückt, „invoco te, nostra benigna
stella!"

Ohne Ermüdung war der Priester auf dem Gipfel des Berg-
kegels angelangt, der kaum breiter war, als es der Grundriß des
kleinen dort befindlichen Gotteshauses erforderte. Er gab noch
einem schmalen Rande und einem engen Vorplätzchen Raum,
dessen Mitte von einer jungen, noch blätterlosen Kastanie eingenommen wurde. Ein Stück des Himmels oder von Mariens
blauem Gewand schien um das Wildkirchlein hingestreut, so hatte
der blaue Enzian sich um das Heiligtum ausgebreitet. Oder man
konnte auch meinen, die Spitze des Berges habe sich einfach in
den Azur des Himmels getaucht.

Der Chorknabe und die Geschwister Scarabota waren schon
anwesend und hatten es sich unter der Kastanie bequem gemacht.
Francesco erbleichte, denn seine Blicke waren vergebens, wenn
auch nur flüchtig, nach der jungen Hirtin ausgewesen. Er nahm

aber eine strenge Miene an und öffnete mit einem großen rostigen Schlüssel die Kapellentür, ohne sich die Enttäuschung und den bestürzten Kampf seiner Seele merken zu lassen. Er trat in das enge Kirchlein ein, in dem der Chorknabe alsbald hinter dem Altar einiges für die Zelebrierung der Messe vorbereitete. Aus einer mitgebrachten Flasche ward etwas Weihwasser in das ausgetrocknete Becken getan, in das die Geschwister nun ihre harten und sündigen Finger tauchen konnten. Sie besprengten und bekreuzigten sich und ließen sich mit scheuer Ehrfurcht gleich hinter der Türschwelle auf die Knie nieder.

Indessen begab sich Francesco, getrieben von Unruhe, nochmals ins Freie hinaus, wo er mit einer plötzlichen stummen und tiefen Erschütterung, nach einigem Umherschreiten, etwas unterhalb der Plattform des Gipfels das Mädchen, das er suchte, über einem Sternenhimmel leuchtend blauen Enzianes ruhend fand. — „Komm herein, ich warte auf Dich," rief der Priester. Sie erhob sich, anscheinend träge und sah ihn unter gesenkten Wimpern mit einem ruhigen Blicke an. Dabei schien sie in lieblicher Weichheit leise zu lächeln, was aber nur mit der natürlichen Bildung des süßen Mundes, mit dem lieblichen Leuchten der blauen Augen und den zarten Grübchen der vollen Wangen zusammenhing.

In diesem Augenblick vollzog sich die schicksalsschwere Erneuerung und Vervollkommnung des Bildes, das Francesco in seiner Seele gehegt hatte. Er sah ein kindlich unschuldvolles Madonnengesicht, dessen verwirrender Liebreiz mit einer ganz leisen, schmerzlichen Herbheit verbunden war. Die etwas starke Röte der Wangen ruhte auf einer weißen, nicht braunen Haut, aus der die feuchte Röte der Lippen mit der Glut des Granatapfels leuchtete. Jeder Zug in der Musik dieses kindlichen Hauptes war zugleich Süße und Bitterkeit, Schwermut und Heiterkeit. In seinem Blick lag schüchternes Zurückweichen und zugleich ein zärtliches Fordern: beides nicht mit der Heftigkeit tierischer Regungen,

sondern unbewußt blumenhaft. Schienen die Augen das Rätsel
und das Märchen der Blume in sich zu schließen, so glich die
ganze Erscheinung des Mädchens vielmehr einer schönen und
reifen Frucht. Dieses Haupt, wie Francesco bei sich mit Ver-
wunderung feststellte, gehörte noch ganz einem Kinde an, soweit
sich darin die Seele ausdrückte, nur eine gewisse traubenhaft
schwellende Fülle deutete auf die überschrittene Grenze des Kindes-
alters und auf die erreichte Bestimmung des Weibes hin. Das
teils erdfarbenbraune, teils von lichteren Strähnen durchzogene
Haar war in schwerer Krone um Schläfe und Stirn gebunden.
Etwas von schwerer, etwas von innerlich gärender, edelreifer
Schläfrigkeit schien die Wimper des Mädchens niederzuziehen und
gab ihren Augen eine gewisse feuchte, überdrängende Zärtlichkeit.
Aber die Musik des Hauptes ging unterhalb des elfenbeinernen
Halses in eine andere über, deren ewige Noten einen anderen
Sinn ausdrücken. Mit den Schultern begann das Weib. Es
war ein Weib von jugendlicher und reifer Fülle, das beinahe zur
Überfülle neigte und das nicht zu dem kindlichen Haupte zu
gehören schien. Die nackten Füße und starken gebräunten Waden
trugen eine fruchthafte Fülle, die fast, wie dem Priester dünkte,
zu schwer für sie war. Dieses Haupt besaß das sinnenheiße
Mysterium seines isishaften Körpers unbewußt, höchstens leise ahnde-
voll. Aber gerade darum erkannte Francesco, daß er diesem Haupte
und diesem allmächtigen Leibe rettungslos auf Tod und Leben
verfallen war.

Was nun aber auch der Jüngling im Augenblick des Wieder-
sehens mit dem durch Erbsünde so schwer belasteten Gottesgeschöpf
alles erblickte, erkannte und empfand, außer daß seine Lippen ein
wenig zuckten, konnte man ihm deswegen nichts anmerken. „Wie
heißt Du eigentlich?" fragte er nur die sündenerfüllte Sündlose.
Die Hirtin nannte sich Agatha und tat dies mit einer Stimme, die
Francesco wie das Lachen einer paradiesischen Lachtaube dünkte.

„Kannst Du schreiben und lesen?" fragte er. Sie erwiderte: „Nein!" „Weißt Du etwas von der Bedeutung des heiligen Meßopfers?" Sie sah ihn an und antwortete nicht. Da gebot er ihr, in das Kirchlein zu treten, und begab sich selbst vor ihr hinein. Hinter dem Altar half ihm der Knabe in das Meßgewand, Francesco setzte sich das Barett aufs Haupt, und die heilige Handlung konnte beginnen: nie hatte sich der junge Mensch dabei, wie jetzt, von einer so feierlichen Inbrunst durchdrungen gefühlt.

Ihm kam es vor, als wenn ihn der allgütige Gott erst jetzt zu seinem Diener berufen hätte. Der Weg priesterlicher Weihen, den er zurückgelegt hatte, schien ihm jetzt nicht mehr als eine trockene, inhaltlose und trügerische Übereilung zu sein, die mit dem wahrhaft Göttlichen nichts gemein hatte. Nun aber war die göttliche Stunde, die heilige Zeit in ihm angebrochen. Die Liebe des Heilands war wie ein himmlischer Feuerregen, in dem er stand, und durch den alle Liebe seines eigenen Innern plötzlich befreit und entflammt wurde. Mit unendlicher Liebe weitete sich sein Herz in die ganze Schöpfung hinein und ward mit allen Geschöpfen im gleichen, entzückten Pulsschlag verbunden. Aus diesem Rausch, der ihn fast betäubte, brach das Mitleid mit aller Kreatur, brach der Eifer für das Göttlich-Gute mit verdoppelter Kraft hervor, und er glaubte nun erst die heilige Mutterkirche und ihren Dienst ganz zu verstehen. Er wollte nun mit einem ganz anderen, erneuten Eifer ihr Diener werden.

Und wie hatte ihm nicht der Weg, der Aufstieg zu diesem Gipfel, das Geheimnis erschlossen, nach dessen Sinn er Agatha gefragt hatte. Ihr Schweigen, vor dem er selber stumm geworden war, bedeutete ihm, ohne daß er es merken ließ, gemeinsames Wissen durch Offenbarung, die ihnen beiden nun widerfahren war. War nicht die ewige Mutter der Inbegriff aller Wandlungen und hatte er nicht die verwahrlosten und im Finsteren tappenden, verlorenen Gotteskinder auf diesen überirdischen Gipfel gelockt, um ihnen das Wandlungswunder des Sohnes, das ewige Fleisch und Blut der Gottheit zu weisen? So stand der Jüngling und hob den Kelch, mit überströmenden Augen, voll Freudigkeit. Es kam ihm vor, als ob er selber zum Gott würde. In diesem Zustand des Auserwählten, des heiligen Werkzeugs, den er empfand, fühlte er sich mit unsichtbaren Organen in alle Himmel hineinwachsen, in einem Gefühl von Freude und Allgewalt, das ihn, wie er glaubte, über das ganze wimmelnde Gezücht der Kirchen und ihrer Pfaffheit unendlich erhob. Sie sollten ihn sehen, die Augen zu ihm in die schwindelnde Höhe seines Altars, auf dem er stand, mit staunender Ehrfurcht emporrichten. Denn er stand auf dem Altar in einem ganz anderen und höheren Sinne, als Petri Schlüsselhalter, der Papst, es nach seiner Erwählung tut. Krampfhaft verzückt hielt er den Kelch der Eucharistia und der Wandlungen, als ein Symbol des ewig sich neu gebärenden Gottesleibes der ganzen Schöpfung in die Unendlichkeit des Raums, wo es wie eine zweite, hellere Sonne leuchtete. Und während er seines Erachtens eine Ewigkeit, in Wirklichkeit zwei oder drei Sekunden, dastand mit dem erhobenen Heiligtum, kam es ihm vor, als ob der Zuckerhut von Sant Agatha von unten bis oben mit lauschenden Engeln, Heiligen und Aposteln bedeckt wäre. Allein beinahe noch herrlicher schien ihm ein dumpfer Paukenlaut und ein Reigen schön gekleideter Frauen, der sich, verbunden mit Blumengewinden, klar durch die Mauern sichtbar, rund um die kleine Kapelle bewegte. Dahinter drehten sich in verzückter Raserei die Mänaden des Sarkophags, tanzten und hüpften die ziegenfüßigen Satyrn, deren einige das hölzerne Fruchtbarkeitssymbol des Luchino Scarabota in fröhlicher Prozession umhertrugen.

Der Abstieg nach Soana brachte Francesco eine grüblerische Ernüchterung, wie jemandem, der die letzte Hefe aus dem Becher des Rausches getrunken hat. Die Familie Scarabota war nach der Messe davongegangen: Bruder, Schwester und Tochter hatten beim Abschied dankbar die Hand des jungen Priesters geküßt.

Wie er nun mehr und mehr in die Tiefe stieg, wurde ihm ebenso mehr und mehr der Zustand seiner Seele verdächtig, in dem er dort oben die Messe gelesen hatte. Auch der Gipfel von Sant Agatha war sicherlich früher eine irgendeinem Abgott geweihte, heidnische Kultstätte, was ihn da oben scheinbar mit dem Brausen des Heiligen Geistes ergriffen hatte, vielleicht dämonische Einwirkung jener entthronten Theokratie, die Jesus Christus gestürzt hatte, deren verderbliche Macht aber vom Schöpfer und Lenker der Welt immer noch zugelassen war. In Soana und in seinem Pfarrhause angelangt, hatte das Bewußtsein, sich einer schweren Sünde schuldig gemacht zu haben, den Priester ganz eingenommen, und seine Ängste deswegen wurden so hart, daß er noch vor dem Mittagessen die Kirche betrat, die Wand an Wand mit seiner Wohnung lag, um sich in heißen Gebeten dem höchsten Mittler anzuvertrauen und womöglich in seiner Gnade zu reinigen.

In einer deutlich gefühlten Hilflosigkeit bat er Gott, ihn den Angriffen der Dämonen nicht auszuliefern. Es spüre sehr wohl, so bekannte er, wie sie sein Wesen auf allerlei Weise angriffen, jenachdem einengten oder über seine bisherigen, heilsamen Grenzen ausdehnten und in erschrecklicher Weise verwandelten. „Ich war ein sorgsam angebautes, kleines Gärtlein zu Deiner Ehre", sagte Francesco zu Gott. „Nun ist es in einer Sintflut ertrunken, die vielleicht durch Einflüsse der Planeten steigt und steigt, und auf deren uferlosen Fluten ich in einem winzigen Kahne umhertreibe. Früher wußte ich genau meinen Weg. Es war derselbe, den Deine heilige Kirche ihren Dienern vorzeichnet. Jetzt werde ich mehr getrieben, als daß ich des Zieles und des Weges sicher bin.

Gib mir," flehte Francesco, „meine bisherige Enge und

meine Sicherheit und gebiete den bösen Engeln, sie mögen davon
ablassen, ihre gefährlichen Anschläge gegen Deinen hilflosen
Diener zu richten. Führe, o führe uns nicht in Versuchung.
Ich bin zu den armen Sündern hinaufgestiegen in Deinem
Dienst, mache, daß ich mich in den festbeschränkten Kreis meiner
heiligen Pflichten zurückfinde."

Francescos Gebete hatten nicht mehr die einstige Klarheit
und Übersicht. Er bat um Dinge, die einander ausschlossen.
Er ward mitunter selbst zweifelhaft, ob der Strom der Leiden=
schaft, der seine Bitten trug, vom Himmel oder aus einer
anderen Quelle stamme. Das heißt: er wußte nicht recht, ob er
nicht etwa den Himmel im Grunde um ein höllisches Gut an=
flehe. Es mochte christlichem Mitleid und priesterlicher Sorge
entsprungen sein, wenn er die Geschwister Scarabota in sein
Gebet einbezog. Verhielt es sich aber ebenso, wenn er in=
brünstig bis zu glühenden Tränen den Himmel um die Rettung
Agathas anflehte?

Auf diese Frage konnte er einstweilen noch mit Ja antworten,
denn die deutliche Regung des mächtigsten Triebes, die er beim
Wiedersehen des Mädchens gespürt hatte, war in eine schwärme=
rische Empfindung für etwas unendlich Reines übergegangen.
Diese Verwandlung war die Ursache, daß Francesco nicht
merkte, wie sich die Frucht der Todsünde anstelle Mariens, der
Mutter Gottes, eindrängte und für seine Gebete und Gedanken
gleichsam die Inkarnation der Madonna war. Am ersten Mai
begann in der Kirche von Soana, wie überall, ein besonderer
Mariendienst, dessen Wahrnehmung die Wachsamkeit des jungen
Priesters noch besonders einschläferte. Immer, Tag für Tag,
gegen die Zeit der Abenddämmerung, hielt er, hauptsächlich vor
den Frauen und Töchtern Soanas, einen kleinen Diskurs, der
die Tugenden der gebenedeiten Jungfrau zum Gegenstand hatte.
Vorher und nachher erscholl das Schiff der Kirche, bei offener

Tür, in den Frühling hinaus, zu Ehren Mariens von Lobgesang. Und in die alten, köstlichen, nach Text und Musik so lieblichen Weisen, mischte sich von außen fröhlicher Spatzenlärm und aus den nahen, feuchten Schluchten die süßeste Klage der Nachtigall. In solchen Minuten war Francesco, scheinbar im Dienste Mariens, dem Dienste seines Idols ganz hingeben.

Hätten die Mütter und Töchter Soanas geahnt, daß sie in den Augen des Priesters eine Gemeinschaft bildeten, die er Tag für Tag zur Verherrlichung dieser verhaßten Sündenfrucht in die Kirche zog, oder darum, um sich auf den andachtsvollen Klängen des Mariens-Gesanges zu der fern und hoch am Felsen klebenden, kleinen Alm emportragen zu lassen, man würde ihn sicher gesteinigt haben, so aber schien es, als wüchse mit jedem Tag vor den staunenden Augen der ganzen Gemeinde des jungen Klerikers Frömmigkeit. Nach und nach wurde alt und jung, reich und arm, kurz jedermann, vom Sindaco bis zum Bettler, vom Kirchlichsten bis zum Gleichgültigsten, in den heiligen Maienrausch Francescos hineingezogen.

Sogar die langen einsamen Wege, die er nun öfters unternahm, wurden zugunsten des jungen Heiligen ausgelegt. Und doch wurden sie nur unternommen in der Hoffnung, daß ein Zufall ihm einmal bei solcher Gelegenheit Agatha in den Wurf führen könne. Denn er hatte bis zum nächsten besonderen Gottesdienst für die Familie Scarobota in seiner Scheu, sich zu verraten, einen Zwischenraum von mehr als acht Tagen angesetzt, der ihm jetzt unerträglich lang wurde.

Noch immer sprach die Natur in jener aufgeschlossenen Weise zu ihm, die er zuerst auf dem Gange nach Sant Agatha, auf der Höhe des kleinen Heiligtums wahrgenommen hatte. Jeder Grashalm, jede Blume, jeder Baum, jedes Wein- und Epheublatt waren nur Worte einer aus dem Urgrund des Seins aufklingenden Sprache, die, in tiefster Stille selbst, mit gewaltigem Braufen redete. Nie hatte eine Mufik fo fein ganzes Wefen durchdrungen und, wie er meinte, mit heiligem Geift erfüllt.

Francesco hatte den tiefen, ruhigen Schlaf feiner Nächte eingebüßt. Der myftifche Weckruf, der ihn getroffen hatte, fchien fozufagen den Tod getötet und feinen Bruder, den Schlaf, verbannt zu haben. Jede diefer von überall quellendem Leben durchpulften Schöpfungsnächte ward für Francescos jungen Körper zur heiligen Offenbarungszeit: fo zwar, daß es ihm manchmal zumute war, als ob er den letzten Schleier vom Geheimnis der Gottheit fallen fühlte. Oft, wenn er aus heißen Träumen, die beinahe ein Wachen darftellten, in das Wachen der Sinne überging, draußen der Fall von Soana doppelt fo laut als am Tage raufchte, der Mond mit den Finfterniffen der mächtigen Klüfte kämpfte und fchwarzes Gewölk, gigantisch murrend, die höchften Spitzen des Generofo verdüfterte, zitterte Francescos Leib von Gebeten, inbrünftig, wie nie zuvor, und ähnlich, wie wenn ein durftiger Stamm, deffen Wipfel der Frühlingsregen tränkt, im Winde erfchauert. In diefem Zuftande rang er voll Sehnsucht mit Gott, ihn in das heilige Schöpfungswunder, wie in den brennenden Kern des Lebens, einzuweihen, in diefes allerheiligfte, innerfte Etwas, das von dort aus alles Dafein durchdringt. Er fprach: „Von dort, o Du mein allmächtiger Gott, dringt Dein ftärkftes Licht! von diefem in nie zu erschöpfenden Feuerwellen ftrömenden Kern verbreitet fich alle Wonne des Dafeins und das Geheimnis der tiefften Luft. Lege mir nicht eine fertige Schöpfung in den Schoß, o Gott, fondern mache mich zum Mitfchöpfer. Laß mich teilnehmen an Deinem nie unterbrochenen Schöpfungswerk; denn nur dadurch, und durch nichts anderes, vermag ich auch Deines Paradiefes teilhaft zu werden." Unbekleidet lief

Francesco, um die Glut seiner Glieder zu kühlen, im Zimmer bei weitgeöffnetem Fenster umher und ließ die Nachtluft um seinen Leib fluten. Dabei kam es ihm vor, als ruhe das schwarze Gewitter über dem riesenhaften Felsrücken des Generoso, wie ein ungeheurer Stier über einer Färse ruht, schnaube Regen aus seinen Nüstern, murre, schieße zuckende Blitze aus düster flammenden Augen und übe mit keuchender Flanke das zeugende Werk der Fruchtbarkeit.

Vorstellungen wie diese waren durchaus heidnischer Art, und der Priester wußte es, ohne daß es ihn jetzt beunruhigte. Er war allbereits zu sehr in die allgemeine Betäubung drängender Frühlingskräfte versunken. Der narkotische Brodem, der ihn erfüllte, löste die Grenzen seiner engen Persönlichkeit und weitete ihn ins Allgemeine. Überall wurden Götter geboren in der frühen, toten Natur. Und auch die Tiefen von Francescos Seele erschlossen sich und sandten Bilder herauf von Dingen, die im Abgrund der Jahrmillionen versunken lagen.

In einer Nacht hatte er, im Zustande halben Wachens, einen schweren und in seiner Art furchtbaren Traum, der ihn in eine grausige Andacht versenkte. Er ward gleichsam zum Zeugen eines Mysteriums, das eine schreckliche Fremdheit und zugleich etwas wie Weihungen einer uralten, unwiderstehlichen Macht ausatmete. Irgendwo versteckt in den Felsen des Monte Generoso schienen Klöster gelegen zu sein, aus denen herab gefährliche Steige und Felstreppchen in unzugängliche Höhlen führten. Diese Felssteige klommen in feierlichem Zuge, einer hinter dem anderen, bärtige Männer und Greise in braunen Kutten herab, die aber in der Versunkenheit ihrer Bewegungen, sowie in der Entrücktheit ihrer Gesichter schauerlich wirkten und zur Ausübung eines schrecklichen Kultes verdammt schienen. Diese beinahe riesenhaften und wilden Gestalten waren auf eine beklemmende Weise ehrwürdig. Sie kamen hochaufgerichtet herab, mit gewaltig verwilderten, buschigen

Häuptern, an denen sich Haupt- und Barthaar vermischte. Und diesen Vollstreckern eines unbarmherzigen und tierischen Dienstes folgten Weiber nach, die nur von den mächtigen Wogen ihres Haars, wie von schweren goldenen oder schwarzen Mänteln bedeckt waren. Während das Joch des furchtbaren Triebs die wortlos abwärtssteigenden Traumeremiten starr und besinnungslos gefangen hielt, lag eine Demut über den Weibern, gleichwie über Opfertieren, die sich selber einer schrecklichen Gottheit darbringen. In den Augen der Mönche lag stille, besinnungslose Wut, als wenn der giftige Biß eines tollen Tiers sie verwundet und ihnen einen Wahnwitz ins Blut gesetzt hätte, dessen rasender Ausbruch zu erwarten war. Auf den Stirnen der Weiber, in ihren andächtig fromm gesenkten Wimpern lag eine erhabene Feierlichkeit.

Endlich hatten die Anachoreten des Generoso sich, wie lebende Götzen, vereinzelt in flache Höhlen der Felswand gestellt, und es begann ein ebenso häßlicher als erhabener Phallusdienst. So scheußlich er war — und Francesco erschrak in der tiefsten Seele — so schauerlich war er in seinem tödlichen Ernst und seiner bangen Heiligkeit. Mächtige Eulen revierten mit durchdringendem Schrei an den Felswänden, beim Sturze des Wasserfalls und im magischen Lichte des Mondes; aber die gewaltigen Rufe der großen Nachtvögel wurden von den herzerstarrenden Schmerzensschreien der Priesterinnen übertönt, die an den Qualen der Lust dahinstarben.

Der Tag des Gottesdienstes für die armen, verfemten Seunshirten war endlich wieder herangekommen. Er glich schon am Morgen, als der Priester Francesco Vela sich erhob, keinem unter allen früheren, die er jemals erlebt hatte. So springen im Leben jedes bevorzugten Menschen unerwartet und ungerufen Tage wie blendende Offenbarungen auf. Der Jüngling hatte an

diefem Morgen deu Wunsch, weder ein Heiliger, noch ein
Erzengel, noch selbst ein Gott zu sein. Vielmehr beschlich ihn
leise Furcht, Heilige, Erzengel und Götter möchte der Neid ihm
zu Feinden machen; denn er kam sich an diesem Morgen über
Heilige, Engel und Götter erhaben vor. Aber oben auf Sant
Agatha wartete seiner eine Enttäuschung. Sein Idol, das den
Namen der Heiligen trug, hatte sich von dem Kirchgang aus-
geschloffen. Von dem erbleichenden Priester gefragt, brachte der
rauhe, vertierte Vater nur rauhe, vertierte Laute heraus, während
die Gattin, die zugleich seine Schwester war, die Tochter mit
häuslicher Arbeit entschuldigte. Hierauf ward die heilige Funktion
durch Francesco auf eine so teilnahmslose Weise erledigt, daß
er am Schluffe der Messe nicht recht wußte, ob er sie schon begonnen habe. Im Innern durchlebte er Höllenpein, ja solche
Zustände, die, einem wirklichen Höllensturz vergleichbar, aus ihm
einen armen Verdammten machten.

Nachdem er den Ministranten zugleich mit den Geschwistern
Scarabota entlassen hatte, stieg er, noch immer vollkommen fassungslos, an irgendeiner Seite des steilen Kegels bergab, ohne sich
eines Zieles, noch weniger irgendeiner Gefahr bewußt zu sein.
Wieder hörte er Rufe hochzeitlich kreisender Fischadler. Aber sie
klangen ihm wie Hohn, der sich aus trügerisch leuchtendem Äther
herabschüttete. Im Geröll eines trockenen Wasserlaufs rutschte
er keuchend und springend ab, während er wirre Gebete und
Flüche wimmerte. Er fühlte Foltern der Eiferfucht. Obgleich
etwas Weiteres nicht geschehen war, als daß die Sünderin
Agatha durch irgendetwas auf der Alpe von Santa Croce festgehalten wurde, erschien es dem Priester ausgemacht, daß sie
einen Buhlen besaß und die der Kirche gestohlene Zeit in seinen
Armen zubrachte. Während ihm durch ihr Fernbleiben mit einem
Schlage die Größe seiner Abhängigkeit zum Bewußtsein kam,
fühlte er abwechselnd Angst, Bestürzung und Wut, den Drang,

sie zu strafen und um Rettung aus seiner Not, das heißt um Gegenliebe, zu betteln. Er hatte den Stolz des Priesters noch keineswegs abgestreift: es ist dies der wildeste und unbeugsamste! und dieser Stolz war aufs tiefste verletzt worden. Für ihn war das Ausbleiben Agathas dreifache Demütigung. Die Sünderin hatte den Mann an sich, den Diener Gottes und den Geber des Sakramentes verworfen. Der Mann, der Priester, der Heilige wand sich in Krämpfen getretener Eitelkeit und schäumte, wenn er des bestialischen Kerls, Hirt oder Holzknecht, gedachte, den sie inzwischen wahrscheinlich ihm vorzog.

Mit zerrissener und bestaubter Soutane, beschundenen Händen und zerkratztem Gesicht gelangte Francesco nach einigen Stunden wilden .und irren Umherkletterns, Schlucht ab, Schlucht auf, zwischen Ginstergebüsch, über brausendes Bergwasser, in eine Gegend des Generoso, wo Herdengeläut sein Ohr berührte. Welchen Ort er somit erreicht hatte, war ihm nicht einen Augenblick zweifelhaft. Er blickte auf das verlassene Soana hinunter, auf seine Kirche, die bei heller Sonne deutlich zu sehen war, und erkannte die Menge, die nun vergeblich dem Heiligtum zuströmte. Jetzt eben hätte er sollen das Meßgewand in der Sakristei übertun. Aber er hätte viel eher ein Seil um die Sonne legen und diese herabziehen können, als daß es ihm möglich gewesen wäre, die unsichtbaren Fesseln zu zerreißen, die ihn gewaltsam nach der Alpe zogen.

Eben wollte den jungen Pfarrer etwas wie Selbstbesinnung anwandeln, als ein duftender Rauch, von der frischen Bergluft getragen, ihm in die Nase stieg. Unwillkürlich forschend umherblickend, bemerkte er nicht sehr fern eine sitzende Mannesgestalt, die ein Feuerchen zu behüten schien, an dessen Rand ein blechernes Gefäß, wahrscheinlich gefüllt mit einer Minestra, dampfte.

Der Sitzende sah den Priester nicht, denn er hatte ihm seinen Rücken zugekehrt. So konnte der Priester wiederum nur einen runden, beinahe weißwolligen Kopf, einen starken und braunen Nacken unterscheiden, während Schulter und Rücken von einer durch Alter, Wetter und Wind erdfarbgewordenen Jacke bedeckt waren, die nur lose darüber hing. Der Bauer, Hirt oder Holzfäller, was er nun sein mochte, saß, gegen das Feuerchen hingebeugt, dessen kaum sichtbare Flammen vom Berghauch gedrückt, wagrecht an der Erde hinzüngelten und Rauchschwaden flachhin aussendeten. Er war augenscheinlich in eine Arbeit vertieft, eine Schnitzelei, wie sich bald herausstellte, und schwieg zumeist, wie jemand, der bei dem, was er gerade tut, Gott und die Welt vergessen hat. Als Francesco, aus irgendeinem Grunde ängstlich jede Bewegung vermeidend, längere Zeit gestanden hatte, fing der Mann oder Bursche am Feuer leise zu pfeifen an, und einmal ins Musizieren gekommen, schickte er plötzlich aus melodischer Kehle abgerissene Stücke irgendeines Liedes in die Luft.

Das Herz Francescos pochte gewaltig. Es war nicht deshalb, weil er so heftig schluchtab, schluchtauf gestiegen war, sondern aus Gründen, die teils aus der Sonderbarkeit seiner Lage, teils von dem eigentümlichen Eindruck herrührten, den die Nähe des Menschen am Feuer in ihm hervorbrachte. Dieser braune Nacken, dieses krause, gelblichweiße Gelock des Kopfes, die jugendlich strotzende Körperlichkeit, die man unter dem schäbigen Umhang ahnte, das spürbar freie und wunschlose Behagen des Bergbewohners: alles zusammen ging blitzartig in Francescos Seele eine Beziehung ein, in der seine krankhafte und gegenstandslose Eifersucht noch qualvoller aufloderte.

Francesco schritt auf das Feuer zu. Es wäre ihm doch nicht gelungen, verborgen zu bleiben; und er war überdies von unwiderstehlichen Kräften angezogen. Da wandte sich der Bergmensch herum, zeigte ein Antlitz voll Jugend und Kraft, wie es ähnlich der Priester noch niemals gesehen hatte, sprang auf und blickte den Kommenden an.

Es war Francesco nun klar, daß er es mit einem Hirten zu tun hatte, da die Schnitzelei, die jener verfertigte, eine Schleuder war. Er bewachte die braun und schwarz gefleckten Rinder, die, da und dort sichtbar, im ganzen entfernt und versteckt, zwischen Gestein und Gesträuch herumkletterten, nur durch das Geläute verraten, die der Stier und eine und die andere Kuh am Halse trug. Er war ein Christ: und was hätte er zwischen allen diesen Bergkapellen und Madonnenbildern der Gegend auch anderes sein sollen? Aber er schien auch ein ganz besonders ergebener Sohn der heiligen Kirche zu sein, denn er küßte, sogleich das Gewand des Priesters erkennend, Francesco mit scheuer Inbrunst und Demut die Hand.

Sonst aber, wie dieser sogleich erkannte, hatte er mit den übrigen Kindern der Parochie keine Ähnlichkeit. Er war stärker und untersetzter gebaut, seine Muskeln hatten etwas Athletisches, sein Auge schien aus dem blauen See in der Tiefe genommen zu sein und an Weitblick dem der braunen Fischadler gleich, die, wie immer, hoch um Sant Agatha kreisten. Seine Stirn war niedrig, die Lippen wulstig und feucht, sein Blick und Lächeln von derber Offenheit. Verstecktes und Lauerndes, wie es manchem Südländer eigen ist, war ihm nicht anzumerken. Von alledem gab sich Francesco, Auge in Auge mit dem blonden jungen Adam des Monte Generoso, Rechenschaft und gestand sich, daß er einen so urwüchsig schönen Lümmel noch nicht gesehen hatte.

Um den wahren Grund seines Kommens zu verbergen und sein Erscheinen zugleich verständlich zu machen, log er, daß er einem Sterbenden das Sakrament in einer entlegenen Hütte gereicht und dann den Heimweg ohne seine Ministranten angetreten habe. Dabei habe er sich verirrt, sei abgeglitten und abgerutscht und wünsche nun auf den rechten Weg gewiesen zu sein, nachdem er ein wenig geruht habe. Diese Lüge glaubte der Hirt. Mit derbem Lachen und seine gesunden Zahnreihen zeigend, aber doch mit Verlegenheit, begleitete er die Erzählung des Geistlichen und machte ihm einen Sitz zurecht, die Jacke von seinen Schultern werfend und über den Wegrand am Feuer ausbreitend. Hierbei wurden seine braunen und blanken Schultern, ja, der ganze Oberkörper bis zum Gürtel entblößt, und es zeigte sich, daß er ein Hemd nicht anhatte.

Mit diesem Naturkinde ein Gespräch anzufangen, hatte beträchtliche Schwierigkeiten. Es schien ihm peinlich, mit dem geistlichen Herrn allein zu sein. Nachdem er eine Weile kniend ins Feuer geblasen, Reisig dazu getan, ab und zu den Deckel des Kochgeschirrs gelüftet und dazu Worte in einer unverständlichen Mundart gesprochen hatte, stieß er urplötzlich einen gewaltigen Juchzer aus, der von den Felsbastionen des Generoso zurück und in vielfachem Echo widerhallte.

Kaum daß dieses Echo verklungen war, so hörte man etwas mit lautem Kreischen und Gelächter sich annähern. Es waren verschiedene Stimmen, die Stimmen von Kindern, von denen sich eine abwechselnd lachende und nach Hilfe rufende weibliche Stimme unterschied. Beim Klang dieser Stimme fühlte Francesco seine Arme und Füße absterben, und es war ihm zugleich, als ob sich eine Macht ankündige, die, verglichen mit der, die sein natürliches Dasein hervorgebracht hatte, das Geheimnis des wahren, des wirklichen Lebens enthielt. Francesco brannte wie der Dornbusch des Herrn, aber äußerlich war ihm nichts anzumerken. Während sein Inneres sekundenlang ohne Besinnung war, fühlte er eine unbekannte Befreiung und zugleich eine ebenso süße als rettungslose Gefangenschaft.

Inzwischen hatten sich die von Gelächter erstickten weiblichen Notrufe angenähert, bis an der Wendung eines abschüssigen Steiges ein ebenso unschuldiges als freilich auch ungewöhnliches, bukolisches Bild sichtbar ward. Ebenderselbe scheckige Ziegenbock, der den Priester Francesco bei seinem ersten Besuch auf der Alm belästigt hatte, führte, prustend und widerspenstig, einen kleinen Bacchantenzug, wobei er, von lärmenden Kindern verfolgt, die einzige Bacchantin des Trupps rittlings auf seinem Rücken trug. Das schöne Mädchen, das Francesco, wie er glaubte, zum ersten Male erblickte, hielt die gewundenen Hörner des Bockes kräftig gefaßt, so stark sie sich aber nach rückwärts bog, den Hals des Tieres mit sich reißend, vermochte sie doch nicht, weder es zum Stillstand zu zwingen, noch von seinem Rücken herunterzusteigen. Irgendein Spaß, den sie den Kindern zuliebe vielleicht unternommen haben mochte, hatte das Mädchen in diese hilflose Lage gebracht, wie sie, nicht eigentlich sitzend, sondern zu beiden Seiten des ungeeigneten Reittieres mit nackten Füßen die Erde berührend, ·weniger getragen ward als schritt, und doch, ohne einen Fall zu tun, von dem ungebärdigen, feurigen Bock nicht los konnte. So hatte sich ihr Haar gelöst, die Tragbänder ihres groben Hemdes waren von den Schultern geglitten, so daß eine köstliche Halbkugel sichtbar ward, und die sowieso kaum bis zur Wade reichenden Röckchen der Hirtin langten jetzt noch weniger zu, ihre üppigen Knie zu bedecken.

Es dauerte eine geraume Zeit, bevor der Priester sich bewußt wurde, wer eigentlich die Bacchantin war, und daß er in ihr den lechzend gesuchten Gegenstand seiner marternden Sehnsucht vor sich hatte. Die Schreie des Mädchens, ihr Lachen, ihre unfreiwillig wilden Bewegungen, ihr fesselloses, fliegendes Haar, der geöffnete Mund, die hoch und stoßweis atmende Brust, die ganze gleichsam erzwungene und doch freiwillige Tollkühnheit des übermütigen Ritts hatten sie äußerlich ganz verändert. Eine rosige Glut überzog ihr Gesicht und mischte Lust und Angst mit Schamhaftigkeit, die sich drollig und lieblich ausdrückte, wenn etwa blitzschnell eine der Hände vom Horne des Bockes fort nach dem gefährlich verschobenen Rocksaum fuhr.

Francesco war gebannt und dem Bilde verfallen, als wäre es mit der Kraft zu lähmen begabt. Es erschien ihm schön, auf eine Art, die ihm nicht im entferntesten die naheliegende Ähnlichkeit mit einem Hexenritt in Erinnerung brachte. Dagegen belebten sich seine antikischen Eindrücke. Er gedachte des marmornen Sarkophags, der, immer von klarem Bergwasser überfließend, am Dorfplatze in Soana stand, und dessen Bildnerei er jüngst studiert hatte. War es nicht so, als hätte diese steinerne und doch so lebendige Welt des bekränzten Weingotts, der tanzenden Satyrn, der panthergezogenen Triumphwagen, der Flötenspielerinnen und Bacchantinnen sich in die steinernen Ödeneien des Generoso versteckt, und als wäre plötzlich eine der gottbegeisterten Weiber, von dem rasenden Bergkult der Mänaden abgesprengt, überraschend ins Gegenwartleben getreten.

Hatte Francesco nicht sogleich Agatha, so hatte dafür der Bock den Priester sofort erkannt: weshalb er ihm seine vergeblich schreiende und widerstrebende Last geradeswegs zuschleppte, und indem er, ganz ohne Umstände, mit seinen beiden gespaltenen Vorderhufen auf den Schoß des Priesters trat, bewirkte er, daß seine Reiterin, endlich erlöst, von seinem Rücken langsam herunterglitt.

Nachdem das Mädchen begriffen hatte, daß ein Fremder zugegen war, und als sie nun gar in diesem Fremden Francesco erkannte, versiegte ganz plötzlich ihr Lachen und ihre Munterkeit, und ihr Antlitz, das noch eben vor Lust geglänzt hatte, nahm eine gleichsam trotzige Blässe an.

Warum bist Du heut nicht zur Kirche gekommen?" Francesco
tat diese Frage, sich erhebend, in einem Ton und mit
einem Ausdruck seines bleichen Gesichts, den man als einen
zornigen deuten mußte, obgleich er eine andere Erregung des
Gemütes als Ursache hatte. Sei es, weil er diese Erregung
verstecken wollte, oder aus Verlegenheit, ja Hilflosigkeit, oder
weil wirklich der Seelsorger in ihm in Entrüstung geriet: der
Zorn nahm zu und trat in einer Weise hervor, der den Hirten
befremdet aufblicken machte, dem Mädchen aber nacheinander die
Röte und Blässe der Bestürzung und Scham ins Antlitz trieb.

Aber während Francesco sprach und mit Worten strafte —
Worten, die ihm geläufig waren, ohne daß seine Seele in ihnen
zu sein brauchte, war es in seinem Inneren still, und während
die Adern in seiner alabasternen Stirn aufschwollen, empfand er
die Wonnen einer Erlösung. Die noch eben empfundene, tiefste
Lebensnot war in Reichtum verwandelt, der marternde Hunger
in Sättigung, die noch eben verfluchte, infernalische Welt troff
jetzt vom Glanze des Paradieses. Und indem sich die Wollust
seines Zornes stärker und stärker ergoß, wurde sie selber stärker
und stärker. Er hatte den verzweifelten Zustand nicht vergessen,
in dem er soeben gewesen war, aber es jubilierte in ihm, und
er mußte ihn segnen und wieder segnen. Dieser Zustand war ja
die Brücke gewesen zur Seligkeit. So weit war Francesco allbereits in die magischen Kreise der Liebe hineingeraten, daß die
bloße Gegenwart des geliebten Gegenstandes jenen Genuß mit
sich brachte, der mit Glück betäubt und an eine noch so nahe
Entbehrung nicht denken läßt.

Bei alledem fühlte der junge Priester und verbarg sich nicht
mehr, welche Veränderung mit ihm vorgegangen war. Der
wahre Zustand seines Wesens war gleichsam nackt hervorgetreten.
Die tolle Jagd, die er hinter sich hatte, er wußte es wohl, war
von der Kirche nicht vorgezeichnet und außerhalb des geheiligten

Wegenetzes, das seinem Wirken deutlich und streng gezogen war. Zum erstenmale geriet nicht nur sein Fuß, sondern auch seine Seele in die Weglosigkeit und es kam ihm vor, als wenn er nicht so als Mensch, sondern eher als ein fallender Stein, ein fallender Tropfen, ein vom Sturme getriebenes Blatt, an die Stelle, auf der er nun stand, gelangt wäre.

Jedes seiner zornigen Worte belehrte Francesco, daß er seiner selbst nicht mehr mächtig war, hingegen aber gezwungen wurde, um jeden Preis Gewalt über Agatha zu suchen und auszuüben. Er nahm sie mit Worten in Besitz. Je mehr er sie demütigte, desto voller tönten in ihm die Harfen der Seligkeit. Jeder Schmerz, den er ihr strafend zufügte, weckte einen Taumel in ihm: es fehlte nicht viel, ja, wäre der Hirte nicht zugegen gewesen, Francesco wäre, in einem solchen Taumel, der letzten Beherrschung seiner selbst verlustig gegangen und hätte, dem Mädchen zu Füßen fallend, den echten Schlag seines Herzens verraten.

Agatha hatte bis diesen Tag, trotzdem sie in dem verrufenen Anwesen groß geworden war, den Unschuldstand einer Blume bewahrt. Ebensowenig, als der Bergenzian waren ihre diesem gleichenden blauen Augensterne jemals im Tale, unten am See gesehen worden. Sie hatte den engsten Erfahrungskreis. Doch, obgleich der Priester für sie eigentlich gar kein Mensch, viel eher ein Ding zwischen Gott und Mensch, eine Art fremder Zauberer war, erriet sie doch plötzlich, und bekundete es durch einen erstaunten Blick, was Francesco verbergen wollte.

Die Kinder hatten den Ziegenbock, über Geröll empor, davongeführt. Dem Holzknecht war in Gegenwart des Priesters nicht wohl geworden. Er nahm den Topf vom Feuer und kletterte damit unter vielen Mühen wahrscheinlich zu einem Kameraden hinauf, der Lasten Reisig an einem unendlich langen Draht über einen Abgrund zur Tiefe hinab beförderte. Mit einem schleifenden Geräusch zog jeweilen solch ein dunkles Bündel längs der Felsbastionen

dahin, einem braunen Bären oder dem Schatten eines Riesen=
vogels nicht unähnlich. Übrigens schien es zu fliegen, da der
Draht nicht sichtbar war. Als nach einem urkräftigen Jodler, der
von den Zinnen und Bastionen des Generoso widerhallte, der
Hirt dem Gesichtskreis entschwunden war, küßte Agatha, gleichsam
zerknirscht, dem Priester den Saum des Gewandes und dann die
Hand.

Francesco hatte mechanisch über den Scheitel des Mädchens
das Zeichen des Kreuzes gemacht, wobei seine Finger ihr
Haar berührt hatten. Nun aber ging ein krampfhaftes Zittern
durch seinen Arm, als ob ein Etwas mit letzter Kraft ein anderes
Etwas in seiner Gewalt behalten wollte. Aber das angespannte,
hemmende Etwas vermochte doch nicht zu verhindern, daß die
segnende Hand sich langsam spreizte und mit ihrer Fläche dem
Haupte der reuigen Sünderin näher und näher kam und plötz=
lich fest und voll darauf ruhte.

Feige sah sich Francesco ringsum. Es lag ihm fern, sich
etwa jetzt noch selbst zu belügen, und die Lage, in der er war,
mit den Obliegenheiten seines heiligen Amtes zu rechtfertigen,
dennoch redete allerlei aus ihm von Beichte und Firmelung.
Und die nahezu ungebändigte, sprungbereite Leidenschaft fürchtete
so sehr die Möglichkeit, bei ihrer Entdeckung Entsetzen und Ab=
scheu zu erregen, daß auch sie noch einmal feige unter die Maske
der Geistlichkeit flüchtete.

„Du wirst zu mir hinunter in die Schule nach Soana kommen,
Agathe", sagte er. „Dort wirst Du lesen und schreiben lernen.
Ich will Dich ein Morgen= und ein Abendgebet lehren, ebenso
Gottes Gebote, und wie Du die sieben Hauptsünden erkennen und
vermeiden kannst. Wöchentlich wirst Du dann bei mir beichten."

Aber Francesco, der sich nach diesen Worten losgerissen hatte und, ohne sich umzublicken, bergabwärts gestiegen war, entschloß sich am nächsten Morgen, nach einer übeldurchwachten Nacht, selbst zur Beichte zu gehen. Als er einem tabakschnupfenden Erzpriester des nahen Bergstädtchens, Arogno mit Namen, seine Gewissensnöte, nicht ohne Versteckensspiel, eröffnete, ward er bereitwilligst absolviert. Es war eine Selbstverständlichkeit, daß sich der Teufel dem Versuche des jungen Priesters, verirrte Seelen in den Schoß der Kirche zurückzuleiten, entgegensetzte, besonders da das Weib für den Mann immer die nächste Gelegenheit zur Sünde sei. Nachdem Francesco dann mit dem Arciprete im Pfarrhaus gefrühstückt hatte und bei offenem Fenster, linder Luft, Sonne und Vogelsang manches offene Wort über den öfteren Widerstreit menschlicher mit kirchlichen Angelegenheiten gefallen war, gab sich Francesco der Täuschung hin, ein erleichtertes Herz davonzutragen.

Zu dieser Wandlung hatten wohl auch für ihren Teil einige Gläser jenes schweren, schwarzvioletten Weines beigetragen, den die Bauern Arognos kelterten und dessen der Pfaff einige Oxhofte voll besaß. Zu dem Kellergewölbe unter gewaltigen zartbelaubten Kastanien, wo dieser Reichtum auf Balken lagerte, gab sogar schließlich noch nach beendeter Mahlzeit der Priester dem Priester und Beichtkinde das Geleit, da er gewohnheitsgemäß um diese Zeit für den weiteren Tagesbedarf seinen mitgenommenen Fiasco zu füllen pflegte.

Kaum aber hatte Francesco seinem Beichtvater auf der blumigen, windbewegten Wiese vor der eisenbeschlagenen Pforte des Felsgewölbes Lebewohl gesagt, kaum hatte er, rüstig um eine Biegung des Weges davon schreitend, hügeliges Land genug, mit Baum und Gebüsch, zwischen sich und ihn gebracht, als er auch schon einen unerklärlichen Widerwillen gegen den Trost des Kollegen empfand und die ganze Zeit, die er mit ihm verbracht hatte.

Dieser schmuddlige Bauer, dessen abgenutzte Soutane und schweißiges Unterzeug einen widerlichen Geruch verbreiteten, dessen schmuziger Kopf und mit eingefressenem Schmutz bedeckte, rauhen Hände bewiesen, daß Seife für ihn eine fremde Sache war, schien ihm vielmehr ein Tier, ja ein Klotz, statt ein Priester Gottes zu sein. Die Geistlichen sind geweihte Personen, sagte er sich, wie die Kirche lehrt, die durch die Weihe übernatürliche Würde und Gewalt erhalten haben, so daß selbst Engel vor ihnen sich neigen. Diesen konnte man nur als eine Spott= geburt auf das alles bezeichnen. Welche Schmach, die priester= liche Allmacht in solche Rüpelhände gelegt zu sehen. Da doch Gott sogar solcher Allmacht unterliege und er durch die Worte: „hoc est enim meum corpus" unwiderstehlich gezwungen wird, auf den Meßaltar niederzusteigen.

Francesco haßte ihn, ja verachtete ihn. Dann wieder emp= fand er tiefes Bedauern. Aber endlich kam es ihm vor, als ob sich der stinkende, häßliche, unflätige Satan in ihn verkleidet hätte. Und er gedachte solcher Geburten, die mit Hilfe eines incubus oder eines succubus zustande gekommen sind.

Francesco erstaunte selbst über solche Regungen seines Innern und über seinen Gedankengang. Sein Wirt und Beichtiger hatte, außer durch sein Dasein, kaum einen Anlaß dazu gegeben, denn seine Worte, auch über Tisch, waren durchaus getragen vom Geiste der Wohlanständigkeit. Aber Francesco schwamm bereits wiederum in einem solchen Gefühl von Gehobenheit, glaubte eine so himmlische Reinheit zu atmen, daß ihm, ver= glichen mit diesem geheiligten Element, das Alltägliche wie im Stande der Verdammnis festgekettet schien.

Der Tag war gekommen, an dem Francesco die Sünderin von der Alpe zum erstenmal im Pfarrhause zu Soana er= wartete. Er hatte ihr aufgetragen, die Schelle, unweit der

Kirchtür, zu ziehen, durch die man ihn in den Beichtstuhl rufen konnte. Aber es ging schon gegen die Mittagszeit, ohne daß die Schelle sich regen wollte, während er, immer zerstreuter werdend, einige halberwachsene Mädchen und Knaben im Schulzimmer unterrichtete. Der Wasserfall sandte sein Brausen, jetzt aufschwellend, jetzt absinkend, durchs offene Fenster herein, und die Erregung des Priesters wuchs, so oft es sich steigerte. Er war dann besorgt, womöglich das Läuten der Schelle zu überhören. Die Kinder befremdete seine Unruhe, seine Geistesabwesenheit. Am wenigsten entging es den Mädchen, deren irdische, wie himmlische Sinne schwärmerisch an dem jungen Heiligen sich weideten, daß er mit der Seele nicht bei der Sache und also auch nicht bei ihnen war. Durch tiefen Instinkt mit den Regungen seines jugendlichen Wesens verknüpft, empfanden sie sogar jene Spannung mit, die es augenblicklich beherrschte.

Kurz vor dem Zwölfuhrglockenschlag entstand Gemurmel von Stimmen auf dem Dorfplatz, der mit seinen mailich sprossenden Kastanienwipfeln bis dahin still im Lichte der Sonne lag. Eine Menschenmenge näherte sich. Man hörte ruhigere, scheinbar protestierende, männliche Kehllaute. Aber ein unaufhaltsamer Strom von weiblichen Worten, Schreien, Verwünschungen und Protesten überschwoll mit einemmal jene und dämpfte sie bis zur Unhörbarkeit. Dann trat eine bange Ruhe ein. Plötzlich schlugen ans Ohr des Priesters dumpfe Geräusche, deren Ursache im ersten Augenblick unbegreiflich blieb. Man war im Mai und doch klang es, als wenn im Herbst ein Kastanienbaum, unter der Wucht eines Windstoßes, Lasten von Früchten auf einmal abschüttelte. Platzend trommelten die harten Kastanien auf das Erdreich.

Francesco beugte sich aus dem Fenster.

Er sah mit Entsetzen, was auf der Piazza im Gange war. Er war so erschrocken, ja so bestürzt, daß ihn erst der ohrzerreißende, gellende Laut des Beichtglöckchens zur Besinnung brachte, an dem mit verzweifelter Hartnäckigkeit gerissen wurde. Und schon war er in die Kirche und vor die Kirchtür geeilt und hatte das Beichtkind, es war Agatha, vom Zug der Klingel weg und in die Kirche hineingerissen. Dann trat er vor das Portal hinaus.

Soviel war klar: der Eintritt der Verfemten in den Ort war bemerkt worden und geschehen, was in diesem Falle gewöhnlich war. Man hatte versucht, sie mit Steinen, wie jeden räudigen Hund, oder wie man einem Wolfe getan hätte, aus dem Wohnbereich der Menschen zu jagen. Bald hatten sich Kinder und Mütter von Kindern zusammengetan und hatten das ausgestoßene, fluchbringende Wesen gehetzt, ohne sich durch die schöne Mädchengestalt irgendwie in der Annahme stören zu lassen, ihre Steinwürfe galten einem gefährlichen Tier, einem Ungeheuer, das Pest und Verderben verbreite. Indessen hatte Agatha, des priesterlichen Schutzes gewiß, sich von ihrem Ziel nicht abbringen lassen. So war das entschlossene Mädchen, verfolgt und gehetzt, vor der Kirchtür angelangt, die jetzt noch von einigen geworfenen Steinen aus Kinderhänden getroffen wurde.

Der Priester hatte nicht nötig, die aufgeregten Gemeindeglieder durch eine Strafpredigt zur Besinnung zu bringen: sie verflüchtigten sich, sobald sie ihn sahen.

In der Kirche hatte Francesco der hochatmenden, stummen Verfolgten durch einen Wink bedeutet, mit ihm ins Pfarrhaus zu gehn. Auch er war erregt, und so hörten sich beide stoßweise atmen. Auf einem engen Treppchen des Pfarrhäuschens, zwischen weißgetünchten Mauern, stand die bestürzte, doch schon wieder ein wenig beruhigte Schaffnerin, um das gehetzte Wild zu empfangen. Man merkte ihr an, daß sie bereit zu helfen war, wenn es irgendwie not täte. Erst beim Anblick der alten Frau schien Agatha sich des Demütigenden ihres augenblicklichen Zustands bewußt zu werden. Vom Lachen zum Zorn, vom Zorn zum

Lachen übergehend, stieß sie starke Verwünschungen aus, und gab
so dem Priester Gelegenheit, zum erstenmal ihre Stimme zu hören,
die, wie ihm vorkam, voll, sonor und heroisch klang. Ihr war
nicht bekannt, weshalb sie verfolgt wurde. Sie sah das Städtchen
Soana etwa wie ein Nest von Erdwespen oder einen Ameisenhaufen an. So wütend und entrüstet sie war, kam es ihr doch
nicht in den Sinn, über die Ursache einer so gefährlichen Bös-
artigkeit nachzudenken. Kannte sie doch diesen Zustand von Kindheit an und nahm ihn für einen nur natürlichen. Allein man
wehrt sich auch gegen Wespen und Ameisen. Mögen es Tiere
sein, die uns angreifen, wir werden durch sie, je nachdem, zum
Haß, zur Wut, zur Verzweiflung empört und entladen die Brust,
wiederum je nachdem, durch Drohungen, Tränen oder durch
Regungen tiefster Verachtung. So tat auch Agatha, während
ihr nun die Haushälterin die ärmlichen Lumpen zurechte zupfte,
sie selber aber den staunenerregenden Schwall ihres rost- bis
ockerfarbenen Haares, das sich im hastigen Lauf gelöst hatte,
aufsteckte.

Wie nie zuvor, litt der junge Francesco in diesem Augenblick
unter dem Zwang seiner Leidenschaft. Die Nähe des Weibes,
das, wie eine wilde, köstliche Frucht, in der Bergödenei zur Reife
gediehen war, die berauschende Glut, die ihr erhitzter Körper
ausströmte, der Umstand, daß die bis dahin ferne Unerreichliche
jetzt die Enge der eigenen Wohnung umschloß, alles das brachte
zuwege, daß Francesco die Fäuste ballen, die Muskeln spannen,
die Zähne zusammenbeißen mußte, um nur in einer Verfassung
aufrecht zu bleiben, die ihm das Hirn sekundenlang völlig verfinsterte. Wurde es hell, so war ein ungeheurer Aufruhr von
Bildern, Gedanken und Gefühlen in ihm: Landschaften, Menschen,
fernste Erinnerungen, lebendige Augenblicke der familiären und
beruflichen Vergangenheit vermählten sich mit Vorstellungen der
Gegenwart. Gleichsam fliehend von diesen, stieg süß und schrecklich

eine unentrinnbare Zukunft empor, der er sich ganz verfallen
wußte. Gedanken zuckten über dies Bilderchaos der Seele hin,
unzählbar, ruhelos, aber ohnmächtig. Der bewußte Wille, erkannte
Francesco, war in seiner Seele entthront, und ein anderer
herrschte, dem nicht zu widerstehen war. Mit Grauen gestand
sich der Jüngling, ihm war er auf Gnade und Ungnade auss
geliefert. Diese Verfassung glich der Besessenheit. Aber wenn
ihn die Angst vor dem unvermeidlichen Sturz in das Verbrechen
der Todsünde überkam, so hätte er gleichzeitig vor unbändigster
Freude aufbrüllen mögen. Sein hungriger Blick sah mit nies
gekannter, staunender Sättigung. Mehr: Hunger war hier
Sättigung, Sättigung Hunger. Ihm schoß der verruchte Ges
danke durch den Kopf, hier allein sei seine unvergängliche, götts
liche Speise, mit der das Sakrament gläubige Christenseelen
himmlisch nährt. Seine Empfindungen waren abgöttisch. Er
erklärte seinen Oheim in Ligornetto für einen schlechten Bilds
hauer. Und warum hatte er nicht lieber gemalt? Vielleicht
konnte er selbst noch Maler werden. Er dachte an Bernardino
Luini und sein großes Gemälde in der alten Klosterkirche des
nahen Lugano und an die köstlichen, blonden, heiligen Frauen,
die sein Pinsel dort geschaffen hat. Aber sie waren ja nichts,
verglichen mit dieser heißen, lebendigsten Wirklichkeit.

Francesco wußte nun nicht sofort, was er beginnen sollte.
Eine warnende Empfindung veranlaßte ihn zunächst, die Nähe
des Mädchens zu fliehen. Allerlei Gründe, nicht alle gleich lauter,
bewogen ihn, sogleich den Sindaco aufzusuchen und, ehe es andere
tun konnten, von dem Geschehnis zu verständigen. Der Sindaco
hörte ihn ruhig an, Francesco hatte ihn glücklicherweise zu Hause
getroffen, und nahm in der Sache den Standpunkt des Priesters
ein. Es war nur christlich und gut katholisch, die Mißwirtschaft
auf der Alpe nicht einfach laufen zu lassen und sich des in Sünde
und Schande verstrickten, verrufenen Volkes anzunehmen. Was

aber die Dorfbewohner und ihr Verhalten betraf, so versprach er dagegen strenge Maßregeln.

Als der junge Priester gegangen war, sagte die hübsche Frau des Sindaco, die eine stille, schweigsame Art zu betrachten hatte:

„Dieser junge Priester könnte es wohl bis zum Kardinal, ja zum Papst bringen. Ich glaube, er zehrt sich ab mit Fasten, Beten und Nachtwachen. Aber der Teufel ist gerade hinter den Heiligen mit seinen höllischen Künsten her und mit den verborgensten Schlichen und Listen. Möge der junge Mann, durch Gottes Beistand, vor ihnen immer behütet sein."

Viele begehrliche und auch böse Weiberaugen verfolgten Francesco, als er, mit so wenig wie möglich beschleunigtem Schritt, zurück zur Pfarre ging. Man wußte, wo er gewesen war, und war entschlossen, sich diese Pest von Soana nur mit Gewalt aufdrängen zu lassen. Aufrecht schreitende Mädchen, die, Holz auf dem Kopf tragend, ihm auf dem Platze nahe dem Marmorsarkophage begegneten, hatten ihn zwar mit unterwürfigem Lächeln gegrüßt, sich aber hernach schnöde angesehen. Wie im Fieber schritt Francesco dahin. Er hörte das Durcheinanderschmettern der Vögel, das schwellende und verhaltene Rauschen des ewigen Wasserfalls: aber es war ihm, als ob er die Füße nicht auf dem Boden hätte, sondern steuerlos in einem Wirbel von Lauten und Bildern vorwärts gerissen würde. Plötzlich fand er sich in der Sakristei seiner Kirche, dann im Schiff vor dem Hauptaltar, als er kniend die Jungfrau Maria um Beistand in den Stürmen seines Innern anflehte.

Allein seine Bitten waren nicht in dem Sinne gemeint, daß sie ihn von Agatha befreien sollte. Ein solcher Wunsch hätte in seiner Seele keine Nahrung gehabt. Sie waren vielmehr ein Flehen um Gnade. Die Mutter Gottes sollte verstehen, vergeben, womöglich billigen. Jäh unterbrach Francesco das Gebet und ward vom Altar fortgerissen, als ihm von ungefähr der Ge-

XI. 15

danke, Agatha könne davongegangen sein, ins Bewußtsein schoß. Er fand das Mädchen indessen noch, und Petronilla leistete ihr Gesellschaft.

„Ich habe alles ins Reine gebracht", sagte Francesco. „Der Weg zur Kirche und zum Priester ist frei für jedermann. Traue auf mich, das Geschehene wird sich nicht wiederholen." Ihn überkam eine Festigkeit und Sicherheit, als ob er nun wieder auf rechtem Pfad und auf gutem Grund stünde. Petronilla wurde mit einem wichtigen, kirchlichen Aktenstück auf die Nachbarpfarre geschickt. Der Gang war leider unaufschiebbar. Im übrigen möge die Wirtschafterin dem Pfarrer über den Vorfall berichten. „Triffst Du Leute, so sage ihnen," betonte er noch, „daß Agatha von der Alpe oben hier bei mir im Pfarrhaus ist und in den Lehren unsrer Religion, unsres geheiligten Glaubens von mir unterrichtet wird. Sie mögen nur kommen und es verhindern und sich die Strafe der ewigen Verdammnis aufs Haupt ziehen. Sie mögen nur einen Auflauf vor der Kirche machen, um ihre Mitchristin zu mißhandeln. Die Steine werden nicht sie, sondern mich treffen. Ich werde ihr mit Einbruch der Dunkelheit, und sei es auch bis zur Alpe hinauf, selbst das Geleit geben."

Als die Haushälterin gegangen war, trat eine längere Stille ein. Das Mädchen hatte die Hände in den Schoß gelegt und saß noch auf dem gleichen, scheinbar zerbrechlichen Stuhl, den Petronilla für sie an die weißgetünchte Wand gerückt hatte. In Agathas Augen zuckte es noch, und die erlittene Kränkung spiegelte sich in Blitzen der Entrüstung und heimlichen Wut, aber ihr volles Madonnengesicht hatte mehr und mehr einen hilflosen Ausdruck angenommen, bis endlich ein stiller, ergiebiger Strom seine Wangen badete. Francesco, ihr den Rücken kehrend, hatte mittlerweile zum offenen Fenster hinausgeblickt. Während er seine Augen

über die gigantischen Bergwände des Soanatales, von der schicksals=
trächtigen Alpe an bis zum Seeufer, gleiten ließ und, mit dem
ewigen Summen des Falles, Gesang einer einzelnen, schmelzenden
Knabenstimme aus den üppigen Rebenterrassen drang, mußte er
zögern zu glauben, daß er nun wirklich die Erfüllung seiner über=
irdischen Wünsche in der Hand hätte. Würde Agatha, wenn er sich
wendete, noch vorhanden sein? Und war sie zugegen, was würde
geschehen, wenn er sich wendete? Müßte diese Wendung nicht ent=
scheidend für sein ganzes irdisches Dasein, ja darüber hinaus ent=
scheidend sein? Diese Fragen und Zweifel bewogen den Priester, die
eingenommene Stellung solange wie möglich innezuhalten, um noch
einmal vor der Entscheidung mit sich ins Gericht oder doch wenigstens
zu Rate zu gehen. Es handelte sich dabei um Sekunden, nicht um
Minuten: doch in diesen Sekunden wurde ihm nicht nur, vom
ersten Besuche Luchino Scarabotas an, die ganze Geschichte seiner
Verstrickung, sondern sein ganzes bewußtes Leben unmittelbar
Gegenwart. In diesen Sekunden breitete sich eine ganze ge=
waltige Vision des jüngsten Gerichtes mit Vater, Sohn und
heiligem Geist am Himmel, über der Gipfelkante des Generoso
aus und schreckte mit dem Gedröhn der Posaunen. Den einen
Fuß auf dem Generoso, den andern auf einem Gipfel jenseits
des Sees stand, in der Linken die Wage, in der Rechten das
bloße Schwert, furchtbar drohend, der Erzengel Michael, während
sich hinter der Alpe von Soana der scheußliche Satan mit
Hörnern und Klauen niedergelassen hatte. Fast überall aber, wo
der Blick des Priesters hinirrte, stand eine schwarzgekleidete, schwarz=
verschleierte, händeringende Frau, die niemand anderes, als seine
verzweifelte Mutter war.

Francesco hielt sich die Augen zu und preßte dann beide
Hände gegen die Schläfen. Wie er sich dann langsam herum=
wandte, sah er das in Tränen schwimmende Mädchen, dessen
purpurner Mund schmerzlich zitterte, lange mit einem Ausdruck

des Grauens an. Agatha erschrak. Sein Gesicht war entstellt, wie wenn es der Finger des Todes berührt hätte. Wortlos wankte er auf sie zu. Und mit einem Röcheln, wie das eines von unentrinnbarer Macht Besiegten, das zugleich ein wildes, lebensbrünstiges Stöhnen und Röcheln um Gnade war, sank er zerbrochen vor ihr ins Knie und rang gegen sie die gefalteten Hände.

Francesco würde seiner Leidenschaft vielleicht noch lange nicht in solchem Grade unterlegen sein, wenn nicht das Verbrechen der Dorfbewohner an Agatha ihr ein namenloses, heißes, menschliches Mitgefühl beigemischt hätte. Er erkannte, was diesem von Gott mit aphrodisischer Schönheit begabten Geschöpf in seinem fernen Leben und in der Welt ohne Beschützer bevorstehen mußte. Er war durch die Umstände heute zu ihrem Beschützer gemacht worden, der sie vielleicht vom Tode durch Steinigung errettet hatte. Er hatte dadurch ein persönliches Anrecht auf sie erlangt. Ein Gedanke, der ihm nicht deutlich war, aber doch sein Handeln beeinflußte: unbewußt wirkend, räumte er allerlei Hemmungen, Scheu und Furchtsamkeit hinweg. Und er sah in seinem Geist keine Möglichkeit, seine Hand je wieder von der Verfemten abzuziehen. Er würde an ihrer Seite stehen und stünde die Welt und Gott auf der anderen. Solche Erwägungen, solche Strömungen verbanden sich, wie gesagt, unerwartet mit dem Strome der Leidenschaft, und so trat dieser aus den Ufern.

Vorerst war sein Verhalten indessen noch nicht die Abkehr vom Rechten und die Folge eines Entschlusses, zu sündigen: es war nur ein Zustand der Ohnmacht, der Hilflosigkeit. Warum er das tat, was er tat, hätte er nicht zu sagen gewußt. In Wahrheit tat er eigentlich nichts. Es geschah nur etwas mit ihm. Und Agatha, die nun eigentlich hätte erschrecken müssen, tat dies nicht, sondern schien vergessen zu haben, daß Francesco ein ihr fremder Mann und ein Priester war. Er schien auf einmal

228

ihr Bruder geworden. Und während ihr Weinen zum Schluchzen sich steigerte, ließ sie es nicht nur zu, daß der nun auch von trocknem Schluchzen Geschüttelte sie, wie zum Troste, umfing, sondern sie senkte ihr überströmtes Gesicht und verbarg es an seiner Brust.

Nun war sie zum Kinde geworden und er zum Vater, insoweit, als er sie in ihrem Leid zu beruhigen trachtete. Allein er hatte nie den Körper eines Weibes so nahe gefühlt, und seine Liebkosungen, seine Zärtlichkeiten waren bald mehr als väterlich. Deutlich empfand er zwar, wie in dem schluchzenden Weh des Mädchens etwas wie ein Bekenntnis lag. Sie wußte, das erkannte er, welcher häßlichen Liebe sie ihr Dasein verdanke und schwamm darüber mit ihm im gleichen Leid. Ihre Not, ihre Schmerzen trug er mit ihr. So waren ihre Seelen geeinigt. Allein er hob bald ihr süßes Madonnengesicht zu dem seinen, indem er sie um den Nacken faßte und an sich zog, mit der Rechten die weiße Stirn zurückbiegend, und indem er daran, was er so gefesselt hielt, lange, mit dem Feuer des Wahnsinns im Auge, gierige Blicke weidete, schoß er plötzlich, wie ein Falke, auf ihren heißen, von Tränen salzigen Mund herab und blieb untrennbar mit ihm verschmolzen. — Nach Augenblicken irdischer Zeit, Ewigkeiten betäubender Seligkeit, riß Francesco sich plötzlich los und stellte sich fest auf beide Füße, auf seinen Lippen schmeckte er Blut —: „Komm,“ sagte er, „Du kannst nicht allein, ohne Schutz, nach Hause gehn und also werde ich Dich begleiten.“

Ein wechselnder Himmel lag über der Alpenwelt, als Francesco und Agatha aus der Pfarrei schlichen. Sie bogen in einen Wiesenpfad, auf dem sie, zwischen Maulbeerbäumen, unter Rebengirlanden hindurch, ungesehen von Terrasse zu Terrasse abkletterten. Francesco wußte sehr wohl, was hinter ihm lag und welche Grenze jetzt überschritten war, Reue vermochte er nicht zu empfinden. Er war verändert, gesteigert, befreit. Die Nacht war schwül. In der lombardischen Ebene, schien es, zogen Gewitter umher, deren ferne Blitze fächerförmig hinter der Riesensilhouette der Berge aufstrahlten. Düfte des gewaltigen Fliederbusches unter den Fenstern des Pfarrhauses schwammen von dort mit dem vorüberkommenden, sickernden Wasser des Bachgeäders herab, vermischt mit kühlen und warmen Luftströmen. Die beiden Berauschten redeten nicht. Er stützte sie, so oft sie im Dämmer die Mauer zu einer tiefer gelegten Terrasse abklommen, fing sie auch wohl mit den Armen auf, wobei ihre Brust an seiner pochte, sein durstiger Mund an ihrem hing. Sie wußten nicht, wo sie eigentlich hin wollten, denn aus der Tiefe der Schlucht der Savaglia führte kein Weg zur Alpe hinauf. Darüber indessen waren sie einig, daß sie den Aufstieg dorthin durch die Ortschaft vermeiden mußten. Aber es kam auch nicht darauf an, irgendein äußeres, irgendein fernes Ziel zu erreichen, sondern das nahe Erreichte auszugenießen.

Wie war doch die Welt bisher so schlackenhaft tot und leer gewesen, und welche Wandlung hatte sie durchgemacht. Wie hatte sie sich in den Augen des Priesters, und wie hatte er in ihr sich verwandelt. Getilgt und entwertet waren alle Dinge in seiner Erinnerung, die ihm bis dahin alles bedeutet hatten. Vater, Mutter, sowie seine Lehrer waren wie Gewürm im Staube der alten, verworfenen Welt zurückgeblieben, während ihm, dem Sohne Gottes, dem neuen Adam, durch den Cherub die Pforte des Paradieses wieder geöffnet worden war. In diesem Paradies, darin er nun die ersten, verzückten Schritte tat, herrschte Zeitlosigkeit. Er fühlte sich nicht mehr als ein Mensch irgendeiner Zeit oder irgendeines Alters. Ebenso zeitlos war die nächtliche Welt um ihn her. Und da nun die Zeit der Verstoßung, die Welt der Verbannung und der Erbsünde hinter ihm lag vor der bewachten Pforte des Paradieses, empfand er auch nicht mehr die allergeringste Furcht vor ihr. Niemand da draußen konnte ihm etwas anhaben. Es lag nicht in der Macht seiner Oberen, noch in der Macht des Papstes selbst, ihn auch nur am Genusse der geringsten Paradiesesfrucht zu verhindern, noch ihm das geringste zu rauben von der ihm nun einmal gewordenen Gnadengabe höchster Glückseligkeit. Seine Oberen waren die Niederen geworden. Sie wohnten, vergessen, in einer verschollenen Erde des Heulens und Zähneklapperns. Francesco war nicht Francesco mehr, er war als erster Mensch soeben vom göttlichen Odem geweckt, als alleiniger Adam, alleiniger Herr des Gartens Eden. Es lebte kein zweiter Mann außer ihm in der Fülle der sündenlosen Schöpfung. Gestirne zitterten, himmlisch klingend, Glückseligkeit. Gewölke brummten wie schwelgerisch weidende Kühe, Purpurfrüchte strömten süße Entzückung und köstliche Labung aus, Stämme schwitzten duftendes Harz, Blüten streuten köstliche Würzen: allein dieses alles hing doch von Eva ab, die Gott als die Frucht der Früchte, die Würze der Würzen zwischen all diese Wunder gesetzt hatte, von ihr, die selber sein höchstes Wunder war. Aller Gewürze Duft, ihre feinste Essenz hatte der Schöpfer in Haar, Haut und Fruchtfleisch ihres Körpers gelegt, aber ihre Form, ihr Stoff hatte nicht ihresgleichen. Ihre Form, ihr Stoff war Gottes Geheimnis. Die Form bewegte sich aus sich selbst und blieb gleich köstlich in Ruhe, wie in Wandlung. Ihr Stoff schien aus dem gemischt, aus dem Lilienblätter und Rosenblätter gebildet werden, aber er war keuscher an Kühle und heißer an Glut, er war zugleich zarter und widerstandskräftiger. In dieser Frucht war ein lebendig pochender Kern, es hämmerten in ihr köstliche, zuckende Pulse, und wenn man von ihr genoß, so schenkte sie je mehr und mehr um so köstlichere, ausgesuchtere Wonnen, ohne daß ihr himmlischer Reichtum dabei verlor.

Und was in dieser Schöpfung, diesem wiedergewonnenen Paradiese das Köstlichste war, konnte man wohl aus der Nähe des Schöpfers herleiten. Weder hatte hier Gott sein Werk vollendet und allein gelassen, noch sich darin zur Ruhe gelegt. Im Gegenteil war die schaffende Hand, der schaffende Geist, die schaffende Macht nicht abgezogen, sie blieben im Werke schöpferisch. Und jeder von allen Teilen und Gliedern des Paradieses blieb schöpferisch. Francesco=Adam, soeben erst aus der Werkstatt des Töpfers hervorgegangen, fühlte sich als ein rings umher Schaffender. Mit einer Entzückung, die außerweltlich war, spürte und sah er Eva, die Tochter Gottes. Es haftete noch an ihr die Liebe, die sie gebildet hatte, und der köstlichste aller Stoffe, den der Vater zu ihrem Leibe verwendete, hatte noch jene über= irdische Schönheit, die durch kein Erdenstäubchen verunreinigt war. Aber auch diese Schöpfung bebte, schwoll und leuchtete noch von der himmlischen Glut tätiger Schöpferkraft und drängte, mit Adam zu verschmelzen. Adam wieder drängte nach ihr, um gemeinsam mit ihr in eine neue Vollkommenheit ein= zugehen.

Agatha und Francesco, Francesco und Agatha, der Priester, der Jüngling aus gutem Haus und das verfemte, verachtete Hirtenkind, waren das erste Menschenpaar, wie sie Hand in Hand auf nächtlichen Schleichwegen zu Tale kletterten. Sie suchten die tiefste Verborgenheit. Schweigend, die Seele von einem namenlosen Staunen erfüllt, mit einem Entzücken, das ihnen beiden fast die Brust sprengte, stiegen sie tiefer und tiefer in das köstliche Wunder der Weltstunde.

Sie waren bewegt. Die Begnadung, die Auserwählung, die sie auf sich ruhen fühlten, vermischte mit ihrem unendlichen Glück eine ernste Feierlichkeit. Sie hatten ihre Körper gefühlt, waren im Kuß verbunden gewesen, aber sie fühlten die unbekannte Be= stimmung, der sie zuschritten. Es war das letzte Mysterium.

Es war eben das, warum Gott schuf, und warum er den Tod in die Welt gesetzt, ihn gleichsam in Kauf genommen hatte.

So gelangte das erste Menschenpaar in die enge Schlucht hinab, die das Flüßchen Savaglia gesägt hatte. Sie war sehr tief, und nur ein wenig begangener Fußpfad führte am Rande des Bachbetts bis zu dem Wasserbecken hinauf, in das sich aus schwindelerregender Höhe das Bergwasser über die Felsstufe hinabstürzte. Noch in beträchtlicher Entfernung davon wurde der Bach in zwei Arme geteilt, die sich wieder vereinigten, durch ein kleines grünes Inselchen, das Francesco liebte und oft besuchte, weil es mit einigen jungen Apfelbäumen, die dort Wurzel geschlagen hatten, sehr lieblich war. Und Adam zog seine Schuhe aus und trug seine Eva dort hinüber. „Komm, oder ich sterbe," sagte er mehrmals zu Agatha. Und sie zertraten Narzissen und Osterlilien mit dem schweren, fast trunkenen Gang der Liebenden.

Auch hier in der Schlucht war es so sommerwarm, wenngleich der rauschende Lauf des Baches Kühlung mitbrachte. Wie kurz war die Zeit, die seit dem Wendepunkt im Leben des Paares schon verflossen war, und wie weit war alles zurückgewichen, was vor dem Wendepunkte lag. Der Bauer, dem das Inselchen angehörte, hatte sich, da es ziemlich entfernt von der Ortschaft lag, um gegen die Zufälligkeiten der Witterung einigermaßen gedeckt zu sein, eine Hütte aus Steinen, Reisern und Erde gefertigt, die ein leidlich regensicheres Laublager bot. Es war vielleicht diese Hütte, die Adam vorgeschwebt hatte, als er mit Eva die Richtung zu Tal, statt zu Berge nahm. Die Hütte schien zum Empfang der Liebenden vorbereitet. Hier schienen heimliche Hände von dem nahenden Feste der heimlichen Menschwerdung verständigt worden zu sein: denn es waren Gewölke von Licht um die Hütte, Gewölke von Funken, Leuchtkäfer, Glühwürmchen, Welten, Milchstraßen, die manchmal in

233

Garben gewaltig aufstiegen, als wollten sie leere Welträume neu
bevölkern. Sie quollen und schwebten so hoch durch die Schlucht,
daß man Sterne des Himmels davon nicht mehr unterschied.

Obgleich sie es kannten, war dieses Schauspiel, war dieser
schweigende Zauber für Francesco und die sündige Agatha doch
wunderbar und ihr Staunen darüber hemmte sie einen Augen=
blick. Ist das die Stelle, dachte Francesco, die ich im Grunde
doch, ahnungslos, was sie einmal für mich bedeuten würde, so
oft gesucht und mit Wohlgefallen betrachtet habe? Sie schien
mir ein Ort, um sich als Eremit vor dem Jammer der
Welt dahin zurückzuziehen und entsagend in Gottes Wort zu
versenken. Was sie wirklich ist, eine Insel im Strome Phrat
oder Hiedekel, der heimlich=glückseligste Ort im Paradiese, hätte
ich ihr nicht angesehen. Und die mystischen, lohenden Funken=
gewölbe, Hochzeitsbrände, Opferbrände, oder was es nun immer
war, lösten ihn vollends von der Erde. Wenn er die Welt
nicht vergaß, so wußte er, daß sie ohnmächtig vor den Toren
des Gartens Eden lag, wie der siebenköpfige Drache, das sieben=
köpfige Tier, das aus dem Meer gestiegen ist. Was hatte er
mit denen zu tun, die den Drachen anbeten. Mag er Gottes
Hütte lästern. Sein Geifer erreicht ihre Stätte nicht. Nie hatte
Francesco, nie hatte der Priester ein solches Nahesein bei Gott,
ein solches Geborgensein in ihm, ein solches Vergessen der
eignen Persönlichkeit gefühlt, und im Rauschen des Bergbachs
schienen allmählich die Berge melodisch zu dröhnen, die Fels=
zacken zu orgeln, die Sterne mit Myriaden goldner Harfen zu
musizieren. Chöre von Engeln jubilierten durch die Unendlichkeit,
gleich Stürmen braußten von oben die Harmonien, und Glocken,
Glocken, Geläut von Glocken, von Hochzeitsglocken, kleinen und
großen, tiefen und hohen, gewaltigen und zarten verbreiteten eine
erdrückend=selige Feierlichkeit durch den Weltenraum. — Und so
sanken sie, ineinander verschlungen, auf das Laublager.

Keinen Augenblick gibt es, der verweilt, und wenn man auch mit angstvoller Haft solche der höchsten Wonne festhalten will — so sehr man sich müht, man findet dazu keine Handhabe. Sein ganzes Leben bestand, wie Francesco fühlte, aus Stufen zum Gipfel dieses nun gelebten Mysteriums. Wo sollte man künftig atmen, konnte man es nicht festhalten. Wie sollte man ein verdammtes Dasein ertragen, wenn man aus den Verzückungen seiner innersten Himmel wieder verstoßen war. Mitten im überirdischen Rausch des Genusses empfand der Jüngling mit stechendem Schmerz die Vergänglichkeit, im Genuß des Besitzes die Qual des Verlustes. Es war ihm, als sollte er einen Becher des köstlichen Weines austrinken und einen ebenso köstlichen Durst löschen: der Becher aber wurde nie leer, während der Durst trotzdem nie gestillt wurde. Und der Trinkende wollte auch nicht, daß sich sein köstlicher Durst sättige, noch daß der Becher leer würde: dennoch sog er mit gieriger Wut daran, gepeinigt, weil er nie auf den Grund kommen konnte.

Umarmt vom Rauschen des Baches, überflutet davon, umtanzt von Leuchtkäfern, ruhte das Paar im raschelnden Laub, während durchs Dach der Hütte die Sterne hereinblinzelten. Von allen Heimlichkeiten Agathas, die er wie unerreichliche Güter bewundert hatte, hatte er zitternd Besitz ergriffen. Er war in ihr offenes Haar hineingetaucht, er hing mit den Lippen an ihren Lippen. Aber sogleich ward sein Auge voll Neid gegen seinen Mund erfüllt, der ihm den Anblick des süßen Mädchenmundes geraubt hatte. Und immer unfaßbarer, immer glühender, immer betäubender quoll aus den Geheimnissen ihres jungen Leibes Glückseligkeit. Was er nie zu besitzen gehofft hatte, wenn es ihm heiße Nächte vorspiegelten, das war nichts, gegen das gehalten, was er nun grenzenlos besaß.

Und während er schwelgte, ward er immer aufs neue ungläubig. Das Übermaß der Erfüllungen veranlaßte ihn immer aufs neue, unersättlich sich seines Eigentums zu versichern. Zum ersten Male fühlten seine Finger, seine bebenden Hände und Hand= flächen, seine Arme, seine Brust, seine Hüften das Weib. Und sie war für ihn mehr als das Weib. Ihm war, als habe er etwas Verlorenes, etwas Verscherztes, ohne das er ein Krüppel gewesen war, und mit dem er sich jetzt zur Einheit verbunden hatte, wiedergefunden. War er von diesen Lippen, diesem Haar, diesen Brüsten und Armen jemals getrennt gewesen? Es war eine Göttin, es war kein Weib. Und es war überhaupt nichts, was für sich bestand: er wühlte sich in den Kern der Welt und das Ohr unter die magdlichen Brüste gedrückt, hörte er glück= selig schaudernd das Herz der Welt pochen.

Jene Betäubung, jener Halbschlaf kam über das Paar, wo die Wonnen der Erschöpfung in die Reize des wachen Fühlens und die Reize des wachen Fühlens in die Wonnen der Betäubung des Vergessens übergehen: wobei Francesco jetzt in den Armen des Mädchens, jetzt Agatha in seinen Armen entschlief. Wie selt= sam und mit welchem Vertrauen hatte das scheue, verwilderte Mädchen sich unter den liebkosenden Zwang des Priesters ge= funden, wie ergeben und glücklich diente sie ihm. Und wenn sie in seinen Armen entschlief, so war es mit dem beruhigten Lächeln, mit dem sich das Auge des gesättigten Säuglings im Arme und an der Brust der Mutter schließt. Francesco aber betrachtete, bestaunte und liebte die Schlummernde. Durch ihren Leib gingen Wellen von Zuckungen, wie es die Entspannung des Lebens mit sich bringt. Manchmal schrie das Mädchen im Traum. Aber immer war es das gleiche, betörende Lächeln, wenn sie die schmachtenden Lider öffnete und dann das gleiche Sterben in letzter Hingabe. So oft der Jüngling entschlummerte, schien es ihm, als entwinde eine Macht ihm leise, leise den Körper, den er, mit ganzem Leibe fühlend, umschlungen hielt. Aber jedesmal

folgte diesem kurzen Entwinden im Erwachen zuerst ein Fühlen
von höchster, dankbar empfundener Süßigkeit; ein unnennbarer
Traum mit einem seligen, wachen Empfinden des süßesten Wirklichen.

Das war sie, die Paradiesesfrucht, von dem Baume, der
mitten im Garten stand. Er hielt sie mit ganzem Leibe umschlungen. Es war die Frucht von dem Baume des Lebens,
nicht vom Baum der Erkenntnis des Guten und Bösen, mit der
die Schlange Eva verführt hatte. Vielmehr war es jene, deren
Genuß Gott gleich machte. Erstorben war in Francesco jeder
Wunsch nach einer höheren, einer andren Glückseligkeit. Auf
Erden nicht und im Himmel nicht gab es Wonnen, die mit der
seinen vergleichbar waren. Es gab keinen König, keinen Gott,
den der Jüngling, wühlend im schwelgerischen Überfluß, nicht als
darbenden Bettler empfunden hätte. Seine Sprache war zum
Stammeln, zum stoßweisen Atmen herabgedrückt. Er sog den betörenden Hauch, der zwischen den offenen Lippen Agathas hervor-
strömte. Er küßte die Tränen der Wollust heiß von der Wimper,
heiß von der Wange des Mädchens fort. Geschlossenen Auges,
nur sparsam blinzelnd, genossen beide im anderen sich selbst, nach
innen gerichteten Blicks, heißfühlend und hellfühlend. Aber das
alles war mehr als Genuß, vielmehr etwas, was auszudrücken
menschliche Sprache nicht hinreichend ist.

Francesco las pünktlich am Morgen die Frühmesse. Seine
Abwesenheit war von niemand, seine Heimkunft nicht einmal
von Petronilla bemerkt worden. Die Überstürzung, mit der er,
sich flüchtig säubernd, zu den wartenden Ministranten in die
Sakristei und an den Altar vor die harrende, kleine Gemeinde
sich begeben mußte, verhinderte, daß er zur Besinnung kam. Die
Besinnung trat ein, als er wieder im Pfarrhaus, wieder in
seinem Stübchen war, wo ihm die Wirtschafterin das übliche

Frühstück vorsetzte. Aber diese Besinnung brachte nicht sogleich die Klarheit einer Ernüchterung. Vielmehr gab die alte Umgebung, der aufsteigende Tag dem Erlebten den Schein von etwas Unwirklichem, das wie ein vergangener Traum verblich. Aber hier war doch Wirklichkeit. Und obgleich sie jeden von Francesco jemals geträumten Traum an phantastischer Unglaubhaftigkeit überbot, konnte er sie dennoch nicht wegleugnen. Er hatte einen furchtbaren Fall getan, an diesem Umstand war nicht zu deuteln: die Frage hieß, ob eine Erhebung von diesem Sturz, diesem furchtbaren Sündenfall, überhaupt noch möglich war? Der Sturz war so tief und von einer solchen Höhe herab, daß der Priester daran verzweifeln mußte. Nicht nur im kirchlichen, auch im weltlichen Sinne stand dieser schreckliche Fall ohne Beispiel da. Francesco gedachte des Sindacos, und wie er mit ihm über die mögliche Rettung der Verworfenen von der Alpe geredet hatte. Nun erst, heimlich, in seiner tiefen Erniedrigung erkannte er die ganze pfäffische Hoffart, den ganzen überheblichen Dünkel, der ihn damals gebläht hatte. Er biß die Zähne zusammen vor Scham, er krümmte sich gleichsam, wie ein eitler, entlarvter Betrüger, vor Entehrung, in nackter Hilflosigkeit. War er nicht eben noch ein Heiliger? Hatten nicht Frauen und Jungfrauen von Soana fast mit Abgötterei zu ihm aufgeblickt?

Und war es ihm nicht gelungen, den kirchlichen Geist der Ortschaft dermaßen zu heben, daß Messehören und Die-Kirchebesuchen sogar bei den Männern sich wieder einbürgerte? Nun war er zum Verräter an Gott, zum Betrüger und Verräter an seiner Gemeinde, zum Verräter an der Kirche, zum Verräter an seiner Familienehre, zum Verräter an sich selbst, ja, sogar zum Verräter an den verachteten, verworfenen, verruchten und erbärmlichen Scarabotas geworden, die er unter dem Vorwand, ihre Seelen zu retten, erst recht in die Verdammnis verstrickt hatte.

Francesco dachte an seine Mutter. Sie war eine stolze, fast

männliche Frau, die ihn als Kind mit fester Hand beschützt und geführt, und deren unbeugsamer Wille auch die Bahn seines künftigen Lebens vorgezeichnet hatte. Er wußte, daß ihre Härte gegen ihn nichts als glühende Mutterliebe war, und daß sie durch die geringste Trübung der Ehre ihres Sohnes in ihrem Stolze aufs schwerste verletzt, durch eine ernste Verfehlung des Sohnes aber im Sitz des Lebens unheilbar verwundet werden mußte. Seltsam, wie im Zusammenhange mit ihr das wirklich Geschehene, nahe und deutlich Durchlebte nicht einmal auch nur ausgedacht werden konnte.

Francesco war in den ekelhaftesten Schlamm hinabgesunken, in den Unflat letzter Verworfenheit. Er hatte darin seine Weihen als Priester, sein Wesen als Christ, wie als Sohn seiner Mutter, ja als Mensch überhaupt zurückgelassen. Der Werwolf, das stinkende, dämonische Tier, würde in der Meinung der Mutter, in der Meinung der Menschen überhaupt, sofern sie von dem Verbrechen Kenntnis gehabt hätten, einzig übrig geblieben sein. Der Jüngling fuhr von dem Stuhl empor und von dem Brevier auf dem Tisch, in das er sich zum Scheine vertieft hatte. Es war ihm gewesen, als wenn Hagel von Steinen wider das Haus prasselten: nicht in der Art, wie am Tage zuvor, bei dem Versuch einer Steinigung, sondern mit hundert-, mit tausendfachen Kräften. So, als sollte das Pfarrhaus vertilgt, oder mindestens in einen Schutthaufen umgewandelt und er als ein giftiges Krötengezück darunter begraben werden. Er hatte seltsame Laute gehört, furchtbare Schreie, rasende Zurufe und wußte, daß unter den Wütenden, die unermüdlich Steine schleuderten, nicht nur ganz Soana, der Sindaco und die Frau des Sindacos, sondern auch Scarabota und seine Familie, und sogar allen voran seine Mutter war.

Aber schon nach Stunden hatten ganz andere Phantasien und ganz andere Regungen solche abgelöst. Alles, was aus der Einkehr, aus dem Entsetzen über die Tat, aus der Zerknirschung geboren war, schien jetzt niemals vorhanden gewesen. Eine nie gekannte Not, ein brennender Durst dörrte Francesco aus. Sein Inneres schrie, wie jemand, der sich im glühenden Wüstensande verschmachtend wälzt, nach Wasser schreit. Die Luft schien ohne jene Stoffe zu sein, die man braucht, um zu atmen. Das Pfarr= haus wurde dem Priester zum Käfig, zwischen dessen Wänden er mit schmerzenden Knien, ruhelos wie ein Raubtier, schritt, ent= schlossen, falls man ihn nicht befreie, lieber, als so weiter zu leben, den Schädel im Anlauf gegen die Mauer zu zerschmettern. Wie ist es möglich, als Toter zu leben? fragte er sich, indem er Bewohner des Dorfes durchs Fenster beobachtete. Wie mögen sie oder wie können sie atmen? Wie tragen sie, da sie doch das nicht kennen, was ich genossen habe und nun entbehre, ihr erbärmliches Sein? Und Francesco wuchs in sich. Er sah auf Päpste, Kaiser, Fürsten und Bischöfe, kurz auf alle Leute herab, wie sonst Menschen auf Ameisen. Selbst in seinem Durst, seinem Elend, seiner Entbehrung tat er das. Freilich, er war nicht mehr Herr seines Lebens. Eine übermächtige Zauberei hatte ihn zu einem vollständig willenlosen und, ohne Agatha, vollständig leb= losen Opfer des Eros gemacht, des Gottes, der älter und mäch= tiger ist, als Zeus und die übrigen Götter. Er hatte in den Schriften der Alten gelesen über dergleichen Zauberei und diesen Gott und beides geringgeschätzt mit einem Lächeln. Jetzt fühlte er deutlich, daß sogar an einen Pfeilschuß und eine tiefe Wunde gedacht werden mußte, mit der, nach Meinung der Alten, der Gott das Blut seiner Opfer vergiftete. Diese Wunde brannte, bohrte, flammte, fraß und nagte ja in ihm. Er fühlte furchtbar stechende Schmerzen — bis er sich bei Dunkelwerden, innerlich gleichsam schreiend vor Glück, auf den Weg nach derselben kleinen

Welt-Insel begab, die ihn gestern mit der Geliebten vereint und wo er seine neue Begegnung mit ihr verabredet hatte.

.

Der Berghirt Ludovico, den Bewohnern der Umgegend als „Ketzer von Soana" bekannt, schwieg, als er bis zu der Stelle seines Manuskriptes, wo es abbricht, gelesen hatte. Der Besucher hätte die Erzählung gern bis zu Ende gehört. Als er indessen den Wunsch zu äußern so freimütig war, eröffnete ihm sein Wirt, daß seine Handschrift nicht weiter reiche. Er war auch der Ansicht, die Geschichte könne, ja müsse hier abreißen. Der Besucher war dieser Meinung nicht.

Was wurde aus Agatha und Francesco, aus Francesco und Agatha? Blieb die Sache geheim oder war sie entdeckt worden? Fanden die Liebenden auf die Dauer oder flüchtig Gefallen aneinander? Erfuhr die Mutter Francescos von der Angelegenheit? Und endlich wollte der Hörer wissen, ob eine wirkliche Begebenheit der Erzählung zugrunde liege oder ob sie durchaus nur Dichtung sei.

„Ich sagte schon," erwiderte Ludovico, sich ein wenig verfärbend, „daß ein wirklicher Vorfall den Anlaß für mein Geschreibsel gegeben hat." Er schwieg hierauf eine lange Weile. „Man hat," fuhr er später fort, „vor etwa sechs Jahren einen Geistlichen mit Stockschlägen und Steinwürfen, buchstäblich genommen, vom Altar fort aus der Kirche gejagt. Es wurde mir jedenfalls, als ich von Argentinien nach Europa zurück und in diese Gegend kam, von so vielen Leuten erzählt, daß ich an dem Geschehnis selbst nicht zweifle. Auch haben die blutschänderischen Scarabotas, allerdings nicht unter diesem Namen, hier am Generoso gelebt. Der Name Agatha ist erfunden, ich

XI. 16

nahm ihn einfach von dem Kapellchen Sant Agatha, über dem, wie Sie sehen, noch immer die braunen Fischräuber kreisen. Aber die Scarabotas haben wirklich unter anderen Sündenfrüchten eine erwachsene Tochter gehabt, und der Priester ist eines unerlaubten Umgangs mit ihr bezichtigt worden. Er hat, wie man sagt, die Sache nicht abgeleugnet, auch nie die geringste Reue gezeigt, und der Papst hat ihn, behauptet man, deshalb exkommuniziert. Die Scarabotas mußten die Gegend verlassen. Sie sollen — die Eltern, nicht die Kinder — in Rio am gelben Fieber gestorben sein."

Der Wein und die Erregung, die durch Ort, Stunde, Gesellschaft und besonders durch das gelesene Gedicht, verbunden mit allerlei mystischen Umständen, im Hörer hervorgerufen war, machte diesen noch weiter zudringlich. Er fragte wieder nach dem Schicksal Francescos und Agathas. Darüber konnte der Hirt nichts aussagen. "Sie sollen nur lange Zeit ein Ärgernis der Gegend gewesen sein, indem sie die überall verstreuten, einsamen Heiligtümer entweihten und schändeten und zu Asylen ihrer verruchten Lust mißbrauchten." Bei diesen Worten brach der Anachoret in ein gänzlich unvermitteltes, lange nicht einzudämmendes, lautes und freies Gelächter aus.

Gedankenvoll und seltsam bewegt trat der Übermittler dieses Reiseabenteuers den Heimweg an. Sein Tagebuch enthält Schilderungen dieses Abstiegs, die er hier jedoch nicht einrücken will. Die sogenannte blaue Stunde, die eintritt, wenn die Sonne unter den Horizont gesunken ist, war jedenfalls damals besonders schön. Man hörte den Fall von Soana rauschen. Ganz so hatten ihn Francesco und Agatha rauschen gehört. Oder hörten sie am Ende jetzt noch sein Getön und zwar in demselben Augenblick? Lag dort nicht der Scarabotasche Steinhaufen? Hörte man nicht Laute fröhlicher Kinder, untermischt mit dem Blöken der Ziegen und Schafe, von dort? Der Wanderer fuhr sich übers

Gesicht, wie wenn er einen verwirrenden Schleier abstreifen wollte: war die kleine Erzählung, die er gehört hatte, wirklich, wie eine winzige Enzianblume oder dergleichen, auf einer Matte dieser Bergwelt gewachsen, oder war dieses herrliche, urgewaltige Gebirgsrelief, diese erstarrte Gigantomachie aus dem Rahmen der kleinen Novelle hervorgegangen? Dies und ähnliches dachte er, als sein Gehör vom sonoren Klang einer singenden Frauenstimme berührt wurde. Es hieß ja, der Anachoret sei verheiratet. Die Stimme trug, wie in einem weiten, akustischen Saal, wenn die Menschen den Atem anhalten, um nur zu lauschen. Auch die Natur hielt den Atem an. Die Stimme schien in der Felswand zu singen. Manchmal wenigstens flutete sie, in weiten Schwingungen voll süßesten Schmelzes und feurigen Adels, gleichsam von dort heraus. Allein die Sängerin kam, wie sich zeigte, von ganz entgegengesetzter Richtung den Pfad zum Würfel Ludovicos herauf gestiegen. Sie trug ein Tongefäß auf dem Kopf, das sie mit der erhobenen Linken ein wenig hielt, während sie mit der Rechten ihr Töchterchen führte. Dadurch nahm die volle und doch schlanke Gestalt jene grade, köstliche Haltung an, die so feierlich, ja erhaben anmutet. Irgendeine Vermutung schoß dem Beschauer bei diesem Anblick, wie eine Erleuchtung, durch die Seele.

Wahrscheinlich war er nun entdeckt worden, denn plötzlich verstummte der Gesang. Man sah die Steigende näherkommen, voll vom Glanze der westlichen Himmelshälfte getroffen. Man vernahm das Kind — die Mutter mit ruhiger, tiefer Stimme antworten. Dann hörte man, wie die nackte Sohle des Weibes klatschend die roh behauenen Stufen trat. Der Last wegen mußte man fest und sicher auftreten. Für den Wartenden waren die Augenblicke vor dieser Begegnung von einer nie gefühlten Spannung und Rätselhaftigkeit. Die Frau schien zu wachsen. Man sah das hochgeschürzte Kleid, sah bei jedem Schritte ein Knie sich flüchtig entblößen, sah nackte Schultern und Arme hervortreten, sah ein rundes, frauenhaftes, trotz stolzen Selbstbewußtseins holdes Gesicht, das von starkem Haarwuchs, wie von rotbrauner Erde, urwesenhaft umgeben war. War das nicht die Männin, die Menschin, die syrische Göttin, die Sünderin, die mit Gott zerfiel, um sich ganz dem Menschen, dem Manne zu schenken?

Der Heimkehrende war beiseite getreten, und die leuchtende Kanephore schritt, seinen Gruß der Last wegen fast unmerklich erwidernd, an ihm vorbei. Sie wandte beide Augen nach ihm, indes der Kopf geradeaus gerichtet blieb. Über das Antlitz glitt dabei ein stolzes, ein selbstbewußtes, ein wissendes Lächeln. Dann senkte sie den Blick wiederum auf den Weg, während gleichzeitig ein überirdisches Funkeln durch ihre Wimpern zu sprühen schien. Der Beschauer war vielleicht durch die Hitze des Tages, den Wein und alles sonst noch Erlebte überhitzt, aber das ist gewiß: er fühlte vor diesem Weibe sich ganz, ganz klein werden. Diese vollen, in aller betörenden Süße fast höhnisch gekräuselten Lippen wußten, es gab gegen sie keinen Widerspruch. Es gab keinen Schutz, keine Waffe gegen den Anspruch dieses Nackens, dieser Schultern, und dieser von Lebenshauchen beseligten und bewegten Brust. Sie stieg aus der Tiefe der Welt empor und stieg an dem Staunenden vorbei — und sie steigt und steigt in die Ewigkeit, als die, in deren gnadenlose Hände Himmel und Hölle überantwortet sind.

Anna

Ein ländliches Liebesgedicht

Erster Gesang

Luz, Du bist es? Du bist's. So sei mir doch herzlich willkommen.
Ein so lieber Besuch, und so ganz unerwartet: wie herrlich!
Wie wird Julie sich freun, die Gute! Erst heute beim Frühstück
sprach sie lange von Dir und dachte vergangener Zeiten.
Ach! Du bist ja verändert, mein Junge, komm her, laß Dich anschaun!
Keine Spur von dem Stoppelhopser, dem Landwirt von einstmals,
ist noch sichtbar. Anstatt langer Stiefeln mit faltigen Schäften,
trägt er Schuhe mit silbernen Schnallen! Und welche Krawatte!
Welcher gewaltige Filz! Und seh einer die riesige Krempe!
Dieses scheint ja ein wahrhafter Sproß aus Kalabriens Bergland,
Kalabreser genannt: oder sage mir, bin ich im Irrtum?
Lange nämlich ist's her, daß ich solcherlei Hüten begegnet,
auch wohl selber sie trug. Da lachst Du! Wir sind hier verbauert!
Nein, ich leugne das nicht. Was sollt es auch helfen? So ist es.
Stille steht hier die Welt: nun komm, und mach ihr Bewegung! —
Also lebhaft begrüßte am Gatter der Onkel den Neffen,
herzlich lachend, sowohl aus unverhohlener Freude,
als auch, weil ihn die eigene Rede besonders ergötzte.
Und so traten ins freundliche Gutshaus der Mann und der
                                                    Jüngling:
der Betagte, trotzdem, noch rüstig und dieser mehr Knabe
noch, dem das Safrangelock herabfiel bis fast auf die Schulter.
Küsse wurden getauscht, wie es üblich ist unter Verwandten.

„Pfingsten, das liebliche Fest war gekommen," begann jetzt der
                                                        Kömmling,
und so hielt es mich nicht zu Hause mehr, wo ich auf Urlaub
war, bei Vater und Mutter. — Natürlich, sie lassen Euch grüßen! —
Sehnsucht packte mich an. Sie packte mich unwiderstehlich:
wandern mußt ich, Euch wiederzusehn und das Haus und das
                                                        Dörfchen,
wo ich Jahre verbracht: ein Befliss'ner des löblichen Landbaus.
Nun, da bin ich. Famos! Aber hoffentlich komm ich gelegen!?
        Luz! Mein Junge! Bist Du's? Seh einer den schweigsamen
                                                        Wicht an!
schreibt kein Wort und erscheint miteins, wie gestampft aus der Erde.
Jahrelang wußte man nicht, ob der Schlingel wohl noch in der
                                                        Welt ist.
Nun, willkommen, Du Strick. Wie geht's Dir? Was machen
                                                        die Eltern?
Also Tante, die laut und mit kräftigen Schritten hereintrat
aus der dunklen Kanzlei in das sonnendurchflutete Zimmer:
sie versetzte dem Luz einen Kuß, daß die Locken ihm flogen.
        Ach, wie schön es hier ist, wie alles mich wieder entzückt hat!
sagte der Neffe gerührt, nachdem der Sturm der Begrüßung
endlich sich etwas gelegt und er selber wieder zu Wort kam.
Warum lebt wohl der Mensch zusammengepfercht in den Städten?
Ich beklage mich nicht, denn vieles schenkte die Stadt mir.
Doch der Lärm auf den Straßen! Der Staub, und der Mangel
                                                        an Grünem,
steinerne Würfel getürmt, aneinander gereiht ohne Lücke,
Höhl an Höhle gehöhlt im Innern, mit Schlupfloch und Lichtloch.
Menschen hausen darin, Troglodyten, betriebsam und rastlos.
Das, wie gesagt, ist die Stadt. So seh ich sie wenigstens manchmal,
wenn mich Pfiffe der Lokomotiven, der Schrei der Fabriken,
und was alles den Städter sonst noch bestürmt, überreizt hat. —

Hier dagegen ist nichts von alledem, hier ist es dörflich.
Höchstens quaket der Frosch und schnattern die Gänse im Dorfteich.
Das tut wohl. Überhaupt, wie wundervoll war dieser Morgen.
Um punkt drei brach ich auf, heut nacht, von der Schwelle der Eltern,
bald erschien dann das Licht und leuchtete über das Erdreich:
aber einsam im Glanz, erschien es, verlassen von Menschen,
wie erstarrt in Magie, mir fremd, wie ein fremder Planet fast.
Doch bald wachte es auf. Mit jeglichem Schritt, den ich vordrang,
tönte lauter die Luft vom Gesange unzähliger Lerchen,
bis, noch schläfrig, aufrauschte die Saat von dem Hauche der Frühe.
Ich durchquerte den Wald, da wechselten Rehe, da hört ich
Tauben gurren und hörte die köstliche Stimme des Kuckucks.
Bald erschien dann der Mensch, im Feld hie und da an der Arbeit.
Dort, mit stämmiger Kraft die Sense gebrauchend, im Kleefeld
„machte Futter" die Magd. So ist ja der technische Ausdruck.
Später kam ein Gespann und so fort, bis die Arbeit im Feld stand.
Doch, was red ich so viel, das Geschilderte scheint ja alltäglich.
Nun, mir war dieses alles so neu und so herrlich, als hätt ich
nie dergleichen gesehn, vor dem Antritt der heutigen Wandrung,
selig bin ich noch jetzt und im mind'sten nicht müde. Ich könnte
mit Vergnügen den Weg ein zweites Mal machen von vorn an.

Lutz, nun seh einer an! Zu Fuße von Hause bis hierher
bist du, Tausendsassa, marschiert, wo fünf Stunden die Bahn fährt!
sprach der Onkel, erwärmt und erfreut durch des Jünglings

Erzählung,
und erzählte nun selbst aus der Chronik des Dorfs und des Gutshofs
dies und das, was geschah, seit der Neffe die Gegend verlassen. —
Diesen aber indes betrachtete schweigend die Tante,
und ein schmerzlicher Zug veränderte plötzlich ihr Antlitz.
Doch so flüchtig auch glitt die Verdüstrung über der Gutsfrau
ausgeprägtes Gesicht, nicht entging es dem Gatten, er blickte
auf sie hin voller Güte, mit heimlich bekümmertem Anteil.

Auch der Jüngling begriff und erkannte im stillen, was
                                                    vorging. —
    Kaum das vierzigste Jahr lag hinter Frau Julie, während
bis zum sechzigsten schon gediehen war Gustav, ihr Gatte.
Kinderlos war ihr Glück: zehn Jahre lang harrend, wie Hanna
und Elkana und so auflehend den Herrgott im Himmel
um den Erben, erschien auch ihnen der Tag der Erhörung.
Julie genas eines Sohns. Man nannte ihn Erwin. Unsäglich
war die Freude, das Glück, die mit jenem vom Himmel herabkam.
Seit des Knäbleins Geburt ward gleichsam ein Festhaus das
                                                    Gutshaus.

Keine Klage, nur Dank stieg dazumal täglich zu Gott auf,
mit der Bitte vermählt, das Kleinod, den Sohn, zu behüten.
Und er tat es, der Unerforschliche, wie sie ihn nannten,
ließ erstehen ein Kind unter seligem Staunen der Eltern,
einen Knaben, so gütig, als schön, so unschuldigen Herzens,
als auch tiefen Gemüts und an Reichtum des Geistes ein Wunder.
Und man fragte sich oft, wie kommt in die niedrige Hütte
dieser Glanz, wie verirrt in die Fremde, aus himmlischen Welten? —
Nun, es kehrte zurück im vierzehnten Jahre des Lebens
Erwin, schwand wiederum und verließ die vernichteten Eltern.
Und sie lebten nur noch wie im Dämmer verhangener Zimmer,
ob's den meisten auch schien, sie lebten wie andere Menschen
auch, mit Speise und Trank, und sich freuend behaglich des Daseins.
Nein, sie freuten sich nicht, zählten die Tage, die Stunden,
dankbar, wie es der Knecht mit den Furchen tut, die er geackert,
weil mit jeder ein Werk des mühsamen Frones getan ist,
näher rücket die Zeit, wo das Joch von dem Nacken des Stiers
                                                    fällt. —
    Nun, mein Junge, Du hast einen Magen, so denk ich, und
                                                    Hunger,
sprach Frau Julie, stand auf und warf auf die Tafel das Strickzeug.

Keineswegs übereilt, vollkommen gefaßt, aber dennoch
in der Seele bewegt entwich sie, sich nicht zu verraten.

Sie war fort. Und es schwieg eine Weile der Gatte und sprach
dann:

Armes Julchen! Sie denkt, Du wirst das ja unschwer begreifen,
unsres Lieblings, den ja der himmlische Vater zurücknahm.
Heiter sitzest Du hier, sein Gespiele einst, frisch und voll Hoffnung,
bald nun völlig ein Mann: unser Erwin schlummert im Grabe.
Nun, dies drängt sich ihr auf. Ihr Gedanke ist: lebte heut Erwin,
stünde er da neben Dir in dem nämlichen Alter und auch so
frisch und blühend wie Du, und da krampft sich das Herz ihr
zusammen.

Doch nun muß ich aufs Feld zu den Rübenarbeitern, mein Guter,
fuhr der Landmann dann fort, und der Ernst des Berufes befiel ihn.
Du mußt essen! sonst wohl: ich schlüge Dir vor, Lutz, begleit mich,
inspiziere mit mir Dein treulos verlaßnes Berufsfeld.
Lorbeer hättest Du zwar von diesem vielleicht nicht geerntet,
aber um desto größre Kartoffeln, gewiß, nach dem Sprichwort.
Und er lachte vergnügt und freute sich laut seines Einfalls.
Weiter sagte er dann: Wie schade, Dein früheres Zimmer,
wo Dein Kasten noch hängt mit dem ausgestopften Geflügel —
nochmals lachte er auf — bald hätten wir's freilich gebraten!...
ja, es ist nicht mehr frei, Dein Zimmerchen. Unsre Elevin
hat es inne. Weil doch es mit Dir, dem Eleven, so mißriet —
denn Du übtest Verrat, gesteh's, an dem heiligen Landbau! —
wandten Julchen und ich uns dem weiblichen Teile der Welt zu.
Aber freilich auch da... nun still, der Erfolg wird es lehren.
Du verstehst mich nicht falsch: sie ist redlich im Grunde, nur etwas
eigenwillig und Julie hat mit ihr oft ihre Mühe.

Zweiter Gesang

Rosen nannte das Dorf sich, in welchem der Herr Oberamtmann
Gustav Schwarzkopp ein Gut sich erworben, nachdem vor
zwei Jahren —
Erwins Tod ging voraus! — die Pacht des Dominiums ablief,
die er inne gehabt und von wo auch sein Titel noch stammte.
Zu erneuern die Pacht und weiter die Lasten so großer
Mühen auf sich zu nehmen, wie eine Domäne sie auflegt,
dies lag nicht mehr im Sinne des Manns, dem der Hingang
des Sohnes
jeden Anreiz genommen, Besitz und Vermögen zu mehren,
und so trat er zurück und heraus aus dem Kreise der großen
Ökonomen des Lands und bezog das bescheidene Gütchen:
es entstand seinem Tor gegenüber das einfache Wohnhaus.
Eben war das Gelände, auf welchem es stand, unter Bäumen,
während diesseits der Straße der Gutshof ein weniges anstieg.
Als Herr Schwarzkopp den Jüngling verlassen, und Luz nun
allein war,
schritt er sinnend umher in den freundlich durchsonnten Gemächern
und es stiegen ihm auf alle Freuden und Leiden der Lehrzeit.
Dieses Zimmer, in dem er stand, war die Seele des Hauses.
Hier nun stand das Klavier und ein Bild hing darüber, das Christum
zeigte, über das Meer hinwandelnd mit trockenem Fuße,
Petro reichend die Hand, ihn rettend, der ungläubig einsank.
„Ihr Kleingläubigen", sprach der Herr, wie man deutlich erkannte.
Auch den Leuten im Schiff galt der Vorwurf. Sie schrien in Seenot.
Auf dies Bild, wußte Luz, hielt Frau Julie täglich gerichtet
ihren hoffenden Blick und erholte sich gläubige Stärkung.
Selten spielte sie noch das Klavier, denn die lärmigen Schläge
seiner Töne zertrennten die grauen Gewebe der Trauer
und den dämmernden Duft, in den ihre Seele gehüllt war:

Julie sah überdies den Tummelplatz weltlichen Rausches
in der Klaviatur und fast graute ihr vor der Berührung,
ja, sie haßte beinah die Tasten, als wären's Dämonen,
auf Verführung bedacht und Zerstörung der ewigen Hoffnung.
Nein, sie war auf der Hut, und man sollte sie nicht überlisten
um das Kleinod des Schmerzes, das, ängstlich und neidisch gehütet,
allen irdischen Guts Hochheiligstes war ihrem Herzen!
noch auch gar um den Tag und die Stunde der Auferstehung,
jene Stunde, von der sie wußte, die Stimme des Heilands
werde lieblreich sie rufen, um vor dem erstrahlenden Throne
ihr den Sohn in die Arme zu legen mit freundlichen Worten.
Dies und ähnliches ging durch die Seele des sinnenden Jünglings.
Danach ruhte sein Blick auf der Orgel, die nah, an der Wand, stand.
Drüber hing ein bekränztes Bildnis, das Abbild von Erwin,
wie als lockiges Kind er, ganz Lieblreiz und Geist, in die Welt sah.
Hier war Juliens Altar. Es stiegen hier täglich Gebete
in Chorälen sowohl, als auch Bachschen Kantaten zu Gott auf.
Um das Bild war in Perlen gestickt, im Ovale des Rahmens,
„Dein, Herr Jesu!" zu lesen. Nichts weiter, als eben die Worte:
„Dein, Herr Jesu!" Es gab mit diesen drei Worten die Mutter
das gewaltsam entrißne Kind nun freiwillig dem Heiland,
so, als wollte sie sagen: Nimm hin, er gebührt dir, für mich war
dieser Engel zu rein, nur du allein bist seiner würdig.

    Dies und mancherlei sonst erwog bei sich selber Luz Holtmann,
doch nicht trüb, sondern froh, denn er war bei dem Schmerz zu
                                       Besuch nur.
Er durchblickte das Leid und er fühlte das Weh der Verwandten,
doch nur so, daß es ihn betraf und bewegte als Schönheit.
Damals, als es ihm noch obgelegen, die Lücke zu füllen
gleichsam, welche der Tod durch den Hingang des Vetters gerissen,
dies war sicher der Plan des Ehepaars, das ihn ins Haus nahm!...
Damals also verdüsterte arg sein schwerer Beruf ihn,

denn, wie sollte ihm wohl die Erinnerung an den Verstorbnen
zu besiegen gelingen? Es wollen schon, war ihm unmöglich! —
Es erschien nun Pauline, die Magd, das Brett voller Speisen,
tischte auf und begrüßte den Hausgenossen von ehmals,
und vertraulichen Tons erwiderte dieser dem Mädchen.
Dann erschien Frau Julie wieder, nach ihrer Gewohnheit
großen, eiligen Schritts: sie führte ein Kind in die Stube.
Doch es machte sich frei der Wildfang, ein Mädchen von sieben
Jahren war es, recht hübsch, der Abkömmling einfacher Leute,
angenommen an Kindesstatt und auch wieder an Luzens.
Thea hieß das Geschöpf, Luz kannte sie, seit sie ins Haus kam.
Thea, Thea, so sagte die Tante, Du sollst nicht so wild sein!
Doch, unbändig vor Freude, bedeckte mit Küssen der Pflegling
Luzens Wange und Mund, und es schien, daß sie ihn in Besitz nahm.
Eigentum nimmt man so in Besitz, das man lange entbehrt hat.
Fast beklommen erduldete Luz diesen stürmischen Zudrang.
Endlich ward er befreit und Thea entfernt, und die Tante
blieb alleine zurück, und indessen der Neffe den Hunger
stillte, saß sie daneben und plauderte über dem Strickstrumpf. —
Irrtum würde es sein, zu vermeinen, das Wesen Frau Juliens
sei in weichlichem Gram, schmerzseliger Schwäche zerflossen:
männlich schien sie vielmehr, sprach laut und mit kräftigem Ausdruck.
Tätig war sie und herb, meist ungeduldig, ja, ruhlos,
unter rauhem Gewand die wehrlose Seele verbergend.
Zwar sie hatte die Welt mit eisernem Willen verworfen,
ihre Klugheit indes, ihre Wißbegier, ihre Talente:
es war immer noch nicht gelungen, sie ganz zu erdrosseln.
Freilich hatte zu lachen fast ganz verlernt diese Gutsfrau:
tat sies dennoch einmal, so klang es verstimmt, ja, verletzend. —
Nun sei aber das Haus ganz voll, bemerkte die Tante,
denn die Schwiegermama sei da, die alte Frau Schwarzkopp,
diese brauche viel Pflege, sie sei doch nun weit über achtzig.

254

Leider sei nun auch Just wieder hier, denn er habe die Stellung
eingebüßt wiederum. Es sei immer das leidige Übel,
das, wie stets, ihn auch jetzt um den Posten gebracht. Und sie seufzte.
Just war Juliens jüngerer Bruder, der sich als Verwalter
kleiner Güter durchs Leben geschlagen, doch oftmals entgleist war
Denn es packte den Mann zuweilen der Dämon der Trunksucht.
War das Unglück geschehn, so fand der Betroffene meistens
bei der Schwester und bei dem Schwager Asyl, der ihn manchmal,
wie ein totes Stück Holz aufhob von der Straße und mitnahm.
Wie gesagt, er ist hier, wiederholte die Tante, und was nun
weiter mit ihm geschehn soll, das weiß allein wohl der Himmel.
Nicht der Jüngste ist Just, der Gesündeste auch nicht. Wer kann es
denn nach dem, was geschehn, überhaupt mit dem Bruder noch wagen?
Auf die Wirtschaftselevin kam plötzlich die Frau Oberamtmann,
kurz auflachend und hart, es klang fast, wie schmerzlich belustigt:
Beinah haben wir hier eine Besserungsanstalt! so etwas
gleichsam, wie ein Asyl für schwankende Existenzen.
Nun, es ist nicht so schlimm, unterbrach sie sich, Anna verträgt sich
mit der neuen Gewalt nicht, daheim, der Stiefmutter im Hause,
und es sind wohl auch sonst noch Flecken an ihr zu behandeln,
Schönheitsflecken, nicht mehr: ich hoffe, sie werden herausgehn. —
    Luz war wieder allein. Es erschollen die Rufe des Kuckucks
in das lichte Gemach, durch angelweit offene Fenster
unaufhörlich, und Luz, der sie zählte, erhielt ein Jahrhundert
Lebenszeit als Geschenk: wahrhaftig, es war nicht zu viel ihm.
Zweige streckte herein ein blühender Obstbaum. Er brauste
ganz von Bienen und andren Insekten und duftete köstlich.
Seltsam, wie es mich traf, was ist mir doch diese Elevin?
daß mir stockte das Herz, als ihr Name, Anna, genannt ward?
Ich war immer ein Narr, und mein Leben lang werd ich ein
                                                  Narr sein.
Also dachte der junge Mensch bei sich selber und blickte

über Garten und Straße hinüber durchs offene Hoftor:
linker Hand lag das Haus mit den Wohnungen für das Gesinde.
Hinten schlossen die Scheuern den Hof mit gewaltiger Durchfahrt,
hoch genug, den getürmten mit Garben beladenen Wagen
unbehindert hindurch zu lassen, herein in die Wirtschaft.
Jeder Stein und jeglicher Winkel des ganzen Bereiches
war dem Jüngling bekannt, in Ställen, auf Treppen, auf Böden
war der einst'ge Eleve zu Hause und wär's im Stockfinstern.
Täglich hatte er ja den Kreis seiner Pflichten durchlaufen,
in zwei Jahren, auf diesem Gebiete, von drei Uhr des Morgens
bis zur sinkenden Nacht, wo er dann, wie ein Stein, in sein.
                                                    Bett sank.
O wie wohl war ihm heute zumute, verglichen mit damals —
heut, wo nichts ihn mehr band, als Erinnerung, an diesen Fronkreis.
Träge ruhte das Vieh und wiederkäuend im Dunghof,
Schwalben streiften es fast mit den Flügeln im Flug, und es lärmten
Spatzen auf der Umfriedung und plumpten fortwährend herunter
in den goldigen Mist, um wer weiß welches Futter zu suchen.
Gänse lagen nicht weit von der Pumpe und nah einer Pfütze,
mittagsträg, wie das Vieh, ja, es saßen nicht minder die Hühner
schläfrig gesellt auf der Tür des Kuhstalls und nur ihrer wen'ge
schritten pickend umher, wie versonnen und nicht bei der Sache.
Menschen zeigten sich nicht, denn alles war fort, auf dem Felde.

Dritter Gesang

Da indessen geschah's... was geschah wohl? Ein Nichts! Und
                                            doch klingt es:
hebet den Liebesgesang, ihr Musen, mit süßem Getön an!
Ob ein Mädchen auch nur, den obern Torweg durchschreitend,
ganz gemächlich erscheint und hernieder zum unteren Hof steigt:
hebt den Liebesgesang, ihr Musen, den Liebesgesang an!

Anna ist es, die neue Elevin. Wer sollte es sonst sein?
Was sie trägt, im gehenkelten Korb, ist vom Standort des Spähers
nicht zu sehn, doch es blinket der Korb so, als sei er aus Golde.
Und Luz fühlt einen Stich, einen stechenden Schmerz unterm Herzen. —
Hebt den Liebesgesang, ihr Musen, den Liebesgesang an! —
Tiefer bohrt sich der Schmerz, anstatt sich zu mildern, ein Schrecken
tritt hinzu, wie wenn jemand mit jäher Gewißheit erkennet,
daß ein tückischer Schuß ihn im Marke des Lebens versehrt hat.
Hebt den Liebesgesang, ihr Musen, den bittren Gesang an.

Jung, apollinisch gelockt, und niemals ein schlesischer Landwirt
bist du gewesen, mein Luz: viel eher verwandt jenem Gotte
nenn ich, Lieber, dich dreist, der als Hirt sich verdang bei Admetos.
Obenhin nur gesehn, allerdings, Luz, bot deine Abkunft
nicht den mindesten Zug des Übernatürlichen, denn du
kamest wie andere Kinder zur Welt, und nicht einmal am Sonntag,
nur vielleicht etwas schneller: kaum daß deine ehrsame Mutter
eine Wehe empfand, und schon war sie des Knäbleins genesen.
Leto hieß sie indes keinesweges, sie hieß nur Frau Hanna,
ebensowenig war Delos, mein göttlicher Freund, dein Geburtsort,
sondern Salzborn, ein Dorf, so genannt nach dem köstlichen Heilquell.
Dort besaß dein Herr Vater das stattliche Wirtshaus zum Greifen,
dessen freundlichem Dach es zu danken ist, daß deine Wiege
nicht vom Sturme geschaukelt, von Regen und Schloßen nicht
                                                                    naß ward.
Woher kam dir nun also der göttliche Funke ins Innre?
Aus dem Grießbrei gewiß nicht, mit dem man dich löblich gepäppelt,
eher schon aus den Zitzen der Amme, die selber mit Branntwein
jedesmal sich gesäugt, wie man sagt, eh sie dir ihre Brust gab, —
denn es war ein stets trunkner Eilen, wie es heißt, ihr Geliebter. —
Ernst gesprochen, dir gaben die Weihen die Nymphen des
                                                                    Brunnquells,
der von bärtigen Schöpfern aus dröhnendem Schachte geschöpft ward.

XI. 17

Von glückseligen Spielen erhitzt der glückseligsten Jugend
trankst du täglich die Flut des sternstaubdurchfunkelten Salzborns.
Und du spürtest sogleich, nach gesättigtem Durst, und zum Spiele
stürmend, daß sich dein Fuß erlöst und beflügelt vom Grund hob.
Denn der göttliche Born, an die dorische Halle gefüget,
er war eins mit der Flut des kastalischen Quells am Parnassos:
dies verriet so die dorische Säule, am Quellrand entsprungen,
es verrieten's die griechischen Laute der lieblichen Nymphen,
die auf strömendem Pfad, durch die heimlichen Tiefen der Erde,
ihn besuchten und gern bewohnten und Luzen, den Knaben,
mit nektarischem Naß und ambrosischem Anhauch verzückten.

    Da indessen geschah's, wie gesagt... Was geschah? Nichts
                             und Alles!
Hebt, o hebet, sikelische Musen, den Liebesgesang an.
Die Elevin schritt langsam herab und hervor aus der Durchfahrt,
ganz wie jemand, den nichts zur Eile treibt oder auch anzieht.
Lässig trug sie den Korb im Arme, es ruhte die Linke
leicht am inneren Rand des Geflechtes. Das einfache Landkind
schien versonnen, beinah, als sei es allein auf der Erde,
zu nichts anderm bestimmt, als den eignen Gedanken zu leben.

    Schütz, wo hattest du dich wohl verborgen? Aus welchem
                            Verstecke,
Boden, Teune und Stall entschwirrte dein Pfeil, der den Jüngling
tödlich traf? Sieh, er wankt und er greift sich entsetzt nach dem Herzen.
Doch da kichert der Gott. Gemach nur, es stirbt sich so leicht nicht.

    Wirlich lag ja der Hof ganz stille im Lichte des Mittags.
Nichts war da des Betrachtens wert, nichts im mindsten verdächtig.
Und was sollte es Seltsames sein, wenn die Hühner und Gänse
nickten und auf dem Dung wiederkäuend das schläfrige Rind lag,
und dazu die Mamsell gelangweilt und planlos herumschritt?

    Und Luz runzelte stark seine Brauen, um schärfer zu sehen.
Zum Zerreißen gespannt die Brust und behindert am Atmen.

Und was sah er? Nun wohl: die Elevin. Sie hieß Anna Wendland.
Anna blühte im zwanzigsten Lenze. Es waren die neunzehn
in dem letzten vereint und sie alle vereint in der Blüte,
diesem schönen Geschöpf, einer Tochter des schlesischen Erdreichs.
Gudrun nannte sie Luz in Gedanken: es schien ihm die magdlich
stillverschloßne Gestalt, wie gebannt und gebunden in Fremdheit,
Königsblut, in die Fremde verschlagen und niedrigem Volke
ausgeliefert zu niedrigem Dienst. Wie ein goldner Kronreif
schmückten lastende Zöpfe ihr Haupt, und es lag eine Süße
in dem reinen Gesicht, drin sich Wehmut und Hoheit vermählten.

Also war dies so nahe gewesen und nun schon erschienen,
was in heimlicher Ahnung bereits sich dem Knaben verraten,
jenes, dem er entgegen gewartet in dumpfer Gewißheit,
und das je zu erleben, ihm dennoch zu glauben versagt blieb.

Als den Liebling der Nymphen vom heiligen Quelle zu Salzborn
so das Fieber der Wiedergeburt durch den Pfeilschuß des Eros
überkommen, umschritt die Elevin gelassen den Gutshof.
Und es hatte der Hahn, es hatten die Hennen und alles
zahme Geflügel des Hofs sie entdeckt und sich um sie versammelt.
Und vom Schlage sogar herschwankten die Tauben der Venus,
flügelschlagend das frohe Getümmel des Volkes vermehrend.
Da nun leitet der Gott ans gefiederte Ende des Pfeiles
Luzens Hand, daß er selbst umdrehen ihn muß in der Wunde,
und so saugt sie verdoppelt das Gift, entbrennet nun zehnfach.
Hochmut kommt vor dem Fall. Luz, du bist viele Meilen gewandert,
unermüdet und frei, nun erweichen dir plötzlich die Kniee,
und du fühlst dich umstrickt. Geworfen in tödliches Siechtum,
hat nur jene, die dort dem Geflügel das Futter verteilet,
dich zu heilen die Macht, bei ihr liegt's, ob du verweilen
darfst im seligen Licht oder schnell zu den Schatten hinabmußt.
Dies erwägend, wie wenn nach verhallendem Donner des
                                              Blitzschlags

alles schüttert und bebt, noch ganz übertäubt und benommen,
fühlt sich Luz an der Rechten gestreift und schrickt heftig zusammen.
Es ist Fido, der Pudel, erblindet, vor Alter fast zahnlos,
der, als Hündchen einst Erwin geschenkt und mit atlaßnem Bändchen
ausgeschmückt paradiert, an des längst nun Entschlafnen Geburtstag.
Fido winselte leise und atmete heftig. Die Zunge
hing zum Rachen heraus und sie perlte von Schweiß. Mit Gewedel
drehte Fido den zottigen Leib und verbog ihn nach Kräften:
alles dieses, weil Luz, nach Erwin, sein treuester Freund war,
den er wieder erkannt und nun freudigen Herzens begrüßte.
Gut, schon gut, sagte Luz, der den Anspruch des Hundes wohl kannte
und sein Recht, auf erwiesene Taten der Freundschaft zu pochen,
denn er war wie sein Schatten gewesen, verwichener Gutszeit.
Heute schämte sich Luz dieser Freundschaft. Ein schrecklicher Ekel
kam ihn an vor dem Bild des Verfalls und des traurigsten Elends.
Ward er doch durch das häßliche Tier mit den kotigen Zotteln
widerwärtig geweckt und herab aus den Himmeln gerissen,
wo am Tische der Götter sein Sitz unter Göttern bereit stand.
Somit wandte sich Luz mit den Worten: Fort, Vieh! Und es war
ihm
so, als habe ein feindlicher Dämon des Tiers sich bedienet
tückisch lauernden Neids, um das Heiligste ihm zu besudeln.

Vierter Gesang

Luz bewohnte mit Onkelchen Just eine Stube im Giebel.
Alle Räume sonst waren besetzt und man mußte sich fügen.
Zwar der Onkel besaß viel Humor und er hielt's mit der Jugend,
und Luz hatte ihn gern. Er hörte ihn gern seine Schnurren,
oft gepfefferter Art, erzählen. Indessen für diesmal
wär's ihm lieber gewesen, ein Zimmer für sich zu besitzen.

Denn es gärte in feiner Seele, er trug das Geheimnis:
diefes wollte er nicht bedroht fehn durch Fragen, auch follte
nichts ablenken den Sinn ihm von diefem geheiligten Kleinod,
nicht das mindefte war von dem allen zu merken, als Luz und
Onkel Juft fich zur Ruhe begaben und fchwatzend die Kleider
von den Gliedern fich ftreiften. Sie lärmten und lachten vergnüglich,
und fie trieben es fo: es blickte fogar noch die Tante
heiter mahnend zu ihnen herein und erfuchte um Ruhe.
Halblaut fetzte fich fort das Gefpräch, als die Stubengenoffen
in die Betten geftreckt und die Lichter gelöfcht und der Vollmond
auf den Blüten des Birnbaums gleißte am offenen Fenfter.

Immer dasfelbige Kreuz mit dem Leben der braven Verwandten,
feufzte Juft, fowohl was Freund Guftav betrifft, als die Schwefter.
Was nicht bündeln fie alles fich auf! Gewiß ift es löblich,
gut nach Kräften zu fein, meinetwegen freigebig und hilfreich.
Hier gefchieht des Guten zu viel! das läßt fich nicht leugnen! —
So zum Beifpiel nach meinem Gefchmack auch in Sachen des
Glaubens
Auch ich glaube an ein allmächtiges Wefen im Himmel.
Beten hat mich bereits meine Mutter gelehrt, und wo fie nicht,
hätte Not es getan. Die Frömmigkeit halt ich in Ehren.
Wie es Guftav und Julchen betreiben, das fcheint mir bedenklich.
Wird die Frömmigkeit doch beinah hier der Grund zur Zerrüttung
des durchaus nicht fehr großen Vermögens der braven Gefchwifter.
Denn der Kreis von Schmarutzern in Jefu Chrift ift gewaltig:
alte Herren, die gern gut effen, und junge Vikare,
die nicht langen mit ihrem Gehalte, erfcheinen faft täglich,
und dann wiederum auch kreuzbrave Apoftel aus Herrnhut:
gottbegnadete Seelen, und Magen, nicht minder begnadet!

Alfo nörgend fuhr fort Onkel Juft. Luz dachte: wie feltfam!
jener Schwäche nur, die er mißbilligt und rügt, ihr verdankt er,
daß ihn Liebe umgibt, ein Afyl und ein wohliges Bette.

Und der Gedanke taucht ihm nicht auf, wie er selber wahrscheinlich
obdachlos sich von Dorf zu Dorf mit zerrissenen Schuhen
schliche bettelnd umher, wo nicht die grundgütigen Hände
der Verwandten noch stets vor dem äußersten Fall ihn bewahret.

Jeder siehet wohl eh'r den Dorn in den Augen des andern
als im eigenen den Balken: allein dieser Fehler des Sehens
bei dem Onkel war mehr als bei anderen Leuten entwickelt.
Manchmal schien es, als ahne er etwas von seinem Gebrechen.
Und so jetzt, als er fortfuhr zu reden: Es ist mir entsetzlich,
selbst die Lasten der guten Geschwister sogar zu vermehren.
Freilich handelt sich's heute nurmehr noch um wenige Tage,
denn ich hoffe bestimmt, demnächst einen Posten zu finden.
Schnappt ihn jemand mir fort, fahr wohl dann auf immer der
                                                    Hochmut,
keinen Augenblick zögre ich mehr, mich als Knecht zu verdingen.
Muß es sein, nur um fernerhin keinem zur Last mehr zu liegen,
hüt ich Schweine und nähre mich redlich wie sie von den Trebern.
Und der Onkel, in Eifer geraten, fuhr fort, seine Schwächen
rückhaltlos zu entblößen, wie das seine neueste Art war.
Unverzeihlich ist meine Verfehlung, rief jetzt aus dem Bette,
unversehens sich lauter gehabend, der alternde Landwirt,
doch mir wird die Geschichte zu bunt, und sie steht mir bis hierher.
Es ist besser ein Ende mit Schrecken als Schreck ohne Ende.
Oftmals war ich soweit, ich versicher Dich, Luz, und mein Zeuge
ist der allmächtige Vater im Himmel, ihm freilich auch dank ich's,
daß ich die Sünde nicht auf mich geladen, mich selbst zu entleiben.
Er fuhr fort: Ich habe auf Ehre einmal die Pistole
an das Herz mir gesetzt, nicht etwa aus Schmerzen der Liebe,
Gott bewahre mich! nein! aus Verzweiflung über mein Dasein.
Und ich habe auch losgeschossen. Luz, frag Deinen Vater!
Denn in Salzborn geschah's, im Greifen, im Haus Deiner Eltern,
in der „Zwölf". Du bemerkst, ich weiß noch die Nummer des Zimmers.

Darin hatten Asyl mir gewährt Deine Eltern, wie immer
hilfreich, wenn mich mein Laster einmal wiederum aus der Bahn
                                             warf.

Das war damals geschehn! und als ich aus bleiernem Schlafe
aufgewacht, mich besann und mich meines Rückfalls erinnernd,
inne ward meiner unaustilgbaren, sträflichen Schwachheit,
ja da krachte der Schuß! Und wahrhaftig, ich lebte heut nicht mehr,
hätte Zufall es nicht gewollt, daß ein Breslauer Dienstmann
seine Marke mir abzufordern vergessen, und eben
ausgerechnet durch sie der Lauf der Kugel gehemmt ward.
Denn ich trug sie bei mir, die Marke, wie heut im Notizbuch. —
Und es kramte der Onkel dann lange herum auf dem Nachttisch.

   Sag mir doch, Onkel Just, unterbrach ihn nun plötzlich der Neffe,
von sich werfend die Scheu und so gleichsam sich selbst übereilend,
Anna Wendland, so heißt ja wohl Euere neue Elevin...
Was ist eigentlich los mit ihr? Warum seufzt denn die Tante,
wenn sie von der Elevin zu sprechen sich anschickt und richtet
niederwärts den vielsagenden Blick? Hat sie etwas verbrochen?
Ach, es hatte mit dieser Frage, so schien es, der Neffe
den empfindlichsten Nerv berührt in der Seele des Onkels:
Lu;, so rief er, Du tätest wahrhaftig am besten, Du ließest
mich mit diesem Geschöpf ungeschoren. Sie steht mir bis hierher,
und vor allem durch sie ist der Aufenthalt hier mir verleidet.
Wo man hintritt, begegnet man ihr oder muß von ihr reden,
man verspritzt seine Galle und ändert doch nicht ihre Hoffart.
Oder hast Du vielleicht nicht bemerkt, wie das Mädchen umhergeht,
so, als wären wir alle nicht wert, ihr die Schuhe zu putzen.
Ich war Kavallerist und Du weißt, ein vorzüglicher Reiter.
Racker nennt man die Säule, den schlimmeren Ausdruck
                                             verschweig ich,
die zuletzt das Genick jedem Reiter abstürzen, drum Achtung!
Lu;, sie haßt uns, sie haßt jeden Mann, wie der Racker den Reiter.

Haft Du wohl ihr Verhalten bemerkt, Luz, als ihr die Schwester
Deinen Namen genannt? Was? schenkte sie Dir wohl Beachtung?
Oh, bewahre, wie könntest du ihr etwas andres als Luft sein.
Himmel, Herrgott, entweder sie weiß, was sich schickt und sich
                                                    nicht schickt
oder aber man fackele nicht, es ihr gründlich zu lehren.
Sind ihr Männer nur Luft, um so besser! Auch kann es mir
                                                    recht sein,
wenn sie Männer nicht liebt, sondern haßt, so erwog Luz befriedigt.
Und er hatte wahrhaftig im mind'sten nichts andres erwartet.
Schwerlich war sie wohl je einem Mann, ihrer würdig, begegnet.
Also schwieg er, weit mehr durch der Wortschwall beglückt als
                                                    entrüstet.

   Anna, flüsterte Luz, als er folgenden Tages erwachte,
spät, nach erquickendem Schlaf und die Augen, voll Staunen,
                                                    weit aufschlug.
Juftens Bette war leer, und er fand sich alleine im Zimmer:
oh, wie selig, wie süß ist ein solches Erwachen! Wie innig
mischen Jugend, der Morgen des Lebens, der Morgen des Jahres
und der Morgen des Tags, des Maitages, sich miteinander:
oh, wie süß ist die Freiheit, wie süß ist's zu raften und nicht mehr
draußen Fröner zu sein in dem Hörigendienste der Scholle,
ohne Freude an Licht und Luft, denn so ging es ja Luz einst:
kam die Sonne herauf, ihm erschien sie ein grausamer Fronvogt,
ging sie unter, er durfte aufatmen, er durfte im Hause
vor der schrecklichen Gorgo Natur sich ein Weilchen verstecken.
Aber heut: o, wie süß war Natur, o, wie süß war die Mailuft,
und wie heiter sein Herz, einem springenden Fischlein vergleichbar.
   Aus dem Bette sprang Luz, stand sicher auf seinen zwei Füßen,
sog die Luft ein, hochauf in die Brust, ja, ihm schien's, in die Seele:
diese füllte sich an mit dem Taumel des seligsten Daseins.
Und er steckte den Kopf in die Schüffel, er planschte und wusch sich.

264

Dabei pfiff er höchst flott, ohne Syrinx, und endlich begann er
laut und fröhlich und zwar mit männlichem Klange zu singen.
Prächtig scholl es durchs Haus. Nun mochten sie alle doch wissen,
daß er furchtlos, voll hoffender Kraft und auch sonst ganz ein

Mann war.
Ja, er glich einem schreienden Hirsch, der den einsamen Bergwald
mit dem trotzigen Ruf seiner Kampflust erfüllt, jeden Gegner
fordernd, sicher des Siegs auf der Walstatt des Kampfs

und der Liebe.
Als Pauline, die Magd, dem Jüngling das ländliche Frühstück
aufgetragen, erklärte sie ihm, daß die Frau Oberamtmann
sich nach Dromsdorf hinüber begeben, das Grab zu besuchen.
Richtig ja, dachte Luz, an dem heutigen Tag vor fünf Jahren
starb ja Erwin. Und er beschloß, an dem Hügel des Vetters
ebenfalls eine Stunde der stillen Versenkung zu feiern.

Wermut mischte sich nun in den brausenden Becher der Freude,
doch vorerst nur soviel, als es not tat, ihn seiner zu würzen.
Ausgestorben durchaus schien das Haus von Bewohnern.

Doch war es
voll dithyrambischen Lärms, wie der endende Mai ihn entfesselt.
Vor geschlossener Tür, die Hand auf der Klinke: es schien fast
so, als sängen die Vögel dahinter in jeglichem Zimmer.
Außen war wie das Innen, und innen wie außen der Glücksrausch.
Schimmernd stürzte das Grün überall durch geöffnete Fenster,
und von leuchtendem Grün bis zum Rande aufquoll Luzens Seele.
Hattest du auch wohl davon einen Rest hinterm Ohr, mein Geliebter?
Wie dem immer auch sei, an einem Vormittag wie diesem
starb Erwin. Er zerwühlte mit flammendem Haupte die Kissen,
brandig glühte sein Mund und dann brachen dem Dulder die Augen.

Fünfter Gesang

Lieblich war es, das Kirchlein zu Dromsdorf, und lieblich der
                                                        Kirchhof!
Als die Pforte des Gräbergartens der Jüngling erreichte,
stak der Schlüssel im Schloß, wo Frau Julie zurück ihn gelassen.
Und es wichen sogleich die Flügel dem leisesten Drucke,
allerdings mit Geschrill ihrer rostigen Angeln. Und Luz hielt
schnell sie an, fast bestürzt, denn im Kirchlein spielte die Orgel
Lehrer Krause und klang Tante Juliens herrliche Stimme.
Luz war frisch und aufatmend geschritten, mit festlicher Seele
über Land. Und je näher dem Ziel, um so deutlicher sah er
Erwins liebe Gestalt, seines treuen Gespielen von einstmals.
Ganz so leuchtend wie heut war der Tag, und ebenso brauste
die ehrwürdige, mächtige Linde, ein Wächter der Kirchtür,
denn sie blühte wie heut und es schwelgten in Nektar die Bienen:
nämlich damals, als schwarz von Menschen der liebliche Kirchhof
war, und überall Schluchzen ertönte bei Erwins Bestattung.
Wieder stand Luz im Geist am geöffneten Grabe, wie damals.
Hochher kam, wie ein Schiff, gewankt durch den Garten des Todes,
vom Geschmetter der Vögel umjauchzt, der graue Metallsarg.
Abgesetzt schon am Rande der Gruft dann, seit mancher Minute
harrte er auf die Mutter des Toten, die zwischen dem Gatten
und dem Freiherrn von Schulz mehr hängend als gehend herankam.
Nicht ein Laut entrang sich der ehrfürchtig harrenden Menge,
als man mit vieler Geduld und unsäglicher Mühe Frau Julien
half, den furchtbaren Weg vom Kirchenportale zum Grabe
zu bestehn und das Letzte zu dulden bei voller Besinnung.
Mit Entschluß und zusammengebissenen Zähnen befreite
Luz sich nun von dem innren Gesicht, das ihn völlig in Bann schlug,
und der Friede des Orts besänftigte bald sein Gemüte.
        Und es kam nun gestürmt durch den singenden Garten des Todes

266

Thea, die Waise, das Kind, der muntere Pflegling der Schwarzkopps,
warf sich hoch und umschloß mit Armen und Beinen den Jüngling:
ihn umspülte das Haar, er fühlte die Lippen des Wildfangs
überrascht und beschämt auf den eignen. Sie saugten sich gierig
fest, es entrang sich der Brust des Mägdleins ein lustvolles Wimmern.
Und wahrhaftig ein Biß — schon empfand er das Mal ihrer Zähne.
Katze, rief er und machte sich frei von der Klammer des Kindes.
Seltsam ward ihm dabei, als hab es wahrhaftig gegolten,
abzuwehren den Raub am Gedächtnis des Toten und mehr noch
an dem heilig verborgnen Geheimnis, das Luz in der Brust trug.
Doch mit feindlichem Blick, als wisse sie, was in ihm vorging,
kenne auch die Rivalin genau, so stand Thea nun vor ihm,
und bevor er sie noch begütigen konnte, entsprang sie.

Wo die westliche und die südliche Mauer des Kirchhofs
sich einander im Winkel vereinten und also den Einbruch
einer bläulichen Flut leislispelnd herwogender Ähren
gleichsam stauten, vor Überschwemmung die Gräber beschützend,
dort, ein besonderes Gärtlein, befand sich die Stätte, wo Erwin
schlief in gemauerter Gruft und bestattet in erzenem Sarge.
Um den Hügel, fast ganz unter schwärzlichem Efeu verborgen,
frisch gerecht lag der Kies, bis zum Buchsbaum der blumigen Borte,
die ein Gitter umschloß, mit Sorgfalt gebildet vom Dorfschmied.
Ein gewaltiger Strauß Vergißmeinnicht lag auf dem Grabe,
von der Mutter gepflückt, am Rain, auf dem Hergang nach
Dromsdorf.

Leise trat Luz hinzu, als gelt es, den kindlichen Schläfer
nicht zu wecken, und ließ auf der Steinbank sich nieder, die dastand.
Kaum, daß Luz sich gesetzt, so verstummte im Kirchlein die Orgel,
gleich als wär's auf Geheiß, und es war nun um Luz eine Stille,
tief verhalten, als ob sich Himmel und Erde vereinten
in dem heil'gen Beschluß, nicht die Andacht des Jünglings zu stören.

✱   ✱   ✱

„Dein, Herr Jesu," so stand in Gold auf dem schwarzen
Granitkreuz,
das, gebettet in Efeu, bedeckte den länglichen Hügel:
eben das nämliche Wort, das um Erwins Bildnis gestickt war.
Oh, es kannte genau die Geschichte des düsteren Denkmals
Luz, der Eleve von einst, und es grüßte von ferne der Streitberg,
wo das ernste Gestein man gebrochen im mächtigen Steinbruch.
Immer wieder beriet man im häuslichen Kreise der Schwarzkopps
Inschrift, Stoff und Gestalt dieses Epitaphiums, eh es
dann in Angriff genommen und also vollbrachte der Steinmetz.
Nun erschien es im Haus und wurde im besten Gemache
aufbewahrt, wo es lag, den Hausraum belastend mit Grufthauch.
Doch dies war nun vorbei, und der Bann war gesprengt und das
Auge
Luzens trübte sich nicht im erneuerten Anblick des Denkmals.
Freilich ward ein Erinnern geweckt, aber nur an das Dasein.
Und die lebendigste Liebe war's, welche vor allem geweckt ward.
Ja, sie drang in die Gruft, doch siehe, sie fand keinen Leichnam.
Aufgeflogen, entschwebt, und doch in beglückender Nähe
schien der selige Knabe, der Bruder, der Freund und der Liebling.
O Gespiele, wie spielten wir doch den glückseligen Tag durch,
unersättlich in Lust: und wahrhaftige Lust ist das Spiel nur.
Kind und Künstler und dann die seligen Götter im Himmel,
sie genießen das Recht allseliger zweckloser Spiele.
„Dein, Herr Jesu!" Jawohl, ich sehe dich schreiten an seiner
mild-allmächtigen Hand, er führt durch das wogende Korn dich.
Es erhascht noch mein Blick einen Zipfel bewegter Gewandung
deines himmlischen Kleids, womit dich der Heiland geschmückt hat:
Glücks genug sein Smaragd, sein Azur, sein Gepränge von Blumen,
seine Juwelen, und, Gold über Gold, den goldfeurigen Kronreif...
Glücks genug nur zu sehn einen flüchtigen Glanz dieses Prunkstücks,
und zu ahnen die Pracht in den ewigen Orten der Gottheit.

Sei bedankt, paradiesischer Freund, für den himmlischen Anhauch.
Süß, fast stechend, durchdringt unirdische Wonne die Brust mir.
Wie das Kind auf der Schaukel aufjauchzet im seligen Schwunge
hochgetragen, so treibt es zu jauchzen auch mich und ein Kitzel
will mich, wie es mir scheint, mit den Wonnen des Himmels
verschwistern.

Ach, schon da, guter Luz! klang plötzlich die Stimme der Taute.
Und wahrhaftig, es fiel aus den Wolken durchaus der Gemeinte.
Sie indessen fuhr fort: Ich hoffe, Du hast gut geschlafen.
Jüngst beklagte sich nämlich auf drollige Weise ein Schulfreund
unseres Erwin, er war zum Besuche in Rosen und wohnte
so wie Du jetzt mit Just, meinem seltsamen Bruder, zusammen.
Schnarcht er wirklich so laut, wie es neulich der Jüngling behauptet?
Hast Du auch wohl wie dieser nachtüber kein Auge geschlossen?
Damit war ins Geheg der Umzäunung getreten die Gutsfrau,
ließ sich nieder aufs Knie, sogleich, um den Hügel zu jäten,
und entfernte mit sachlichem Eifer, als sei sie beauftragt
mit der Pflege des Grabes, verdorrtes Geranke im Efeu.
Nein, ich schlief wie ein Stein und beklage mich nicht über Onkel
Just, der in keinem Betracht meine nächtliche Ruhe gestört hat.
Stockend brachte hervor diese nüchternen Worte Luz Holtmann,
daß er aber sie sprach, kaum wußte davon seine Seele.
Wunderbar, diese Frau, so erwägt er bei sich, heut und damals,
wie verändert das Bild. Beinahe gefühllos erscheint heut,
die ich einst an dem nämlichen Ort wie von Schwertern durchbohrt sah.
Rauft und reißt sie nicht Ranke und Blatt mit gleichgültiger
Hand aus?
Klingt ihr Reden nicht hart, als habe in ihr nie Empfindung,
niemals Seele vibriert. Luz sieht sich ernüchtert, ist fremd hier.
Eine Stille tritt ein, eine peinliche. Peinlich zu bleiben
und nicht minder zu gehn. Gleich peinlich zu schweigen, zu reden!
Doch am Ende, um etwas zu sagen, und so seinen Zustand

269

irgendwie zu verändern, erklärt er, es sei ihm unmöglich,
vorzustellen den Tod! er begreife nur immer das Leben!
Antwort gibt ihm ein Laut aus Frau Juliens Munde, er sagt ihm:
Wohl, Du sprachst und ich hab es gehört, aber was Du gesprochen
ist gewiß nicht für mich. Doch halte es, wie es Dich gutdünkt.
Alles scheint mir mitunter untrennbare Einheit, sprach Luz nun,
und so ist, kommt mir vor, in allem auch alles zu finden:
das Entschwundene nicht nur, vor allem in allem die Gottheit. —
Nein, man darf nicht das Werk anstatt seines Schöpfers verehren,
sprach, als streife sie nur ein Spinnweb sich etwa vom Ärmel,
drauf Frau Julie. Tante, begann jetzt der Neffe aufs neue,
mich durchdringt fast Gewißheit, daß Erwin uns hört und uns nah ist.
Freilich ist er uns nah, denn er schläft ja hier unten im Grabe,
sprach die Tante so schlicht, als wie etwa: heut ist sein Geburtstag.
Und sie fügte hinzu: Hier ist ja der Ort und sonst nirgend,
wo ihm zu hören den Ruf der Posaune des Jüngsten Gerichtes
von dem himmlischen Vater und unserem Heiland bestimmt ward.
Nun, so schläft seine Seele der ewigen Freude entgegen,
sagte Luz. Und Frau Julie ergänzte: Ich baue auf Jesum.
Jetzt nun drang ein schneidender Laut durch die Stille des
Friedhofs,
unterbrach das Gespräch und lenkte die Blicke der Tante
in der Richtung des rostigen Pförtchens, zum Eingang des Kirchhofs:
stammte doch das Geräusch, das schrille, von dort her. Es hatte
seinen Flügel gedreht das Pförtchen in rostiger Angel.
Nein, nicht selber! Das tat die Hand eines himmlischen Cherubs,
der in einem Gewimmel von Glanz in das Dunkel hereintrat.
Beim allmächtigen Gott! Und wie war es nur möglich, daß Tante
kühl hinsagte: Es ist Anna Wendland. Es geht wohl auf Mittag.
Unser Käser wohnt hier in Dromsdorf. Sie hatte um elf Uhr
bei dem Manne zu tun und versprochen, mich auf dem Rückweg
hier zu treffen. Sie schloß: Nun, da sind Sie ja schon, liebe Anna.

Langsam schreitend kam Anna herüber. Sie trug einen Buschen
Flieder, grüßte, nur leicht das Haupt und die Lippen bewegend.
Keine Miene verzog ihr Angesicht. Nur daß die Flügel
ihrer Nase, so fein wie Schmetterlingsflügel, erbebten.
Nicht Frau Julien gab sie den Strauß feuchtduftender Blüten,
wenngleich diese danach unwillkürlich gegriffen. Sie brachte
selbst dem Toten ihn dar, ihn vernestelnd im wuchernden Efeu.
Still geschah's, ohne Wort und auch ohne daß eine Bewegung
des Gemütes in ihr sich irgendwie hätte verraten.
Nein, dies hatte wohl doch, erkannte jetzt Luz, nur den Anschein,
denn jetzt löseten Tropfen sich los von der Wimper des Mädchens,
quollen reicher und rannen die rosigen Wangen herunter.
Und den Jüngling beschleicht ein befremdliches Fühlen. Wie kann sie
solchen Schmerz dem Verstorbenen weihn, den sie gar nicht
                                                    gekannt hat?
So erwägt er. Entweder der Vetter, der einst ihn im Leben
durch die Fülle des äußeren Reizes und innerer Gaben
schon verdunkelt, er übte die Macht noch über das Grab aus —
oder war es ein anderer Verlust, der dem Mädchen im Sinn lag?
Dann entriß ihr vielleicht einen Bruder der Tod, auch wohl einen,
der ihr mehr als ein Bruder gewesen. Doch wie es auch immer
sich verhielt, Luz empfand es als Raub an dem eignen Besitze,
wer auch immer Tribut solcher Schmerzen und Tränen dahinnahm.

    Tut mir jetzt den Gefallen und geht, gute Kinder: ihr kennt ja
meine Gangart, ich hole Euch ein. Zu den Krauses hinüber
spring ich schnell noch einmal und hole mir Thea, den Tollkopf.
Schwer ist's manchmal mit ihr, und schwer war es heute besonders,
sie zur Stunde dem Herrn Präparanden ins Schulhaus zu liefern!
So Frau Julie. Und sie liebkoste das Grab mit dem Blick noch
eh sie schied, einem Blick, der die Woge unnennbaren Grames,
die aus Tiefen emporbegehrte, gewaltsam zurückhielt.
Danach wandte sie sich, mit befreiendem Seufzer die Fassung

neu gewinnend, und ging, durch ein Pförtchen der Mauer

                                              entschwindend.

    Luz, wo blieb dein Latein, als du nun mit der Jungfrau

                                               allein warst?

die, so kam es dir vor, von dir überhaupt nicht Notiz nahm.
Ja, wo blieb dein Latein? Es entschloß sich kein noch so geringes
Wort, sich finden zu lassen, in einer Verfassung, darin du
sein bedurftest, als wie eines Hellers im Laden des Bäckers,
dessen bedarf, der vor Hunger und Armut beinahe verschmachtet.
Grüble, grüble nur Freund, deine Lage ist ernst und du fühlst es,
denn es heißt nun: erweise dich, Schuft, oder gehe zugrunde.
Mut, vor allem nur Mut! denn du neigst, Freund, noch immer

                                            zum Kleinmut,

hast dich immer noch nicht erholt von den Schrecken der Schulzeit. —
Damals wardst du lädiert am Rückgrat, allein die Erkenntnis
nützt Dir nichts, wo es heißt, ein ganzer, ein schrotiger Kerl sein.
Endlich fange doch an, sonst ist deine Lage entsetzlich.
Sprich vom Wetter! Das Wetter ist schön, und wer wollte

                                            das leugnen,

also, stelle das fest! Damit sagst du doch immerhin etwas.
So erfuhr denn die still Hinwandelnde, was sie schon wußte.
Und sie sah ihn befremdet an und verzog keine Miene.
Ich bin Luft, dachte Luz: nie fühlt ich so völlig als Luft mich.
Welch ein Zustand: ich bin! und bin doch für sie nicht vorhanden.
    Plötzlich: Essen Sie Kirschen? erklang's jetzt im Ohre

                                            Luz Holtmanns

und er blickte verdutzt und wußte nicht, ob diese Worte
wirklich jemand gesagt? Oder hatte er nur bei sich selber
diese Phrase geprüft, ob sie angängig sei zur Verwendung?
Doch, wo dachte er hin! Nie hätten drei Worte des eignen
Innern so ihn im Mark getroffen und so ihn beseligt.
Nie wird Luz die Musik von diesen drei köstlichen Worten,

die ein unsterblicher Hauch aus dem himmlischen Ort Aphrodites
trug, vergessen und nie je die gleiche Musik wieder hören.
Welche Gnade und welche Huld war's, so zu ihm zu sprechen.

Viele Kirschen gibt's dieses Jahr, sagte Luz und erstaunte,
wie so leicht dieser Satz ihm, ja förmlich geläufig, vom Mund floß.
Doch ihm war jetzt zumut wie einem erstarreten Falter,
wenn in Schatten und Frost ihn die Sonne berühret und auftaut.
Und er lachte und Glück überflutete ganz seine Seele.

Eine Kirschenallee, schnurgrade, durch welche die Dörfer
Dromsdorf und Rosen verbunden waren: sie hatte zur Hälfte
jetzt durchschritten das Paar. Nun stand eine bretterne Hütte
ihm zur Linken: davor, in die grasige Erde gerammet
Tisch und Bänke, und eine war gänzlich mit Körben bedecket,
jeder voll bis zum Rand mit der zeitigsten Kirsche, der Maifrucht.
Und es steckte ein Mann seinen Kopf aus der Hütte und grüßte
Fräulein Anna, doch stumm, nur mit leise andeutendem Lächeln.
Sie bog hin, als sie ihn, durch Bewegung der Wimpern, kaum
                                                    merklich,
wieder hatte gegrüßt und trat zu den Körben und prüfte,
was der schweigsame Mann in den Wipfeln der Bäume geerntet:
dieser kam nun herzu und füllte, als wär's ihm gegeben
in den Herzen der Menschen die unausgesprochenen Wünsche
zu erkennen, ein Maß mit Kirschen und bot es dem Fräulein.
Dank schön, sagte sie nur und bloß einmal; nichts weiter, als:
                                                    dank schön!
Welcher Zauber indes lag für Luzen in diesen zwei Worten!
Niemals konnt er, nachdem er sie einmal gehört, mehr im Leben
ganz verarmen, nie wieder je völlig versinken im Unglück.
Und die schöne Elevin nahm Platz auf einer der Bänke,
sprechend: Ist's Ihnen recht, so warten wir hier auf Frau
                                                    Schwarzkopp?
Welche Frage das: Ist's Ihnen recht? Recht wär's ihm gewesen,
XI. 18

dem Gefragten, er hätte können den Reſt ſeines Daſeins
hier und wartend verbringen mit Anna, womöglich die Hütte
mit ihr teilen. Er wünſchte nichts Beſſres auf Zeit ſeines Lebens.

Und ſo ſaß er im Tiefſten erregt, ja im Tiefſten beſeligt,
aber doch auch im Zuſtande ſchmerzhafter Bangnis und Spannung.
Denn nach den wenigen Worten, die Anna Wendland geſprochen,
aß ſie ſchweigend die purpurnen Kirſchen, gelaſſenen Sinnes,
mit ſich ſelber allein und ihn nicht im geringſten beachtend.
Hui, was ſegte denn dort im Staube der Straße ſo eilig
in der Richtung von Roſen gen Dromsdorf vorüber? Ein Männlein,
das nicht hörte und ſah: wie flogen die Schöße des Rocks ihm!
Höchſte Zeit war's zur Bahn und es durfte den Zug nicht verſäumen.
Heftig ſchwenkte die Linke den Filz und es ſtampfte die Rechte
laut zu Boden den Stock, mit der eiſernen Schaufel als Zwinge.
Doch es gab keinen Bahnhof in Dromsdorf, noch ſonſt in der
                                                                Gegend!
Heda, Onkel, wohin denn in Gottes Namen ſo eilig?
Was iſt los und wo brennt's, ſo rief Luz jetzt, der plötzlich den Onkel
Juſt erkannte. Der Bann war gebrochen, er hatte die Sprache
wiedergewonnen beim Anblick des Onkels, doch leider, weil dieſer
wie durch Steinwurf die Tauben der Aphrodite verſcheuchte,
alle Zauber der Liebe zugleich durch ſein nüchternes Daſein.
Ja, er tat noch ein übriges gleich, um durch Mißlaut und Mißduft
die elyſiſche Luft um Luzen ja ganz zu verſtänkern.

Ja, wo brennt's denn? Du haſt gut fragen, Du hochidealer
Jüngling, der noch beſchwingt und in Schuhen mit Schnallen
                                                                umherläuft.
Du ſagſt gick und ſie gack, und ihr beide, ihr guckt in den Himmel.
Fräulein Anna ſitzt hier, ißt Kirſchen, dieweil auf dem Hofe
alles geht, wie es mag: und ſo geht es denn drunter und drüber.
Ich muß laufen mit meinen Vierzigen hier auf dem Buckel,
laufe morgens zur Poſt und laufe Euch nach, weil der Schwager

alle Schlüssel vermißt, die er braucht, um dem Müller Getreide
zum Vermahlen, den Leuten das Deputat auszugeben.
Und Sie haben das Bund, Fräulein Anna, gewiß in der Tasche.
Doch was tut's, wenn ich auch die Auszehrung kriege, die

Schwindsucht

mir zuziehe, wenn nur Fräulein Anna davon keine Not hat.
Sie entgegnet darauf: Sie irren, Herr Just, denn entweder
hat ein andrer das Bund mit den Schlüsseln vom Brette genommen,
oder aber es hängt noch jetzt, wo es hing, als ich fortging.
Dies gesprochen, erhebt sich das Mädchen, bezahlt ihre Kirschen
und setzt fort ohne Hast den kaum unterbrochenen Heimweg.
Gott, sagt Luz, denn er ist geärgert, ja förmlich verbittert,
Schlüsselbünde! wie oft hat man solche gesucht oder etwa
in der Tasche gehabt, wenn andre verzweifelt sie suchten —
Du, versteht sich, sagt Just, warst niemals, mein Junge, ein Landwirt,
ob Du das Schlüsselbund in der Tasche nun trugst oder suchtest.
Deine Taten auf diesem Gebiete erzählen die Leute
wie man Schnurren erzählt, fast täglich, in Rosen und Umkreis.
Drauf sagt Luz: Ja, was ist da zu tun, wenn am Ende die Taten
eines jungen Kumpans an die Deinen nicht reichen? Ich bin mir
des natürlich bewußt. Aber sage mir, lieber Verwandter,
womit hätt ich's verdient, daß Du plötzlich so über mich herfällst.
Hierauf sagt Onkel Just: Daraus mach ich mir nichts, wie Du's

auffaßt,

viel Jahre noch kannst Du viel von mir lernen, obgleich Du
nicht sehr edel auf etwas in meiner Vergangenheit anspielst. —
Dein Verhalten, sagt Luz, besonders auch gegen das Fräulein,
ist nicht so, daß es mir eines gläubigen Studiums wert scheint. —
Und es wandte sich Onkel Just nun zum Staunen Luz Holtmanns
zur Elevin und sprach: Ich frage Sie nun aufs Gewissen,
hab ich jetzt oder je Sie auch nur im Geringsten beleidigt?
Und sie sagte und schüttelte leis mit dem Kopfe: Gewiß nicht!

Sechster Gesang

Ganz entschieden verstimmt saß Luz bei Tische. Die Schwarzkopps
machten keinen Versuch, seiner Schweigsamkeit ihn zu entreißen,
denn sie waren der Meinung, es seien die Stunden am Grabe,
die zum Ernste gestimmt sein Gemüt, sowie Erwins Gedächtnis.
Und man sprach auch im ganzen nur wenig beim Essen, sehr kärglich
lösten Worte sich los und gingen von einem zum andern.
Kaum daß Schwarzkopp gesprochen das Schlußgebetlein der
                                                    Mahlzeit,
als sich Luz schon empfahl und sogleich auf sein Zimmer zurückzog.
Und er warf auf sein Bette sich hin mit dem innigen Wunsche,
daß sein kräftiger Stubengenosse nur ja nicht erscheinen
möge ihm zum Verdruß, denn er war ihm verhaßt und zum Ekel.

Was ist eigentlich mit mir geschehen? so fragte Luz bitter,
an die Decke des Zimmers die Augen geheftet, wo Fliegen,
dunkle Punkte, umher in allerlei Schlingen sich jagten.
Schlingen, ja! Und mir ist so, als sei ich in eine getreten.
Nun, es ist an der Zeit, jedenfalls, meine Lage ein wenig
zu bedenken, mit nüchternem Sinne ins Auge zu fassen,
denn ich habe zu früh jubiliert, und es ist mir entgangen,
daß die Himmlische, die mir erschienen, nicht nur die Gewalt hat,
mir die Hallen der Seligen aufzutun, nein, auch den Abgrund.
Ja, das ist's. Und nun seh ich ihn, senke die schaudernden Blicke
in den schwindelnden Abgrund hinab, der auf einmal so nah ist.
Fast erblick ich nur ihn noch, dann allerdings wäre ja plötzlich
ein ganz anderes Ziel erreicht, als es gestern mich däuchte. —
Sein empfindsames Herz rang schwer. Es bemächtigte Kleinmut
jetzt sich seiner durchaus. Er, der heute morgen, im Kraftrausch,
Triumphator sich hatte gefühlt und Bezwinger des Weltalls,
fühlte nun sich hinfällig und klein und von allen verlassen.

*   *   *

Und er sprach mit sich selbst und er sprach zu sich selbst etwa
dieses:

Freund, du kamest ja gestern hierher, um die Wonnen der Freiheit
hundertfach zu genießen am Ort, wo du unfrei gelebt hast,
unfrei, was deinen Körper betraf und so auch deine Seele.
Wolltest sehen und mehr noch sehen dich lassen nach deiner
Mauser, Luz, und man sollte dein neues Gefieder bewundern.
Wo du als Entlein gelebt und auf lehmiger Pfütze geschnattert
unbeachtet, da wolltst du dich blähn und entfalten dein Pfaurab.
Denn du bist kein gewöhnlicher Mensch mehr, du bist ja ein Fürst jetzt.
Michelangelos Moses, du hast ihn zwar noch nicht gemeißelt,
doch es kann dir gewiß nicht fehlen, du wirst es dereinst tun.
Vieles wirst du vielleicht vereinen, denn diese Empfindung,
dieser Sturm, den du in dir beherbergst, er kann dich nicht täuschen.
Michelangelo führte den Meißel, er malte, er wölbte
die gewaltige Kuppel vom Dome Sankt Petri. Er war auch
Dichter: auch mir ist's vielleicht bestimmt, alles dies zu vereinen.
Nun auf einmal, was fällt dich denn an, guter Junge, was hast du?
Stell dich nun, wie du willst, du bist ja von Grund aus verändert.
Und durchaus nicht nur du, nein, ebenso deine Umgebung,
wo du im Schweiße des Angesichts und als Sklave des Bodens
unfrei lebtest und gedrückt, ohne Hoffnungen, Ausblick und
Aufschwung...

Hast du nicht förmlich Sehnsucht danach, in den früheren Sielen
wieder zu wandeln, das frühere Joch auf dem Nacken zu spüren?
Pfeifst du nicht auf die Freiheit beinah und die Wunder des Erdballs
und die Fahrten auf weitem Meer zu verzauberten Küsten?
Auf den glücklichen Himmel Italiens selbst, der vor allem dich anzog?
Und der Ruhm? Nun, was ist denn geschehen, mein Teurer,
weshalb dir
Reichtum, Ehre und Glanz und ein großer, gefeierter Name
nicht der Mühe mehr wert dünkt? Dagegen der Glücksgüter höchstes

unter Ulmen ein Dach, ein Gärtchen, ein Quell, eine Wiese,
Ziegen, Hühner, was mehr? nur freilich, es müßte die Hütte
Anna teilen mit dir. Anna Wendland! Jawohl, Anna Wendland!
    Fast wie Winseln und Betteln erklang auf den Lippen des
                                                    Jünglings
dieser Name. Luz selber erschrak. Aufbrausend begann er
nicht unbillig, in heftigster Weise sich so zu beschimpfen:
O du dünkelhafter Geselle, großmäuliger Bursche,
prosit Mahlzeit, heut hast du dich wahrhaft als solchen bewiesen,
Einfaltspinsel, als blöd du neben dem Mädchen einhergingst.
Und er schimpfte und grübelte weiter und wurde ganz elend,
bis der Onkel am Ende doch noch in das Zimmer hereinkam.
Sag mal, rief er vergnügt, was ist denn wohl in Dich gefahren?
Mensch, Du täuschest Dich sehr! wenn Du meinst, ich hatte die Absicht
Dich zu kränken, so ist das im äußersten Grade ein Irrtum.
Mißverständnis liegt vor! Es genügt Dir wohl, wenn ich das sage.
Du bist gestern gekommen und weißt drum nicht, wie es hier zugeht.
Was ich zum Beispiel für Grund und Ursache habe, so deutlich
und energisch mit Anna zu reden wie heute vor Mittag.
Lern sie kennen, Du wirst mich sehr bald ohne weitres begreifen. —
Du, ich warne Dich, Luz, rief im Tone des treuen Verwandten,
des erfahrenen Mentors, die Stimme erhebend, der Onkel.
Doch er dämpfte sie gleich: Sie hat einen bösen Charakter.
Darin kenn ich mich aus! Wofür hätte man seine Erfahrung.
Nun, sprach Luz, das mag sein, wie es wolle, es fehlt mir an
                                                    Neigung,
Onkel, und an Beruf, mich aufzuwerfen als Richter
über jemand, der mich im Grunde genommen ganz kalt läßt.
Dies antwortete Luz. So log er mit eiserner Stirne,
selbst im Tiefsten erschreckt, durch den Judasverrat seiner Liebe,
den er zynisch verübt. Indessen, er hätte den Onkel
gern mit Inbrunst umarmt für seine entzückende Warnung.

Zweierlei ging hervor aus ihr: daß der ältliche Landwirt
es für möglich erachte, es könne die schöne Elevin
den Gedanken wohl fassen, nach ihm ihre Netze zu werfen.
Eifersüchtige Furcht und die Absicht sodann, einen Ausgang
diesem ähnlich durchaus auf jedmögliche Art zu verhindern!
Ja, es hatte der Onkel wahrhaftig sich gründlich verplappert! —
Luz sprang auf und verdutzte den Warner durch lautes Gelächter.
Warum lachst Du denn? ward er gefragt, das Ding ist sehr ernsthaft,
hieß es weiter, mit solchen Vampyren, mein Kind, ist schlecht spaßen.
        Höre, du nimmst das Ding viel zu leicht, guter Junge,
                                    ich will Dir
mal erzählen, warum ich bis heut auf die Ehe verzichtet.
Wie das Mädchen geheißen, das tut nichts zur Sache. Wir waren
rund drei Jahre verlobt, und da kannt ich denn freilich am Ende
meine Ware von innen und außen und allen vier Seiten,
denn die Katze im Sack zu kaufen war nie meine Schwäche.
Bitterlich hat sie geweint, doch es half nichts, ich gab ihr den Laufpaß.
Und warum? Lieber Gott! Sogar meine selige Mutter
stand auf Seite der Braut. Sie war ja das Kind guter Leute,
und es stand auch durchaus eine leidliche Mitgift in Aussicht:
kurz, sie war mir nicht schamhaft genug und sie war mir zu sinnlich.
Mehrmals lachte der Neffe bei dieser Erzählung des Onkels.
Jener hatte die Pfeife gestopft und tat sie in Brand jetzt.
In der Pause nun redete Luz: Was soll das bedeuten?
War Deine einstige Braut Dir nicht treu? Ging das Blut mit
                                    ihr durch, wie?
Nicht im mindsten, sie war mir in jeder Beziehung ergeben,
hing an mir, lief mir nach, war gehorsam. Ich konnte verlangen
was ich wollte, sie war wie ein Lamm und ließ alles geschehen.
Aber grade das war der Grund der Gründe zur Trennung.
Lieber bleib ich ein armer Schlucker von Junggesell Zeit meines
                                    Lebens,

eh ich nehme ein Weib zur Ehe, das nicht unberührt ist.
Also, Onkel, verzeih, sprach der Neffe, mit Deiner Erlaubnis
und mit vollstem Respekt gefragt: sie war nicht mehr Jungfrau,
als Ihr Euch kennen gelernt und Du hast das erst später erfahren?
Wie, bevor sie mich kennen gelernt, nicht mehr Jungfrau, das kleine
sechzehnjährige Lieselchen Schütz? Aber Liebster und Bester!
Damals glaubte sie noch ganz fest, es würden die Kinder
aus dem Lehmteich geholt, hinterm Armenhaus, durch die zwei
Störche,

die ihr Nest sich gemacht beim Rudolfbauer, der ihnen
ein gewaltiges Rad auf dem Giebel der Scheune befestigt:
unbescholtener war und auch ahnungsloser kein Schäflein!
Oder hältst Du mich allen Ernstes für fähig, mein Bester,
mich mit einer Person, die Vergangenheit hat, zu verloben?
Lieber Onkel, Du siehst mich verdutzt, ja, es ist mir zumute
so, als wär ich nicht ganz mehr, hier oben, bei klarer Besinnung.
Du verlobst Dich mit einem Kinde, das keusch und das treu ist,
Dir allein nur gehört. Und dann nach drei Jahren, in denen
sie wie Gold sich bewährt, da meinst du...? Ich kann's nicht begreifen!
Und der Onkel: Bewährt! daran hat es ja eben gemangelt.
Dazu fehlte dem Mädchen die Kraft, und so ist sie gefallen.
Ein gefallenes Mädchen ist jedermanns Beute, doch niemals
nimmt ein Mann, der sich achtet, ein solches Geschöpf sich zur Ehe,
gründet auf solche Geschöpfe mit nichten Familie und Hausstand. —
Ach, ich werde verrückt, ich bin fällig für Leubus, denn, Onkel,
immer hör ich von einer Jungfrau, die keusch und die treu ist,
und dann nennst Du dieselbe mir unkeusch und eine Gefallene.
So rief Lutz und drückte die Handflächen gegen die Schläfen.
Hab Erbarmen mit mir, Onkel Just, denn Du treibst mich zum
Wahnsinn.
Würdest Du Dich mit einem Mädchen fürs Leben verbinden, mein
Junge,

280

sprach mit ruhigem Ernst an der Pfeife saugend, der alte
Schwerenöter, daß Dir in der Nacht nach dem Tage der Hochzeit
etwas neues nicht mehr zu geben hat, weil sie dir alles
längst geschenkt? Und Du alles und noch was schon längst im
Besitz hast?

Mache Du ein entsetztes Gesicht, Lux, ich will Dich nicht hindern,
wenn ein ähnlicher Fall Dir in Zukunft mal blüht und Du etwa
Obst, das wurmstichig ist, für gesundes zu speisen geneigt bist.
Denkst Du laxer in Sachen Moral, Freund, ich will Dich nicht
stören.

In dem Punkt bin ich streng und von strengster Moral ohne Gnade.
Ich empfand, sagte Lux, in der Tat eine leise Verblüfftheit
über die Wendung, die Deine Erzählung so plötzlich genommen.
Du hast also das Mädchen verführt, und weil sie gehorsam,
voll Vertrauen sich Dir überließ, voller Liebe sich hingab,
darum ist sie vor Dir entehrt, zur Gefallnen geworden?
Hier versagt mein Verstand. Und daß er versagt: es ist gut so!
Kein Vergnügen gewährt's, ihn auf ein Verfahren zu lenken,
das die Marke der Schurkerei so frech an der Stirn trägt! —
Nun, Dein Ausfall ist stark, und Du hast Dich vergriffen im
Ausdruck,
doch Du meinst's nicht so schlimm, bist auch darin der Sohn Deines
Vaters.

Sachte, sachte: wie oft, wenn er tobte, Lux, ich ihm das zurief!
Du verstehst nichts von Weibern: das Weib ist das Werkzeug des
Satans.

Wohl, so war Lieschen Schütz Dein Werkzeug und Du warst der
Satan:
dabei bleibt es und das ist in dieser Geschichte mein Standpunkt,
sagte Lux. Und der Onkel, erst ernst und dann plötzlich geschmeichelt,
kurz auflachend sodann und wieder sodann und noch einmal,
sprach: Das gebe ich Dir zu und will ich am Ende nicht leugnen,

weitaus besser als ich ist unser Herr Jesus! Ich bin ein gemeiner
Sünder oftmals gewesen und bin es zu Zeiten auch heut noch.
Und den gepfefferten Satan zu spielen, gelang mir meist prächtig.

Siebenter Gesang

Doch es pochte. Herein! rief Luz. Und da stand Onkel Schwarzkopp
mit dem strohigen Haar, voll Sommersprossen das Antlitz,
durch die goldene Brille heräugelnd mit lustigen Blicken.
Nun, das ist recht, Ihr seid fröhlich. Gott liebt ja die fröhlichen Herzen,
sprach er und setzte hinzu: Ich komme, Luz, um Dich zu fragen,
ob Du mit mir einen Gang in die Felder zu machen geneigt bist?
Ja, mit Freuden, log Luz. Ihm war der Gedanke entsetzlich,
sich vom Haus und vom Hof entfernen zu müssen, wo Anna
war und Hoffnung bestand, sie zu sehn oder ihr zu begegnen.
Doch, was half's? Er stand auf, man trank in der Eile noch Kaffee,
und bald schritt er dahin mit dem heiter plaudernden Landmann,
dem entlegensten Felde der Ortsgemarkung entgegen.
Und der Onkel weist hin auf die grünenden Breiten des Landes,
lobt den heiteren Tag und den schwellenden Segen der Feldfrucht,
den allmächtigen Gott, der dies alles so herrlich gemacht hat.
Und bei alledem denkt der Neffe: Ich sehe wahrhaftig
auf der Erde und in der Luft kein Ding, das mich anzieht.
Nein, mich geht dieses alles nichts an, denn was kann es mir nützen,
wenn ich in Allem ein Nichts und in Einem das Alles erblicke

Endlich war man am Keu, dem Ackerfleck, welchen der Onkel
Schwarzkopp heute zu inspizieren sich vorgesetzt. Heu stand in Haufen
auf der gemäheten Wiese, die groß und baumlos und flach war.
Schwarzkopp nahm von dem Schober und prüfte und fand sie zur
Einfahrt
reif. Er sagte, nun weiß ich Bescheid, und nun können wir heimgehn.

Hei, wie war doch mit einem Male die Landschaft verändert,
paradiesisch und hoffnungsgrün, als man wieder die Richtung
gegen Rosen genommen. Man lebte jetzt auf, ward gesprächig…
So nicht wechselt im Monat April, nicht so plötzlich, das Wetter
als in der Seele, die liebt. — Die Welt lag im Glanze der Hoffnung
nun aufs neue für Luz und die Gegenwart schien ihm erträglich.

Ja, das Reu! so begann er erheitert. Nun hab ich's doch einmal
wiedergesehen. Es ist ja im Grunde ein Fleck wie die andern,
steht man aber darauf, wird's einem doch seltsam verständlich,
daß im Lande herum er bei allen so arg im Verruf steht.
Stille stand auf dies Wort, — noch traten die beiden den

Reugrund, --

jetzt der Landmann und sprach: Mein Guter, das magst Du wohl

sagen.

Was hier einmal geschehn sein mag, nun, das weiß der Allmächtige.
Doch es gibt eben Orte, die tragen den Bann der Verfluchung.
Niemand sieht dieser Wiese es an, und was wär auch zu sehen?
Denn sie ist ja in nichts von den andren ringsum unterschieden,
und doch wird einem stets in der schweigenden Luft hier zumute,
so, als ob man sich doppelt dem gnädigen Vater im Himmel
grade hier an das Herz zu legen Grund hätte. Und wär ich
Katholik, lieber Luz, ich schlüge hier stets die drei Kreuze.

Schwaches Hundegebell erscholl ringsher von den Dörfern,
auch der Lerchengesang drang nur schwach zu der Gegend des

Feldflecks,

ganz als wären die Vögel beauftragt, die Wiese zu meiden.
Nur ein Kibitz umflog in der Nähe sein Nest, seine Stimme
mit dem Fluge bald senkend, mit diesem auch wieder erhebend.
Kläglich war die Musik, eine Künderin ewiger Trübsal.

Ja, da hätten wir nun ein Gebiet, sprach belebter der Onkel,
als das verrufne Feld erst im Rücken lag, wo sich die Geister
wohl entschiedener trennen, als sonst auf den meisten. Und richtig

283

ist es: Vorsicht erheischt jede Frage, die dunkle Gebiete,
solche, die Gott uns verbarg, betrifft, denn leicht fällt man in Sünde.
Immerhin bleibt bestehn. von unzähligen Zeugen bestätigt,
daß ein gespenstisches Pferd sich, ein Schimmel, des Nachts auf
den Dörfern
und zwar immer vor einem bedeutenden Unglück gezeigt hat.
Von hier komme das weiße Pferd, wird gesagt, nach hier kehre
es auch wieder zurück. Allerdings, ich selbst sah es niemals
und begehre es auch, so es Gott gefällt, nimmer zu sehen.
Und der Onkel ward blaß bis unter die Wurzeln des Haares.

Oh, er spukte gewaltig in Rosen, der Reuhengst. So nennt man
überall das Gespenst. Ich selbst, sagte Luz, glaubte mehrmals,
es zu sehen des Nachts, wenn ich einsam im Dorfe heraufkam,
um die Tagelöhner des Guts aus den Federn zu holen.
Bei dem Kretscham erschien's, an dem unteren Ende des Dorfes,
Augen hatte es wie Rubin, und es flog seine Mähne
weiß im Mondschein, indes es sich bäumte, aus feurigen Nüstern
Funken schnaubte, bis es in rasendem Laufe herankam.
Eingebildet natürlicherweise war diese Erscheinung,
doch es war meine Phantasie in der nächtlichen Stille
so erregt, daß ich oft von der gleißenden Rennbahn der Straße
schnell zurück und beiseite mich drückte ins Dunkel der Büsche,
um vorüber zu lassen den milchig schimmernden Reuhengst.
So sprach Luz! Und es stand nun abermals stille Herr Schwarzkopp.
sah dem Neffen ins Auge mit tiefer Bewegung und sagte:
So wie Du jetzt es schilderst, erblickte drei Tage vor Erwins
unerwartetem Hingang der Gutschreiber Brinke (es war die
Nacht von Mittwoch zu Donnerstag, frühe am Sonntag starb
Erwin!)
das Gespenst, diesen Reuhengst. Du kennst ja den Gutshof von
Lonig,
wo ich damals noch saß in der Pacht. Der Spuk kam vom Reu her

durch das hintere Tor, er durchsprengte den Hof und verließ ihn
durch das vordere dann. Der Gutschreiber Brinke indessen,
der am Morgen sogleich sein Erlebnis Julien erzählte,
konnte lange sich nicht von dem nächtlichen Schrecken erholen.
Und nach dem, was mit Erwin geschah, binnen kurzem, wer
mag's ihm
da verdenken, wenn er von der Wahrheit des Spuks überzeugt ist.

Achter Gesang

Sag doch, Lieber, sprach heut Onkel Schwarzkopp über dem
Schachbrett,
als er eben die dritte Partie an den Neffen verloren,
sag doch, bitte, wie stehst Du denn eigentlich jetzt mit der Dichtkunst?
Gut gelaunt kam die Frage heraus. Schwarzkopp liebte das Necken.
Und es lachte der Onkel, es lachte der Neffe, es lachte
selbst die Taute kurz auf, die am Stickrahmen saß. Es war Abend,
Schlafenszeit, und es gaukelten rings um die brennende Lampe
Falter, trunken vom Licht, das ihnen die Flügel verbrannte.
Gut, recht gut, gab der Neffe zurück, und zwar fest und mit Freimut.
Mit der Muse der Dichtkunst steh ich auf freundlichstem Fuße,
und Du hast Dich beträchtlich geirrt, als Du Deinem Eleven
ganz entschieden dereinst das Drechseln von Versen verboten,
weil in den Schnitzeln, die Du gefunden, kein Funke Talent sei.
Nein, ich habe Talent, und ich will es Euch gleich auf der Stelle
schwarz auf weiß, — nämlich, wenn Ihr ein bißchen Geduld
habt, — beweisen.
Ja, man wollte geduldig sein, und so rückten denn alle
um die Lampe. Auch Just war zugegen, vor allem auch Anna,
eifrig nähend und keinen Blick von der Arbeit verwendend.
Und Lutz nahm aus der Tasche ein kleines vergriffnes Oktavbuch,

ehmals grünmarmoriert der Deckel, im Innern bekritzelt,
brav beschmiert und bekleckst überall, und begann draus zu lesen,
frei und klar und voll Mut, was nur ihm zu entziffern vergönnt war.
Luz, Du warest sehr stolz auf das, was Du lasest. Es waren
sogenannte Gesänge, und zwar ihrer zwei, die Du selber,
beim allmächtigen Gott, wag jemand es Dir zu bestreiten,
hingezaubert, aus nichts hervor, zu poetischem Dasein.
Und Du zweifeltest nicht, mein Liebling, es würde Dir glücken,
dem unsterblichen Paar anzureihen die andern Gesänge,
die das unsterbliche Werk noch zur letzten Vollendung verlangte.
Damit war aber dann Dein unsterbliches Schicksal entschieden,
und bisher nur verhüllt, trat dann Deine Epiphanie ein.
Wer alsdann Dich zu sehn noch Verlangen trug unter den niedern
Kreaturen — das waren doch eben die sterblichen Menschen! —
mußte das Auge zugleich zum Himmel erheben und schützen
mit der Hand, vor dem Glanz, der unsterblich von dorten herabbrach.
Also sah er den Thron des Homeros und ihn, der darauf thront,
ein unsterblicher Zeus! Ihm zur Linken den Thronsitz Virgilens.
Und den dritten! — Genug — man weiß es ja längst, wem er zusteht.
Ja und abermals ja: drei gewaltige Sonnen der Dichtkunst
mit unsterblicher Lichtgewalt, so getrennt als dreieinig,
würden die kommende Welt mit unsterblicher Schönheit beglücken
wenn der Schlußpunkt dereinst unter Luzens Gesänge gesetzt war.

Ehrlich sei der Chronist: es machte die Dichtung Luz Holtmanns
auf den Kreis seiner einfachen Hörer entschiedenen Eindruck.
„Hermannslied" war das Epos betitelt von seinem Erzeuger,
Held der berühmte Cherusker natürlich, der einstmals den Varus
schlug aufs Haupt und die Römer vertrieben und Deutschland
befreit hat.
Und er hörte die Harfen der Barden, so lange er vorlas.
Also war er nicht übel zufrieden, der Dichter, mit seiner
Wirkung. Eins war gewiß: man war überrascht und man hatte

286

ihm dergleichen nicht zugetraut, niemals, nicht im entferntsten!
Andres aber erfüllte mit innerster Wonne den Jüngling:
daß zwei Augen auf ihm unabläßig, voll Spannung, gehaftet,
als er las, und es gab auf der weiten, bevölkerten Erde
nicht noch einmal ein Paar solcher Augen, so nixenhaft schillernd
nicht, und nicht so durchgleißt von eisig verzehrendem Feuer.
Freilich las er allein für sie, der diese zwei Augen
angehörten, es galt auch um ihretwillen allein ihm,
was die übrigen ihm an Beifall gespendet. Es traf sich
gut, daß Luzens Gedicht zunächst die heroischen Falten
nicht um Hermann schlug, den Cherusker, sondern um eine
Marsin, ein herrliches Mädchen natürlich, von „göttlicher" Schönheit.
Diese schildernd, mit vielen Worten, hochtönenden Schalles,
war ihm einmal, zweimal vergönnt mit flüchtigem Aufblick
den zwei Augen zu sagen, wem einzig allein dieses Lob galt.
Und sie senkten sich nicht, die zwei Augen. Das heiligste Antlitz,
horchend blieb es auf ihn geheftet, und Mittel und Wege
hatte nun das Gefühl, das übermächt'ge, auf einmal
sich, verborgen in Glut und Begeisterung, der zu verraten,
der es lohte, von der es die himmlische Nahrung empfangen!
    Onkel Just, er stand auf, als man noch mit dem eben Gehörten
sich befaßte, und sagte in nüchternem Tone zu Schwarzkopp:
Höre, Schwager, mir fällt eben ein, wir brauchen für morgen
unbedingt das verborgte Faß, morgen müssen wir jauchen,
denn die Grube läuft über, es bilden sich Pfützen im Hofe.
Ach, verzeih, lieber Luz, — er lachte nicht selten ein wenig
hämisch. — ich reiße Dich da, wider Willen, aus höheren Sphären,
damit wandte er sich an den Dichter, doch was ist zu machen?
Schließlich lebt ohne Verse der Mensch, während Brot und Kartoffeln,
Rindfleisch, Speck und so fort unerläßlich ihm sind für sein Dasein.
Und der Dung, wie Du weißt, ist das lauterste Gold für den
Landmann.

Luz gab dies ihm zurück, und zwar ohne Besinnen: Das Sillfaß
sei Dir gerne gegönnt, lieber Onkel, und fülle mit Gold es
bis zum Rande und mache zum Segen der hungernden Menschheit
auf den Spund wiederum und so das Flüssige flüssig.
Aber komm nur der Klaviatur nicht zu nah und dem Flügel.
Und es fahre der Knecht nicht etwa damit durch die Kirchtür.
Lärmend entfernte sich Just und gezwungen auflachend, die Worte,
die Luz eben gesprochen, geflissentlich ganz überhörend.

   Doch es lachten, wenn auch nicht laut, so Tante als Onkel,
und fast schien es, als gönnten sie Just die gelungene Abfuhr.
Anna Wendland blieb stumm. Sie erhob kaum den Kopf
                                                von der Arbeit.
Luzen aber kam nun ein überaus seltsamer Einfall:
Wag ich jetzt einen kleinen Betrug und erkläre zum Beispiel,
daß ich Rosen wahrscheinlich schon morgen müsse verlassen,
so erwägt er, dann wird Anna Wendland, sofern sie mich gern hat,
unvermeidlich beinah, eine kleine Enttäuschung verraten...
Wie gedacht, so getan, und so sprach er sogleich und voll Frechheit,
mit dem sichren Instinkt der Liebe auswerfend die Schlinge:
Leider, leider wird meines Bleibens wohl morgen ein Ende
sein. Ich fürchte, es bringt der Briefträger morgen die Nachricht
daß... hier kam er nicht weiter. Wie wenn man den Arm
                                                sich erschellet,
so erschellt, fast betäubt, war der Leib, war die Seele des Jünglings.
Funken tanzten und taghell leuchtete ihm vor den Augen
auf und abermals auf, ein paradiesisches Blitzlicht.
Und es tauchten darin Gestalten auf, selige Knaben,
diamantne Noten absingend von goldenen Rollen.
Und Luz lebte nun nicht mehr im Elemente des Luftmeers,
sondern einzig und nur allein im Gesange der Engel.
Und was sangen sie denn? Sie sangen in ewigem Echo
nur ein einziges Wort, triumphierend, das Anna gesprochen...

Nein, es waren ja zwei verräterisch köstliche Worte:
Ach! und schon? Nur Ach, schon? hatte Anna gesprochen. Der aber,
gnadenlos sei er gestürzt in die schwärzesten Schlünde der Hölle,
der eine Silbe, geschweige ein Wort dieser zwei unterschlüge,
niemals werde er selig, er sterbe gewaltsamen Todes.
Leider, leider wird meines Bleibens wohl morgen ein Ende
sein. Ich fürchte, es bringt der Briefträger morgen die Nachricht,
daß... so lautete Luzens höchst lügenhafte Vermutung.
Da erklang erst ein Ach! in dem Schreck und Bedauern sich malte,
dann ein fragendes „Schon?" mit dem Stimmklang wahrer

Enttäuschung.
Anna hatte die Worte gesagt, niemand anders als Anna.

Neunter Gesang

Wie voll Ungeduld heut ging zu Bette Luz Holtmann! Wie waren
ungeduldig und wild seine hoffnungsbeflügelten Träume!
Seine Wünsche, im Schlaf selbst, sie stürmten wie feurige Rosse
durch die hemmende Nacht und der Sonne des Tages entgegen.
Und da war er, der Tag, von der gestern empfangnen Gewißheit
doppelt hell und durchaus von glückseliger Ahnung beladen.
  Wie gefällt Dir denn eigentlich Anna, so fragte der Onkel
Just, von draußen hereingekommen, als Luz sich erst anzog.
Oh, es macht sich. Warum denn auch nicht: sie gefällt mir

ganz leidlich,
gab zur Antwort ihm Luz und seifte sich über dem Waschtisch.
Ach, die Gute, was hat sie wohl gestern gedacht, als Du lasest?
Nichts, wie immer, so fürcht ich, dies sagte nun weiter der Onkel.
Nichts versteht sie, rein nichts! Und so hat sie, ich schwöre,

auch gestern
ganz so vieles von Deiner nicht unebnen Dichtung verstanden.

XI. 19

Das kann sein und auch nicht, sagte Luz, und wer will es entscheiden?
Nein, es ist, sagte Just. Trotzdem bleibt sie nicht minder gefährlich.
Ist ein Weib gut gebaut und hat jugendlich üppige Schenkel,
hat sie Waffen genug, um die Klugheit des Manns in die Winde,
mir nichts, dir nichts, zu blasen. Und Anna ist wirklich ein Vampyr.
Fröhlich lachte da Luz und gradezu etwas triumphhaft.
Unbeirrt fuhr Just fort: Oh, das scheint mir bei Anna sehr möglich.
Und so kann man sich schließlich und endlich nicht einmal mehr
                                                        wundern,
wenn ihr etwas bigotter Herr Vater, der Rechnungsrat Wendland,
zu der Meinung sich neigt, Anna habe den Bösen im Leibe.
Ich verbitte mir das! sagte Luz, das ist Unsinn und Frechheit,
so von Dir, Onkel Just, als dem würdigen Herrn Kanzleirat.
Laß, ich bitte Dich, solches Geschwätz, denn es ist mir zum Ekel.
Braver Junge, Du denkst wohl an mich zurück eines Tages,
sagte Just, wenn der Rat mit zwei dicken Aposteln hier einschneit,
zu dem Zweck, aus dem sündigen Körper der Tochter den Satan
auszutreiben: man ist ja doch fest überzeugt, daß er drin steckt.
Onkel Just, rief der Neffe, ich habe den Finger im Ohre,
höre nichts, was Du sprichst, also bitte, Du läßt es jetzt gut sein.
Wer will wissen, schloß Just, sich mit bitterem Lachen entfernend,
ob man's am Ende nicht gar für nötig erachtet, um Anna
aus den Klauen des Teufels zu retten, sie einem der Brüder
anzutrauen und so ihr den Weg in den Himmel zu ebnen.

   Anna liebt mich! Ich weiß es, ich habe es gestern untrüglich,
ganz untrüglich gefühlt: so jubelte Freude in Luz jetzt.
Niemand macht mir mehr Angst, nicht mit Vätern und nicht mit
                                                        Rivalen.
   Ach, es traf bald darauf die Blumen der gläubigen Hoffnung
ein gewaltiger Frost, und Anna war's, die ihn hervorrief:
Kälte hauchte sie aus, wie noch kaum bei der ersten Begegnung,
und so blieb es, so oft man sich traf, im Verlaufe des Tages.

Mehr! Es schien dem gepeinigten Jüngling, sie mied ihn mit Absicht,
wo dies aber mißlang, so traf ihn kein Blick, und man mußte
meinen, sie sähe ihn nicht und wolle auch nicht ihn bemerken.
Was ist das, dachte Luz, wie kann sich ein Weib so verändern?
gestern so und heut so. Die untrügliche Sprache des Herzens
gestern, heute dafür ein verschlossenes Wesen, fast feindlich.

Du bist grausam, sann Luz, dessen Inneres ein einziger
Schmerz war,
eine Spannung voll Pein: du bist grausam, nicht weil du so kalt
scheinst,
sondern, weil du in deiner kalten Verachtung so schön bist.
Furchtbar bist du und grausam, allein durch das Gift deiner
Schönheit,
das den Willen mir lähmt und den Körper in Fesseln dahinwirft.
Sieh, hier lieg ich, nur noch jedes Winks deiner Wimper gewärtig.
Töten kann er und kann mich höher beglücken als Gott selbst.
Willst du, sag ich ihm ab für ein einziges leises Berühren
deines Scheitels, den Herrgott, und Vater und Mutter verleugn' ich.

Lieber Luz, sagte nach dem Kaffee Onkel Schwarzkopp zum Neffen,
ist's Dir recht, und fast mein ich am Ende, es sei Dir willkommen,
einen Gang aufs Dominium Lonig mit mir nach der Vesper
anzutreten? Ich muß hinüber, von Wirtschafter Schröder
etwas über den Stand unsres Mumienweizens erfahren.
Siebenährig, du weißt, ist der Halm und gewaltig ertragreich.
Ganz gewiß, sagte Luz, mit Freuden! Und dachte im stillen:
Wie entsetzlich! Ich haß' ihn, er raubt mir unschätzbare Stunden,
schleppt lebendigen Leibs mich fort in die Öde des Todes,
aus dem Bereich des Gestirns, von dem ich, es durstig umkreisend,
als ein Gnadengeschenk mein schmerzliches Dasein erhalte.
Doch, was half es, es kam die Vesper, die Stunde des Aufbruchs,
und durchs obere Tor des Hofes mit rüstigen Schritten
dem Gerichteten gleich, der Neffe zur Seite des Onkels,

zog das ungleiche Paar von dannen, hinaus in die Feldflur.
Diesmal war man indes nicht lange gewandert, als Luzens
Brust der Zauber verklungener Tage und Stunden in Bann schlug.
Auch der Onkel war ernst, und je mehr man der einstigen Pachtung,
dem Dominium Lonig, sich näherte, mehr und mehr wortkarg.
Denn dort hatte er sechzehn köstliche Jahre im höchsten
Glück der Liebe und Ehe verbracht, davon dreizehn mit Erwin.
Welche Wandlung! Wie fremd heut im Feld liegt der Dominialhof.
Kurz, wie kurz ist der Weg! Nicht einmal ein Stündchen von Rosen
liegt die Herrschaft entfernt, und zwar wenn man gemächlich zu
Fuß geht.
Weit, wie weit ist der Weg nach dem lieblichen Orte der Kindheit,
wo Frau Julie munter geherrscht und in tätigem Frohsinn,
nicht dieselbe wie heut, wahrhaftig, nein, eine ganz andre.
Diese andre, sie glich der von heut, wie der Mai dem November.
Alles blühte an ihr und in ihr und man kam, dieses Blühen
der bewunderten Frau zu genießen, von weither im Umkreis.
Darum ward auch das Gutshaus von Gästen nicht leer: gern gesehen
und an Seele und Leib von den Wirten aufs schönste erquicket.
Oh, wie weit ist der Weg nach dem Hause. Du kämest dorthin nicht,
ob Du dreimal die Erde umkreistest auf eigenen Füßen:
wohl, ein ähnliches steht, denkt Luz, auf dem Dominialhof,
doch mich schaudert schon jetzt, vor diesem Gespenst des entschwundnen,
Weh ward Luzen ums Herz. Wohl stand er im Zeichen der Liebe
hoffnungsvoll! Und er war im Grunde durchaus nicht verzweifelt.
Allgewaltig war das Gefühl, und nicht möglich, zu denken,
daß dies Wunder in ihm ganz nutzlos solle gewirkt sein.
Trotzdem ward, wie gesagt, ihm wehe ums Herz. Es ergriff ihn
gleichsam Urweh. Wie hinfällig war, wie vergänglich doch alles!
Täuschung jeder Besitz, wie er sterblichen Menschen gewährt ist.
Vieles lockt uns und greifbar ist manches, doch haltbar durchaus
nichts.

Und mit allem Besitz ist Verlust untrennbar verbunden.
Stündlich wirst du geboren und stündlich auch rührt dich der Tod an.
Ich bin jung und sie nennen mich jung! Doch wie alt komm ich selber
wohl mir vor, wenn ich bei mir selber im stillen erwäge,
was nicht alles ich überlebt und was alles besessen!
Eine Welt! Oder nicht? Besaß ich am Ende sie niemals?
Und so wären denn nur eben Schatten zu Schatten geworden?
War sie wirklich die Welt, nun, so ist es dasselbe: zerschmolzen
ist sie, ein Wölkchen, in Luft, und so hab ich sie sehen dahingehn.

Man erreichte nun bald die wenigen Hütten von Lonig,
die gedrückt und verarmt das Haupttor des Gutshofs umlagern,
Bettlern gleich, die gewohnt an die Schwelle der Reichen, ihr Dasein
dort verbringen, gewärtig des Brockens, gewärtig des Fußtritts.
Bald dann stand man im Tor und verließ die gesegneten Fluren,
die in weiten Gewenden sich dehnend, mit wogender Fülle
drängend gleichsam die Insel des Herrenhofes umspülten,
so als könne die Flut, die köstlich duftende Halmflut,
trächtig heiliger Frucht, es kaum noch erwarten, in Bansen,
Speicher, Keller und Faß sich in rauschenden Güssen zu stürzen.
Doch noch war es zu früh. Indessen vertrieben die Lerchen,
wie von ordnender Hand verteilt unterm brütenden Himmel
einer werdenden Schöpfung die Zeit mit geschwätzigem Trillern,
zur Geduld unermüdlich und haftig und dringlich ermahnend:
daß man müsse den Tag der Reife geduldig erwarten.
Und Luz mahnte sich selbst zur Geduld aus dem gleichen Betrachte.
Denn es gor ja in ihm und er hoffte auf Frucht, doch das Korn war
noch nicht sichtbar, geschweige reif, und er hätte so gern doch
goldne Lasten davon der Geliebten zu Füßen geschüttet.

Mit dem Wirtschafter Schröder, — man hatte sogleich ihn
gefunden, —
einem bärtigen Mann voll Weisheit, der heiser und leis sprach,
schritt man jetzt durch den Hof, der noch immer in streichendem Licht lag,

ob die Sonne auch schon vom Zenithe mit sachten herabstieg.
Und bald drehte der ernste Mann, der den Hof für die Schulzens
nun betreute, den Schlüssel herum in dem Türschloß des Hauses,
das so fröhliches Leben in Gott noch vor kurzem beherbergt.
Innen hallte es laut, als schnappend der Riegel zurücksprang.
Luzen klang es als wie ein Getös in gruftartiger Höhlung,
ein Signal für Gespenster, daß Menschen sich nahten und es nun
höchste Zeit zu entfliehn und sich da oder dort zu verstecken.
Und wahrhaftig, es flog den Besuchern entgegen ein Grufthauch,
als sie hallenden Schritts die Ziegel der Hausflur betraten.
Unbewohnt und als Speicher benützt war das liebe Gebäude,
und dumpf staubig roch es und kellrig. Man kriegte das Frösteln.
Gleich vom Eingange rechts lag die Küche. Sie stand weit geöffnet.
Fast bis zur Höhe der Platte des Herds war jetzt Weizen geschichtet,
und es hielt an der Tür ihn ein Brett, daß das Korn nicht
                                                    herausrann.

Wie doch hatte einst dies Gewölbe so lustig gelärmet,
wenn von nah und von fern man gesellig im oberen Stockwerk
sich versammelt! Wie klang in den Pfannen das Fett und wie klirrten,
von der Köchin bald da und bald dorthin mit Eifer gerissen,
die vom lebhaften Feuer weißglühenden eisernen Ringe.
Kuchen lagen bereit für den Ofen auf knatternden Blechen,
und es mischten die Düfte von Mandeln und Zimt sich mit jenen
von Kaffee und dem Brodem der schmorenden Braten im Bratröhr.
Und es stieg in den Keller hinunter der Herr Oberamtmann
immer wieder, indes das Getrommel der Tritte der Mädchen
nie ermüdend im Dienst der Gäste treppauf und treppab lief.
Doch da stand ja der Onkel, als sei ihm dies alles entfallen,
schöpfte über das Brett aus der Küche den Weizen und hob ihn
an das bebrillte Auge herauf bis in dichteste Nähe.
Und es tat der Verwalter ein gleiches: sie brummelten beide,
daß es aussah und sich anhörte, als wären sie hier, um

294

dunkle Bräuche, im Dienst Verstorbener, so zu verrichten.
Danach stieg man die Treppe hinan in die obern Gemächer:
da war jenes, wo Luz als Knabe geschlafen mit Erwin.
Feuchte Wände, zwei Schuh hoch der Boden beschüttet mit Roggen.
So das Zimmer, wo Onkel und Tante geschlafen! So jenes,
wo man aß! So auch das, wo Harmonium einst und Klavier stand
Ein aufflammendes Holz gab Licht, bis der Wirtschafter Schröder,
knietief watend im Korn, einen Laden entriegelt und aufstieß.
Da ward's Tag! Von dem krachenden Lärme geweckt und dem Glanze
aber schwebten anjetzt im Kreise und lautlosen Fluges
Fledermäuse gleich Schatten umher der versunkenen Zeiten.
    Waren bleiern die Füße Luzens beim Herweg, der Rückweg
fiel dem Eilenden leicht: sie scheinen beflügelt, sie lösen
sich vom Feldrain, vom Feldwege los wie im Tanz! Und nicht anders
ist dem Jüngling zu Sinn, als wäre nun plötzlich ein Festtag.
Freilich, alles ist ja in Wandlung, wo gestern das Leben
froh vertrauend geblüht, da war heute die Stätte des Todes.
Nein, nicht ganz! Nur in einem Betrachte! Es lag ja das Brotkorn
dort schon wieder bereit zur Aussaat, unsterbliches Leben
in geheiligter, winziger Kapsel von Golde bewahrend.
Und der Jüngling zerbiß ein Weizenkorn zwischen den Zähnen.
Freilich also: in Wandlung ist alles und nichts ist beständig,
aber was auch gewesen und heut nicht mehr war: nun es war doch
einmal. Und zudem: für den Lebenden gab's eine Zukunft.
Ja, man mochte vergehn und mit Freuden auf alles verzichten,
wenn man das erst genossen, was ahnender Liebe bevorstand.
Wie mit klingendem Spiel die Kapelle vom Grabe zurückkehrt,
so mit klingendem Spiel, voll Hoffnung, voll Glaube, voll Liebe.
schwebte Luz über Feld. Oh, es jauchzte in ihm ohne Maßen.
So wie so; er empfand es als sicher, es würde die Welt ihm
eines Tages gewiß ihre köstlichste Wonne gewähren.
Dann — man hatte gelebt, man konnte gelassen dahingehn.

Zehnter Gesang

Und ihm blühte ein Glück, unerwartet, noch heut, als er heimkam.
Abgebogen war dicht vor dem Gutstor der Onkel, zum Rechten
irgendwo noch zu sehn, und es würde um nichts in der Welt jetzt
nochmals Folge geleistet haben der Neffe. Ein Ahnen
trieb ihn, heiligen Zwangs, als gälte es nichts zu versäumen.
Ja, bei Gott, ganz allein, im Kanzleizimmer, saß Fräulein Anna
hart am Fenster, das offen stand, und mit Nähen beschäftigt.

Als der Liebende nun betrat das Gemach, die Elevin
aber flüchtig empor das schlicht gescheitelte Haupt hob,
trieb's ihn an, so zu tun, als sei er enttäuscht und als hätte
er im stillen gehofft, unbesetzt den Kanzleiraum zu finden:
Stör ich? fragte sogleich bis zum Ansatz des Halses errötend
Anna, gern kann ich gehn und wo anders die Arbeit verrichten.
Nein, rief Luz, und es mag Gott im Himmel verhüten, daß ich Sie
je vertriebe durch mein Erscheinen, wo immer es sein mag.
Hab ich dies selber gesagt? dachte Luz, und fühlte sich gleichfalls
tief erröten. Bemerkte es wohl oder nicht, die Elevin?
Luzen schien es, als suche sie äußerst gelassen das Nähzeug
mit der Rechten zusammen, indem sie sagte: Oh, bitt schön.
Dunkel wird es ja doch, ich gehe hinauf in mein Zimmer.
Bitte, tun Sie das nicht, denn Sie kränken mich schwer, Fräulein
                                                              Anna,
wenn Sie's tun. Und sie sprach: Nein, bitt schön, ich will Sie nicht
                                                              kränken.

Eine Stille ward nun in dem einfachen Raume, doch diese
ganz erfüllt mit Magie, sie glich irgendwie einer andren,
wie sie vor dem Gewitter die Seelen der Menschen belastet.
Ja, so dachte nun Luz, da sitzt man nun wieder im Schraubstock.
Die Gelegenheit ist nun da und gleich wird sie vorbei sein.
Doch man ist wie gelähmt und ein Knebel steckt einem im Halse.

296

Kennen Sie Lonig? Soeben komm ich von dorther und bin noch
ganz benommen und traurig davon. Somit hatte der Jüngling
das Gespräch doch eröffnet. Die Nähende fragte: Warum denn? —
Nichts hat im Leben Bestand. Wo Erwin gelacht und ich selber
fröhlich war, ist ein Schüttboden heut und die Mäuse und Ratten
wohnen dort, und vom Einst ist auch nicht eine Spur mehr zu finden.
Erwin! Haben Sie ihn gekannt? — Ich? Nein! gab sie zur
Antwort. —
Dieser Junge war wirklich ein Engel vom Himmel. — Ich weiß es,
sagte Anna. — Und dieses: ich weiß es, traf Luz in die Seele.
Glauben Sie mir, fuhr er fort, ich träume von ihm hier fast täglich.
Anna sagte: Auch ich, und bewegte dabei keine Miene.
Er ist tot, dachte Luz, und möcht ich wahrhaftig doch tot sein,
könnt ich in Annas Traum dadurch seinen Platz mir erkaufen.
Und er sagte: Das Leben ist schal, und ich würde gern sterben,
aus der Nähe besehn, hat Erwin im Grund nichts verloren,
ebensowenig mein Freund, der vor etwa vier Wochen freiwillig,
und mit klarem Entschluß aus dem nichtigen Leben davonging.
Oh, was hab ich gesagt, denkt Luz, womit hab ich's versehen?
Denn es blickt die Elevin ihn an mit entgeistertem Ausdruck,
ihrem Antlitz entweicht die Farbe und Blässe bedeckt es.
Danach senkt sie die Stirn in Verwirrung, es atmet gewaltsam,
heftig ringend, die Brust, Überraschung, ja Schrecken verratend.
Habe ich Sie ohne Wissen verletzt? Wenn das ist, Fräulein Anna,
so der Jüngling, vergeben Sie mir, denn es liegt mir nichts ferner,
das bezeuge mir Gott, als wissentlich jemand zu kränken,
der mir wert ist, wie Sie. — Es geht schon vorüber, es ist nichts,
sprach das Mädchen, ich habe mich nur eines Vorfalls erinnert,
eines Unglücks, das mir, ich kann es nicht sagen, wie nah ging.
  Und sie schwieg. Als sie endlich sich faßte, Luz harrte betreten,
sprach sie so, erst mit zitterndem Ton, doch allmählich die alte,
kühl gelassene Art zu reden sich wieder gewinnend:

Wenn Sie wüßten, wovon Sie reden, es wüßten, wie ich's weiß,
ach, Sie würden gewiß vor dem eigenen Wort sich entsetzen.
Sie sind Freigeist, ich glaube an Gott, und ich weiß von der Sünde,
die selbst Gott nicht vergibt: also sprechen Sie nie mehr von
                                                        Selbstmord.
Darauf wieder log Luz: Ja, was soll der, der sich bewußt ist,
ein nichtsnutziges Glied der Gesellschaft zu sein, der mit Recht drum
eine Niete sich zog! Und die Näherin fragte: Wer ist das?
Blick ich ehrlich in mich, so seh ich des Bösen die Menge.
Und bezwäng ich mich nicht, welche Scheußlichkeit könnte ich nicht
                                                        tun! —
Aufs Bezwingen kommt's an, sagte Anna. Und Luz schrak
                                                        zusammen.
War dies Wort doch recht gut als gewichtige Warnung zu deuten.
Dennoch trieb's ihn, in sich noch weiter zu wühlen und dadurch
auch in Anna, und so ihr verschloßnes Gemüt zu versuchen.
Ach, wie fiel es noch eben in Lonig mir auf das Gewissen,
wie grade ich Vetter Erwin gequält, der so rührend mir anhing.
Fügsam war er und gut, hingebend, von adliger Großmut,
und doch macht ich ihn weinen gar oft, nur aus grausamem Antrieb,
um ihn weinen zu sehn ... da wandte das Auge der Anna
Wendland Luzen sich zu mit kaltem, durchdringendem Schillern,
beinah grün wie Opal, und er schauderte förmlich zusammen.
Nein, das haben Sie nicht getan, denn Sie sind gar nicht grausam.
Und sie kehrte sich ab, indem sie das sagte, mit leisem
Nüsternzucken und einem kaum merklich sardonischen Lächeln.
Doch, so sprach er, ich tat's, und heute noch habe ich Zeiten,
wo mich Reue nicht rührt. Und bei dem Allmächtigen, ich weiß nicht
was geschehe, sofern er wieder erschiene, um etwa
in den Weg mir zu treten und mich wie dereinst zu verdunkeln.
Abgelöst ward dies Wort durch ein langes, bedeutsames Schweigen,
drin auf offener Bahn sich hüllenlos trafen die Seelen.

298

Er erhob sich und trat ans Fenster. In bleicher Erregung
nahm er Platz mit Entschluß, ihr dicht gegenüber am Nähtisch.
Hob das Mädchen den Blick von der Arbeit, sie mußte ihn ansehn.
Warum quälen sich doch die Menschen, so sagte er plötzlich,
ohne Ursach so viel? Sie brauchten doch schließlich nur wollen,
um einander ein Paradies schon auf Erden zu schaffen.

   Tiefer beugte ihr Haupt die Näherin über die Arbeit.
Aber einmal im Zug, fragte Luz: Oder denken Sie anders?
Und sie schwieg. Eine Weile zum mindesten, bis dann
doch die Antwort noch kam. Es mag ja wohl sein, sagte Anna,
daß die Menschen sich vielfältig quälen und oftmals auch grundlos.
Dabei hob ihre Brust sich, tief sog sie, beklommen, die Luft ein,
dann ausatmend, als ob sie von drückender Last sich befreie,
schloß sie: Freilich, so ist's, davon wußte mancher zu sagen.
Sie hat Schweres gelitten, so fühlte jetzt Luz, wie schon früher.
Mitleid füllte ihn ganz. Von den eigenen Leiden begann er
zu berichten, um so sie mit sich zu reißen, womöglich
einen Gleichklang mit ihr, sympathetischen Geists, zu erzielen.
Wie die Schule das Rückgrat ihm hatte lädiert, das beschrieb er,
die Wahrhaftigkeit hatte sie ihm und den Freimut genommen,
eigenes Denken verpönt und abgestempelten Unsinn
einzukleiden versucht in das edle Organ, drin die edle,
hochgebietend und frei, die Vernunft, zu thronen bestimmt sei.
Doch er hatte sich freigemacht aus dem Joche der Knechtschaft,
sagend: selbst ist der Mann! und selbst ist der Mensch und sein selber
Herr ein jeder, befugt, seinen Wandel allein zu bestimmen.
Welch unendliches Glück, rief er aus, ist die Freiheit des Geistes!
Wohl, es kann mir geschehn, daß ich äußere Fesseln erdulde,
niemand aber, vom Weibe geboren, nicht König, nicht Pfaffe,
kann mich zwingen fortan, mich irgendwie meines Urteils
zu begeben, beträfe die Sache auch Gott und den Teufel.
Gottes Weg zu den Menschen ist frei, er bedarf keines Mittlers:

darauf fuß' ich allein, auf eben dem Wge, der frei ist,
keinen duld ich, der mir, wer immer, dabei in den Wurf tritt,
Pastor oder auch selbst ein kreuzbraver Apostel aus Herrnhut.

Elfter Gesang

Anna hatte ihr Haupt zuweilen erhoben und Luzen,
aufmerksam und mit prüfendem Auge, gelassen betrachtet.
Was Sie sagen, versteh ich nicht ganz. Ich weiß nur, ich hatte
sechs Geschwister, als Mutter starb und ich dreizehn Jahr alt war.
Also sprach sie und fuhr dann fort: Ich war nämlich die Älteste.
Seit dem Tode der Mutter besorgt ich für Vater den Haushalt
ganz allein. Das Gehalt war gering und wir hatten kein Mädchen.
Manchmal ist das nicht leicht: sechs Geschwister, das Jüngste
                                            ein Säugling!
Denn sie war ja, ich meine die Mutter, im Kindbett gestorben.
Vaters Wäsche nicht mal wurde außer dem Hause gereinigt.
Ich beklage mich nicht... im Winter das Heizen zum Beispiel!...
Ich beklage mich nicht, doch gibt es Verhältnisse, die sich
unbezwinglich um einen herumtun: das fühlt man auch geistig. —
So, nun war es heraus. Und auf einmal fiel es wie Schuppen
von den Augen des Jünglings. Ein solches Gesicht trug das Schicksal
Anna Wendlands, und so sah die Sünderin aus, die nicht gut tat.
Und Entrüstung, vermischt mit unendlichem Mitleid, erhob sich
in der Seele des jungen Luz Holtmann. Mit Mühe nur hielt er
die Bewegung zurück, sie machte sein Antlitz erbleichen.
Er versuchte zu reden: da saß ihm ein Frosch in der Kehle,
wie man sagt, und er konnte nichts andres als küstern und hüsteln.
Nein, unmöglich zu sprechen und sich dabei nicht verraten.
Und Luz dachte, was ist mit mir, und was tut sich in meinem
Innern? Und wie entstand dieser Sturm, der beinah mich umwirft?

Eben hab ich geprahlt, es müsse sein eigener Herr sein
jeder Mensch, und nun packt es und wirbelt mich ohne mein Zutun.

Anna, Engel! Du schmählich Verkannte! Es ist ja Verkennung
das am meisten begangne Verbrechen des Alters am Geiste
der erwachenden Jugend. Mein Los war wie deines: Verkanntsein.
Wie man an dir sich vergeht, das aber ist geradezu ruchlos.
Wie, sie wagen's, sie wagen es, Anna, nachdem du die Jahre
deiner Kindheit dem Vater und deinen Geschwistern geopfert,
dich wie ein räudiges Schaf, ein verlorenes Lamm zu behandeln?
Dies geschieht und dies kann geschehen, obgleich nicht ein leiser,
nicht ein leisester Zweifel an deiner Erzählung erlaubt ist,
weil, wie ich eben mit bitterster Wonne, Geliebte, entdecke,
du ein Mal der Wahrhaftigkeit deutlich an Deiner Gestalt trägst.
Was ist dies für ein Mal? Oh, könnt ich es küssen, oh, könnt ich,
schönes Mädchen, dir deine armen, unförmigen Hände,
die so deutlich vom allerhärtesten Frone der Arbeit
zeugen, hüllen in köstlichste Seiden, und wieder enthüllen,
immer wieder und immerzu sie mit Küssen bedecken.
Diese Hände, oh, diese Hände, wer könnte sie ansehn,
ohne daß es ihn zwänge aufs Knie, um ein Herz zu verehren,
das so willig geopfert den Pflichten des Lebens die Schönheit.
Aber auch, wer verschlösse sein Ohr vor der schrecklichen Klage
dieser klagenden Hände? Anklagende Hände, es hört auch
einer, und sei immerhin mit Taubheit geschlagen die Welt euch.

Schweigend hatte an seinen Lippen genagt Luz, als dieses
alles und noch viel mehr gebar an Gedanken und Worten
seine stürmende Brust: sie war aufgewühlt bis zum Grunde.
Und, nun war sie gekommen, die heilige Stunde des

Durchbruchs. —
Oh, du Heiland, du Eros, du Gott, wenn nun etwa dein Reich

kommt
und du etwa dich mir offenbarest, zur Rechten des Vaters,

und du denkest das Wehr vor dem Meer deiner Gnade zu öffnen,
daß es sintflutgewässerartig hereinbricht, bedenke,
daß ich nichts als ein tönerner, als ein zerbrechlicher Krug bin.

Anna, erbarme dich mein! Auf Erden nicht und nicht im
Himmel
wardst du je so geliebt. Und bliebst du in ewiger Jugend
und erlebtest das tausendjährige Reich Jesu Christi,
nie mehr wirst du, kein zweites Mal, solche Liebe erwecken.
Sprich ein Ja, wenn ich frage: du Heilige, darf ich dich lieben?
Dieses Ja, dieses kleine Ja nur, es tilgt von der Erde,
alles Leid, allen Gram, alle Ängste und Röte und Mühsal,
und die goldene Zeit, die noch jeder vergeblich herbeirief,
sie ist da. Und ich sage noch mehr: dieses winzige Jawort
tilgt, vernichtet mit einem Schlag die von Sünde verderbte
Erde, zaubert hervor das verlorene Eden, auf daß wir,
wie dereinst, uns darin glückselig und sündlos ergötzen.
Anna, hör meinen Ruf! Es nahet dein Sabbat. Hier bin ich,
dich zu mahnen, daß du nicht versäumest, was nie mehr zurückkehret.
Sieh, auch ich, nicht als Bettler zu dir bin ich etwa gekommen.
Ich bin reich! Meine Brust ist ein Hort von unendlichem Reichtum.
Alles könntest du hinter dich werfen; besitzest du ihn nur,
ist viel tausendmal dir erstattet, was immer du wegwirfst.
Hier ist Liebe! Das Wunder der Liebe! die Liebe! verstehst du's
Heilig, Anna, ist mir Staub, den deine Sohlen berühren,
Brot bist du mir und Wein, bist Luft mir, bist Sonne, bist alles.
Sieh, ich bebe, ich bin eiskalt und mir perlt auf der Stirne
etwas, das mir beinah wie Schweiß eines Sterbenden vorkommt.
Rühr mich an, und ich bin gesund, ja, und läg ich im Sarge,
tot, und sprächst du zu mir: Geliebter! und nur eine Träne
tropfte brennend auf mich herunter, nicht würd ich mehr tot sein.
Solches alles ward keineswegs mit dem Munde gesprochen.
Innen tobte noch immer sich aus und nicht hörbar dem Mädchen

dieser Sturm des Gefühls. O, hätteft du lieber die Schleufen
doch geöffnet, mein Freund, anftatt erft die Probe zu halten.
Endlich warft du fo weit und du nahmft den entfchloffenen Anlauf,
und noch waren die Maffen genugfam im Fluffe, wahrhaftig:
Fräulein Anna, Sie haben mir da ... fo begann er auch wirklich,
ein erfchütterndes Schickfal enthüllt ... nur bis hierher, nicht weiter
war die Rede gediehen, als plötzlich, gleichwie aus dem Boden
aufgeftiegen ... als Thea, die Waife, der Pflegling, vor Luz ftand.
Und fie rief: Sie find hier, Onkel Juft, komm, ich hab fie gefunden.
Und der Onkel erfchien ... und dahin war, vertan war die Stunde.

Zwölfter Gefang

Luz, Du haft ja gefchrien im Traum, fprach frühmorgens der
                                                              Onkel,
haft mich zweimal geweckt und ausführliche Reden gehalten.
Und ich hab Dich zurecht gerückt, denn Du hingft mit den Armen
und dem Kopf, lieber Freund, kotzjämmerlich über den Bettrand.
Ach, das macht wohl der Mond, rief Luz, die Nacht war ja taghell.
Doch er war fich bewußt, daß der Mond nicht alleine die Schuld
                                                              trug.
    Und die Not war fo groß, die Spannung und Stauung fo
                                                              mächtig
in der Seele des langgelockten, bezauberten Jünglings,
des verhaltenen Jauchzens fo voll und verhaltener Tränen
war fein Herz, fo voll heiligen Sturms und voll bitterfter Ängfte,
daß noch am felbigen Morgen die Schleufe der Seele entzwei brach.
Und es war Onkel Juft, der nun einmal den Schlafraum mit Luzen
teilte, in deffen Gemüt die Beichte des Neffen fich ausgoß.
    Schmunzelnd hörte er zu. Ich fage Dir, Onkel, fchloß Luz jetzt
einen langen Sermon: Ich kann Dir nur fagen, ich liebe

Anna Wendland. Beachte dies Wort. Es hat viel zu bedeuten.
Dir vertrau ich es an, weil ich weiß, daß Du immer mein Freund
warst,
von Dir weiß ich gewiß, Du kannst mein Vertrauen nicht täuschen.
Lieber Neffe, ich denke wohl auch, dessen wirst Du gewiß sein.
Onkel Just, Du hast eines Tages den Lauf einer Waffe,
kurz entschlossen, Dir gegen die Schläfe gehalten ...
Ach, nicht doch,
unterbrach ihn hier Just, ein Junge wie Du muß verliebt sein.
Larifari! Was da, Revolver? womöglich gar Selbstmord!
Ich war alt und mein Leben vertan, und da hatt ich wohl Ursach,
einmal mutlos zu sein und den Kopf, wie man sagt, zu verlieren.
Aber Du — Gott bewahr mich! Er ist noch kaum flügge, der Bartflaum
mit der Lupe noch kaum zu entdecken, und fuchtelt bereits mit
solchen Phrasen herum, wie wenn sich ein Abeceschüß
von vier Jahren bereits mit dem Schieferstift wollte erstechen!
Onkel, höre mich an, unterschätze mich nicht und mein Dasein.
Was ist alt und was jung? Es haben achtjährige Knaben
ihrem Leben ein Ende gesetzt, weshalb wollt ich es nicht tun?
Höre also, sofern Du vermagst, ohne Skepsis: die Stunde
der Entscheidung ist da, unverbrüchlich vollendet mein Los sich.
Als ich Anna zuerst von weitem erblickte, da traf mich
die Erkenntnis sofort, und sie schlug in mich ein wie ein Blitzschlag.
Was ich suchte, war sie, seit ich anfing zu denken, und anfing,
mich zu sehnen ins Unbekannte, dem Ort der Bestimmung
zu, denn wir haben ja doch eine Ahnung des Zieles im Herzen.
Ist sie mir nicht bestimmt, diese arme Verkannte, die man hier
liebelos, ja, ich sage es, gradezu ruchlos mißhandelt:
gut, so steht statt den weiten, geöffneten Räumen des Lebens,
Tummelplätzen des herrlichsten Strebens, der heitersten Arbeit,
eine Mauer vor mir, aus Granit, dran die Stirn zu zerschmettern.
Ein unbänd'ges Gelächter war Justens alleinige Antwort.

Mitten in das Gelächter hinein trat urplötzlich Frau Julie,
und sie sagte zu Luz, im Ton der ihr eignen Bestimmtheit:
Sei so gut und begleite mich, Luz, denn ich muß zu den Schulzens
in das Dromsdorfer Schloß und möchte nicht gerne allein gehn.

Domgewölbe von Wipfeln, durch mächtige Säulen getragen,
standen über den Wegen, die Tante und Neffe jetzt schritten.
Sie durchquerten den herrlichen Schloßpark von Rosen, als welchen
ein stets offenes Tor mit dem Schloßpark von Dromsdorf verbindet.
Wenig hatte bis jetzt Frau Julie gesprochen, doch merkte
Luz, es lag ihr ein Etwas im Sinn und ein Ding, das ihn anging.
Höre, sprach sie denn auch, ohne Umschweif zur Sache sich wendend,
Du sollst wissen, ich habe vorhin Deine Worte vernommen,
denn Du redetest mit Bruder Just, daß es förmlich durchs Haus scholl.
Eine Lauscherin bin ich durchaus nicht. Das wirst Du mir glauben,
doch ich zählte nun einmal im oberen Hausflur das Weißzeug,
Watte hatte ich nicht in den Ohren, und also verstand ich
dies und das, was Du sprachst. Nur einiges, keineswegs alles.
Laß mich reden, Du wirst es in dieser Minute erfahren,
ob ich Rechtes, ob Falsches gehört, Luz, und was mich veranlaßt,
im Vertrauen mit Dir über alles Gehörte zu sprechen.

Bruder Just, in der Tat, hat die furchtbare Sünde begangen,
eines Tags gegen sich eine tödliche Waffe zu richten:
die entsetzlichste Tat, von den furchtbarsten Folgen im Jenseits.
Nun, es hat dem allmächtigen Vater in Gnaden gefallen,
zu verhindern, daß Just seine schreckliche Absicht vollendet.
Davon spracht ihr und sprachet frivol von dem furchtbaren

Umstand,
solcher Art, daß es mir wie mit blutigen Messern durchs Herz schnitt.
Oder sollte ich nicht erschrecken — Just ist ja mein Bruder! —
Wenn Du ihn an den schwärzesten Tag seines Daseins erinnerst,
und er nur mit Geschwätz, ja, Gelächter, darüber hinwegspringt?
Weinen müßte mein Bruder und seufzen und beten, in Reue

XI. 20

seine Tage verbringen, so viele ihm hier noch vergönnt sind,
denn nur so kann er hoffen, der ewigen Pein zu entrinnen.

Worauf will sie hinaus, dachte Luz, und er lauschte mit Spannung,
als sie fortfuhr: Das ist mein Bruder, das andre geht Dich an.
Alter Mensch, so wie Baum, beide werden sie etwa wohl kernfaul
Zehnmal ärger jedoch ist's, wenn Fäulnis sich zeiget im Grünholz.
Und das ist's, guter Luz, was ich leider bei Dir jetzt befürchte.

Aber Tante, rief Luz. Doch sie schnitt ihm entschieden das
Wort ab:
Leugne es, wenn Du kannst, daß auch Du mit dem Selbstmord
gedroht hast!
Wenn ich denke, wohin die Jugend von heute gelangt ist,
oh, so werd ich nicht müde, dem Vater im Himmel zu danken,
daß er Erwin so früh aus dem irdischen Leben hinwegnahm.
Schlimmer wird ja die Menschheit mit jeglichem Tag, der
heraufkommt,
und es mehren sich rings die Zeichen der letzten Verderbnis.
Doch genug! Solche Worte vermögen Dich schwerlich zu rühren,
denn Du stehst ja auf anderem Grund, Luz, Du bist ja ein Freigeist.
Hast Du jemals geglaubt und nur Deinen Glauben verloren
oder niemals geglaubt? Früher dacht ich einmal, es sei möglich,
den im Dunkel Verirrten zum Quell der Erleuchtung zu führen.
Es mißriet mir. Nun wohl, ich war ein unwürdiges Werkzeug.
Heute weiß ich nichts weiter zu tun, als Dich Gott zu empfehlen.

Glaube also durchaus nicht, ich hätte die Absicht, mein Guter,
etwa meinen Versuch zu erneuern, zu Deiner Bekehrung.
Nein! Zwar drängte es mich, Dir noch einmal die furchtbaren Folgen
vorzustellen, die den, der sich selber entleibet, im Jenseits
unverbrüchlich erwarten, allein ich wollte vor allem
Dir, dem Sohn meiner Schwester, im schlichtesten Hausverstand
beistehn.

Julie schwieg und fuhr fort: Wenn jemand die schrecklichste Sünde

306

zu begehn in Erwägung zieht, muß der Grund dafür ernst sein.
Nun, ich kann Deinen Grund nicht ergründen. Es liegt ja auch wenig,
Luz, daran, welche Gründe Du hast, denn es gibt ja doch keinen,
stark genug in der Welt, um die Sünde des Selbstmords zu tilgen.
Was Du also für Gründe gehabt, liegt mir fern zu erforschen,
und mein Standort am Wäscheregal hat sie mir unterschlagen.
Doch ich gehe vielleicht nicht fehl, wenn ich etwa auf eine
Liebelei oder Ähnliches schließe, die Du in der Stadt hast.
Gott sei Dank, dachte Luz, Tante ahnt nicht, um was es sich handelt!
Fester noch überzeugt ihn davon, was die Tante nun vorbringt.
Jung war jeder, der alt ist, mein Junge. Mir ging es nicht anders.
Flatterhaft war mein Sinn und nach eitlen Vergnügungen durstig
und begehrlich, nach was weiß Gott? zwischen fünfzehn und neunzehn.
Später fiel dann ein Reif, worauf denn die Blüte zerstört ward.
Das war gut, und so mußte es sein. Heute dank ich dem Himmel,
daß die Hoffnung von einst mich so völlig und gründlich betrogen.
Nun erst lernt ich es kennen und lieben, das Glück der Entsagung,
unter Tränen, gewiß, dennoch ist es auf Erden das höchste.
Wer es zeitig erkennt und begreift, dieses Glück, dem erschließt es
früh das goldene Tor zu den wahrhaften Freuden des Diesseits,
reinen Freuden, entlehnt einer ewigen, himmlischen Heimat.
Und ein Mädchen, wie Anna zum Beispiel, es will nicht begreifen,
welchen Schatz es verwirft, wenn es Freuden wie diese zurückstößt
und mit störrischem Sinn nach vergifteten Früchten umhergreift.
Was das Mädchen bereits erfahren, es sollte genug sein,
ihm den rechten, den einzigen Weg der Entsagung zu weisen.

Anna Wendland ist keinesweges von heiterer Gemütsart,
Schwere liegt ihr im Blut; es verstarb ihre Mutter in Schwermut.
Sie ist ernst und sie kennt ein entsagendes Leben, das Pflicht heißt,
hat dies Leben gelebt und die Hände durch Arbeit gehärtet.
Dennoch nistet in ihr irgendwie ein gefährlicher Schlupfgeist,
einem anderen Wesen vergleichbar, das Anna von Grund aus

307

zu verändern vermag, das sie willenlos macht und beherrschet,
ja, sie knechtet! Dann tut sie Dinge, vom bösen Prinzipe
angespornt, die hernach nicht die bitterste Reue mehr auslöscht.
Und so ist es tatsächlich geschehen: ein Jüngling,
fast noch Knabe, er hat sich ertränkt, und er hat seinen Eltern
Anna Wendland genannt, als die Urheberin seines Unglücks.

Luz erblaßte. Nun ist ihm auf einmal verständlich geworden,
was geschah, als er Anna vom Tode des Freundes erzählte.
Darum schrak sie zusammen, und deshalb verstörte ihr Blick sich.
Darum rang ihre Brust nach Luft und sie selber nach Fassung.

Schwer zu sagen, fuhr Julie nun fort, welche Schuld Anna
                                        Wendland
wirklich trifft an dem Tode des Gymnasiasten. Wer weiß es?
Niemand weiß es. Nicht einmal sie selber vielleicht, die man anklagt.
Doch sie wird diesen Schatten nicht los, und es kann auch nicht
                                        anders
sein. Gewollt oder nicht, immer war sie der traurige Anlaß,
der die verzweifelte Seele ins ew'ge Verderben gehetzt hat.

Warum halt ich es nun für Pflicht, Dir dies alles zu sagen?
Weil ich meine, es müsse ein Beispiel, so nahe wie dieses,
ganz besonders zur Warnung vor ähnlichem Schicksal sich eignen.
Dieser Jüngling verscherzte leichtsinnig sein Diesseits und Jenseits
und belud, die er liebte, mit einer erdrückenden Schuldlast.

Luz begriff, daß die Rede der Tante auf Anna gemünzt war,
und so hatte sie doch eine Ahnung vielleicht und Befürchtung
nach der Richtung, in der sein innres Geschick sich vollendet.
Ach, er kannte den Text. Sie sangen ja alle das gleiche
Lied. Es lief drauf hinaus, eine Heil'ge zur Sünd'rin zu stempeln.
Freilich war sie bewehrt mit betörender Schönheit: das war sie!
Weh der Motte, die ihrem unsterblichen Glanze zu nah kam.
Nicht für Motten ist Anna bestimmt, noch für Gymnasiasten.
Sie wird mein. Sie ist mein: denn ich allein weiß ihren Zauber

zu empfinden, ihm stand zu halten und mit ihm zu wuchern.
Nur Geduld, und ihr werdet sie sehn zu unsterblichem Ruhme
an den Himmel erhöht, als ein nie zu verdunkelndes Sternbild.

Dreizehnter Gesang

Weit gefehlt, wenn Frau Julie gemeint, daß der Tod des verliebten
Schülers, Luzen erzählt, seine Leidenschaft sollte vermindern.
Vielmehr war das Geschehene Öl, in ein Feuer gegossen.
Denn die furchtbare Macht, die er kannte, sie ward ihm bestätigt.
Und er sollte sie fühlen, noch oftmals, der arme Luz Holtmann,
und zuvörderst am folgenden Tag. Ach, er hatte erwartet,
der vertrauende Ton, der vertrauliche, sollte sich heute
und womöglich noch wärmer und trauter als gestern, erneuern.
Sieh, das Mädchen betrug sich, als hätte sie niemals mit Luzen
nur zwei Worte getauscht, ja, als hätte sie nie ihn gesehen,
noch als sähe sie ihn, wo sie zufällig an ihm vorbeiging.
So unnahbar, so eisig erschien sie, so fern jedem Wunsche,
daß ein solcher, geweckt, in mutlose Lähmung zurücksank.
Und Luz griff an die Stirn, er fragte sich: gab es ein Gestern,
oder hab ich's geträumt? Und was ist denn wohl Traum,
                                        was ist Wahrheit?
Spielt ein Teufel mit mir und verhöhnt mich mit höllischem
                                        Blendwerk?
Ich unseliger Narr, der ich gestern von Hoffnung berauscht war,
weil sich Anna herbeigelassen, mit mir nur zu reden!
Heute büße ich schwer meine selber verschuldete Täuschung.
Und er litt, schlich umher wie vernagelt. Er kam sich verachtet
vor, übersehen und von dem Gesinde im Hofe geringschätzt.
Niemand kümmerte sich um ihn, so wenigstens schien's ihm.
Bist Du krank, Luz? rief Schwarzkopp ihm zu, als er eilig ins Feld ging.

Oh, das war er gewiß, er war siech und zerschlagen und elend.
Punkte schwammen ihm vor den Augen und über dem Magen
lag ein peinlicher Druck. — Trotzdem rief er: Nein! als der Onkel
schon davon war und nichts von der Antwort des Neffen mehr hörte.
Und sie redeten alle mit Anna, das war das Verruchte:
Onkel Just ward mit ihr fortwährend gesehen und, fuchtelnd
mit den Armen, durchschritt er, jetzt ihr zur Seite, das Hoftor.
Warum durfte der schwitzende Knecht mit ihr reden und tat es?
Warum rief die unruhige Tante fortwährend ihr: Anna?
Warum streichelte Anna den räudigen Pudel? Nun Fido,
unsre Rollen sind heute vertauscht, und ich fühle als Hund mich,
der voll Scheelsucht und Neid dich aus feiger Entfernung belauert.
Und so blieb es. Es kam dem Verzweifelten nicht der Gedanke,
welcher Einfluß sich etwa vielleicht Fräulein Annas bemächtigt,
denn sie mied ihn, sie hielt ihn sich fern mit erkennbarer Absicht.
Scham verhinderte Luz, Onkel Justen sein Leid zu verraten.
Doch, auch wenn der Gedanke ihm aufstieg, vermied es der Onkel
unverkennbar, mit deutlicher Absicht, von Anna zu sprechen.
So vergingen die Tage und wurden Luz Holtmann zur Folter.
Doch da trug's eines Sonntags sich zu: es waren die Schwarzkopps
früh zur Kirche gefahren nach Jenkau, um dann bei dem alten
Pastor Balzer zu speisen. Und damit verschob ihre Rückkehr
bis zum sinkenden Abend sich meist! Es war auch der Onkel
Just heut fort über Land. Er hatte recht mürrischen Abschied
von dem Neffen und Anna genommen, doch half hier kein Sträuben.
Diese Reise war nicht zu vermeiden: es suchte ein Gutsherr
einen tüchtigen Ökonomen und wünschte, daß Just sich,
dessen Brief ihm gefallen, in eigner Person präsentiere.
Und auch Thea war heut nicht im Haus, sondern fort mit
                                        den Schwarzkopps.
Dieses aber, das Haus, lag verlassen im Grün seiner Büsche,
seiner mächtigen Ulmen und heiter gebreiteten Wiesen.

310

Und es schlich durch den Garten Freund Luz, einem Wilddieb
                                                  vergleichbar,
der die edelste Hinde umkreist, die er heut unbewacht weiß.
Doch sie war nicht zu sehn. Luz wußte, es hatte im Zimmer,
wo ihr Bett stand, sich Anna verschlossen: dort schrieb sie wohl Briefe.
Und er trat unters Fenster, nach uraltem Brauch der Verliebten,
promenierte davor und hielt es beständig im Auge,
wenn er schließlich einmal sich weiter vom Fenster entfernte.
    Jäh durchzuckte es ihn, weil Anna nun plötzlich darin stand.
Ruhig stand sie. Sie stand unbeweglich. Den Blick in die Ferne
unverwandt und verloren gerichtet, die Arme gebreitet,
und in jeder der Hände je einen der offenen Flügel.
Und sie atmete tief. Es wölbte sich voll ihre Brust auf,
sank dann wieder und hob sich zum anderen Male und höher.
Oh, wie hämmerte Luzen das Herz, als er nun sich versteckte,
und es fühlte: sie weiß, daß ich da bin, sie liebt mich, sie liebt mich!
Denn was will sie mir anders mit solcherlei Seufzern verraten,
als, sie lebe, wie ich, in Entbehrung und schwerer Bedrängnis,
sei gefangen, wie ich, und schwelge in Seufzern der Sehnsucht.
Und da faßte er Mut und rief: Fräulein Anna, es ist wohl
keinem Menschen erlaubt, das Heiligtum Ihrer vier Wände,
wär's auch nur für die Hälfte, das Viertel von einer Minute,
zu betreten? Es hängen da nämlich noch immer im Kasten
meine Spechte und Pirols verglast, aus vergangenen Zeiten.
Ich bin froh, daß sie Ihnen, wie mir einst, das Zimmer beleben.
Doch ich würde sie gern und ganz flüchtig mal wieder begrüßen.
Es verging eine Zeit, dann klang es herunter: Oh, bitt schön.
    Und da waren sie nun allein in dem kahlen Gemach.
Anna rückte den Korbstuhl zurecht und sprach wiederum: Bitt schön!
Bitt schön, setzen Sie sich, fuhr sie fort mit dem äußersten
                                                  Gleichmut.
Als sich Luz überlang in die gläsernen Kästen vertiefte,

die zerfressenen Bälgen von Vögeln und Motten und Spinnen
zu Behausungen dienten — es kreiste in Wahrheit das Zimmer
rings um Luzen, es kreiste das Dorf, und er konnte kaum stehen.

Vierzehnter Gesang

Und sie blickte ihn an, die schöne Elevin, mit Augen
von Opal. Doch das wechselnde Spiel dieser Farben
schien entflammt und bewegt, gleich den grünlichen Wassern des
Alpsees.
Und sie sann. Und sie prüfte verstohlenen Sinnes, fast lauernd,
den, der sprach und nichts sah. Fast schien's, sie erwarte mit
Spannung
irgend etwas, ein Wort, ein erlösendes, welches am Ende
ihr bereit lag im Grund dieser Seele und für sie bestimmt war.
Doch bald drang in den Blick des jungen Geschöpfes ein neues,
drang ein anderes auf, ein Licht, das sich nixenhaft ansog:
fischhaft war es, eiskalt und doch stechend, gleichwie unterm
Brennglas.
Hilfe suchte nicht mehr dieses Licht, dazu spielte zu grausam
dieser brennende Strahl: wie ein zitterndes Opfer empfand ihn
Luz, er fühlte den Blick, als dräng ihm ein Gift in die Brust ein.
Und es wirkt: ihm war, als entrücke ein Nebel die Erde
und er schwimme verlassen im Raum des unendlichen Weltalls.
Trotzdem hört er sich reden und reden, als ging's um sein Dasein.
Was wird sein und geschehn, denkt Luz, wenn der magische Zustand
des betäubenden Zwangs in der nächsten Sekunde nicht weichet?
Doch da hört er die Stimme des Mädchens: Wir wollen hinunter,
sagte sie, kommen Sie jetzt, Herr Luz, ich höre die alte
Dame! — Schritte vernahm auch Luz, denn die alte Frau
Schwarzkopp,

Greifin, Mutter des Herrn Oberamtmann, sie wurde hinunter
in den Garten geführt, und es knarrte und ächzte die Stiege. —
Selten sah man, fast nie, die alte Frau Schwarzkopp, sie zählte
neunzig Jahr, und es war eine Pflegerin um sie beschäftigt.
Heute ward sie herab, wie gesagt, in den Garten geleitet.
Sei es nun, weil die Wärme des Maitags sie lockte, vielleicht auch,
weil so still und verlassen das Haus, war im Herzen der Greisin
heute grade der Wunsch entkeimt, sich ins Freie zu wagen.
Schön geschmückt mit bebänderter Haube, im seidenen Kleide,
schwarz, mit Spitzen verbrämt, saß die freundliche Greisin im
Lehnstuhl,
den die Magd in die Laube gestellt, etwas seitlich zum Tische.
Und es dampfte bereits auf dem Tische der Kaffee, die fette
Sahne, eben geschöpft, stand dabei, frische Butter und Honig.
Auch die silberne Dose mit Zucker und freundlich geblümtes
Porzellan, wie der Wohlstand des Schwarzkoppschen Hauses es
darbot.
Bald nun saß man zu drein um den Tisch in der Laube, es hatte
sich die Pflegerin gern ein wenig beurlaubt, um einmal
aufzuatmen vom Zwange des Diensts. Unterm Blicke der Greisin
saßen Anna und Luz: und es war ein unsagbarer Zauber
allverstehender Milde darin, der sie beide durchwärmte.
Wenig sprach sie, die hochehrwürdige Alte. Sie schien fast
nicht aus irdischem Stoff, oder aus Amiant, unverbrennlich,
seidig weiß, nur von Güte beseelt und von Liebe zum Menschen.
Zärtlich ruhte auf Luz das lächelnde Auge der Mutter
Onkel Schwarzkopps, und wissend umfing es zugleich die Elevin:
und es war wie ein lächelnder Segen, den beide empfanden.
Ja, er schmolz sie zusammen, die Seelen. Wie Eisblock und Eisblock
eine Flut wird, so wurden sie eins in der Wärme des Anhauchs.
Wollt ihr zögern, die Stunde versäumen? so schien sie zu fragen.
Liebt euch, traut meinem Segen, traut, Kinderchen, eurer Patronin.

Köstlich ist's, euch zu sehen, eure tauige Jugend und Schönheit!
Schon der Abglanz erfüllt meinen Abend mit Strahlen von Frühlicht.
Zögert nicht, ach, und fürchtet euch nicht! Laßt euch sagen, Gott
will es!
Euch betrügt, wer es anders euch sagt, und die Stunde verrinnt euch:
sie verrinnt, und ihr ringt eure Hände umsonst nach dem Flüchtling,
ruft vergeblich nach ihm und schicket vergeblich die Träume
eurer Sehnsucht zurück, gleich nächtlich umirrenden Schatten,
nach den Stätten umher zu wittern, wo einstens der Dämon
euch bewog, euch selbst um das köstlichste Gut zu bestehlen.

Und allmächtig ergriff der werdende Sommer den Frühling
heut, es brannte die Sonne herab aus blauglühender Wölbung
in den Garten. Tief tönte die Luft vom Gesumm der Insekten,
Hummeln braußten im Baß und mit zornigem Flug durch die Laube.
Skarabäen, so blau wie Stahl, wagten brummende Flüge,
grünlich rannte der Käfer, voll Raubbegier, über den Kiesweg.
Schmetternd geigte der Fink, gewaltig ertönte des Pirols
heller Ruf. Es revierte der Wiedehopf laut durch die Dorfmark.
Aufgeplatzt im Rondell war der brünstige Ball der Päonie,
dunkelrot. Ihre Stauden umgab das Smaragdgrün der Wiese.
Blendend geilte darin die dotterfarbs-fettige Wolfsmilch.
Doch Bewegung und Fülle des Klanges und Wettstreit der Farben,
all dies Dräugen und Weben im Licht: es vermochte ein süßes
Schweigen nicht zu ersticken, das fruchtbar und schläfrig im Licht lag.
Und es schienen wie Seelen des Schweigens die lautlosen Falter,
traumhaft taumelnd, wie blind, in beweglichem Schlafe befangen,
Somnambulen des Tags, und magische Stille verbreitend.

Still verzückt neben Anna und fast ihre Schulter berührend,
doch nicht ganz, saß der Liebende nun. Eine magische Klammer
war auch ihm um die Schläfen gelegt, und es brütete etwas
so berückend, als wie erstickend dem Jüngling im Blute.
Ach, es war wie die süße Betäubung von Weihrauch und Myrrhen,

Spezereien, weit köstlicher noch, als die Könige brachten,
die der Stern unsres Heilands geleitet zu Bethlehems Krippe.
Luz, du warest ganz Ohnmacht in dieser unsterblichen Fülle,
drin du plötzlich dich fandst, übereilt von dem Zauber der Stunde.
Niemals hattest du Wonne gefühlt, wie sie jetzt in dir aufdrang,
als die Unnahbare nun, die Geliebte, auf einmal so nah war.
Doch was war's, und warum schlug plötzlich so hoch in den Hals dir
dein unsinniges Herz und benahm dir dabei fast den Atem?
War dies wirklich, und durftest du trauen dem, was du erblicktest,
was du fühltest, so lag deine Hand um die Hand Fräulein Annas,
und es hatte in sanfter Berührung ihr Knie an das deine
unterm Tisch sich geschmiegt — und was bliebe dir jetzt noch zu
                                                         wünschen?
Und es lüftet verstohlen ein Knäblein mit goldenem Gürtel
das Gebüsch, das ihn barg und blickt listig, voll Neugier herüber.
Rosen kränzen dem Kinde, blutrot, die ambrosischen Locken,
und er zupft in Gedanken die Sehne des Bogens, die einen
Ton, nur einen, ertönt, sie entstammet der Leier Apollens,
dem sie Eros, der Knabe und Pflegling des Hermes, gestohlen.
Und es ist niemand anders als er, den des Liebenden Auge
in hellsichtiger Wut der Verzauberung eben entdeckte,
wie er kommt, um zu sehn, was sein sicheres Gift nun gewirkt hat.
Und es lösen sich Luz alle Glieder in Wollust und Schönheit,
bis urplötzlich ein Krampf ihn durchfährt und er hart der Geliebten
Arm ergreift, ihn emporreißt und wütend die lechzenden Lippen
preßt ins blühende Fleisch, dorthin, wo das Knäblein es wollte.

Fünfzehnter Gesang

Und sie hatten durch Wink und die wenigsten Worte beschlossen,
nach dem Nachtmahl sich noch in der Stille der Felder zu treffen,
als mit lautem Geräusch Onkel Gustav und Tante und Thea

sich dem Wagen entwanden, zur leidigen Stunde der Heimkehr.
Luzens Brust aber war so übervoll: — ganz unerträglich
schien ihm Theas Geschwätz und die Nähe der guten Verwandten.
Er empfahl sich und bat, mit dem Essen auf ihn nicht zu warten.

    Festlich rauschte das Korn, als Luz auf dem Feldweg
                                             dahinschritt,
in der Richtung gen Morgen. Noch hatte im Abend die Sonne
nicht den Erdrand erreicht, und sie wärmte den Rücken des
                                             Jünglings,
der unnennbar beseligt, das Auge erhoben zum Vollmond,
schritt entgegen dem Ort, wo die sel'ge Begegnung bevorstand.
Und es rauschte in ihm noch immer von Wassern des Frühlings,
Bäche stürzten und, vielfach zerteilet, die Schäume des Bergstroms
von gewaltigen Felsen herab in die köstlichsten Gärten,
drin sich klingende Bäume und Wogen und Rosen bewegten.
Solche hatte er oft sich erträumt, doch noch keine wie diese.
Und er sprach zu den Halmen, zum einsamen Baum, der im Feld
                                             stand,
zu den werdenden Sternen, dem Mond, und er schüttete allen,
überströmender Freude, sein nicht zu bezähmendes Herz aus.
Wisset alle: Ich liebe und werde geliebt, und es gibt nun
nichts, worum ich die Könige noch, ja, die Götter beneide.

    Und er hatte den Ort erreicht. Ein verschwiegener Weiher
lag verlassen im Feld. Es standen um ihn, wie als Wächter,
hundertjährigen Alters vereinzelte Eichen und Rüstern.
Diese hatten am Ende auch andres gesehen vor Zeiten.
Heilig war er vielleicht und geweiht einer Göttin, der Seehain.
Warum nicht einer eigebärenden Mondfrau! Es war ja
das Geheimnis der Sumpfgeburt mit den Weihern verschwistert.
Alles Leben entstammet dem Sumpf, so ja meinten die Alten:
auf dem Inselchen schien ein Kranich darüber zu sinnen,
unbeweglich, auf einem Ständer, in tiefer Versenkung.

316

uralt war, zwischen mächtigen Stämmen, die einfache Steinbank,
irgendwann von vergessenen Ahnen der Herrschaft gestiftet.
Und es trugen die Borken der Stämme verschlungene Zeichen,
eingeschnitten von liebenden Händen, nun längst schon vermodert.
Luz erschauerte leis. Es kam etwas von panischer Bangnis
über ihn, trotz des selig rumorenden Glücks ihm im Innern.

Stunden hat er verharrt und den Stimmen gelauscht, die im
Haine
sich vernehmbar gemacht, hat die Weihen des Ortes genossen
immer wieder. Er hat sich ausgemalt, wie diese Wildnis
dann erst werde sich ganz in unirdischer Schönheit enthüllen,
wenn der himmlische Fuß der Geliebten in sie werde eingehn.
Und so ist zu dem Rande der Erde die Sonne gesunken,
hat sich endlich darunter verborgen, den westlichen Himmel,
ungesehen, noch speisend mit Licht, ja, das ganze Gewölbe
leuchten machend allüberall, in befremdlichem Glanze.
Venus sinket ihr nach, doch sie funkelt noch über der Erde.
Bleibe, süßes Gestirn, denkt Luz, und meide dein Fest nicht!

Ach, er hat die Natur, hat den Himmel, die Erde beschworen,
alles Köstliche aufzubewahren der kommenden Stunde!
Horch, ein Schritt. Und er lauscht. Es schießt alles Blut ihm
zum Herzen:
Anna! — Alles bleibt still. Ach, es plumpste ein Eichhorn zur Erde.
Oder hat mich ein Satyr gefoppt? Ja, vielleicht Eros selber?
Stärker leuchtet Selene und gelblicher, silbrige Schleier
spinnend über den nachtenden See, bis die schweigsame Gottheit
zum erquickenden Bad in die leis aufrauschende Flut steigt.
Und es zischelten leise die Schilfe im schilfigen Sumpfrand.
Anna! Nein, wiederum nur ein Rascheln im Röhricht. Ein Otter
fuhr vielleicht auf den Fang, es verließ wohl ein brütender Vogel
für Minuten sein Nest. Und brennender ward Luzens Sehnsucht.
Alles ist nun so nah, und du glaubst fast das Glück zu umarmen,

Luz, es ist alles bereitet zum Fest, dem allein noch der Gast fehlt.
Komm, o komm, du geliebtester Gast dieser harrenden Erde!
Denn ich habe die Kerzen der Liebe bereits in den Himmeln entzündet,
habe schwebende Funken geweckt in dem düsternden Sumpflaub,
die, wie brennender Staub, wie Gewölke die Wipfel erleuchten.
Opfer wird hier gebracht, und ich selbst bin dein Opfer, Ersehnte,
bin bereit, meinen Nacken zu beugen, für dich zu verbluten.
    Plötzlich heftiger Lärm, gleich wie streitende Stimmen
                                        von Männern.
Luz erstarret. Es sträubt sich sein Haar und entsetzt springt
                                        er vorwärts,
denn er sieht die Geliebte am Rande des Hains überfallen —
Nein! — Nun wieder ist alles ganz still und nichts weiter
                                        vernehmbar
als das plätschernde Nagen der Welle am sumpfigen Ufer.
Wenn dies Täuschung gewesen, denkt Luz, nun, so kann
                                        es nur Spuk sein.
Oder aber mein Hirn schlägt Blasen. — Ihm steigt eine Angst auf.
Essenszeit ist nun lange vorüber, und trotzdem: sie kommt nicht.
Oh, wie nahe liegt Gram und Elend dem süßesten Glücksrausch!
Bleibt sie fern, was denn hält sie zurück? Und nun drangen
                                        sie quälend
in die Seele ihm ein, wie Insekten mit grausamen Stacheln,
Einbildungen und Ängste und Zweifel der schmachtenden Liebe.
Es befiel ihn ein glühender Durst, wie den Wandrer in Wüsten.
Du mußt sterben, unrettbar, so denkt er, wo nicht diese Quelle,
diese eine und keine sonst, dich erquicket und rettet.
Anna! Endlich! Dahin ist die Not und vergessen die Drangsal.
Luz erzittert, ihm bebt jedes Glied, denn dort steht sie leibhaftig
zwischen Bäumen im Dufte. Sie flüstert ihr köstliches „Bitt schön",
keusch gesenkten Blicks. Fast bewußtlos im Sturm der Gefühle
schreitet Luz auf sie zu. — Doch da ist sie im Nebel verschwunden.

Und es hallt durch den heiligen Hain ein ingrimmiger Aufschrei:
Anna! Anna! Es klingt vielmehr wie „Zu Hilfe! Zu Hilfe!"
Es erwachen die Falken im Nest und durchbrechen die Wipfel,
flüchtig und mit erschrocknem Geklatsch ihrer taumelnden Flügel.
Mit Gewalt unterdrückt nun die wilde Erregung der Jüngling,
lauscht und höret nun wirklich, wie etwas durch Büsche heranstreift.
Und er sucht mit den Blicken die dämmrige Nacht zu durchdringen.
Oh, wie elend ich bin, steigt ihm auf, welche brennende Krankheit
frißt an mir, wie die Klaue zerreißet die Brust des Prometheus.
Ja, nun kenn ich den Eros: ein grausamer Gott, aus der Löwin
Euter sog er die Milch, und es nährt ihn die Mutter auf Felshöhn,
ihn, der arg mich versengt und bis auf den Knochen mir bohret.
Und aus grünlicher Wolke von leuchtenden Punkten sieht Luz nun,
wie zwei Augen auf ihn mit grünlichen Rundungen glotzen.
Und er schreit: Wer ist da? Darauf wird ihm ein Winseln als Antwort,
und Sekunden danach schlängelt Fido sich ihm um die Füße.
Und er stößt mit dem Fuße den Hund und stürzt sinnlos von dannen.
    Hast Du Mondscheinpromenaden gemacht, mein
                                               romantischer Neffe?
klang Onkel Justens leicht hämische Stimme, als Luz in den Hof trat.
Wie Du siehst, sagte Luz, denn ich habe ja leider die Macht nicht,
Mondschein, wenn der Kalender ihn anzeigt, ganz einfach zu streichen.
Nichts für ungut, sprach Just, ich meine nur, daß Du es gut hast,
denn wir hatten zu tun, Fräulein Anna und ich, mit dem Lohntag.

Sechzehnter Gesang

Anna hatte sich schon in ihr Zimmer begeben, es sah sie
Luz am Abend nicht mehr. Aus dem Fenster nur traf ihn
                                              ihr Lichtschein.
Und die Nacht, die nun kam, ach, sie hatte für Luz keinen Schlummer!

Peinlich hell schien der Mond, mit durchdringendem Lichtglanz
das Zimmer
füllend und Luzens Hirn, ob er gleich seine Augen fest zuschloß.
Das Entbehren, das Meiden, das Abschiednehmen in seiner
Seele nahm es kein Ende. Er war gegen Morgen ein wenig
wohl entschlummert und fand sich im Traum auf dem
Dromsdorfer Kirchhof,
wo man Erwin begrub wiederum und mit finstrem Gepränge.
Und wie jüngst beim Besuch mit der Tante, so knarrte das Pförtchen
und der Cherub erschien in der süßen Gestalt Fräulein Annas.
Wieder legte sich furchtbare Angst auf die Seele Luz Holtmanns,
diesmal nicht vor dem kommenden Glanz, nein, vielmehr
von dem Grufthauch
und dem eisigen Wind der Verwesung, der gegen ihn andrang.
Denn sie war in Kreppe gehüllt, und sie glich einer Wittib
des Verstorbenen, dazu bestimmt, ihm als Opfer zu folgen.
Und lebendig begraben zu werden war ihre Bestimmung.
Da nun packte den Träumer unbändig rasende Wut an,
wie sie ähnlich ihn nie übermannt und geschüttelt im Wachsein,
und mit entrüsteten Tränen am Ende vermischet, zerriß sie
das Gewebe des Traums, und der Jüngling erwachte noch zitternd
und erbebend vor Grimm und in reichlichen Tränen gebadet.

Und es kamen nun Tage, in Wahrheit von morgens bis abends
nur ein Irren, ein heimliches Suchen, ein marterndes Dürsten
in der dorrenden Wüste der Welt, für den armen Luz Holtmann.
Denn das Gestern war tot, das Erlebte wie niemals vorhanden.
Kalt, unnahbar und fremd blieb das süße Gesicht Fräulein Annas,
nicht der leiseste Blick, der ihn traf oder auch nur ihn streifte,
oder etwas verriet von dem Tage des Glücks, der dahin war.

Und er sagte zu sich: nun wohl, du warst nur ihr Spielzeug.
Und so nahm sie dich auf, als die Laune dazu in ihr aufstieg,
warf dich weg, als die Laune, die grausame, wieder vorbei war.

320

Solches kann sie, sie hat die Macht, und ich kann mich nicht wehren.
Sagte nicht Onkel Just: gib acht, Lutz, sie saugt uns das Blut aus?
Uns? Nun freilich nur mir, denn der Onkel ist alt und schon blutlos.
Etwas andres noch sagte der Onkel — Lutz grübelte ernsthaft.
Richtig, ja: von der möglichen Heirat mit einem Apostel
war die Rede gewesen. Es hatte der böse Gedanke,
Lutzen halb nur bewußt, ihm genagt an den Wurzeln des Lebens.
Darum war der Schreck nicht gering, als die Tante einst meinte,
wie sie hoffe, so seien doch mehrere Wagen am Sonntag
frei, man wolle doch wohl in Gemeinschaft nach Diesdorf zum Feste.
Oftmals hatte man schon Erwähnung getan des Missionsfests,
das, von vielen Pastoren besucht und Herrnhutischen Brüdern,
als ein großes Ereignis nun schon binnen kurzem bevorstand.
Manches wurde auf solchen hochheiligen Festen beschlossen,
Missionare bestimmt für entlegene Inseln der Südsee,
Wunder wurden getan durch Gebet und auch Ehen geschlossen. —
Oh, es wird ganz gewiß eine herrliche Feier, sprach Schwarzkopp.
Ganz gewiß, sagte Julie drauf, doch die übrigen schwiegen.
Schweigsam aß man. Man saß um den Tisch gegen Ende der
                                                    Mahlzeit.
So verging eine Zeit. Dann hub Onkel Just an: Ich weiß nicht,
ob ich kann, liebes Julchen, ich meine, am Sonntag dabei sein.
Denn das ist ja der einzige Tag, wo ich einige Briefe
schreiben kann, die mein Fortkommen angehn: das ist ja doch wichtig.
Doch da wurde die Miene der Schwester, das Antlitz Frau Juliens
umgewandelt. Es war wie ein bittres Entsagen in ihren
Zügen, sowie ihrem Wort, als sie sagte: Man darf wohl im Zweifel
sein, was wichtiger ist, das Zeitliche oder das Jenseits.
Lieber Schwager, Du tust mir die Liebe, begann nun voll Milde
Schwarzkopp, und Du entschließest Dich doch, Sonntag mit uns
                                                    zu fahren,
denn ich habe vor Wochen bereits Bruder Tobler aus Herrnhut
XI. 21

unterrichtet davon, daß Du kämest, um mit ihm zu sprechen.
Und Du hattest ja doch diese löbliche Absicht. Es ist auch
nur durchaus zu verstehn, den Zuspruch von Männern zu suchen,
deren Wirken der Herr im Himmel so sichtbarlich segnet.
Nun, dann reden wir noch davon, sagte Juß, und geärgert,
das Gebet mit gefalteten Händen ein wenig markierend,
und entwich. Und es seufzten voll Kummer die guten Verwandten.

Luz war mürbe und blaß und durchschlich seine Stunden im Elend.
Am Harmonium hockte er oft, unterm Bilde des Vetters,
trat die Bälge bis zur Ermüdung und schwelgte sein Leid aus.
Heute saß er versonnen und hatte vergessen, die Hände
auf die Tasten zu legen, weil plötzlich die furchtbarste Sorge
ihn befallen und ihm seine innersten Ängste gesteigert.
Nun, ich denke wie Luther, so spricht er bei sich, und begleite
Anna hin zu dem Fest, und warteten mein so viel Teufel,
als die Dachdecker Ziegel gelegt auf die Dächer von Diesdorf. —
Da nun aber geschieht, was der Jüngling am mindsten erwartet,
den Verzweifelten trifft überraschend ein Strahl höchster Gnade.
Jemand fragt: Nun, Herr Luz, Sie fahren doch auch zum Missionsfest?
Ist es Anna? Wahrhaftig, sie ist's, die die Frage getan hat!
Luz erschrickt vor dem Glanz. Doch schon spricht er fast ohne
Bewußtsein:
Nein, ich bleibe zu Haus, für die Frömmelei bin ich verloren.
Nun, dann bleib ich mit Ihnen zu Hause, sagt Anna. — Was sagt sie?
hallt es jauchzend in Luz. Und er sagt nur erschüttert: O, Anna ...

Und es stellte sich Luz mißmutig und wortkarg am Abend,
um das Fieber der Brust nur ja als Geheimnis zu wahren.
Dies mit gutem Bedacht und mit schlauem Instinkt. Er besorgte,
daß der Onkel am Ende, gefoltert von Scheelsucht, noch Mittel
finden könnte, daheim zu bleiben. Nicht Feuer, nicht Kohle
überdies brennt so heiß, wie ein Spruch sagt, als heimliche Liebe.

Und der Tag kam heran. Mißbilligend hatte die Tante

Annas Entschließung und zwar durch sie selber vernommen. Doch
                                                                    drang sie,
weil ihr die meist unbeugsame Starrheit des Mädchens bekannt war,
drum nicht weiter in sie. Zudem widerriet es ihr Schwarzkopp.
Gott hat Mittel und Wege genug, er braucht unsern Zwang nicht,
und, so sprach er, er weiß die verstockteste Seele zu finden,
wenn er eben nichts andres beschließt. Und dabei mag es bleiben.
      Und es fuhren zwei Wagen vors Haus. Warum ihrer zweie,
achtete Luz nicht weiter: zu sehr frohlockte das Herz ihm,
denn es war ja gespannt und beglückt von der höchsten Erwartung.
Um so mehr knirschte Just. Er verbarg seinen grimmigen Zorn
                                                                    kaum.
Tückische Blicke schoß er auf Luz und auf Anna, die Gift und
Galle, ja, geradezu die bitterste Feindschaft enthielten.
Doch was half es, man mußte doch fort. Den Fuß auf das
                                                                    Trittbrett,
und dann flugs zu der Großmutter Schwarzkopp hinein in die
                                                                    Kutsche.
Gott sei Dank, dachte Luz, er muß! Ihm sind Hände und Füße
in moralische Fesseln gelegt, und sie sind unzerreißlich,
sonst: weh uns! Unser Tag wäre hin, unsere Hoffnung vernichtet!
Es erkannte nun plötzlich der Liebende deutlich, was vorging,
welche Krisis sich, in den bewegten Minuten der Abfahrt,
im Geschick dreier Menschen vollzog: so im eignen, in Annas
und — begriff er nun klar, mit sehend gewordenen Augen —
im Geschick Onkel Justs, denn er war ganz gewiß sein Rivale.
Endlich knallten die Peitschen, es rückten vom Flecke die Kutschen,
fort, zum Garten hinaus: entrollten und rollten die grade
Straße fort und verfolgt von den Augen des liebenden Paares
bis, am Ende des Dorfs, vor dem Kretscham, sie seitwärts
                                                                    entschwanden.

Siebzehnter Gesang

Lächelnd deckte die Magd den Tisch in der nämlichen Laube,
   drin das Paar mit der Greisin, der alten Frau Schwarzkopp,
                                                    gesessen.
Und sie rief: Heut, Herr Luz, heute sind Sie der Herr Oberamtmann,
Fräulein Anna die Frau. Und sie zwinkerte klug mit den Augen.
   Wie es oftmals geschieht, wenn lange Ersehntes nun endlich
sich erfüllt... wenn ein Ziel, ein mit Eifer verfolgtes, erreicht ist,
so geschah es auch hier: man empfand eine leise Ernüchtrung.
Dies ist eine der Tücken des ränkevoll listigen Eros,
daß er Absicht, sofern er sie merket, nicht ungern durchkreuzet.
Gänzlich frei war der Weg, nun kam es drauf an, ihn zu gehen.
   Fräulein Anna, sprach Luz nach einer bedrückenden Stille —
nicht zur Seite saß er dem Mädchen, nur ihr gegenüber! —
Werden Sie mir es glauben, mich hat dies verschlafene Dörfchen
Rosen, dem ich doch jüngst erst entrann, wieder völlig umsponnen.
Ich war frei wie der Wind, als ich diesmal hierher zu Besuch kam,
offen lag mir die Welt. Ich war Künstler, ich wollte als Dichter
unvergänglichen Ruhm mir erwerben, Sie kennen mein Opus.
Rom, die ewige Stadt, wollt ich sehn und Paris und was weiß ich!
Weite Reisen zur See wollt ich tun. Und es mag Ihnen Onkel
Just erzählen, was Kameraden und ich alles planten.
Denn wir sind übereingekommen, zum wenigsten waren's,
auf jungfräulichem Land einen Staat, eine Siedlung zu gründen
und in ihr die größtmöglichste Summe von Glück allbereits hier
auf der Erde den Bürgern der Kolonie zu vermitteln.
Doch, was geht mich jetzt alles dies an, Fräulein Anna?
                                                    Man sucht ja
eigentlich für sich selbst, wenn man vorgibt, für andre zu suchen.
Weggeblasen ist dieser Staat, dieses irdische Zion,
jeder Wunsch ist verlöscht nach der überhirnischen Glücksstadt.

Was ich immer davon dem Onkelchen jüngst auch gestunkert,
heute denk ich an mich und an iemanden, der's in der Hand hat,
mich auf alles verzichten zu machen im Diesseits und Jenseits,
wenn ich eines dafür nur erkaufe, ihn selbst, diesen Jemand! —
Anna schwieg. Er sprach weiter: Ich wollte nichts andres
hienieden.
Möchte dann mich die Welt doch vergessen. Es ist kein Versteck dann,
kein Gefilde verborgen genug, mein Asyl mir zu bauen.
Gräben macht ich darum, Fußangeln verteilt ich und Schlingen,
eifersüchtig weit mehr als Blaubart, wennschon nicht so grausam.
Und wir äßen zusammen das karge Mahl, Fräulein Anna...
Gut, mein Luz! Nun betrittst Du die Brücke. Sie hält. Mutig
vorwärts!
Fräulein Anna, Sie wissen vielleicht nicht, wie sehr dies mein
Ernst ist,
fährt er stockend dann fort mit beinahe versagender Stimme.
Arm eracht ich, wenn das, was ich meine, zur Wirklichkeit würde,
allen fürstlichen Glanz und Ruhm und Reichtum der Erde.
Schnitte mir eine das Brot, die ich meine, mit heiligen Händen,
wie sie es ihren Geschwistern geschnitten, die Schwester und Mutter,
trocken sollt es mir sein wie das himmlische Manna des Herrgotts.
Da erbleichte die schöne Elevin, ihr meerfarbnes Auge
selbst erblaßte, wie wenn ein Gewölke die Buchten entfärbet,
heftig gingen, wie Kiemen der Fische, die Flügel des Näschens,
das so grade und fein im reinen Oval des Gesichts stand,
und sie sagte: Es gibt einen Jemand, in dem Sie sich täuschen.
Dieser Jemand ist schlecht und nicht wert, daß ihn einer vergöttert.
Anna, lästern Sie nicht ein Geschöpf, das mir alles in allem,
Himmel, Erde, so Vater wie Mutter, so Bruder wie Schwester
aus dem Raum meiner Seele verjagt, wie es Wind mit dem
Staub tut,
die mein Auge zum Auge erst macht, meine Lunge zur Lunge,

mich zu etwas aus nichts und zum seligsten Bürger des Weltalls!
Beigesetzt im Metallsarg, ganz wie Vetter Erwin zu Dromsdorf,
lag ich, gleichsam gelähmt und mit halbem Bewußtsein im
Halbschlaf.

Eine Stimme erklang, keine irdische war's, überm Kirchhof:
da erwacht ich, weil alles in Höhen und Tiefen erwacht war
vom allmächtigen Zauber der Stimme. Es sei dieser Jemand
schlecht meinetwegen, sei gut: er spottet ja irdischen Urteils,
und es geht eine Kraft von ihm aus, der die Gruft selbst nicht
standhält.

Denn ich rege mich ja, ich bewege mich schon, wie der Falter
in der Puppe sich regt, noch gefaltet die fertigen Flügel.
Rufet jetzt mich die Stimme: steh auf! und erfüllt mich mit Dasein,
hebt ins goldene Bereich der herrlich verzaubernden Sonne
mich empor und verzückt mich im Licht, soll ich da mich vermessen,
ich, verklärtes Gewürm, ich, Geschöpf ihres Hauchs, meine Gottheit
mit der Elle des Wurms, mit Gut oder Böse zu messen?

    Heftig atmend erhob sich jetzt Luz, und er trat vor die Laube,
biß die Zähne zusammen und ballte die Fäuste, wie um sich
Mut zu machen zur Tat, zugleich sein Geschwätze verwünschend.
Und auch Anna erhob sich. Es ging durch den Garten ein
Windhauch,

war er kühl oder heiß? Genug, Luzen strich er durchs Herze.
Fast erschrak er, als künde er ihm eine Wendung des Schicksals.
Anna sprach, und sie setzte dabei still die Teller und Tassen
und das übrige Kaffeegeschirr aufs Tablett: Ach, Herr Holtmann,
Sie sind weitaus zu gut für die Welt und von diesem Herrn
Jemand,

sei es auch eine Frau meinethalben: Sie denken von ihr dann
ebenfalls viel zu gut. Sie haben Verwandte, die wissen,
wer sie ist, großer Gott! und sie würden es Ihnen erklären.
Nicht mehr fest war die Stimme der schönen Elevin bei diesen

326

Worten. Immer noch ballte die Fäuste verzweifelt der Jüngling,
weil sein Handeln noch immer durch Ängste und Rücksicht gelähmt
war.

Doch er hatte sich umgewandt und umfing mit den Augen
starr die schöne Gestalt der Geliebten, die nicht zu ihm aufsah.
Knapp geschnitten und schlicht umspannte die Formen des schönen
Leibs das selbergefertigte Kleid, es war bräunliche Seide.
Von dem nämlichen Stoff im gescheitelten Haar war das
Haarband.

Doch es würde vergeblich sein, zu versuchen der Schönheit
unaussprechlichen Zauber und Reiz mit dem Worte zu schildern:
eine Stirn wie der Mond, der Olympierin Augen darunter,
unergründlich im wechselnden Glanz, wie die Fläche des Weltmeers.
Streng der Mund, aber dennoch der Mund eines saugenden Kindes.
Runder Fülle, voll Adel das Kinn, edle Ahnen verratend.
Stark der Nacken, voll Liebreiz der Hals und betörend der Busen,
unterm seidigen Stoff sich, so steigend wie fallend, verratend.

   Ja, so stand er denn endlich vor ihr, die noch immer nicht
aufsah.

Und es hatten die zitternden Hände die Schläfen der Schönen,
elfenbeinerne Schläfen und bläulich geädert, gefunden.
Und die Flächen der Hände bedeckten mit innigem Druck sie. —
Nein, es pochte nicht mehr jetzt das Herz des bewußtlosen Jünglings
und doch ließ es geduldig geschehen die schöne Elevin,
hob dann furchtsam den Blick und demütig fragend, doch gänzlich
fügsam, als er die Lippen, schon nahe der köstlichen Stirne,
zu den geflüsterten Worten: o ewig, o ewig! erst formte
und alsdann diese Stirn mit dem keuschesten Kusse berührte.
Doch da fuhr sie zusammen und horchte. Es war wie ein Anruf,
der sie traf und erweckte, wie jemanden, welcher zur Nachtzeit
sich im magischen Traum ergeht auf den Firsten der Dächer
und, Bestürzung und Angst, ja Entsetzen im Antlitz, herabrollt.

Nein doch, nichts! Es war nichts. Noch horchte sie starr eine
Weile,
und nachdem alles still blieb, begann sie aufs neue, die Tassen
und das Kaffeegeschirr ineinander zu ordnen: Mir war nur,
sprach sie dann, mit dem alten verschlossenen Ausdruck im Antlitz,
so, als wäre vorm Haus das eiserne Türchen gegangen.

Anna trug das Geschirr in das Haus, und im Garten zurücke
blieb der Jüngling, verdutzt und beinahe ein wenig ernüchtert:
kam sie wieder, jetzt war er entschlossen, sich ihr zu erklären.

Achtzehnter Gesang

Und sie kam. Anna trug einen Teller mit gelblichen Kirschen.
Wohin ging sie? Nicht mehr zur Laube, dorthin nicht, wo Luz
schritt,
sondern langsam seitab in die tiefere Wildnis des Gartens,
sein nicht achtend, des Zaudrers, ja, völlig ihn scheinbar vergessend,
so, als ginge sie selbst sein Zaudern nichts an. — Anna! Anna!
seufzte Luz aus beklommenster Brust. O, welch furchtbarer
Schwächling
bin ich doch und wie stark würd ich sein, wenn nur du es so wolltest.
Und er schlich hinterdrein unter Hangen und Bangen und hätte
küssen mögen den Kies, der den Abdruck des Fußes bewahrte
des vergotteten Weibs. Und es ward ihm beschieden, sie nochmals
im Verstecke der tiefsten Verborgenheit sitzend zu finden.
Zögernd trat er zu ihr. Ist's erlaubt, mich zu setzen? so fragt er.
Groß und fremd blickt sie auf. Was soll diese Frage? Warum nicht?
scheint die Miene zu sagen. Er tut's. Und er bricht sich ein Rütlein,
da ihr Wesen ihn völlig verwirrt, ihn betreten und stumm macht,
zeichnet Kreise mit Schlingen, höchst törichtes Zeug in den Kiessand.
Ungenützt rinnt die Zeit, rinnt dahin durch Minuten und Stunden.

Wenig war's und ganz ohn Belang, was die beiden gesprochen.
Endlich fragte sich Luz, warum die Elevin so still saß?
Forschend sah er sie an und erkannte, sie weinte. Es flossen
dicke Tränen ihr übers Gesicht, welches ruhig und starr blieb.
Und nun warest du reif, mein Freund, und du legtest den linken
Arm behutsam um sie und drücktest die Wange an ihre.
Und du fühltest die Feuchte der Tränen des himmlischen Mädchens.
Keine Regung von Widerstand, nicht die allergeringste,
als dein Druck sich verstärkte! Und nun, ja, nun waren die

Tage des Leidens,

waren die schweren, die furchtbaren Nöte des Schmachtens vorüber.

Halt! sie horchte und drängte ihn von sich, nicht hart,

sondern liebreich,

horchte wieder, stand auf und sagte: 's ist jemand gekommen.
Wirklich nun schlugen Türen im Haus, man erkannte, wie Schritte
über Dielen hinstampften der Zimmer, bis sich eine Stimme
hören ließ, Onkel Justs, mit Gelärm, unverkennbar. Sie ging nun,
wie es schien, um den lärmenden, zankenden Mann zu beschwichtigen.

Tief erschüttert stand Luz. Es wurde ihm schwarz vor den Augen,
als ihm klar ward, daß wirklich der Onkel zurück und im Haus war.
Und er sucht zu sich sammeln, er sucht sich zu fassen, er weint sich
knirschend aus im Gebüsch. Er bezwingt sich zuletzt, als er mehrmals
rings den Garten umgangen, sein kochendes Blut zu besänftigen.
Er bezwingt sich so weit, daß er nun seiner Fassung gewiß ist.
So erscheint er im Raum, wo Onkel Just kauend am Tisch sitzt,
höchst unbillig rumort über liederlich säumige Wirtschaft:
Zucker fehlt ihm, es wird heißes Wasser serviert statt des Kaffees.
Alle Brötchen sind hart, die Butter versalzen und ranzig.
Was der Onkel damit bezweckt, scheint dem Neffen nicht unklar,
gibt sein Ärger zu tun, so kommt man nicht erst zur Besinnung
und vergißt, ihn zu fragen, warum er denn das Missionsfest
abgebrochen und umgekehrt und so früh schon zurück sei.

Doch ein andres erstaunt ihn aufs tiefste: was wurde aus Anna?
Welche Wandlung geschah mit dem Mädchen? Sie glich

einer Slavin,

Onkel Just ihrem Herrn: er befahl und sie stand im Gehorsam.

Als der Onkel nun endlich sich einigermaßen beruhigt
und gesättigt, entfernte sich Anna und ging auf ihr Zimmer.
Und es dachte der Neffe daran, nun den Onkel zu stellen:
ausgestreckt lag er da und ziemlich befriedigt im Lehnstuhl.
Luzens Blick zu begegnen, Luz nur zu betrachten, vermied er.
Tief zerrissen und tiefer zerstöret als irgendwer ahnte,
fühlte Luz, daß ein Augenblick unwiderruflich versäumt war.
Und ihm schwante noch mehr: ein Geschick, das um Anna sich ballte,
denn wie wären ihr sonst die Tränen vom Antlitz geträufelt?
Und er hatte zu schweigen, er durfte die Brust nicht erleichtern.
Also trieb es ihn fort. Da rief ihn der Onkel: So bleib doch!
Und er blieb. Denn am Ende, wen hatte man außer dem Onkel,
der bereit war und immer bereit war, von Anna zu reden.
Und er tat es auch jetzt. Er sagte: Gott weiß, was Dich aufregt!
Irgend etwas, was immer ich rede, das bringt Dich in Harnisch,
und doch habe ich recht. Erinnere Dich, wie ich Dir neulich
davon sprach, daß man glaube, es hause in Anna ein Dämon,
und Du hast Dich empört und wahrscheinlich gemeint, Luz, ich selber
sei vom Teufel besessen. Nun also: es werden heut abend
mit den guten Verwandten zugleich so der Rechnungsrat Wendland,
als zwei Brüder in Jesu Christ, Teufelsbanner, erscheinen.

.Onkel, bist Du verrückt? entfuhr es jetzt Luz unwillkürlich.
Oh, es macht nichts, sprach jener, und tu Dir nur ja keinen

Zwang an,

denn die Sache ist stark, ist, ich gebe das zu, fast unglaublich.
Blei und Tobler, zwei Missionare, der letzte ein Schweizer,
innig verbrüdert in Christo mit Rechnungsrat Wendland, sie waren
aufgetaucht mit dem Rat bei dem heutigen Feste in Diesdorf.

Und sie hatten den Fall Anna Wendland besonders erörtert.
Darum lief ich nach Haus, rief der Onkel, spornstreichs und kopfüber,
denn ich wollte dem armen Geschöpf, was heranzieht, verkünden.
Selbstverständlich ist wohl, daß ich hierbei ganz ihre Partei bin.
Und er paffte erregter und sagte: Es werden die Burschen
ihr die Hölle gehörig heizen! Sie hält, wie sie sagen,
viele noch ihrer Sünden geheim in entschloßner Verstockung.
Danach werden sie wühlen und angeln und krebsen und grapschen,
bis das arme Geschöpf, zerknirscht, nicht ein mehr, noch aus weiß,
und sich selbst, und wen noch, der ärgsten Vergehen bezichtigt.
Das nun darf nicht geschehn, sie dürfen die arme Person nicht
ganz vernichten: hier fühl ich als Mensch und als Mann,
                                        der Vernunft hat.
Steh doch ich, meine Wenigkeit auch, auf der Liste der Schächer,
und sie werden ihr Hokuspokus an mir auch erproben.

   Dunkel war es, der Abend brach an. Es bewölkte der Himmel
sich, es begannen im Laub erkältende Böen zu rauschen.
Fenster schlugen, man schloß sie. Es klagte der Wind
                                        um die Hauswand.
Anna hatte sich nicht mehr gezeigt. Und, verschlossen im Zimmer,
unterwies sie die Magd in dem, was im Haus noch zu tun war.
Bei der Lampe saß Just, Tabellen berechnend, doch meistens
müßig kauend am Bart, in der Seele, Gott weiß was, bedenkend.
In sein Bette gekrochen war Luz, nur um ja nicht noch abends
jene Rüpel zu sehn und den Rat, diesen herzlosen Vater.
Jedes Glied wie zerschlagen am Leib, hat er doch keine Ruhe,
hört das kleinste Geräusch und spannt alle schmerzenden Sinne,
um, womöglich geschlossenen Auges, zu sehn und Geräusche
noch viel feinerer Art durch Dielen und Wände zu spüren.
Draußen regnet's. Es sprühen die Schauer zuweilen ans Fenster.
Später dann wird es still. Und es ist Luz, als hörte er Annas
Türe gehn und noch später dann knirschende Schritte im Garten.

Horch, nun rollen die Kutschen heran, und die lieben Verwandten,
hoch erbauet, rückkehren nun endlich von dem Missionsfest.
Und er springt aus dem Bette, als werd er geschleudert, als werfe
eine Feder den Burschen, schon lehnt er, im Hemd, an dem Fenster.
Dieses führt nicht nach vorne hinaus, es liegt seitwärts im Giebel:
also hört er nur Stimmen. Die Stimme der Taute, der Fremden.
Der jetzt brummelt, es ist gewißlich der Rechnungsrat Wendland.
So, nun ebbt das Geräusch und verstummt. Und es rücken

die Kutschen

an und wenden und winden sich durch in den Hof gegenüber.
Aber im Innern des Hauses erwachen erstickte Geräusche,
welche Luzen mit Grausen erfüllen und mehr noch mit Abscheu,
denn sie stammen von blinden Zeloten: sie haben ihr Werkzeug
mitgebracht, um es morgen zum blutigen Opfer zu brauchen.

Was ist das? War das nicht ein hastiges Wort Onkel Justens
tief im Garten? und kamen nicht eilige Schritte von dorther?
Und nun rauschte ein Kleid und dann klinkte die hintere Haustür.
Luzen sträubte das Haar sich empor, und es traf ihn ein Eishauch.
Nein, er hatte geträumt! Denn nun regte sich nichts mehr.

Und lange

herrschte Stille und Nacht. Allein, nun bewegte sich zögernd
wer den Giebel entlang. He, Onkel! rief Luz. Und: Ja, was denn?
klang Justens Stimme zurück. Luz dachte: so ist er es wirklich.
Und es legte sich bleiern auf ihn, als er nun sich zurückzog.

Neunzehnter Gesang

Bleiern lag es auf allen im Hause am folgenden Morgen,
und es glich der Bewölkung der Seelen der Anblick des
Himmels.
Nur in verschleiertem Ton sprach Rat Wendland, schon als man
beim Frühstück

saß und hob beinah nie die Blicke von Tasse und Teller.
Er war gut und mit Sorgfalt gekleidet und trug eine Brille.
Anna ging hin und her und betreute den Kreis ihrer Pflichten.
Niemals blickte der Vater sie an und so auch Anna ihn nicht,
dennoch war sie nicht mehr, die sie war, als der Vater das Haus nicht
mit dem Drucke der Autorität seines Daseins beengte.
Hilflos schien sie, sie schien ohne Stolz, ja, durchaus wie entmündigt.
Ihre Miene war fast verlegen und bittend. Gehorsam
schien ihr einziges Glück zu bedeuten, fernab jedem Hochmut.
Die so trotzig zu blicken verstand, erschien jetzt fast schüchtern,
nach der Schnur ihre Arbeit verrichtend, die Menschen zu meiden.
Luz schlich knirschend umher und von wirklichen Schmerzen gemartert,
schon allein die Verwandlung des Mädchens empörte ihn bitter.
Onkel Just fuhr vom Hause zum Hofe, von Scheune zu Kuhstall,
aus dem Keller zum Boden hinauf und von da in den Keller,
fuhr im Garten, im Hofe umher, wie gehetzt und vergiftet,
doch er änderte nichts an dem erzenen Gang des Geschickes,
das im Haus sich vollzog, an der mahlenden Mühle, die langsam,
unaufhaltsam die Steine bewegte, gleichgültig beflissen,
Lebensrechte und menschliches Glück zwischen sich zu zermalmen.

Nach dem Frühstück erschienen die beiden Apostel aus Herrnhut,
die Gesichter bis unter die Augen mit Haaren verwachsen.
Kurze Hälse auf mächtigen Schultern und bäurische Fäuste,
dickes, wettergewohntes Zeug, trotz der Wärme der Jahrszeit,
ließ sie Händlern mit Schwarzvieh nicht unähnlich scheinen, als welche
auf der Straße bei jeglichem Wetter zu leben gewohnt sind.
Doch sie hatten in ihren Gesichtern den Ausdruck von Sanftmut,
und der Ton ihrer Stimmen war ebenfalls weich und verschleiert,
und sie hatten im Auge unleugbar ein seltsames Glänzen,
tief und gut, und der sonst'gen Gestalt durchaus widersprechend.

Später dann, gegen Mittag, als Luz auf sein Bette geworfen,
böser Ahnungen voll, sich fruchtlosem Grübeln anheimgab,

was denn wohl der Besuch dieses Rechnungsrats Wendland und
seiner
Spießgesellen, besonders im Hinblick auf Anna, bedeute:
da begab sich's, daß sich im Zimmer des Mädchens, es lag ja
Wand an Wand mit dem seinen, zwei redende Stimmen erhoben.
Luz sprang auf, er verschloß seine Tür und, — es wird ihm
verziehen! —
schlich erbleichend zur Wand, um verhaltenen Atems zu lauschen.

Ohne Zweifel, es war der drübige Sprecher Rat Wendland.
Und es klang nicht wie Scherz, was er sprach, und belangloses
Plaudern.
Ein Gebrummel, bald lauter, bald leiser, verriet, daß der alte
Bürokrat irgendwen nicht grade ganz sanft ins Gebet nahm.
Seine Tochter natürlich, wer anders sollte es sonst sein?
War es nun, daß im Hirne des Horchers die Ängste der Seele
Furchtgespenster erzeugten, unsinnigste Täuschung,
eins ist sicher, er meinte das Folgende deutlich zu hören.

Du verkennst Deine Lage. Begreif das! So Vater zur Tochter.
Dieser letzte Versuch ist gemacht und ist wieder gescheitert.
Du wirst sagen, er sei nicht gescheitert. Belüge Dich selbst nicht,
Anna, ist meine Antwort darauf! magst Du selber ergründen,
Dir beweisen, was mich zu ergründen und Dir zu beweisen
ekeln würde, anwidern! Allein Du darfst Dich nicht täuschen:
wenn auch Schwarzkopps, die ausgezeichneten Menschen, nichts
ahnen,
ist es ruchbar im Dorf und weit in der ganzen Umgebung! —
Es ist Lüge und nichts ist geschehn mit Herrn — Just! Oder war's ein
andrer Name, den Luz nicht verstand? Was sollte mit Just sein?
Woran lag es, daß Luz, so gespannt er auch lauschte, nun lange
Zeit kein Wörtchen mehr deutlich verstand? Vielleicht hatte der eine
Name Just ihn verwirrt oder gab ihm an sich viel zu denken.
Endlich aber verstärkte sich doch·die Stimme Rat Wendlands

so gewaltig, daß Luz das Gesagte nicht konnte entgehen:
Weisest Du von der Hand, was die Stimme des Höchsten Dir bietet
durch den Mund dieses heiligen Manns, ja, in diesem Mann selber,
nun, dann nenne sich eine Verworfne nicht mehr meine Tochter.
Denn verworfen, das bist Du, so ganz eine Beute des bösen
Geistes, daß Du Verderben jedwedem bringst, welchen Du anrührst.
Du verlockest zur Lust, ja, die böse Lust, Du bist sie selber!
Deine Opfer trifft ewiger Tod! Und wir haben's erfahren.

Eine Stille entstand nach diesen entsetzlichen Worten.
Wenig hätte gefehlt, und Luz vergaß sich und pochte
rasend gegen die Wand. Doch er ballte die Fäuste im Abstand.
Plötzlich drang an das Ohr des Empörten ein Weinen, das anwuchs
und sich endlich zu wildem, herzbrechendem Schluchzen verstärkte,
bittere Marter und bitterste Not eines Menschen bezeugend.

Was geschah im Gemüte des Jünglings, nachdem ihn das
                                                      Schicksal
hier zum Zeugen gemacht des rätselvoll-peinlichen Vorgangs?
dieses Vorgangs, so wirr als bedrohlich in vielerlei Hinsicht!
Schon die Sprache des Vaters, die Luzen empört und entrüstet!
dann der Hinweis auf eine Verfehlung, mit welcher der Name
Just — wohl nicht Onkel Just? — auf unfaßbare Weise verknüpft
                                                      ward.
Wie man schläft und erwacht von dem Schreck, den das Traumbild
                                                      uns vortäuscht,
etwa, daß ein Geländer zerbricht an dem Umgang des Kirchturms,
ähnlich, gleichsam im Sturz in den Abgrund, erwachte der Jüngling
als der Name des Onkels sein Ohr traf in solcher Verbindung.
Und noch war dieser Schlag nicht verwunden, der Sturz nicht
                                                      vollendet,
da erhob sich bereits aus den heftigen Worten des Vaters,
die vom Wege der Rettung, dem einzig noch möglichen, sprachen,
ein Entsetzensgespenst, dessen Anhauch der eisige Tod war:

denn wie sollte man sie wohl anders verstehen, als daß man
drauf und dran war, die schöne Elevin dem einen der beiden
Gottesmänner, den Dienern am Worte des Herrn, zu verkuppeln!
Nacht ward plötzlich um Luz, er ächzte und tappte verzweifelt
wie ein Blinder erstickend umher, wenn die Wohnung in Brand steht.

Zwanzigster Gesang

Plötzlich saß er, kaum wußte er, wie an die Stelle gekommen,
hinter einem Glas Bier, Onkel Just gegenüber, im Kretscham.
Diesem füllte soeben der Gastwirt von neuem das Schnapsglas.
Ja, mein Junge, es ist, ich will es nicht leugnen, ein Rückfall,
rief der Trinker, jedoch was tut's? Es sagt ja selbst Luther:
sünd'ge frisch darauf los! Und überdas nichts ohne Ursach.
Fliegen summten im Raum, der weit war und niedrig. Die Bank
                                                        ging
rings herum an den Wänden. Es standen gescheuerte Tische
längs der Bank, doch kein Gast saß daran. Außer Luz und dem
                                                        Onkel,
war mitunter der Gastwirt zugegen, zuweilen ein Dorfkind,
das von Hause geschickt, den üblichen Kornschnaps davontrug,
niemand sonst. Und es roch nach vergossenem Bier und nach
                                                        Spundloch.
    Also nichts ohne Ursach, mein Sohn, wohlgemerkt! sprach der
                                                        Onkel.
Alles hat seinen Grund in der Welt, lieber Luz, selbst der Kaffee.
Und es ist leicht gesagt: der und der ist ein Trinker, prost Mahlzeit!
Was ihn aber dazu gebracht, danach fragt meistens niemand.
Gott, sie haben sich Mühe gegeben, die guten Verwandten,
mich zu bessern. Ich wurde nach Basel geschickt in die Anstalt.
Auf dem Wege dahin, in Dresden war's, kam meine Barschaft

336

mir abhanden. Ein scheußliches Pech. Nun, ich schrieb Schwager
Schwarzkopp
von dem Unglück, der mich aufs neue mit Mammon versorgte.
Herzlich lachte er in sich hinein, bis er lachend so fortfuhr:
Ahnungsloser, gottseliger Gustav, verzeih mir der Himmel,
was ich damals Dir aufgebunden, Dir aufbinden mußte —
Briefpapier ist geduldig! — Als ich in der Krone zu Dresden
fest saß, nicht einen Heller im Sack und gerupft wie ein Sperling.
Hätte ich Dir die Wahrheit gesagt vom Verbleib meines Geldes,
guter Schwager, dir stünde noch heute der Mund vor Entsetzen
offen, offenen Munds erschienest du selbst am Gerichtstag.
Lachend kippte der Ökonom außer Dienst jetzt sein Schnapsglas,
klopfte heftig damit auf den Tisch, bis der Gastwirt es füllte,
und fuhr fort: Nun, man kennt Dich ja, Lutz Du bist wahrlich kein
Mucker.
's ist mir lieb, daß wir endlich einmal so vertraulich hier sitzen.
Wir verstehen uns ja, — und er zwinkerte! — Lutz Du begreifst
mich.
Nun, da gibt es in Dresden ein Haus. Es gibt viele Häuser
dort, natürlich: sonst wär es am Ende ja wohl keine Großstadt!
Punktum! Aber dies war ein besonderes Haus, — und er schnalzte
mit der Zunge und mit den Fingern, — es saß eine Dame,
weißt Du, hinter der Tür. Doch dann gab es noch andre. Zum
Teufel!
Die geringste darunter, Lutz war noch die schönste Prinzessin!
Und die älteste ... schlage mich tot, wenn sie schon majorenn war.
Schwer, bei Gott, war die Wahl: hier saß die pikante Französin,
dort bewegte die Böhmin ... und Mensch, was für Hüften! im
Tanzschritt.
Alles Ballstaat, und bis an den Nabel herunter der Ausschnitt.
Eine Dänin war da, eine Spanierin, eine Schwarze —
Lutz ich sage nicht mehr, und Du wirst mir das weitere ersparen.

XI. 22

Luz, im Innern zerquält und von dörrenden Gluten zerfressen,
eingesunkenen Auges und fieberhaft flackernden Blickes,
wußte kaum, weshalb er hier saß und die häßliche Beichte
des verkommenen Kerls, der sein Onkel war, ruhig erduldete.

Der indessen fuhr fort: Behüte Gott! Luz, wie Du ausstehst!
käsigblaß! Mensch, was ist Dir denn über die Leber gekrochen?
Hab ich etwa was Dummes erzählt, das Dir gegen den Strich geht?
Nun, verzeih: ich gestehe ganz offen, ich war nie ein Joseph,
eher, wenn ich's bedenke, das Gegenteil. Und was den Schwindel
anbetrifft, nun, in wem kommt nicht manchmal der Schweinhund
nach oben?
Oh, das nenn ich ein großes Kapitel: der Mann und der
Schweinhund,
doch ein größeres noch: das Weib und der Schweinhund. Schluß. Sela.

Und es seufzte der Onkel und leerte sein Glas, und man hörte
sein Gepoch durch das Haus nach erneuerter, eiliger Füllung.
Danke Gott, lieber Sohn, daß Dir dieses Kapitel noch fremd ist,
fuhr er fort, und ich wünsche wahrhaftig die schlaflosen Nächte,
die mir dieses Kapitel gemacht, meinem blutigsten Feind nicht.
Lasten liegen auf mir unsühnbarer Schuld, wenn ich dieses
grauenvolle Kapitel betrachte, das leugn' ich durchaus nicht.
Doch, was hilft es, der Geist ist willig, der Pfahl steckt im Fleische,
Buße sollte man tun in Sack und in Asche, statt dessen
häuft man immer noch Schuld auf Schuld, und wer wird sie einst
tilgen?

Jetzund schneuzte sich Just, und es rannen zwei wirkliche Tränen,
Trinkertränen, im schnellsten Sturze die Wange herunter.
Luzen stockte das Herz. Er fühlte, die Hand dieses Wichtes
hielt sein Leben so wie die Klaue des Bussards den Sperling:
Augenblicke vielleicht nur noch trennten ihn von der Vernichtung.
Trotzdem reizte der Sperling den Bussard. Ein furchtbarer Zwang
trieb

338

Luzen an, sein Geschick zu der letzten Entscheidung zu treiben.
Lieber Onkel, ich glaube, Du flunkerst ein wenig, begann er.
Doch da sah ihm der Onkel ins Auge und sagte nur: Nein, Luz,
so weit ist es noch längst nicht mit mir, und Du irrst Dich gewaltig,
wenn Du meinst, der paar Gläschen halb meinst, daß ich jetzt schon
so weit bin.

Nein, mein Junge, wir plaudern nichts aus. Ob wir sonst auch
verderbt sind,
willensschwach und charakterlos, hierin sind wir vom alten
Ehrenkodex der Schweigepflicht niemals und nirgends gewichen.
Lieber Onkel, ich nehme nicht an, daß ich irgendwen kenne,
dessen Leid Dein Gewissen beschwert, und es lag mir auch jene
Neugier ferne, was Namen betrifft, antwortete Luz drauf.
Eigensinnig indes blieb der Onkel dabei: Nimmermehr, Luz,
bringst Du mich zum Verrat, und ich liefre Dir niemand ans Messer.

Bis zum Reißen gespannt war die Seele des armen Luz
Holtmann.
Er hielt an sich, er wäre sonst Just an die Gurgel gesprungen.
Dieser ahnte vielleicht, ja, erkannte den Zustand des Neffen,
denn er lachte jetzt laut und schlug einen anderen Ton an:
Nichts für ungut. Ich komme ins Plappern, da spricht man viel
Unsinn.

Keinesweges ist das der Zweck dieser Übung, die Hefe
aufzurühren, den häßlichen Satz in dem Becher des Daseins.
Neffe, reich mir die Hand — er streckte die Rechte zu Luz hin —
Du bist jung und ich alt, wenn Dein Leben beginnt, ist das meine
aus und hin und vertan, doch freu' ich mich Deiner Kam'radschaft.
Ungleich sind wir vielleicht auch sonst, doch ich hatte wahrhaftig
Ideale so gut wie Du, wenn sie heut auch dahin sind.
Daß Du hier bist, ich rechne es mir und ich weiß, was das heißt, Luz.
Es liegt nah, daß man Dich mit mir in denselbigen Topf wirft,
und der Topf ist voll niedrigen Schlamms, daran ist nicht zu zweifeln.

Und Luz zweifelte nicht, indessen der Onkel so fortfuhr:
Warum tat ich den Sturz und brach mein Gelübde? Ich habe
das Versprechen getan, mich des Alkohols ganz zu enthalten.
Schriftlich habe ich's niedergelegt und es selbst unterschrieben.
Und ich habe es mündlich gelobt in die Hand Schwager Gustavs,
ehrenwörtlich und bei dem Geist meiner seligen Eltern.
Warum tat ich den Sturz und brach das Gelübde und machte
selbst mich ehrlos? Denn was gebührt mir, als höchstens ein

Fußtritt?

Ja, Du sitzest mit einem verächtlichen Menschen am Tische,
Schande ist es für Dich und Schande ist's für Deine Mutter,
meine Schwester, vor allem jedoch, wie gesagt, für mich selber.
Vorbild sollte ich sein für den Sohn meiner Schwester. Du müßtest,
Luz, aufblicken zu mir mit Verehrung, ja Ehrfurcht.
Schließ die Augen, mein Sohn, oder sieh ein abschreckendes Beispiel.
Fort, nur fort, sprach der Onkel darauf und entfernte sich

schwankend,

und der Gastwirt erschien, eh er wieder ins Zimmer hereintrat.
Dringend bat er, Luz möge doch seinen Herrn Onkel bewegen,
fortzugehn, ihn womöglich stillschweigend nach Hause geleiten,
denn er habe sonst Schererei mit dem Herrn Oberamtmann
Schwarzkopp, oder wohl gar am Ende noch mit dem Herrn Landrat:
denn er dürfe ja geist'ges Getränk dem Herrn Onkel nicht reichen.
Dieser kam nun mit Poltern zurück und er rief schon von

weitem:

Warum tat ich den Sturz? Zum Satan! Ich wollte die Tollheit
dieser tollen, irrsinnigen Welt nicht mehr hören und sehen.
Und was treibt man denn anders im Haus der Verwandten als

Tollheit.

Könnt ich's ändern, ich säße nicht hier, und es geht ja auch Dich an.
Guter Luz, Du hast damals den Kopf ungläubig geschüttelt,
als ich Dir von dem Anzug der Teufelsaustreiber erzählte:

340

nun, die Burschen sind da, bereits schon am Werk, und der eine
schickt sich an, Beelzebub mitsamt dem Gehäuse zu schlucken::
deutsch gesprochen, er hat bei Rat Wendland um Anna geworben.
Also doch, fuhr es Luzen heraus. Daran ist nicht zu zweifeln,
Just darauf, und infolge davon ist es ebenso sicher,
daß der haarige Kerl, dem der Bartflechtengrind im Gesicht sitzt,
unter Glockengeläut und dem Beifall der ganzen Gemeinde,
dieser lausige Pudel mit Anna ins eheliche Bett steigt.

Einundzwanzigster Gesang

Wo ist Just? fragte Luzen Frau Julie, als er nach Haus kam.
Gramverzerrt und verweint war das Antlitz der Tante.
                                                    Auch Schwarzkopp
kam nun hastig herein mit dem Hute und fertig zum Ausgang.
Wo ist Just? rief auch er. Er habe im Gasthaus den Onkel
angetroffen, berichtete Luz, an die Wahrheit sich haltend,
und er deutete an, in welcher Verfassung. Da riefen
beide Schwarzkopps zugleich: Das war zu erwarten, ja freilich!
Nun, sei ruhig, mein Kind, begütigte Julien der Gatte,
Gott wird helfen. Ich gehe jetzt selber und werde das Meine
tun, um ihn zur Vernunft und womöglich zur Einkehr zu bringen.
    Gustav, alles ist hier vergeblich. Es bleibt keine Hoffnung.
Was ist alles geschehn, ihn vom Rande des Abgrunds zu reißen!
Immer hofften wir wieder aufs neue: nun bin ich am Ende!
So die Tante. Allein, es küßte sie Gustav und sagte:
Denke, Kind, was der Heiland befohlen, wir sollen dem Nächsten
einmal, zweimal, wir sollen ihm hunderte Male vergeben...
Und er wandte sich wieder zum Gehen, als Luz ihm erklärte,
daß zugleich mit ihm selber der Onkel das Wirtshaus verlassen,
daß er ihn eine Strecke begleitet, dann aber urplötzlich

abgebogen, im Anblick des Hauses, und quer in die Felder
sich geschlagen und taub durchaus jedem bittenden Zuruf.
Um so mehr noch ist Eile geboten, sprach Schwarzkopp, und seine
Schritte hallten bereits im Hausflur und dann auf der Treppe
nach dem Garten. Es knirschte der Kies, und dann hörte man
nichts mehr.

Luz bewohnte nunmehr das Zimmer allein. Alles Suchen
nach dem Stubengenossen, es blieb bis zum Abend erfolglos.
Es war gut so, denn Luzens Zustand war äußerst erbärmlich.
Während seines Gespräches bereits mit dem Ehepaar
Schwarzkopp

war ein winziger Punkt ihm im Sehfeld der Augen entstanden,
einer winzigen Spore vergleichbar, umgeben von Härchen.
Diese Spore nahm zu und behinderte Luzen am Sehen.
Lehnen sah er von Stühlen, mitunter auch nur ihre Beine,
Köpfe, die in der Luft hinschwebten und ohne die Körper;
Körper, kopflos und so nur Trümmer, bis daß er ganz blind ward.
Eh die letzte der Lücken sich schloß vor dem Auge des Jünglings,
war's zur Not ihm geglückt, sein Zimmer und Bett zu ertappen.
Dort nun lag er, vollständig geblendet, mit wütendem Kopfschmerz.
Niemand fragte nach ihm, und er hatte sich keinem verraten.
Dieser seltsame Zustand und Anfall war Luzen nicht unlieb.
Er empfand ihn beinah wie Triumph, und sofern er jetzt stürbe,
würden alle erkennen, er sei an der Liebe gestorben:
und vor allem sie selber, die Sünderin, Anna, o Anna!

Es bewegten Gestalten sich längs des geschlossenen Vorhangs,
der die äußere Welt dem Jüngling verschloß. Er erblickte,
wie in hastiger Flucht, die Bilder des Fernsten und Nächsten.
Oft beängstigten ihn diese Züge von farbigen Schatten,
die der Tiefe des Raums allseitig entquollen: Gesichter,
Herren, Damen, bald nahe Verwandte, bald vollkommen Fremde.
Ihre Zahl Legion! Es war, als erschienen sie alle,

aufgescheucht aus dem Stande der Ruhe gleich Scharen von Vögeln,
die ein Schuß oder sonst ein plötzlicher Schrecken verstört hat.

Gut, ich sterbe, so denkt er, die hastenden Völker des Traumes
tragen wehenden Krepp. Sie kommen zu meinem Begräbnis.
Kaum gedacht, so erscheint ihm der liebliche Kirchhof von Dromsdorf
und im Winkel das Grab Erwins und es läuten die Glocken.
Und er steht am geöffneten Grabe des Vetters, doch dieser,
der im Sarg liegt, er steht ihm höchst seltsamerweise zur Seite.
Und Luz sagt: Lieber Erwin, ich bin von der nämlichen Krankheit
hingerafft wie du selbst, und dort tragen sie schon meinen Sarg her.
Lieber Vetter, ich gönne dir Anna. Es ist mir begreiflich,
daß sie niemand als dir sich in innerster Seele geweiht hat,
denn du hast dir aus Liebe zu Anna das Leben genommen.
Luz schrak auf und erwog, er hatte den Gymnasiasten,
der gestorben um Annas willen, mit Erwin vermenget.
Trotzdem war er sogleich von der nämlichen Täuschung befangen.
Und er sprach: Wir sind drei, die bei Annas Begräbnis heut trauern.
Seltsam, wahrlich, ist dieses Begräbnis. Erscheint doch die Tote
selber köstlich geschmückt, wenn auch düsteren Prunkes und aufrecht:
und sie schreitet einher wie die magdliche Mutter des Heilands,
voller Hoheit und bittersüßer, berückender Schönheit.
Und sie lächelt Luz zu auf dem Wege zum Grabe und wieder,
wie schon einmal im Traum, berührt seine Seele das Urweh
des Entsagens, er weiß jenen ehernen Richtspruch, der Menschen
grausam eint, um sie dann, grausamer, für ewig zu trennen.

Luz erschrak und erwachte. Er hörte sich zischeln und flüstern.
Todesstille lag in der Luft. Ferne grollten Gewitter.
Draußen trafen vereinzelte Tropfen die Blätter des Birnbaums.
Und Luz weinte. Er ward von Schluchzen geschüttelt. Es krampfte
seine Brust sich zusammen, es wollten sich heftige Schreie
ihr entringen, und Luz erstickte sie kaum in den Kissen.
Du bist rein, du bist rein! klang in Luzen der wortlose Wehlaut.

Oder wäre es dem stinkenden Satan gegeben, den Cherub
zu besudeln? — Und wärest du unrein, die Kraft meiner Liebe,
Anna, würde dich weißer brennen und reiner als Demant.
Und es stürzte sein Weh ihm stromweis hervor aus der Seele.

Und er hatte sich satt geweint und erwogen, er wolle
nicht mehr träumen, um nicht immer neu aus dem Schlafe
zu schrecken.

Und es quälte ihn auch ein besondres Gesicht, das sich immer,
sichtbar oder gefühlt, in die anderen Traumbilder einzwang.
Fido war es, der räudige Pudel. Er kreuzte fortwährend
hin und her seinen Weg und sah ihm dabei in die Augen.
Immer hin, immer her schlich das Tier und vertrat ihm die Straße.
Immer her, immer hin schlich der Pudel, er war wie sein Schicksal,
und er schien ihn für immer vom Ziel jeder Sehnsucht zu trennen.
So gedenkt er bei sich: Wahrhaftig, ich wache doch lieber,
als dem quälenden Pudelgespenst wiederum zu begegnen.

Und er horcht auf die Laute im Haus, auf das Brummeln
und Murmeln,

auf das Knarren der Stiege und auf das Geklapper der Küche.
Denn so Schweres auch sonst geschieht, man vergißt nicht der Atzung.
Das ist Onkel, er holt aus dem Keller den Wein für das Nachtmahl.
Annas Schritt aber ist nicht zu hören. Es scheint, daß Rat Wendland
immer noch mit dem starren Gemüt seiner Tochter zu tun hat.
Oh, wie königlich ist, wie unbeugsam, so denkt er, ihr Wille.
Blickt sie nicht so verschlossen, als habe der Herrscher des Himmels
und der Erde in ihr sein tiefstes Geheimnis versiegelt?
Ist ihr Wesen nicht so unnahbar, als habe sie täglich
Gott geschaut und sei weltenferne dem Treiben der Menschen?
Trotzdem wagt dies Geschmeiß, das den Adel nicht fühlt,
sie zu knechten,

wagt's, zu trüben den Glanz, den göttlichen, der von ihr ausgeht:
und doch spaltet kein Blitz dieses Haus und legt alles in Asche?

Anna! Hättest du mir dich vollkommen erschlossen! Ich wäre
heute selber der rettende Blitz und wir beide geborgen.

Und er sah die Geliebte wie vordem mit Nadel und Weißzeug,
und durchlebte die Stunde, in der sie ein wenig sich aufschloß,
damals in der Kanzlei. Da waren die formlosen Hände,
die geliebten! da klang ihm am Ohr das bezaubernde ‚Bitt schön‘.
Also mußte im Kreise der himmlischen Heerschar erklingen
für die Ohren der Engel und Gottes das Kyrie eleison.
Doch, da war er ja wieder, der Pudel, und kreuzte die Straße
hin und her, her und hin, wie ein hämischer, neidischer Dämon.
Stockend schritt Luz, fortwährend gehemmt und in dumpfer
                                        Gewißheit,
daß er so sein ersehntes Ziel niemals könne erreichen.
Als am folgenden Tag Luz Holtmann erwachte, empfand er
Stärkung, blickte umher und war im Besitz seiner Sehkraft.
Unberührt war das Bett Onkel Justs und er selbst nicht im Zimmer.
Draußen rauschten die Gossen. Es hatte die Nacht durch geregnet.
Und es regnete noch. Luz fühlte am Kopf einen Umschlag,
nahm ihn fort und sann nach: wie war er dahin wohl gekommen?
Sicher hatte ihn Luz sich nicht selber besorgt. Und da stand ja
auch ein Glas, halb geleert und halb Limonade enthaltend.
Ganz allmählich besann sich Luz Holtmann, es habe die Magd ihn
gestern abend besucht. Sie hatte auch manches gesprochen:
daß Frau Julie mit Tobler gebetet und ebenso Anna
mit dem andern Apostel. Und völlig in Tränen gebadet
sei das Mädchen ins Zimmer geflüchtet und nicht mehr erschienen.

Und Luz sann. Er sann weiter und griff sich verdutzt
                                        an die Schläfe.
Ja, gewißlich, er hatte geträumt und ein Tohuwabohu!
Was ihm nun im Gedächtnis erschien, konnte das wohl
                                        auch Traum sein?
Schlagen hatte er noch gehört die Dominialuhr.

Wie ihm vorkam, so schlug sie unendlich. Es war ihm unmöglich,
bis ans Ende zu zählen. Es mochte, so schloß er, wohl zwölf sein.
Überm Schlagen entschlief er und sank in die üblichen Träume.
Auch der räudige Hund war wiederum da und verlegte
ihm die Bahn. Plötzlich aber vernahm Luz Geflüster und hörte
eine weibliche Stimme, sie sagte: Herr Holtmann hat Fieber.
Hab ich dieses geträumt? Doch nein, warum sollte die Magd nicht
nochmals haben zum Rechten gesehn? Allein, zu wem sprach sie? —
Diese Frage stellte ich mir auch heut nacht, eh die Traumflut
überm Haupt mir aufs neue sich schloß. Doch was nun kam,

ist seltsam.

Ich lag wach und ich wußte nicht wann, noch wodurch ich erwacht war:
totenstill war die Luft, doch mit einemmal wachte mein Ohr auf
und ich hörte das Rauschen des Regens, der wolkenbruchartig
in die sausenden Wipfel des dämmernden Gartens herabschoß.
Und ich wußte, es war jemand da, jemand bei mir im Zimmer.
Ihn verriet kein Geräusch, und ich konnte von ihm auch nichts sehen.
Jetzt erst griff ich, nach längerer Zeit, diese nasse Kompresse,
und da habe ich ganz gewiß zweimal „Anna" gerufen.
Alles schwieg. Lag ich längere Zeit, eh ich abermals einschlief?
Ich empfand jedenfalls einen seltsam wohligen Frieden.
War's das niedergegangene Wetter, der Umschlag, was immer —
jedenfalls war mein Kopfweh gelindert und auch jener Vorhang,
der die Sehkraft mir nahm, ich fühlte, war nicht mehr vorhanden. —
Ja, nun weiß ich's genau: es war Licht! Nur ein knisterndes

Nachtlicht!

Und mir hob eine Hand den Kopf, jemand gab mir zu trinken.
Das geschah, als ich wieder erwacht. Oder war es ein Traumbild? —
Groß erschien die Gestalt der barmherzigen Mutter. Sie deckte
mir das winzige Licht, doch das machte um sie eine Glorie.
Und ich fühlte mich nie so geborgen, als da mich der Atem
dieses mächtigen Schattens getroffen und hörbar umwehte.

346

Anna? — Nein! — Wäre sie es gewesen, ich könnte nicht zweifeln.
Also war es die Magd. Dann hätte mein Traum sie vergottet.
Wagt ich doch kaum zu atmen, von wortlosem Staunen gelähmet,
und zugleich so unsäglich verzückt wie zum siebenten Himmel.
Es sei besser, so dacht ich, daß dies nur ein Traum sei,
um die bezaubernde Täuschung so lange wie möglich zu halten,
als für wirklich es nehmen und dann der Enttäuschung erliegen. —
Nein, es war nicht die Magd, sondern war Anna Wendland.

                                          Sie war es
wirklich!! Fühl ich doch jetzt: die Gestalt, die solange am Fenster
stand und stumm in die Nacht hinaus sah, war sie. Und ich wußte,
daß sie's war, niemand sonst. Trotzdem wagte ich nicht, es zu
                                                   glauben,
nicht zu reden im Banne der Nacht und des seltsamen Hirnzwangs,
angstvoll fürchtend, die Wundererscheinung wie Spuk zu
                                                  verscheuchen. —
Und sofern sie es war, was dann? Was hat dieses Zeichen
zu bedeuten? sinnt Luz. Wenn ruhlose Seelen aus Gräbern
sich erheben und nächtlich umhergehn und jemand erscheinen,
ist es dann nicht, um Hilfe von ihm zu erflehen und Rettung
aus dem schwefligen Pfuhl des Abgrunds? — Luz sprang aus
                                                   dem Bette
auf die Füße, mit beiden Händen die Schläfen sich pressend:
Du grundgütiger Gott, du allmächtiger, gibst du es wirklich
deinen Kindern im Schlaf, also denkt er, o, hättest du mich doch
auch rechtzeitig geweckt, ich hätte mein Glück nicht verschlafen.
Und er knirscht, und es packt ihn die Wut der Verzweiflung: so nahe
war das Glück, und ich lag wie ein Sack und vergaß es zu greifen.

Zweiundzwanzigster Gesang

Also Luz. Nachdem die Entdeckung des nächtlichen Vorfalls
im Gemüt sich vollendet, die erste Erregung darüber
sich gelegt, fing er an, das Erlebnis genau zu erwägen.
Und er sprach zu sich selbst: sie war bei dir alleine im Zimmer.
Diese Nacht ist die erste, da Onkel es nicht mit dir teilte.
Du warst krank und das hat ihr die Magd höchstwahrscheinlich
                                             berichtet,
deshalb kam sie. Sie kam, um nach deinem Befinden zu sehen.
Darin läge an sich nichts Besondres: doch sagt dein Gefühl dir,
schwerlich hätte sie diesen Anlaß in einer Bedrängnis
wie der ihren, in solcher Zeit ohne weitres ergriffen,
wenn er ihr nicht gelegen gekommen! Und also: sie liebt dich!
Es durchtobte den jungen Menschen ein Sturm neuer Hoffnung,
als er endlich zu diesem beglückenden Schlusse gelangt war.
    Also auf! Auf zum Kampf — warum stockt ihm jetzt plötzlich
                                             der Herzschlag?
Fido kratzte ja nur an der Tür und erbettelte Einlaß.
Unsinn, sagte Luz laut, doch das linderte nicht seinen Herzschmerz,
der ihn zwang, auf die linke Brust beide Hände zu pressen.
Und er öffnete nur einen Türspalt und schlug mit dem Stocke
blindlings zu, daß der Pudel, getroffen, aufheulend davonlief.
Bestie! flüsterte Luz in ihm selbst fast befremdlichem Jähzorn.
Und es ging ihm mit einemmal auf, wie das höllische Auge
des dämonischen Tiers, so wie es im Traum ihn belästigt,
Justens Auge, des Onkels, gewesen, durchaus und kein andres.
Justens Seele, sie schien inkarniert in dem hündischen Nachtmahr,
eingesargt in den wandelnden Grind, in das schleichende Unflat —
und schon wieder revierte und ging es um in Luz Holtmanns
                                             Bewußtsein.
    Luz ergriff einen Stein, in Gedanken, das Untier zu scheuchen:

348

doch es blieb, seiner Treue verschlug weder Steinwurf noch Fußtritt.
Scharrend stand es, die Schnauze im Müll, oder schlenkerte Därme
mit entblößtem Gebiß oder tat irgendwie seine Notdurft.

Sei verflucht, sagte Luz. Du bist von dem nämlichen Blute
wie der Andre, nach dem das Tintenfaß Luther geschleudert. —

Luz begab sich, bedeutend verspätet, hinunter, zum Frühstück.
Und es hatte bereits das heimliche Wesen im Hause
seinen Fortgang genommen. Er hatte gehofft, Fräulein Anna
bald zu sehn und womöglich zu sprechen. Es war seine Absicht,
ihr entschieden den Vorschlag zu tun, mit ihm eine Wandrung
nach dem Kirchhof von Dromsdorf zu unternehmen. Er wollte
auf dem Wege sich ihr vollständig erklären, ihr Pläne
kühnster Art unterbreiten für eine Entführung und Rettung.
Doch einstweilen war Anna nicht sichtbar. Ihm blieb unbenommen,
einen Fluchtplan mit leeren Taschen und Luftschloß auf Luftschloß
aufzubauen nach Herzenslust, mit dem Mut der Verzweiflung.

Tante Julie kam, eine Bunzlauer Schüssel mit Schoten
unterm Arm, denn sie mußte sich heut um die Küche bekümmern.
Unterredungen ernstester Art nahmen Anna in Anspruch,
wie sie sagte. Mehr sagte sie nicht. Es war das, was Luz wußte.
Denn man hörte Gebrummel im Zimmer, das rechts lag vom Eingang.
Bruder Bleich war darin, der Rat Wendland, sowie seine Tochter.

Julie schien wiederum recht gefaßt, obgleich sie sehr blaß war.
Freilich seufzte sie oft, die Schoten auspellend, und flüchtig,
wie es üblich bei ihr, ward ihr Antlitz zum Schmerze verändert.
Und sie fragte leichthin, ohne Aufblick zum Neffen: Wie geht's Dir?
Danke, Tante, sprach Luz. Ich höre, Du hast etwas Kopfschmerz!
fuhr sie fort. Und er drauf: Nicht der Rede wert, Tante! Du
weißt doch,
sagte sie, daß mein Bruder noch immer nicht wieder zurück ist?
Danach schwieg sie. Es hing ein schicksalbeladnes Gewölke,
schwer beklemmend herab ins Haus, und es rangen die Herzen.

Unwillkürlich entglitt es Luz: Ja, ich muß nun bald wieder
an die Arbeit. — Gewiß, sprach Julie, das läßt sich wohl denken.
Wann beginnt denn der Unterricht wieder in Breslau? Ich bin hier
lästig, falle zur Last, denkt der Neffe mit Recht, und sie sagt mir
so sub rosa: man soll die Gastfreundschaft niemals mißbrauchen.
Ob sie ahnete, was in ihm vorging? Beinah schien es nicht so.
Oder wußte sie es und vermied doppelt peinlich, jedweden
Anlaß ihm zu gewähren, womöglich sein Herz ihr zu öffnen?
Thea kam, als die Tante gegangen. Sie war einer Klette
zu vergleichen und hing Luz an, wo sie ihn nur erwischte,
ihm zur Pein! Denn es brachte ihr stürmisch-wildzärtlicher Zudrang
ihm nur bitterer ins Bewußtsein das, was er entbehrte.
Und dabei hieß es Hangen und Bangen und Harren in Ohnmacht.
    Plötzlich stockte Luz Holtmann das Herz. Es befiel ihn Entsetzen.
Fremde, völlig unmenschliche Laute erschollen im Zimmer,
wo der Rat und der geistliche Mann und die Sünderin weilten.
Was dort vorging, Luz wußte es nicht, und trotzdem ergriff ihn
ein fast tödliches Weh, als wurde in dieser Sekunde
seine Jugend und alles Glück seines Daseins ermordet.
    Und es stapften herein ins anstoßende Zimmer die Tritte
rauher Stiefeln. Es klangen bewegte, befriedigte Stimmen:
Bruder Bleiens verschleierter Baß und das Flüstern des Rates,
mit dem freudig bewegten, wohltätigen Stimmklang Herrn

                                                    Schwarzkopps.
Auch Frau Juliens Organ war nun deutlich zu hören. Luz lauschte.
Und es sprach Bruder Blei: Also trog meine Hoffnung mich doch

                                                    nicht,
Gott hat Gnade gegeben und unsre Gebete erhöret,
ihr verstocktes Gemüt hat sich gänzlich erweicht und gereinigt,
und nun scheint mir der Boden bereitet für glückliche Aussaat. —
Überraschend selbst mir, mit gewaltiger Macht, kam die Wendung,
diese Umkehr vom Wege der Schuld auf den Heilsweg der Buße.

350

Die Zerknirschung ist groß, die Reue ist voll und aufrichtig. —
Wendlands Stimme erklang: Wie meinen Sie, Bruder, ich denke,
es sei Zeit, Bruder Tobler zu rufen. — Es hauste der Bruder
in dem Schulhaus des Orts, nicht weit vom Gehöfte der
                                                    Schwarzkopps.
Dorten saßen zwei exemplarische Christen, der Lehrer
und noch mehr seine Frau: dieser fehlte nur wenig zur Heil'gen.
Ihrem Scharfsinn allein gelang zu ermitteln, was Anna
überführte, sie hilflos den rettenden Richtern dahingab. —
Ja, warum nicht, sprach Blei, doch möge sich Tobler gedulden,
bis der läuternde Sturm ihrer Brust sich ein wenig gelegt hat.
Deshalb hab' ich sie auch sich selbst überlassen, damit sie
Sammlung finde, nachdem sich die Flut ihrer Seele geglättet
und im Stande der Gnade sich finde und gleichsam befest'ge.
Denn die Wiedergeburt in unserm Herrn Christo ist wahrlich
kein Geringes, und heißt es, den Christen im Menschen gebären,
wird der irdische Leib nicht selten von Grund aus erschüttert.
       Plötzlich schluchzte Frau Julie auf: Doch mein Bruder, mein
                                                    Bruder!
Schmerzlich spannte sich Luzens Gehör, ja, es gab keine Faser
seines Leibes, kein Glied, das nicht angespannt horchte. Was war das,
dies: mein Bruder, mein Bruder? Was hatte die wilde Zerknirschung
Anna Wendlands nun wieder gemeinsam mit Onkel Justs Trunksucht?
Julchen, Julchen, so tröstete innig der Herr Oberamtmann,
furchtbar ist diese Sünde gewiß und überaus schändlich.
Unser Haus ist entehrt, und wir haben hinreichenden Grund, Kind,
vor dem würdigen Mann, vor Ihnen, Herr Rat, uns zu schämen.
Denn Sie brachten Ihr Liebstes zu uns in dem festen Vertrauen,
daß der Geist unsres Hauses die sicherste Hut ihm verbürge.
Darin wurden Sie gröblich getäuscht. Gewiß, auch wir selber
wurden häßlich und gröblich getäuscht, doch das tilgt unsre Schuld
                                                    nicht,

denn wir hatten die Pflicht, uns vor solcherlei Täuschung zu schätzen
Doch es dankte der Rat mit beweglichen Worten Herrn Schwarzkopp,
bat ihn dringend und herzlich, doch ja nicht von Schuld mehr zu
sprechen,
vielmehr habe er sich einen Gotteslohn reichlich verdienet,
er sowohl, als die hochverehrliche Frau Oberamtmann.
Und er schloß: Wie denn wollten Sie wissen, was Ihnen mit Anna
für ein Geist in das Hauswesen trat? Mir war's nicht verborgen.

Höllen webten um Luz. Es war eine grünende Hölle
draußen, die durch das Fenster mit Wiesen und Wipfeln hereinsah.
Überflüssig und fremd, ja, störend erklangen die Stimmen
der gefiederten Sänger, aufreizend das Rufen des Kuckucks.
Seelenlos, ohne Anteil und vollständig fühllos erwies sich
dieser Frühling, dem man die Kraft zur Beseligung nachrühmt:
Hätte ich nie diesen Frühling erlebt, wär ich niemals geboren!

Wie war Luz in die atlasgefütterte Kutsche geraten,
neben Schwarzkopp? Sie rollte bereits, von zwei Gäulen gezogen,
langsam fort über Land unterm lerchendurchjubelten Himmel.
Dumpf und heiß war der Raum, trotzdem man die Fenster geöffnet.
Wie war Luz in den Wagen gelangt, und wohin ging die Reise?
Mit der Wahrheit gesprochen: es hatte ihn Schwarzkopp höchst
dringlich
aufgefordert, ihn bei der Suche nach Just zu begleiten.
Wollte er nur bei der peinlichen Fahrt den Begleiter nicht missen
oder Luz aus dem Hause entfernen, damit sich ein Etwas
dort in Ruhe und ohne sonst mögliche Störung vollzöge?
Oder lag ihm daran aus Gründen, die er geheim hielt,
seinen Neffen nicht aus den Augen zu lassen? Wer weiß es!

Dreiundzwanzigster Gesang

Eh man abfuhr und noch an der Haustür erschien Bruder Tobler,
käseweiß im Gesicht überm apostolischen Vollbart,
seine Nase war weiß, und es zuckten ihm bläulich die Lippen.
Tobler blickte voll Demut und Angst empor zu Herrn Schwarzkopp,
eine brennende Frage im Auge, die aber nicht laut ward,
durch die Gegenwart Luzens gehemmt und im Busen gebunden.
Dennoch hatte Herr Schwarzkopp die Frage verstanden. Er sagte:
Lieber Bruder, es scheint, daß der Herr Ihre edele Absicht
segnen will. Man erwartet Sie drin, und so seid Gott befohlen.
Und es war Luz nicht anders, als schleppte man ihn auf den
Richtplatz
und es warteten Schwert oder Galgen auf ihn. Onkel Schwarzkopp,
was er immer auch ahnte, er konnte unmöglich ermessen,
ganz ermessen, wie schlimm es um Luz, seinen Neffen, bestellt war.
Noch bis jetzt hatten beide kein Wort miteinander gewechselt,
hin und her auf dem ausgefahrenen Feldweg geschüttelt.
Endlich aber begann der Onkel und sagte verdrießlich:
Noch zu allem unsagbaren Kummer, den Just uns bereitet,
scheint er förmlich darauf erpicht, jede Wendung zum Bessern
zu durchkreuzen. So traf heute morgen dies Telegramm ein,
drin Graf Heuer mich bittet, dem Schwager zu sagen, er habe
unter zwanzig Bewerbern den Posten für ihn reservieret.
Heut ist Freitag. Am Montag schon soll er die Stelle beziehen.
Darauf schwieg er, und ebenso schwieg auch sein Neffe, Luz
Holtmann.
Doch nach einiger Zeit begann Schwarzkopp wieder und sagte:
Ohne Gott ist kein Segen, so wenig im Diesseits wie Jenseits.
Das hat Just zu erfahren gehabt, doch er kommt nicht zur Einsicht.
Warum gibt ihm denn Gott nicht die Einsicht, sprach Luz, lieber
Onkel?

XI. 23

Das sind Fragen, drauf jener, auf welche zu antworten schwer ist,
ja, sie geht über Menschenvernunft, und wir fallen in Sünde,
wenn wir etwa mit Hartnäckigkeit auf der Lösung bestehen.
Wieder schwieg man, denn Luz, gepreßt in die Kutsche, war dennoch
fern von ihr und in Höllen gesperrt. Dorten ward er gemartert,
ward mit glühenden Zangen gezwickt und stieß gräßliche Schreie
aus der Brust, die der Onkel, ihm körperlich nah, doch nicht hörte.
Ist Dir etwa nicht wohl, lieber Luz? fragte dieser ihn endlich.
Ganz, ganz wohl, sagte Luz. Nur war ich die Nacht ziemlich
schlaflos.
Das Gewitter, natürlich, sprach Schwarzkopp, das sonst ja sehr not
tat.
Er versuchte zu lachen: Nun Luz, bald bist Du ja wieder
mitten drin in dem Dienste des Schönen und kannst Dich den
Künsten
wieder widmen, statt hier, bei den armen Verwandten, verbauern.
Und Luz atmete tief und dachte: Was soll ich erwidern?

Dem Verborgenen kam der Gedanke, noch mehr zu verbergen
das Verborgne und so hinter jenes Verborgne zu kommen,
das er ahnungsweise begriff, jedoch ohne Bestät'gung.
Und er fragte, als sei er durchaus unbeteiligt: Ist's richtig,
daß Bruder Tobler dran denkt, trotz des Vorfalls mit Onkel, um
Anna
anzuhalten, will heißen, mit ihr in die Ehe zu treten?
Leicht befremdet sah Schwarzkopp ihn an. Ach, Du weißt von den
Sachen!
Nun, so kannst Du ermessen, wie groß diese Prüfung von Gott war.
Denn es fällt ja doch auch auf uns andre der Schatten der
Schandtat.
Unverdient für uns alle nun hat der allgütige Vater,
ja, man sage getrost, seinen Engel gesendet, um endlich
die hauptsächlich Betroffne zu sich und zum Guten zu leiten:

354

Bruder Tobler! — Es ist Bruder Tobler seit mehreren Jahren
Witwer. Bei der Geburt eines Kindes verlor er die Gattin.
Dieses Kind aber lebt. Es ist unter sechsen das jüngste,
während das ält'ste, ein Knabe, das siebente Jahr überschritten.
Bruder Tobler nun war eines Tags zu Besuch bei Rat Wendland.
Tobler hatte schon oft und in heißen Gebeten inständig
Gott ersucht, daß er ihm doch womöglich mit deutlichem Hinweis
sage, was in betreff der Waisen, der Kinder, zu tun sei.
Ist er selber, der Bruder, doch meistens auf Reisen und kann nichts
andres tun, als die Kinder daheim Gott dem Herrn zu empfehlen.
Und er hat überdies eine ältliche Frau zu besolden,
die, soviel sie auch koste, sagt Tobler, den Kindern nur gram ist.
Als er nun, wie gesagt, um Rat Wendland und seine Familie
in der Hoffnung auf Christum zu stärken, bei jenem zu Gast war,
gab ihm Gott einen Wink: er soll nicht länger mehr ledig
bleiben, solle nicht um die verewigte Gattin mehr trauern.
Diese selber erschien ihm des Nachts und sie sagte, es habe
ihr die heilige Trinität selbst den Auftrag erteilet,
ihm, dem einstigen Gatten, die älteste Tochter Rat Wendlands
zu empfehlen: sie sei nach dem Willen des Höchsten erkoren,
Mutter ihrer mit Tobler gezeugeten Kinder zu werden,
und, so schloß die Erscheinung, dem einstigen Gatten ein Eheweib.

Und der Onkel fuhr fort: Diese Eingebung hatte zur Folge,
daß sich Tobler verpflichtet hielt, ihr genau zu entsprechen.
Er eröffnete sich schon am folgenden Morgen Rat Wendland.
Lange haben sie dann miteinander gebetet, und endlich
kam Gewißheit in sie, daß die nächtliche Stimme von Gott war.
Und auch Anna, sie hat sich gebeugt und erkennt diese Stimme
nun als das, was sie ist, und erwartet in Demut ihr Schicksal.

Werde ich dies überstehn? dachte Luz, als im dämmernden

Abend

Rosen wieder sich nahte die Kutsche. Es schlief jetzt der Onkel.

Eine Reihe von Dörfern war abgefragt, und man hatte
Onkel Just wohl gesehen, doch wußte man nicht, wo er hin war.
Seine Spur ging von Gasthaus zu Gasthaus. Es hatten die letzten
seine Zeche mit Kreide gebucht, denn er hatte kein Geld mehr.
Diese Kreide ward ausgelöscht durch die Börse Herrn

Schwarzkopps,

aus Glasperlen, gestickt, mit dem Kreuze geschmückt von Frau Julie.
Und es röchelte schwer und schnarchte der Herr Oberamtmann,
Schweiß entrollte der Stirn und er stammelte traumhafte Worte,
wie sie Kummer und Sorge des Tages im Schlafe ihm eingab.
Plötzlich scheuten die Pferde ein wenig. Der Kutscher hielt stille,
kroch vom Bocke und sagte, ans Fenster getreten: Da liegt was!
Luz stieg aus. Doch der Schläfer schlief weiter den Schlaf des

Gerechten. —

Und man sah einen Klumpen, gelagert im grauenden Zwielicht,
in der Mitte des Wegs, einer breiten, vergraseten Straße:
tot und wenig benutzt schien die grade Allee, und so hatte
wohl schon lange der Klumpen inmitten der Gleise gelegen.
Und was meint Ihr denn nun, was es ist? fragte Luz jetzt den

Kutscher.

Drauf der zahnlose Knecht: Nu was denn, 's wird halt a Mensch

sein.

Wirklich war es ein Mensch. Luz fror. Es gingen ihm Ströme
Eises kalt durchs Gebein. — Nun genug, dieses war der Gesuchte! —

Schnarchend lag er, ein atmender Tod, in dem eignen Gespeie,
überkrochen und rings umsummt von Dungkäfern und Fliegen.
Mühsam lud man ihn auf, diesen Unflat, den einer der Sieger,
den sich Eros gekrönt, und brachte den Ärmsten nach Dromsdorf,
wo der freundliche Lehrer, Herr Krause, sich seiner erbarmte,
erst ihn wusch und ihn dann auf dem Bett in der Kammer allein

ließ.

Vierundzwanzigster Gesang

Alle schliefen, als Onkel wie Neffe ins Gutshaus zurückkam.
Dieser legte sich nieder, zerschlagen, und doch war sein Bette
ihm ein glühender Rost. Und er schloß bis zum Morgen kein Auge.
Wieder jagten sich Bilder des Tags in dem Raum seiner Seele.
Doch vor allem erschrak er bei jedwedem Knacken des Holzes,
denn er war so verblendet, zu hoffen, es könne sich Anna
nochmals zeigen, von Reue und inniger Liebe getrieben.
Doch es blieb bis zum Morgen die Stille des Grabes im Hause.
Luz erhob sich und ging ins Freie mit Aufgang der Sonne,
denn es litt ihn nicht mehr auf dem Foltergestell seines Lagers.
Und es zog Luz hinaus in die Felder. Ein wenig geöffnet
stand das Fenster im Raume der schönen Elevin. Es durfte
durch die Spalte einströmen die Luft und die Liebste umfächeln.
Bald betrat er die Kirschenallee in der Richtung auf Dromsdorf.
Dorthin zog's ihn. Ich habe dich neu in die Seele geschlossen,
Erwin, schuldloses Kind, denn du bist nun nicht mehr mein Rivale:
also denkt er. Auch sonst: ihn dürstet nach Reinheit und Unschuld.
Oh, wie hatte er doch mit Ehrfurcht die Stunde erwartet,
wo das dunkel Gefühlte sich endlich ihm würde entschleiern,
jenes höchste Geheimnis, die mystische Weihung der Liebe.
Und sie hatte sich ihm offenbart in vollkommenster Reine,
Paradiese dem Jüngling gezeigt und ihm wieder entzogen,
daß er nun ein Verstoßener war in den Bulgen des Daseins.
Und er watete fort durch den sumpfigen Unrat des Lebens.
Nein, da winkte ja schon in der Ferne das Kirchlein von Dromsdorf,
und beim Anblick allein umwehte ihn seltsam der Friede.
Oh, da war ja die Bank und die Hütte, hier hatte ja Anna
ihn zu einem Maß Kirschen genötigt und mit ihm gegessen.
Einsam war es. Kein Mensch in der Nähe. Er küßte inbrünstig
jede Stelle, die Anna berührt, und dann ließ er sich nieder,

357

um, den Kopf auf dem Tisch, in wilder Verzweiflung zu weinen.
Und er küßte das Tor, als es endlich erreicht war, des Kirchhofs,
wo er jene Erscheinung gehabt von dem kommenden Cherub.
Und sie hatte ihn doch geliebt, ihn allein, rief sein Innres.
Oh, was hätten wir doch für ein seliges Leben begonnen!
Oh, du schleichender Wicht, Onkel Just, o ihr Stillen im Lande!

    Und er trat an das Grab, wo der Strauß Fräulein Annas im
Efeu,

ganz vertrocknet, noch stak: und er kniete und preßte sein Antlitz
tief hinein in das raschelnde Stroh zwischen geilendem Efeu.
Lange stand er danach und erzählte dem seligen Knaben,
dem Gespielen, umständlicherweise, sein schmerzvolles Schicksal.
Stärker hatte er nicht geweinet und heißere Tränen
nicht vergossen, als Erwins Sarg in die Grube versenkt ward.
Freund, du hast dir das beßere Teil in den Himmeln erwählet!

    Deutlich war zu erkennen, daß Tobler mit Anna verlobt war,
als sich Luz um die Mittagsstunde im Gutshause einfand.
Und es wurde ihm auch durch Frau Julie und Schwarzkopp bestätigt.
Tobler durfte es wagen, ihr zuzunicken, er durfte
ihren Scheitel, sowie ihren köstlichen Nacken berühren.
Deutlich konnte man sehn, wie der Mann seines Kaufes
höchst froh war.

    Und die Stunde des Abschieds ist da. Vor der Tür
steht der Wagen.

Regen rieselt, der Himmel ist grau wie der herrschende Alltag.
Die Effekten hat Luz auf den Kutschbock gestellt, und er wartet.
Wie so ganz ohne Sang und Glanz, denkt sich Luz, ist mein Abschied.
Fühllos geht man dem Alltage nach. Es scheint niemand zu ahnen,
daß man hier einen tödlich verwundeten Menschen hinausstößt
in die Wüste der Welt, wo nicht einmal mehr Wasser und Brot ist.
Wo ist Anna? Sie zeigte sich nicht. Und Luz nimmt einen Anlauf,
geht und suchet und findet zuletzt die Gesuchte im Kuhstall

358

wo, die Stirne gelehnt an die Wampe der Kuh, einer Kuhmagd
gleich, sie milkt. Er erkennt selbst im Dunkel das Gudrunenantlitz.
Ach, Sie reisen? Adieu, sagte Anna und wischt sich die Hände,
um alsdann mit der Rechten die Luzens ganz kühl zu berühren.
Und er spricht so wie sie: Nun adieu, Fräulein Anna. Es klingt wie:
Guten Abend, Herr Müller, Herr Schulze, wie geht's?

Und so geht er.

Luzen rinnet das Blut, als dies Salz in die Wunde gestreut wird.
Jetzt erscheint unter Ehrengeleit von Frau Julie und Schwarzkopp
Blei und Tobler, der Wagen, er ächzt unter ihren Gewichten.
Guter Luz, grüß die Eltern, sagt Tante. Ja ja, auch von mir, Luz,
ruft der Onkel. Und Luz kriechet fröstelnd hinauf auf den Rücksitz.
Süßlich lächeln die Brüder ihn an, dick vermummt in die Mäntel.
Er muß denken: Was kostet ein Ferkel? Wie steht jetzt das

Schwarzvieh?

Und bei alledem quälet ihn neu, nach dem eben Erlebten,
jener Zweifel, ob Anna ihn liebe, ihn jemals geliebet? —
Was verschlug es, da doch hier alles und alles verspielt war? —
Trotzdem, wenn er nur dieses erführe. Es packt seine Seele
Ungewißheit, so stark, als nur je. Er verlöre sie nochmals,
würde ihm das Bewußtsein entwendet, es sei auch in Anna
höchsten Daseins Erfüllung in köstlicher Knospe zerstöret.
Denn er glaubte dies eine verstanden zu haben mit Hellsicht:
die den Gymnasiasten einst trieb in den Tod ohne Absicht,
die sich Sünderin fühlte zudem und als solche geachtet
und verachtet, sie wollte die Reinheit in ihm nicht besudeln,
und je heißer und reiner sie liebt, erst recht um so weniger.
Tobler blickte ihn an mit verstohlenen Blicken und forschend,
doch nicht anders, als sei er ein seltsames Tier und gefährlich.
Ob er Witterung hatte von etwas? Wer sollte das wissen?
Doch da sagte Frau Julie laut: Wo bleibt denn nur Anna?
Tobler aber: Frau Schwarzkopp, wir haben schon Abschied genommen.

Walte sie ruhig im Kreis ihrer Pflicht, denn das ist mir am liebsten,
wird das Leben, das ihrer einst wartet, doch Gleiches verlangen.
Der Apostel war noch nicht zu Ende mit Reden, da stand sie
neben Julie und blickte hinein in den Wagen. O Augen,
meerfarb schillernd, denkt Luz, wem denn gilt euer Blick?

                                              Und es steigt ihm
Urschmerz wild aus der Seele empor, als er wieder die Hände,
die anklagenden Hände, erblickt dieses schönsten Geschöpfes,
rauh und plump und entstellt und durch Hörigenmühsal gehärtet.
Und es wechselt sein Blick durchdringend von dort in die Augen
Toblers. Untertan sei dem Manne das Weib, eine Sklavin
brauchst du für deinen Wanst, deine Kinder und für deine Geilheit!
denkt er. Tobler blickt weg, er kann diesen Blick nicht ertragen.
Und der Wagen rückt an. Ade! Räder knirschen im Kiessand.
Eine glühende Kugel steigt Luz in den Hals, und sie brennt ihn
furchtbar. Nun, was ist das? Ade! — Doch sie liebt dich, sie liebt dich!!
will es jubeln in ihm. Denn sie liegt in den Armen Frau Juliens,
ihres Stolzes vergessend, von maßlosem Schluchzen geschüttelt. —
Und ihm kommt die Erleuchtung: Nicht Tobler, der ganz

                                              ungerührt bleibt,
gilt der mächtig ausbrechende Schmerz, nicht dem flüchtigen Abschied,
nein, dem Abschied auf ewige Zeit und auf Nimmerbegegnen.